A NOVA CHINA

Publicado originalmente em 2023 por Viking, um selo do grupo Penguin Random House LLC.

Título original: *The New China Playbook: Beyond Socialism and Capitalism.*

Grafia conforme o novo Acordo Ortográfico da Língua Portuguesa.

1ª edição, 2ª reimpressão 2025.

Editores: Jair Lot Vieira e Maíra Lot Vieira Micales
Coordenação editorial: Karine Moreto de Almeida
Produção editorial: Richard Sanches
Edição de textos: Marta Almeida de Sá
Assistente editorial: Thiago Santos
Preparação de textos: Lygia Roncel
Revisão: Aline Canejo
Diagramação: Mioloteca
Capa: Lumiar Design

Dados Internacionais de Catalogação na Publicação (CIP)
(Câmara Brasileira do Livro, SP, Brasil)

Jin, Keyu.
A nova China : para além do socialismo e do capitalismo /Keyu Jin ; tradução Marcelo Brandão Cipolla, Daniel Eiti Missato Cipolla. – São Paulo : Edipro, 2024.

Título original: The New China Playbook
Bibliografia.

ISBN 978-65-5660-158-8 (impresso)
ISBN 978-65-5660-159-5 (e-pub)

1. China – Civilização 2. China – Política e governo 3. Economia 4. Geopolítica I. Título.

24-208063 CDD-338.951

Índice para catálogo sistemático:
1. China : Desenvolvimento econômico : Economia : 338.951

Eliane de Freitas Leite – Bibliotecária – CRB 8/8415

São Paulo: (11) 3107-7050 • Bauru: (14) 3234-4121
www.edipro.com.br • edipro@edipro.com.br
@editoraedipro @editoraedipro

O livro é a porta que se abre para a realização do homem.

Jair Lot Vieira

KEYU JIN

A NOVA CHINA

PARA ALÉM DO SOCIALISMO E DO CAPITALISMO

Tradução

MARCELO BRANDÃO CIPOLLA
e
DANIEL EITI MISSATO CIPOLLA

A meus pais.

SUMÁRIO

1. O ENIGMA CHINÊS

O objetivo deste livro é fazer com que a China possa ser lida em sua língua original, e seu povo, sua economia e seu governo possam ser compreendidos de tal modo que a verdade não se perca na tradução, como tantas vezes acontece. A primeira vez que percebi a profunda necessidade dessa nova perspectiva foi em 1997, quando, ainda adolescente, vim aos Estados Unidos como aluna de intercâmbio. O doutor Lawrence Weiss, visionário diretor do ensino médio na Horace Mann School, em Nova York, já previa a importância que a China viria a ter no mundo, apesar de seu cacife econômico e político ser muito menor naquela época do que é hoje. Ele acreditava na importância de introduzir uma perspectiva autenticamente chinesa na vida intelectual e social da escola. Fui escolhida para ajudar a preencher essa lacuna e, em troca, estava ávida para aprender com os Estados Unidos, país que tanto impressionava a nós, chineses.

Como caí de paraquedas de uma terra distante tanto do ponto de vista geográfico quanto do ideológico, meus colegas me consideravam exótica. Fora da escola, toda vez que eu dizia que vinha da China continental, era bombardeada com perguntas. Quando a China se tornará uma democracia? Vocês se sentem oprimidos? Como conseguem se levantar pela manhã sabendo que não podem eleger seu próprio presidente? Quando a economia chinesa vai parar de crescer? Tive a sorte de morar com uma hospitaleira família estadunidense que me pôs em contato direto com a vida política do país. Recém-chegada da China comunista, me vi imersa em campanhas eleitorais para altos cargos no Estado de Nova York, distribuindo folhetos e comparecendo a eventos de arrecadação de fundos. Fiz contato com muita gente bem-informada, que conhecia profundamente a política, mas essas pessoas me surpreenderam ao fazer as mesmas perguntas que meus colegas faziam. Estava ficando claro para mim que até os estadunidenses mais cultos tinham um entendimento simplista da vida na China. Nas entrelinhas, eu percebia que se compadeciam de mim por ter sido criada em um país que lhes parecia atrasado e com pouca liberdade de expressão ou escolha política.

Mas a China que eles imaginavam não tinha nada a ver com aquela que eu conhecera em minha vida cotidiana — além do que, em 1997, uma mudança imensa já estava em curso em meu país. O entusiasmo e a esperança das pessoas estavam em alta enquanto debatíamos o valor das novas reformas econômicas, nossa candidatura para sediar as Olimpíadas, nossa filiação à Organização Mundial do Comércio, a privatização de empresas estatais e a adoção da tecnologia ocidental — com seus automóveis, sua infraestrutura e seus modelos de negócios. Na escola, nossos livros didáticos de ciência política eram revisados constantemente à medida que o pensamento marxista ia cedendo espaço a um "socialismo com características chinesas". O povo chinês vivia com mais conforto do que seus antepassados viveram por muitas gerações. E todo verão, quando eu voltava a Pequim durante os anos em que fiz graduação e pós-graduação em Harvard, a silhueta da cidade me espantava com suas últimas transformações.

Agora, quase três décadas depois, o país atrasado da minha infância se tornou a segunda maior economia do mundo, e suas imensas cidades novas produzem incríveis maravilhas tecnológicas. Ainda assim, boa parte do mundo continua fazendo as mesmas perguntas e comparando a China com os antigos países comunistas, cujos regimes eram repressivos e autocráticos. Mesmo diante da gigantesca economia chinesa, o mundo permanece cético: o modelo econômico chinês está perdendo fôlego; o Estado está reprimindo os empreendedores privados e sufocando a inovação; uma implosão financeira surge no horizonte. Em 2008, no entanto, foi o sistema financeiro estadunidense que despencou, arrastando consigo uma quantidade assustadora de instituições financeiras e grandes empresas europeias. Quando tantos outros agentes importantes da economia global caíram na recessão que se seguiu, já não parecia tão evidente que um sistema que se presumia único e necessário para todos, como o capitalismo ocidental convencional, estava destinado a prevalecer.

Hoje em dia, muitos ainda têm a profunda convicção de que o caminho atual da China culminará em uma catástrofe, a menos que entre em confluência com os valores, os sistemas econômicos e as crenças políticas ocidentais; alguns dos que têm uma opinião mais positiva das realizações econômicas chinesas também tendem a ver a China como uma ameaça. Na qualidade de economista que foi criada na China, mas também trabalha no Ocidente — com um pé em cada mundo, por assim dizer —, creio que nenhuma dessas perspectivas reflete com precisão o que de fato está acontecendo em meu país. Este livro propõe uma visão alternativa: com mais nuances, mais complexa e, espera-se, mais útil.

A compreensão do sistema e da economia chineses é essencial para que se tenha uma compreensão mais ampla da China. As pessoas que desejam ver a China ser bem-sucedida precisam entender como sua economia funciona para poder aproveitar melhor as oportunidades que se apresentam nesse país.

Assim, quem não confia na China poderá criticá-la com conhecimento de causa, distinguir melhor os atos do Estado dos atos do povo e separar as aparências gerais das realidades cotidianas. Entre a China e o Ocidente há muitas áreas de conflito e diferenças de valores, pontos de vista e abordagens políticas; por isso, é muito frequente que os acontecimentos e os dramas políticos do momento impeçam que se considere a economia a fundo. Neste livro, vou procurar não sucumbir a essas distrações; pelo contrário, pretendo não sair da órbita das questões econômicas e da superestrutura política e cultural da qual estas dependem.

Nas décadas que se seguiram a meus estudos de ensino médio no Bronx, a China criou um modelo econômico próprio, bem adaptado a seus objetivos, alinhado com suas condições nacionais e autêntico em relação à sua cultura. Apesar das reiteradas previsões de um colapso iminente, a China continua desafiando as perspectivas convencionais: longe de agir com uma mão invisível para manipular a economia por trás do pano, o Estado faz intervenções frequentes, pesadas e, às vezes, desastradas. O Estado de direito, a boa governança corporativa e a proteção da propriedade intelectual (PI) — que por muito tempo foram tidos como elementos essenciais para um crescimento econômico duradouro — permaneceram frágeis durante boa parte da ascensão econômica da China. No entanto, de alguma forma, a abordagem chinesa parece ter dado certo. Um grande segmento da população chinesa foi alçado à classe média. Vinte milhões de empresas privadas brotaram como cogumelos — trinta anos atrás, essas empresas não poderiam sequer realizar legalmente suas atividades normais. Em 2019, a China era o país com o maior número de empresas unicórnio (*startups* privadas com valor de mercado de 1 bilhão de dólares ou mais) em todo o mundo. Em uma paisagem em que as planícies desoladas outrora alcançavam o horizonte, novas e brilhantes cidades inteligentes ostentam faixas exclusivas para veículos autônomos e unidades da Kentucky Fried Chicken servidas por robôs. E quem pensa que o onipotente partido político da China e as numerosas empresas de propriedade estatal apontam para uma economia dominada pelo Estado deve considerar os seguintes fatos: hoje em dia, é o *setor privado* que responde por mais de 60% da produção nacional e por 70% da riqueza do país, bem como por 80% das vagas de emprego urbanas. Trinta anos atrás, a proporção era inversa.[1]

Meus colegas europeus sempre consideraram misterioso o papel desempenhado pelo Partido Comunista em uma economia capitalista aparentemente pujante. Do ponto de vista de meus amigos estadunidenses, o dinâmico empreendedorismo chinês parece totalmente incompatível com a deferência do povo chinês à autoridade. Para resolver esses paradoxos, é preciso ir além dos simples estereótipos. Somente pela compreensão do nosso modelo chinês, com sua dinâmica complexa e, muitas vezes, contraditória, é que seremos capazes de entender de verdade o quanto ele é diferente do capitalismo ou do socialismo puro. Somente então poderemos criticar o modelo chinês com inteligência — reconhecendo seus méritos e identificando suas dificuldades. À medida que a economia chinesa amadurece, essa compreensão mais profunda nos ajuda a prever os aspectos que permanecerão e os que tenderão a mudar. Por mais que a fascinante ascensão econômica chinesa tenha me empolgado, também me preocupo com as consequências de longo prazo de sua abordagem e com o quanto o sistema de fato está adaptado aos novos tempos.

Para desmitificar a ascensão meteórica da China, é preciso examinar o intercâmbio fluido entre muitos elementos, entre os quais as famílias, as empresas e o Estado, tudo isso em meio às marés enchentes e vazantes da história e da cultura. Nos capítulos subsequentes, vamos explorar os comportamentos e os incentivos que movem cada um desses três agentes econômicos básicos e o modo como suas interações compõem a economia chinesa, diversificada e, muitas vezes, paradoxal. Dotados de uma compreensão mais profunda do papel de cada agente, poderemos, então, estudar as ambições da China relativas à tecnologia, ao comércio e às finanças, bem como o impacto do país sobre a economia global. Por fim, tomaremos os temas fundamentais que daí se depreendem — o papel do Estado, a importância da nova geração e a emancipação da China — e os usaremos para pensar em como o presente da nação se estenderá para o futuro à medida que entrar em uma nova era.

Deng Xiaoping, o líder supremo da China que subiu ao poder em 1978, comentou certa vez que tanto faz que um gato seja branco ou preto, desde que cace ratos. Com astúcia, pôs fim ao debate febril acerca da superioridade do socialismo ou do capitalismo em uma era em que a ideologia era tudo. A ideia de que uma economia de mercado pudesse ser compatível não somente com o capitalismo mas também com o socialismo foi uma inovação incrível que pôs o país no caminho da liberalização econômica. De lá para cá, o sistema econômico chinês começou, aos poucos, a assumir uma forma própria e exclusiva. Seja ele chamado de "capitalismo gerenciado", de "economia dos prefeitos" ou, nos documentos oficiais, de "socialismo com características chinesas", seu modelo não se encaixa perfeitamente em nenhuma categoria. Ao contrário, constitui uma fusão única das economias estatal e de mercado, alcançando um equilíbrio entre o Estado e a indústria, a coordenação e os incentivos de mercado, o comunitarismo e o individualismo.

O contraste entre o modelo chinês de economia política e o modelo ocidental de livre mercado está ilustrado na Figura 1.1. A economia de mercado do Ocidente é constituída por consumidores e empresas ligados por um sistema financeiro no qual o Estado desempenha um papel de pouco destaque. Na China, a confluência entre os consumidores, as empresas e o Estado (que exerce um poder significativo sobre o sistema financeiro) resulta em um sistema híbrido que incorpora elementos tanto da economia de mercado quanto da "economia dos prefeitos" (sobre a qual falaremos mais no capítulo 5). O tamanho e o poder do Estado chinês são maiores que o tamanho e o poder dos Estados ocidentais, como mostra a figura, o que se reflete no fato de que o Estado chinês tem à sua disposição um número muito maior de ferramentas e instrumentos, além de um leque mais amplo de missões e objetivos. Na China, o Estado tem uma capacidade única de mobilizar a ação coletiva em favor das metas da nação. Além de poder alocar recursos e criar incentivos, pode impor obrigações e executar penas.

Uma segunda característica que diferencia o sistema chinês é o fato de a *centralização política* ser combinada com a *descentralização econômica*. O governo central estabelece a direção estratégica, mas são as autoridades locais que executam as diretrizes. Os "prefeitos" são partes interessadas no desenvolvimento do território sob sua jurisdição. Dando apoio a boas empresas privadas, eles constroem um polo industrial e uma economia pujante cujos efeitos se multiplicam: mais PIB, mais empregos e um aumento nos preços dos imóveis. Arrecadam mais impostos e sobem na hierarquia política. É por isso que, ao contrário das nossas suposições mais arraigadas sobre o Estado, as autoridades locais tendem mais a ajudar do que a tomar tudo para si. Como veremos no decorrer do livro, esse casamento ímpar entre as autoridades locais e empreendedores intrépidos foi o que levou a China a se reformar, a se industrializar, a se urbanizar, e é o que a leva, hoje, a liderar a inovação.

A terceira característica do modelo chinês de crescimento é que aspectos de sua economia ainda estão nascendo: suas instituições, como os sistemas jurídicos, os órgãos reguladores e as normas contratuais, têm melhorado, mas ainda são fracas. Em uma economia com muitas falhas e lacunas institucionais, é o Estado quem abre ou fecha as portas para qualquer negócio que pretenda superar uma grande variedade de obstáculos para se estabelecer e poder funcionar. Em decorrência disso, surgiu na China uma intimidade entre o Estado e o setor privado que não tem paralelo em nenhum outro lugar do mundo. Em mercados imaturos, o Estado *pode* fazer muitas coisas boas. O problema é que a maioria dos países em desenvolvimento não tem nem capacidade estatal nem boas instituições. A China tem uma forte capacidade estatal e instituições fracas, ao passo que países avançados, como os Estados Unidos, têm instituições formais fortes, mas sua capacidade estatal vem sofrendo uma gradual erosão.

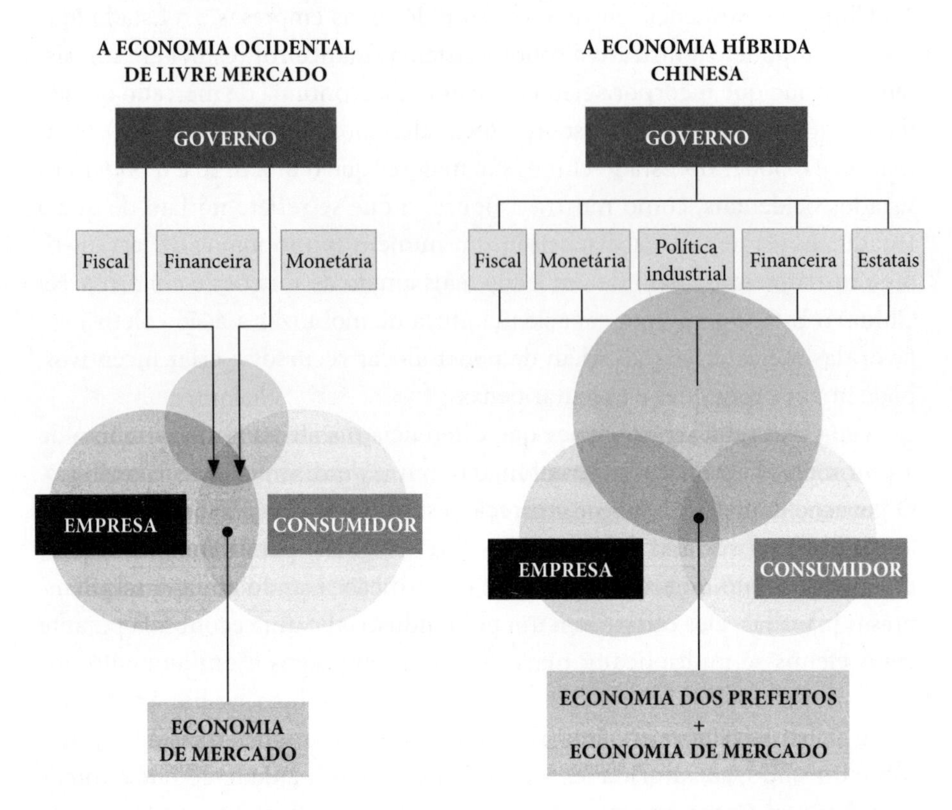

Figura 1.1: O diagrama à esquerda ilustra a economia de livre mercado do Ocidente; o da direita, a economia híbrida chinesa. No Ocidente, o governo influencia o mercado, sobretudo, por meio de suas políticas fiscal, financeira e monetária, ao passo que o governo chinês também aplica políticas industriais e gere suas empresas estatais. O Estado é muito maior na China, e o governo participa ativamente da economia híbrida.

A maior diferença entre o socialismo e o capitalismo é a inovação dinâmica — a virtude mais fundamental do capitalismo, proporcionada por mecanismos como a proteção dos direitos de propriedade e a concorrência, que, como todos sabem, são fracas em sistemas socialistas (Tabela 1.1). Na China, contudo, a inovação e o empreendedorismo têm sido traços que definem a economia, apesar das características socialistas, como a coordenação e a alocação de recursos exercidas pelo Estado. O país encontrou um jeito de combinar as forças privadas e estatais para se adaptar da melhor maneira possível à sua própria situação.

TABELA 1.1

	CAPITALISMO	SOCIALISMO
Direitos de propriedade privada	Fortes	Frágeis
Iniciativas e decisões de pesquisa	Empreendedores/empresas	Governo
Recompensas financeiras para os empreendedores	Grandes	Insignificantes
Concorrência (destruição criativa)	Forte	Fraca
Financiamento de projetos	Flexível e baseado no mercado	Rígido e alocado

Fonte: versão modificada de Chenggang Xu, "Capitalism and Socialism: a Review of Kornai's *Dynamism, Rivalry, and the Surplus Economy*", *Journal of Economic Literature* v. 55, n. 1, p. 191-208, mar. 2017.

Assim, é fácil cometer o erro, como fazem muitos especialistas no assunto, de atribuir o sucesso da China ao surgimento de uma economia de livre mercado ou ao poder de um regime comunista extremamente centralizado. A verdade, no entanto, está em algum ponto entre esses dois extremos. É verdade que os mercados funcionam na China: tanto o mercado de bens quanto o mercado dos fatores de produção (o capital e o trabalho) operam com base na oferta e na procura, os consumidores têm liberdade de compra e as empresas investem em inovação. As descobertas, a educação e os bons investimentos financeiros produzem retornos lucrativos. No entanto, o planejamento e a capacidade de mobilização do Estado também desempenham um papel de destaque: de que outro modo seria possível que um país em desenvolvimento como a China, por exemplo, em poucos anos se tornasse, ao mesmo tempo, o maior consumidor e o maior produtor de veículos elétricos? A adoção em massa de uma nova geração de tecnologia em transportes exige a rápida instalação de eletropostos, a organização de cadeias de suprimentos que integrem desde fabricantes de baterias até montadores, e até mesmo o rompimento de antigos hábitos de consumo. Nas economias ocidentais, fala-se em "induzir" os consumidores a fazer o que for melhor para a sociedade — e é muito difícil que isso dê certo. Na China, grandes mudanças podem ser efetuadas com rapidez e com pouca oposição política. Para alguns, isso pode parecer ao mesmo tempo impressionante e assustador.

A combinação entre direção estatal em nível macro e mecanismos de mercado em nível micro, como veremos ao longo deste livro, é o que explica os rápidos surtos de crescimento da China e sua ascensão tecnológica em tão curto espaço de tempo. É também a abordagem adotada para que ela alcance seu novo objetivo de prosperidade comunitária. Isso explica muitos enigmas econômicos, como a persistente subvalorização da taxa de câmbio chinesa, longos períodos de baixas taxas de juros e contenção salarial, e imensos superávits comerciais — mistérios notáveis que se manifestaram várias vezes na história recente. Atribuições contraditórias e a tensão que surge quando o Estado e os mercados caminham em direções opostas são traços recorrentes da economia híbrida. Embora os países de terceiro mundo que procuram um modelo para seguir talvez não sejam capazes de reproduzir a bem-sucedida fórmula econômica chinesa, eles ainda têm muito o que aprender com a China como um modelo alternativo ao capitalismo puro. E, embora nosso objetivo seja falar da economia chinesa de hoje e de amanhã, também falarei muito sobre o passado recente do país, a fim de facilitar a compreensão tanto do momento presente quanto dos momentos que ainda estão por vir.

PARA ENTENDER O ENIGMA CHINÊS

Os economistas costumam focar em princípios universais — determinado conjunto de regras fundamentais estabelecido dentro de determinado quadro que gera resultados previsíveis. Quando se trata da China, no entanto, há uma abundância de anomalias, paradoxos e enigmas. O pensamento econômico ocidental baseia-se na premissa de que os indivíduos buscam aumentar ao máximo seu próprio bem-estar e de que as empresas são igualmente motivadas a aumentar ao máximo seus lucros; os mercados estabelecem seu próprio equilíbrio enquanto o Estado desempenha um papel, em grande parte, passivo. Mas o Estado assume um papel muito mais notável na paisagem chinesa: é uma enorme montanha que se ergue acima de outras elevações imponentes, como a cultura e a história. Na economia chinesa, os mecanismos identificados por pioneiros da ciência econômica, como Adam Smith, não são os únicos em ação e nem sempre são os mais importantes.

Consumidores, empreendedores e o Estado: na China, nenhum deles age como um agente econômico convencional. Portanto, em nossa jornada para aprender mais sobre o momento atual da China e gerar prognósticos acerca de seu futuro, teremos de contestar as suposições ocidentais, ajustando nosso foco para vermos melhor esse ponto fora da curva global. As famílias chinesas costumam tomar decisões pensando de forma coletiva, e não individual, decisões que levam em conta uma rica rede de relações intergeracionais e deveres que muitas vezes são colocadas acima do interesse de cada indivíduo. Os empreendedores tomam decisões não somente baseados no que vai aumentar o lucro de suas empresas, mas também equilibrando relações delicadas com autoridades locais, pensando em como alinhar seus objetivos com as políticas nacionais e gerenciando respostas simbólicas e políticas às regulamentações que afetam seu negócio. O Estado chinês é dotado de um poder singular e manipula uma gama de instrumentos que podem ser postos em ação para dirigir, gerenciar e impulsionar a economia para qualquer direção. Esses dispositivos de intervenção em massa não têm paralelo. Diretrizes de políticas públicas, regras e regulamentos podem ser definidos quase sem obstrução do governo. O Estado pode anular regras antigas e criar regras novas da noite para o dia, determinando quando, como e em quais empresas pode-se investir no exterior, concedendo ou negando permissões e licenças específicas ou manipulando o sistema financeiro para servir a uma meta nacional. Mas esse poder não é ilimitado. Controles internos e a competição restringem a corrupção. Uma sociedade civil cada vez mais exigente responsabiliza mais o governo por uma gama maior de problemas. As mídias sociais — apesar da rigorosa censura — constituem uma plataforma de monitoração mútua entre o povo e o governo.

Se o primeiro motivo pelo qual o mundo interpreta mal a China é a falta de uma perspectiva apropriada, o segundo é a ausência de dados; o ouvir dizer não substitui as provas concretas quando queremos contemplar uma situação por completo. Enquanto muitas pessoas, com razão, têm dúvidas acerca dos números oficiais chineses, há uma grande quantidade de dados de boa qualidade disponíveis em nível micro, coletados de famílias, empresas e indústrias. Eu me basearei nessas informações mais fragmentadas e também em uma grande variedade de conjuntos de dados e pesquisas encomendadas no âmbito internacional e por entidades privadas. Esses dados têm a vantagem de ser muito menos propensos à manipulação do que os números do PIB nacional ou as taxas de inflação, que estão sujeitos à influência do Estado.

Ao mesmo tempo, os dados podem ser ilusórios se não houver uma estrutura apropriada para sua interpretação. As taxas de crescimento de dois dígitos que a China apresentou durante muitas décadas podem parecer surpreendentes, mas são menos impressionantes quando se leva em conta os ínfimos valores iniciais sobre os quais elas eram calculadas. Da mesma forma, o investimento da China em infraestrutura foi criticado como alto demais, com base em sua alta proporção de 40% do PIB, porém, para um país que mal passou da metade de seu ambicioso plano de urbanização, pode ser que esse número não seja nada elevado — se o dinheiro for utilizado de maneira eficiente. Com a metodologia correta em mente e dados que nos permitam fazer validações empíricas, podemos começar a ver a economia chinesa como ela realmente é.

Para entendermos a economia chinesa com mais precisão, também é preciso levar em conta o impacto da cultura, dos valores e da história. Só então poderemos explicar seus diversos paradoxos. Por que a família chinesa poupa, em média, 30% de sua renda, enquanto a estadunidense poupa, em média, 3%? Como um chinês cuja renda está abaixo da linha de pobreza dos Estados Unidos consegue pagar por moradia preços equivalentes aos de Boston? Por que a China tem a economia com melhor desempenho do mundo e o mercado de ações com pior desempenho do mundo? Como as autoridades do governo são motivadas a criar uma riqueza enorme para empreendedores privados sem criar riquezas equivalentes para si mesmas? Como entender o fato de que os problemas crônicos do setor financeiro chinês — a montanha-russa de seu mercado de ações, a dívida em rápida expansão, o sistema bancário paralelo [*shadow banking*, no original]* e os preços astronômicos dos imóveis — ainda não acarretaram uma grande implosão financeira?

Há também muitas coisas difíceis de conciliar com o modo de pensar ocidental: um poder extremamente centralizado em um governo que também ouve seus cidadãos e atende a suas demandas; uma nova geração de chineses com grande força de vontade, com ótima formação (muitas vezes em universidades do Ocidente) e cosmopolita, e que ainda assim obedece aos seus pais; uma maioria de cidadãos chineses que cooperam voluntariamente com o Estado, apesar das reclamações e queixas sobre suas rigorosas normas e imposições. Comportamentos que são considerados aceitáveis em certos países podem provocar arrepios ou causar desgosto em outros. Segundo a Pesquisa Mundial de Valores, que examina as crenças e os valores das pessoas em mais de cem países, 93% dos participantes chineses dão mais valor à segurança que à liberdade, enquanto 28% de estadunidenses pensam dessa maneira.[2] Tais diferenças só podem ser compreendidas por completo levando-se em conta a cultura e a história.

Na China, o Estado intervencionista tem suas raízes no paternalismo, uma característica do governo chinês desde os tempos confucianos, mais de 2.500 anos atrás; essa atitude se baseia na convicção de que a intervenção de uma pessoa mais velha é justificada se for beneficiar uma pessoa mais nova. Isso ajuda a explicar o ímpeto do governo chinês de dirigir a economia em vez de deixar que os mercados façam tudo sozinhos; também oferece uma razão para a aversão do governo às oscilações econômicas e financeiras, até mesmo quando elas refletem as cadências naturais de um mercado saudável, e explica por que o Estado prefere avançar lentamente na via da liberalização, agindo com cautela e evitando certos riscos, em contraponto às reformas súbitas de economias centralizadas que vimos ocorrer no antigo bloco soviético.

---

* *Shadow banking* (em português, conhecido como sistema bancário paralelo) é o sistema de intermediação de crédito que envolve atividades e entidades fora do sistema bancário tradicional. (N.E.)

Os chineses veem pouca diferença entre o paternalismo estatal e a criação autoritária dos filhos. Embora suas intromissões possam escandalizar quem tenha sido criado em uma cultura ocidental, a Mãe Tigresa que disciplina os filhos e toma decisões por eles é considerada algo normal pelos chineses. Ainda assim, estes não se veem como peões impotentes, nem no contexto da família nem no da sociedade. Contornando uma norma social caracterizada pela forte tolerância, os chineses constantemente tentam equilibrar as obrigações e a deferência com o livre-arbítrio. Um estudo longitudinal conduzido por pesquisadores da Harvard Kennedy School — que confirma vários estudos realizados pelo mundo afora — relatou uma forte satisfação com o governo, apesar do paternalismo: 86% em 2003, 96% em 2009 e 93% em 2015 e em 2016.[3] A última Pesquisa Mundial de Valores (2017-2020) indica que 95% dos participantes chineses têm alta confiança em seu governo, contra 33% nos Estados Unidos e 45%, em média, no resto do mundo.[4] Em 2022, o nível de confiança estava em 91%, contra 39% nos Estados Unidos.[5] Os sentimentos podem variar, e o nível de satisfação costuma ser mais baixo com as autoridades locais, mas os cidadãos chineses *esperam* que o governo assuma um papel importante na resolução dos problemas sociais e econômicos, e não veem as intervenções como violações da liberdade.

O BOM, O MAU E O FUTURO

A história econômica chinesa não é, em absoluto, uma narrativa de triunfos constantes, sem nenhum revés. Ela também serve de lição. Em 1978, o ano em que começaram a ser implementadas as grandes reformas, a economia chinesa estava em ruínas e o povo chinês estava atolado na pobreza. Nas décadas seguintes, centenas de milhões de pessoas saíram da pobreza, e o país saiu do atraso econômico para se tornar o elemento mais central e mais conectado da economia global. No entanto, as ambições econômicas da China custaram caro. Para impulsionar a rápida industrialização e subsidiar o investimento na produção, as famílias sofreram com salários abaixo do valor de mercado e baixas taxas de retorno em sua poupança. Desequilíbrios entre as exportações e o consumo interno se aprofundaram. Cidades antigas com relíquias insubstituíveis foram inundadas com a construção de represas para fornecer energia para a modernização. Surgiram conjuntos habitacionais austeros e de baixo custo, acompanhados pela degradação ambiental generalizada e pelo desperdício de recursos. O desenvolvimento econômico da China baseou-se em um modelo de alto custo e alto crescimento.

Um país pobre que pretende crescer rápido muitas vezes acaba pegando atalhos. A China era o arquétipo de um país correndo uma maratona como quem corre os 100 metros rasos. As regras e os regulamentos eram flexibilizados sempre que preciso para estimular o crescimento do PIB. A concorrência desleal aumentou a distância entre alguns poucos privilegiados com contatos no governo e um número imenso de pessoas sem contatos. Homens de negócios inescrupulosos tornaram-se bilionários da noite para o dia. Tudo isso era tolerado, contanto que o capital entrasse no país, os investimentos crescessem, os negócios se expandissem e o PIB aumentasse.

A mesma abordagem foi aplicada à aquisição de tecnologia. Empresas chinesas ofereceram a empresas estrangeiras uma grande participação em seus negócios dentro do país em troca de tecnologias indispensáveis. Algumas delas foram obtidas de maneira ilegal. Em sua pressa para se modernizar, a China aceitava produtos de qualidade abaixo do padrão, imitações, falsificações e investimentos feitos com pouca consideração pela eficiência e pelas consequências. Eu me lembro de ter visto restaurantes novos que pareciam palácios, ricamente decorados com mármore, mogno e colunas gregas pintadas de dourado, cujos garçons, em trajes elegantes, aguardavam alinhados na entrada. Mas eu raramente via clientes lá dentro. Esses atalhos deixaram em seu rastro controvérsias internacionais, abusos e desperdícios.

Mas será que o custo e os sacrifícios valeram a pena? Um caminho mais saudável para o crescimento poderia ter alcançado os mesmos fantásticos resultados? Não há como avaliar alternativas contrafactuais; simplesmente não sabemos. Mas podemos procurar conhecer melhor as forças que possibilitaram esses resultados e continuam influenciando o povo chinês ainda hoje, para o bem e para o mal. O sacrifício pelo bem da família ou da comunidade é uma prática que atende às normas sociais. Não é bom nem ruim — é apenas algo aceito por todos. Os debates recentes sobre como abordar a covid-19 deram uma nova definição à noção de sacrifício, mas, no começo de 2020, a China escolheu salvar vidas e deixar de lado a produção econômica, ao passo que, no Ocidente, o pêndulo balançou para o outro lado.

Apesar dos seus consideráveis avanços, a economia da China atualmente enfrenta grandes desafios, alguns deles criados por ela mesma. Aspectos fundamentais da estratégia que se provou tão eficaz no começo do desenvolvimento econômico podem não ser apropriados para seus estágios mais avançados. O crescimento com o objetivo de alcançar outras nações é muito diferente do crescimento baseado na inovação. Quando as oportunidades são abundantes, a qualidade das instituições que respaldam o crescimento econômico se torna menos importante. Quando os mercados são incipientes e desordenados, grandes intervenções estatais podem ser mais eficazes do que em mercados mais profundos e maduros. O aparato que foi tão eficaz para colocar a China na liderança em novas áreas da tecnologia, como a de veículos elétricos e a de energia limpa, também gerou uma produção excessiva de aço e painéis solares que saturou tanto o mercado interno quanto o internacional. Um Estado sensato precisa saber quando permanecer nos bastidores e afrouxar o controle, deixando que a economia siga seus fluxos e refluxos naturais. Precisa segurar as rédeas com a mão mais leve e com mais habilidade, principalmente nesta nova era de conhecimento e informação.

O NOVO MANUAL

A abordagem curta e rápida, baseada no impulso febril de aumentar o PIB, está virando coisa do passado à medida que a economia chinesa amadurece. Agora a China, impulsionada por uma nova geração, está operando com um novo manual. São os observadores que ainda estão fixados nas ideias da perda de emprego dos trabalhadores estadunidenses em razão das importações chinesas, de uma economia chinesa baseada em imitações baratas, de um modelo de crescimento baseado em indústrias poluentes, de um Estado inflexível que sufoca o setor privado e da corrupção generalizada, uma vez que os custos inevitáveis de fazer negócios não estão acompanhando a rápida evolução da China. A nova cartilha econômica chinesa baseia-se na inovação e na tecnologia, que devem ser alcançadas por meio da autossuficiência e da maestria em uma era marcada por um espírito sem paralelo de urgência e orgulho nacional. Sua crescente classe média e a nova geração de consumidores exigem bastante da sociedade civil e não se contentam com baixos padrões de vida. A busca incansável da China pelo crescimento econômico foi substituída por uma ênfase crescente na melhora dos indicadores mais flexíveis do desenvolvimento — um ambiente mais limpo, maior segurança alimentar e melhor qualidade de vida. No modelo chinês antigo, o desenvolvimento era impulsionado por um ecossistema de regulamentos frouxos e baixos padrões de qualidade. O novo modelo baseia-se em uma busca mais lenta pelo crescimento, porém mais sensata — um crescimento mais ordenado, regulado e monitorado. Cada vez mais as pessoas tomam consciência de que o que é *eficiente* economicamente pode não ser *desejável* socialmente e de que o sucesso econômico não necessariamente garante o bem-estar geral da nação. Na nova era, a China buscará ir além tanto do socialismo marcado pela escassez quanto do capitalismo estigmatizado pela desigualdade.

Essas mudanças estão acontecendo em um importante cenário: a ascensão de uma nova geração. A geração de chineses nascidos nos anos 1980, 1990 e na primeira década dos anos 2000 caracteriza-se por uma clara ruptura com o passado. Esses grupos, dos quais faço parte, parecem diferentes em praticamente todos os aspectos das gerações passadas, que foram moldadas por décadas de escassez em uma sociedade que eliminava tudo o que lembrava o capitalismo e pela Revolução Cultural, que impactou profundamente a mentalidade da população. Mais importante ainda, os jovens da China foram profundamente afetados — de maneiras previsíveis e também completamente imprevisíveis — pelo maior experimento social da história da humanidade: a política chinesa do filho único, colocada em prática no começo dos anos 1980. A geração marcada por essa política está transformando os hábitos de consumo e de poupança, as dinâmicas da inovação, a competitividade e o *soft power* do país.

Os dados revelam que esses jovens gastam bastante, pegam uma quantidade imensa de dinheiro emprestado e têm uma inclinação pelo estilo de vida consumista. Têm também o potencial de injetar trilhões de dólares na economia global, pois viajam para o exterior, definem tendências globais da moda e gastam muito mais dinheiro do que seus pais em cultura e artes. As pesquisas indicam que eles têm uma mente substancialmente mais aberta e têm mais consciência social do que as gerações anteriores. No entanto, apesar de estarem muito mais expostos ao Ocidente, os jovens na China se sentem menos propensos a aceitar a democracia no estilo ocidental do que as gerações mais velhas.[6] Por mais que os jovens chineses estejam vestindo Adidas e assistindo à NBA, a globalização não substituirá o que já está depositado em uma camada profunda da psique nacional, assim como a substituição das jaquetas de Mao por ternos de corte ocidental não sinalizou uma mudança para um estilo de vida ocidental. Lá no fundo, o povo chinês segue imerso em sua própria cultura, está ligado a suas próprias tradições e enraizado em suas próprias comunidades. Os chineses podem estar viajando pelo mundo em número recorde, mas seus pontos de referência são, em sua quase totalidade, locais. Esse grupo mais jovem está inaugurando uma era de liberalização econômica sem liberalização política, embora a situação seja dinâmica e ainda tenhamos muito o que aprender sobre a nova geração chinesa que está tomando as rédeas do poder.[7]

Se os problemas de comunicação e a desconfiança contribuíram para a deterioração das relações entre os Estados Unidos e a China, espera-se que a próxima geração de líderes chineses, mais instruídos e mais fluentes em diversas culturas, esteja mais bem-equipada para conciliar diferentes visões de mundo.

Mesmo que uma educação de elite nos Estados Unidos não tenha sido capaz de transformar jovens estudantes chineses em ávidos partidários da democracia no estilo ocidental e do capitalismo, ela abriu seus olhos, sem dúvida, para as virtudes de uma sociedade aberta, senão completamente livre. Seus desejos de questionar, de desafiar, de buscar a verdade e de combater a injustiça terão importantes consequências na China que será moldada por eles.

A economia chinesa corre grandes riscos, mas provavelmente os maiores impedimentos ao crescimento econômico chinês que vem ocorrendo desde 1979 não serão fatores econômicos diretos. Alguns temem que a ideologia e a política triunfem sobre as considerações econômicas de forma a prejudicar o crescimento; outros acreditam que, voluntária ou involuntariamente, a China deixará de se envolver com o resto do mundo. Há também o risco de erros tecnocráticos motivados por vieses políticos. Se não for calibrada com prudência, uma implementação apressada e hipercarregada de políticas bem-intencionadas para mudar o modelo de crescimento chinês poderá causar mais mal do que bem, como discutiremos mais detalhadamente no capítulo final.

Conflitos extensos, a proibição da exportação de semicondutores e as novas tarifas estão reforçando a assertividade da China e pondo-a no rumo de uma mobilização nacional para alcançar a autossuficiência.** Nos Estados Unidos, há quem gostaria de conter a ascensão chinesa; na China, há quem acredite no antigo ditado "crescemos na adversidade e perecemos na prosperidade". A mentalidade de autossuficiência sem um envolvimento global contínuo é perigosa em um mundo onde a prosperidade e a proficiência tecnológica se baseiam cada vez mais nas ligações em rede e na interdependência. Quando os elos econômicos se quebram, todos perdem, principalmente os mais vulneráveis.

A economia mundial, mais de uma década após o final da Grande Recessão, está vivendo um período particularmente sombrio. As economias mais importantes do mundo estão desacelerando, a maioria delas assolada pelo peso das dívidas e por uma inflação feroz. Os pontos de rompimento nas cadeias globais de abastecimento, os impasses tecnológicos entre a China e os Estados Unidos e as crises que espreitam os países em

** É questionável como esses fatores podem levar a um avanço positivo. Supõe-se que tudo isso diga respeito à "disputa" que alguns países, como os Estados Unidos e o Japão, travam com a China pelo mercado de semicondutores. Por isso, eles têm imposto à China diversas restrições à exportação de produtos utilizados na produção de chips e semicondutores, o que tem feito, porém, com que a China inove ainda mais e busque autossuficiência. (N.E.)

desenvolvimento após a pandemia não são bons presságios para a economia globalizada. Quando as principais economias se juntaram em um espírito de colaboração para combater os danos econômicos causados pela crise financeira global de 2008, poucos poderiam prever que o mundo caminhava rumo à bifurcação, e não à convergência. Poucas empresas teriam imaginado que seu destino poderia ser selado por fatores geopolíticos, e não por suas próprias decisões estratégicas ou por sua competitividade. E poucos investidores e multinacionais poderiam ter imaginado que a China perderia boa parte de seus atrativos como o principal destino dos investimentos após anos de restrições às viagens.

A guerra na Ucrânia apenas evidencia mais do que nunca as devastadoras consequências da guerra e suas reverberações em todo o mundo. Mas também destaca o poder da fusão entre países por meio da colaboração econômica e financeira. Se agirem de modo racional, os Estados Unidos e a China farão tudo o que puderem para evitar um confronto; e, embora talvez não trabalhem em vista de uma convergência, poderão ao menos continuar trilhando pacificamente cada qual o seu caminho. Mas isso levaria à criação de esferas separadas em termos de padrões tecnológicos, modelos de globalização e gerenciamento da política interna e da economia. Também acarretaria um ritmo mais lento de inovação e um custo mais alto para fazer negócios, além da escassez de produtos e da inflação — tudo pago, no fim das contas, pelos consumidores. A tese teórica de maximizar a eficiência econômica por meio da globalização acabou se mostrando longe demais da realidade em um mundo de competição entre grandes potências e cujos panoramas políticos mutáveis são cada vez mais moldados pelo pensamento pós-liberal, pela insegurança econômica e pela ascensão das mídias sociais.

Duas coisas terão de acontecer para que o modelo chinês passe na prova do tempo. Primeiro, a China terá de deixar de ter uma renda de 10 mil dólares *per capita* para ter uma renda de 30 mil dólares per capita. Chegar lá não será tão fácil quanto foi alcançar a meta de 10 mil dólares. Depois, ela terá de demonstrar que é capaz de resolver melhor do que as economias de livre mercado os problemas mais complicados do capitalismo e da globalização, como a crescente desigualdade, a perda de empregos causada pela tecnologia e as baixas expectativas da geração mais jovem, que, em uma época de abundância sem precedentes, está mais desiludida do que gerações que tinham muito menos. Desse modo, o sistema chinês se vê diante de um desafio: um sistema que é poderoso para mobilizar e executar grandes avanços industriais pode não ser tão eficaz para cultivar tecnologias revolucionárias e o crescimento sustentável, algo que se faz necessário para que a China se torne uma nação rica; um sistema que é eficaz quando o país e sua população estão excepcionalmente focados no crescimento econômico pode não ter a resiliência e a flexibilidade necessárias para gerenciar uma sociedade mais complexa e pluralista. À medida que as necessidades materiais forem sendo satisfeitas, a mensuração do bem-estar passará a ir além do consumo e da acumulação de riquezas; os indivíduos exigirão que suas preferências cada vez mais multifacetadas sejam respeitadas e se reflitam em resultados coletivos. Será preciso adotar novos mecanismos que reflitam escolhas feitas pelo povo, e não pelos governantes; processos melhores para integrar debates, conhecimentos especializados e um conjunto diversificado de habilidades; e participação em larga escala para suprir e equilibrar as diversas necessidades da sociedade. Será a China capaz de enfrentar esses desafios? Ainda não sabemos, mas podemos chegar a conclusões mais apuradas e formar juízos mais perspicazes sobre ela. Análises baseadas em dados e evidências podem sanar dúvidas e dissipar mitos; podem nos ajudar a prever o futuro com mais precisão e nos afastar de decisões motivadas pela emoção, por ideologias ou pela política.

Nem mesmo os nativos podem dizer que têm um conhecimento completo do seu país. Só vim a conhecer o impacto imenso da China na economia do mundo quando fui professora universitária em Londres e membra do conselho de algumas empresas multinacionais. Aprendi empiricamente o modo como os negócios normalmente são feitos na China ao atuar como consultora de empresas de tecnologia cujos jovens fundadores constantemente me impressionaram com seu espírito empreendedor e sua capacidade de navegar em um ambiente político e comercial altamente complexo. Minha participação em grupos de trabalho governamentais e em debates sobre políticas públicas me permitiu reconhecer a vasta gama de considerações que o governo tem de levar em conta sempre que toma uma decisão importante. Os funcionários públicos e os líderes que conheci são altamente motivados e profundamente comprometidos com sua missão. Eles querem fazer as coisas da maneira correta, um caminho que nem sempre é o mais fácil. Minha formação e minhas experiências no Oriente e no Ocidente me permitiram observar a economia chinesa de perto e de longe. Deste último ponto de vista, as coisas parecem mais claras e as diferenças são um pouco mais fáceis de conciliar.

Creio que uma compreensão melhor da cartilha chinesa pode ajudar a reduzir tensões e a tornar o mundo um lugar mais seguro. Foi ninguém menos que John F. Kennedy quem pediu um mundo "seguro para a diversidade". Políticos, homens e mulheres de negócios, estudantes ou acadêmicos: cada um de nós pode dar o melhor de si para sair do pântano do sensacionalismo, dos estereótipos e dos preconceitos. Somente assim poderemos nos envolver com a China de maneira eficaz e ponderada, criticá-la com pertinência e fazer boas perguntas. Até então, nossa interpretação da China continuará sendo mais errada do que certa, em uma época em que se unir em um propósito comum se torna crucial para enfrentarmos as ameaças que põem em risco a própria existência da humanidade.

2. O MILAGRE ECONÔMICO DA CHINA

O poder do crescimento econômico reside em sua capacidade de mudar a vida das pessoas. Em poucos lugares isso ficou tão evidente quanto na China, na qual, no período entre 1978 e 2016, a expectativa de vida aumentou quase dez anos e a mortalidade infantil caiu mais de 80%. No decorrer das últimas quatro décadas, mais de 800 milhões de pessoas na China saíram da extrema pobreza — a maior redução da desigualdade em todo o mundo na época moderna. Estatisticamente, vemos em operação, nesse caso, o poder da regra dos 72: dada uma taxa de crescimento anual de 6%, o tamanho da economia duplica a cada doze anos. Entre 1978 e 2011, a taxa de crescimento médio do PIB chinês foi de espantosos 10%, e seus efeitos tangíveis puderam ser vistos em toda parte: em novos edifícios que surgiam da noite para o dia e em uma enxurrada de novos trens urbanos, automóveis, caminhões, ferrovias, pontes, rodovias, estradas e canais.

Nasci nessa era de transformação econômica da China e vivi, pessoalmente, seus efeitos de mudança de vida. No começo da década de 1980, minha família — como todas as outras famílias que eu conhecia — vivia de cupons de alimentação, que eram racionados. Ovos, óleo de cozinha, açúcar, carne, tecido, sabão e muitos outros artigos de uso cotidiano estavam sujeitos a um racionamento mensal rigoroso. A vida em um apartamento de 20 metros quadrados, com cozinha e banheiro comunitários, era considerada luxuosa. Cozinhávamos em fogões a carvão. A rede elétrica era tão precária que os apagões eram mais a regra do que a exceção, mesmo em Pequim, a cidade mais rica do país. Naquela época, quem caminhasse pela Avenida Chang-an, a Champs-Élysées de Pequim, via apenas três hotéis chiques, e os poucos carros que por ali passavam tinham de navegar em um mar infinito de bicicletas, que abriam caminho e depois tornavam a se juntar, como cardumes de peixes.

Naquela época, fazia poucos anos que havíamos entrado na nova era de reformas econômicas de Deng Xiaoping, e os chineses, embora pobres, estavam esperançosos. À medida que o motor econômico da China começou a rugir, o que mais me chamou a atenção, na infância, foi a passagem da escassez para a abundância. Em 1985, os cupons de racionamento já eram coisa do passado, e décadas depois tornaram-se objetos de ávida procura por parte de colecionadores. Quando ingressei no ensino médio, no começo da década de 1990, a disponibilidade de alimentos já era infinita e sua variedade, estonteante. Guloseimas importadas, como Coca-Cola, bolinhos de creme coreanos e batatinhas chips, tornaram-se extremamente populares. Quando o primeiro McDonald's abriu suas portas, na esquina da Rua Wangfujing com a Avenida Chang-an, a fila de ansiosos consumidores se estendia por vários quarteirões; e, à medida que a rede se expandia por outras cidades chinesas, foi seguida de perto pelo Kentucky Fried Chicken e pelo Burger King. O McLanche Feliz, no entanto, ainda era um luxo com o qual meus pais me recompensavam pelo bom desempenho na escola ao fim de cada semestre.

À medida que a China ia dando adeus ao racionamento de alimentos, seu povo também foi se livrando das vestimentas cinzentas, sem graça, que tinham sido por tanto tempo o produto principal da costura chinesa. Na década de 1990, a busca por empregos menos monótonos inspirou a primeira onda de aventureiros a arriscar um *xiahai*, um "mergulho no mar" da iniciativa privada. Alguns enriqueceram da noite para o dia e, orgulhosos, ostentavam seus celulares-tijolo e percorriam a cidade em carros novos produzidos no próprio país. À medida que a economia do país crescia, os fardos da vida foram se tornando cada vez mais leves. Em pouco tempo, a vida privilegiada de uma família com renda mensal de 10 mil yuans em Pequim deixou de ser uma raridade. As pessoas, que antes só descansavam um dia por semana, tinham agora os dois dias do fim de semana — não somente para pôr em dia os cuidados da casa, mas também para desfrutar de novas atividades de lazer, como um passeio em um dos muitos parques da cidade ou uma noite na Ópera de Pequim. Dez anos depois, meus colegas de classe, para quem um picolé tinha sido uma iguaria rara, já trabalhavam em escritórios, tinham um ou mais carros e moravam em apartamentos espaçosos que não tinham de partilhar com outras famílias.

Essa metamorfose extraordinária dentro do país foi acompanhada por uma mudança igualmente decisiva no modo pelo qual a China era vista pelo mundo. Em 1997, o mesmo ano em que o Reino Unido devolveu Hong Kong à China, deixei minha família em Pequim para estudar na Horace Mann High School, no Bronx, o distrito mais ao norte da cidade de Nova York. Por acaso, um lobista estadunidense do setor educacional, a quem sempre serei grato, estava procurando um estudante de intercâmbio da China continental que pudesse recomendar ao doutor Weiss, diretor da Horace Mann. O fato de uma orgulhosa membra da Liga da Juventude do Partido Comunista poder viver na intimidade de uma família estadunidense ativamente envolvida em campanhas e convenções democráticas e na arrecadação de fundos para usos políticos parecia surreal.

Essas mudanças profundas que ocorreram em minha vida abriram meus olhos para a existência de outros valores, muito diferentes daqueles que até então eu julgava universais. Toda vez que as pessoas ficavam sabendo de onde eu vinha, os mesmos três assuntos surgiam: o Tibete, a Praça da Paz Celestial e os direitos humanos. Para minha grande surpresa, até mesmo nova-iorquinos cosmopolitas ainda acreditavam que todos os chineses viviam sob o medo constante de um regime opressor — isso quando a maioria dos chineses estava se divertindo como nunca e aproveitando novas oportunidades. Felizmente, essa visão estreita da China começou a se abrir em razão de um número cada vez maior de programas de intercâmbio cultural, como aquele do qual participei. Quando ingressei na universidade, em 2000, meus amigos já estavam fascinados pela China e alguns tinham começado a aprender mandarim; quando me formei, quatro anos depois, alguns deles tinham decidido se mudar para a China para fazer carreira lá. Em apenas quinze anos, a imagem da China tinha mudado radicalmente, não apenas pelo fato de o país ter se tornado um elemento novo e importante na cena global, mas também porque oferecia, dentro de suas fronteiras, abundantes oportunidades para estrangeiros. A China logo assumiria papel de liderança ao lado dos países mais prósperos e avançados do mundo. Tudo isso ocorreu durante minha vida de estudante.

A transformação que eu mesma vivi — do racionamento de alimentos a uma vibrante economia de importância mundial — costuma ser descrita como um milagre econômico. Mas, como os economistas tendem a preferir as explicações científicas àquelas baseadas na fé, o objetivo deste capítulo é identificar os diversos fatores que contribuíram para a metamorfose econômica chinesa. À primeira vista, dois aspectos dessa mudança chamam particularmente a atenção. O primeiro é a rapidez. No arco da história humana, de 200 mil anos, a Revolução Industrial é considerada um marco crucial, pois melhorou o padrão de vida em 75% em um tempo equivalente ao de uma vida humana. Como comparação, os índices de crescimento da China vão fazer com que muitos chineses vejam um aumento de 75 vezes em seu padrão de vida, ou seja, 7.500%.

A história também nos ensina que surtos de crescimento periódicos acontecem de vez em quando. O Brasil teve um desempenho econômico brilhante nas décadas de 1960 e 1970, assim como Botsuana. Países latino-americanos como o México e o Peru, além de economias asiáticas como a Malásia, a Indonésia e a Tailândia, experimentaram todos um rápido crescimento nesse mesmo período. Sessenta anos depois, no entanto, nenhum desses países conseguiu entrar na categoria de países de alta renda. O crescimento chinês, em contrapartida, mostrou-se não somente rápido como também duradouro. O PIB do país vem aumentando em uma média surpreendente de 9,5% ao ano *há quatro décadas*. Para contextualizar esse dado, o aumento do PIB no Ocidente do ano 1 d.C. até 1829 foi de 6% *por século*.[1] No período em que os Estados Unidos viveram seu crescimento econômico mais rápido, de 1920 a 1970, o crescimento anual do PIB foi, em média, de 4%.

Poucas economias chegaram perto de se equiparar ao ritmo e à resistência do crescimento chinês. São exemplos Coreia, Hong Kong, Singapura e Japão,[2] mas todas essas economias são muito menores — comparáveis à de uma única cidade ou província na China. Hoje em dia, a China apresenta-se como a segunda maior máquina econômica do mundo. Responde por cerca de 16% do PIB global e vem diminuindo cada vez mais a margem que a separa do líder mundial, os Estados Unidos. Com base nas projeções atuais, no começo da década de 2030 a China terá recuperado o status que tinha no século XIX: o de maior economia do mundo.

Como, então, a China se tornou "o país que não fracassou"? Quando os países em desenvolvimento olham para a China hoje, eles se interessam menos por debater os detalhes relativos à privatização *versus* a estatização e mais por importar o modelo chinês em sua totalidade. Mas que modelo é esse, afinal? E em que medida pode ser imitado? Robert Lucas, ganhador do Prêmio Nobel de Economia, disse: "Simplesmente aconselhar uma sociedade a seguir o modelo coreano é mais ou menos como aconselhar um aspirante a jogador de basquete a seguir o modelo de Michael Jordan".[3] Ele fez essa observação em 1993, antes de a China operar seu próprio milagre, mas sua frase é ainda mais pertinente ao modelo chinês.

Apresentaram-se muitas teorias para explicar o extraordinário crescimento da China. Alguns estudiosos acreditam que o ponto principal é o predomínio do "mercado sobre o maoismo",[4] um triunfo da economia irrestrita sobre a ideologia; outros atribuem o crescimento à estratégia desmedida de investimentos do país; outros ainda defendem que a chave do sucesso foi o povo empreendedor da China, com sua incomum predileção pela poupança. É certo que todos esses fatores tiveram seu papel, como veremos, mas nenhum deles proporciona uma explicação de primeira ordem para o crescimento da China nos últimos quarenta anos. A razão por trás desse impulso de crescimento pode ser resumida em uma frase: a China estava aproveitando o próprio potencial. Nesse sentido, não se tratou, por si só, de um milagre.

Assim como um atleta supertalentoso, mas mal treinado, ficará para trás nas competições, a China estava sendo prejudicada pela estratégia falha que ela mesma adotara antes de 1978, época em que planos baseados no modelo soviético acorrentavam a economia. Ao receber um treinamento de ponta, no entanto, esse atleta se aperfeiçoa mais rápido que todos os seus competidores e experimenta um "crescimento milagroso". O passado turbulento da China encobriu o fato de que seus fundamentos ainda estavam sólidos. Sua história de 2 mil anos como potência mundial, os valores culturais do confucionismo e o alto nível da educação pública e de competência burocrática estavam à espera, prontos para contribuir quando a China conseguisse deixar para trás os acontecimentos devastadores da primeira metade do século XX.

FUNDAMENTOS INTANGÍVEIS: CULTURA, INSTITUIÇÕES E HISTÓRIA

O World Values Survey quantifica o modo pelo qual os diferentes países expressam um amplo leque de crenças e valores culturais, entre os quais as atitudes do povo em relação à poupança, ao trabalho e ao esforço, ao individualismo, à inovação, ao comércio, ao papel das mulheres, à abertura para outros países e culturas e às instituições políticas e jurídicas.[5] A China tem uma pontuação bem alta nos quesitos frugalidade, trabalho árduo e educação das crianças.[6] Muitos creem que essas características foram cruciais para o sucesso econômico chinês, mas ocorre aí uma confusão fundamental entre o que promove o *nível de renda* e o que estimula o *crescimento.* A cultura e os valores mudam devagar, isso quando mudam, e, por esse motivo, não podem ser considerados fatores de primeira ordem para o crescimento; e, como vimos, o crescimento de uma economia pode aumentar e diminuir violentamente (políticas públicas mal pensadas, a instabilidade política ou uma ideologia equivocada podem facilmente tirar uma economia do caminho do crescimento ou encaminhá-la para um desastre). Em longo prazo, entretanto, a cultura pode desempenhar um papel importantíssimo na determinação dos níveis de renda da economia. (O país com propensão à poupança tende a se tornar mais rico, por exemplo, embora esse resultado não seja garantido.) A cultura também pode funcionar como uma "variável de interação" na determinação do crescimento. Isso significa que os valores culturais nem sempre contribuem, por si sós, para o crescimento, mas podem afetar este último quando aliados a outros fatores.

Entre as vantagens culturais da China destaca-se a contribuição de Confúcio (551 a.C.-479 a.C.), o famoso filósofo chinês cujos ensinamentos nasceram de sua busca por soluções pragmáticas para os problemas de sua época. Em resposta aos rigores da vida em uma sociedade agrária, Confúcio exaltou a virtude do trabalho árduo, o valor de uma família numerosa e a honra de uma linhagem familiar antiga. Uma vez que as famílias grandes tinham de fazer muito com poucos recursos, a virtude confuciana da frugalidade lançou raízes profundas na psique chinesa. Segundo *The Zuo Tradition* [Crônica de Zuo], comentário escrito no século V a.C. por um discípulo de Confúcio, "a frugalidade é uma virtude de que todas as outras virtudes partilham; a extravagância é o pior dos males".

Confúcio não dava valor somente ao conhecimento e ao estudo, mas também ao caráter e à integridade moral. O imperador detinha o poder supremo, mas os assuntos cotidianos do Estado tinham de ser geridos por administradores competentes, instruídos, dotados de retidão e comedimento e comprometidos com o cumprimento de seu dever. O cientista político Francis Fukuyama apresentou fortes argumentos em favor da tese de que, para que haja boas instituições, é preciso haver uma burocracia instituída com base no mérito individual. A China, dona da tradição de burocracia centralizada mais antiga do mundo, introduziu um sistema meritocrático de seleção dos funcionários públicos já no século III a.C.

Para a surpresa de muitos ocidentais, a mobilidade ascendente baseada na capacidade e no caráter é, ainda hoje, uma marca distintiva do sistema chinês. Outrora, o meio de acesso à burocracia estatal era o sistema de exames imperiais;* hoje, ele assume a forma de um extenuante exame vestibular para a universidade que se tornou uma verdadeira fixação nacional. Durante três dias a cada ano, milhões de estudantes em todo o país se sentam, todos ao mesmo tempo, para fazer uma prova para a qual passaram anos se preparando. Do lado de fora dos locais de exame, milhões de pais e mães se enfileiram, suados sob o opressivo calor do verão, com marmitas e garrafas d'água que os ajudem a atravessar o dia, ansiosos para descobrir o destino que aguarda seus filhos.

O respeito chinês pela ordem e pelo governo também remonta ao confucionismo. Confúcio viveu em uma época em que os soberanos haviam perdido o controle de sua dinastia, mergulhando o país no caos enquanto Estados vassalos se enfrentavam em guerras infindáveis. Tinha, portanto, perfeita consciência da importância da estabilidade e da harmonia social apoiadas em cidadãos que saibam qual é a posição que ocupam na sociedade, aceitem essa

---

* O sistema de exames imperiais, conhecido por Keju, foi criado na dinastia Sui (581-618) com o objetivo de formar um corpo de letrados e de militares para a administração civil e militar da China. O sistema foi sendo aperfeiçoado ao longo dos seus 1.300 anos de história e sofreu reformas até a última das dinastias imperiais. A seleção de oficiais governamentais era feita tanto por hereditariedade dos filhos dos altos dignitários quanto por recomendação de homens sábios. Ver mais informações no artigo disponível em: https://www.revistamacau.com.mo/2011/03/18/keju-%E7%A7%91%E4%B8%BE-%EF%BC%8D-o-sistema-de-exames-imperiais/. Acesso em: mar. 2024. (N.E.)

posição e se comportem de acordo com ela. Por muito tempo, os economistas modernos tiveram a opinião de que a aversão confuciana ao individualismo era contrária ao espírito empreendedor e, portanto, limitava a inovação. Em uma época mais recente, atribuiu-se à doutrina confuciana — que exalta a ordem social, a frugalidade, o trabalho árduo, o comunitarismo e uma burocracia baseada no mérito — um papel importante no sucesso estrondoso das economias do Leste Asiático, como as do Japão, da Coreia, de Taiwan e da China continental.[7]

Essas economias desfrutam não somente de altos índices de poupança e de investimento, uma industrialização acelerada e um capital humano riquíssimo, mas também de instituições públicas eficazes e de uma burocracia tecnocrática bem-formada. Tan Yong Kam, economista de Singapura, formula a questão da seguinte maneira: "Ao contrário do modelo euro-americano, que remonta à tradição de Adam Smith, segundo a qual o Estado é um mal necessário que deve ser limitado à manutenção da lei e da ordem, os valores e a tradição confucianos propõem um modelo maximalista de Estado, em que este tem inúmeras responsabilidades, deveres e obrigações. O Estado não cumpre apenas funções reguladoras e de supervisão, mas também desempenha papel de liderança no desenvolvimento, na educação e na mobilização da sociedade para prioridades específicas. Não é composto apenas de funcionários administrativos; seus membros são, muitas vezes, vistos como líderes, intelectuais e professores".[8] O imperador, além de ser o soberano supremo, tinha a obrigação moral de governar com *compaixão*.

Depois da morte de Confúcio, em 479 a.C., a China, cerca de dezoito séculos antes da Europa, criou o primeiro Estado moderno. Quatro invenções chinesas — o papel, a imprensa, a pólvora e a bússola — mudaram o mundo para sempre. Na época da dinastia Song (960-1279), a China não tinha rivais no mundo em matéria de ciência e tecnologia, e seu vasto império respondia por um quarto do PIB total do globo.[9] O poder político consolidara-se sob um único imperador; uma burocracia eficiente geria a administração dos amplos territórios do império, aprovisionava os exércitos e fornecia os bens públicos; estava em vigor um sistema tributário sofisticado e estável baseado no registro das famílias e na propriedade da terra; e exames competitivos para os cargos oficiais promoviam um funcionalismo público meritocrático.

Em razão de seu isolacionismo, a China perdeu o bonde da Revolução Industrial. No final do século XIX, a dinastia Qing estava completamente à mercê das potências ocidentais. Seus princípios isolacionistas motivaram incursões e guerras por parte de países estrangeiros, o caos político e ações políticas ineficientes. Durante as três décadas que se seguiram à Segunda Guerra

Mundial, as principais preocupações da China foram a pureza ideológica e a segurança nacional; seus principais objetivos eram a transformação da economia em um sistema socialista e a construção de uma força militar forte o suficiente para salvaguardar a soberania do país.

Um fato histórico que muitos ignoram é que, mesmo nos anos difíceis que precederam a turbulenta Revolução Cultural na história recente do país, os sinais de avanço não estavam ausentes. Foi instituída uma estrutura de governo baseada na descentralização econômica, bem como a prática de usar experimentos locais como laboratórios para grandes iniciativas políticas. A China se modernizou muito em certos aspectos: redes elétricas locais e nacionais permitiram a implantação de novos setores industriais e novas tecnologias. A taxa de alfabetização aumentou com a expectativa de vida, que passou de 36 para 67 anos. A maioria das crianças chinesas foi vacinada. Apesar de equívocos na política econômica, as três décadas anteriores a 1978 não foram completamente perdidas.[10]

Tais antecedentes históricos tornam a China muito diferente de outros países em desenvolvimento que, alinhados na pista, aguardam o momento de fazer sua economia decolar. A maioria deles nunca alcançou, antes, um nível avançado de desenvolvimento institucional e econômico; alguns já tiveram economias prósperas que, no entanto, sucumbiram à dominação colonial. Nesses países, entre os quais se incluem a Índia, Bangladesh e muitos Estados centro-africanos, as instituições locais ou foram completamente erradicadas e substituídas ou sofreram uma alteração permanente. A China escapou por pouco da servidão colonial e, mesmo em seus piores momentos, aferrou-se teimosamente à autonomia política. Mesmo sob a influência soviética, nas décadas de 1950 e 1960, era dona de seu próprio destino político e econômico. Assim, tanto a cultura quanto a história lançaram os fundamentos do nível de renda potencial da China; mas o caminho que levaria a esse resultado exigiria uma reforma radical do sistema econômico.

1978: UM ANO DIVISOR DE ÁGUAS

As décadas anteriores a 1978 caracterizaram-se por dois grandes movimentos políticos na China. O primeiro foi o Grande Salto Adiante, a campanha conduzida por Mao Zedong de 1958 a 1960 para que a economia da China deixasse de ser agrária e se tornasse industrial, realizando a ambição de Mao de ultrapassar os Estados Unidos e a União Soviética na produção de aço. O investimento governamental foi possível retirando-se modestos excedentes de outras partes da economia, enquanto as famílias fizeram sua parte fundindo panelas e gerando sucata metálica no quintal de suas casas. O trágico resultado não foi um Grande Salto Adiante, mas a Grande Fome. Uma série de políticas equivocadas para acelerar a produção agrícola acabou resultando em um declínio de 15% na produção de grãos em 1959 e de mais 16% nos dois anos seguintes. Durante todo esse tempo, o país inteiro enfrentou uma fome severa.[11]

Em meados da década de 1970, a economia da China estava em ruínas, arrasada pelo ineficiente planejamento central à maneira soviética e pela estagnação econômica que acompanhou a Revolução Cultural; sofreu também com um calamitoso terremoto em Tangshan, que matou mais de 240 mil pessoas e feriu gravemente outras 160 mil. Embora a China tivesse se tornado uma potência nuclear em 1964 e o quinto país a lançar com sucesso um satélite em órbita em 1970, ainda estava afundada na pobreza. Foi então que morreu Mao Zedong, fundador da República Popular da China comunista.

Foi diante desse pano de fundo que Deng Xiaoping subiu ao palco na qualidade de novo líder supremo da China, aplaudido por aqueles que se lembravam dele como um homem pragmático, afeito ao progresso econômico, antes de ter sido destituído do poder pouco antes da morte de Mao (após a qual ele regressou ao poder). Apesar das elevadas esperanças depositadas em Deng em seu novo papel, poucos chineses poderiam imaginar as reformas históricas que ele desencadeou, preparando o caminho para a China do futuro. Os desafios que tinha de enfrentar eram assustadores — não eram só econômicos, mas também ideológicos. Até então, os líderes da nação orientavam-se por uma mentalidade política baseada na luta de classes. A linha dura da velha guarda resistiria a qualquer mudança que se desviasse do marxismo-leninismo ortodoxo. No entanto, se uma pequena parte do país fosse capaz de evidenciar o sucesso de determinada reforma, até as vozes que mais se opunham à reforma poderiam ser abafadas pelo coro dos apoiadores.

Deng Xiaoping mostrou-se à altura da ocasião, concentrando-se em duas questões. A primeira era garantir o consenso dentro do partido, avaliando o desempenho histórico de Mao para evitar uma prolongada controvérsia sobre a Revolução Cultural; isso ajudaria a unir o partido em vez de dividi-lo. Deng defendeu essa reorientação política afirmando que o Pensamento de Mao Zedong deveria ser interpretado de maneira "holística, correta e abrangente", afrouxando as amarras da ortodoxia ideológica o suficiente para abrir um caminho rumo à reforma econômica. A segunda questão era como implementar as novas políticas econômicas, e nesse ponto Deng Xiaoping foi flexível e paciente. Reconhecendo os perigos de erradicar de uma vez a economia de estilo soviético por meio de gigantescos programas de privatização, preferiu a abordagem de "atravessar o rio pisando com cuidado sobre as pedras". Esse gradualismo representou um jeito engenhoso de adiar a resolução de algumas questões espinhosas, tais como a conciliação da propriedade privada com os ideais de um Estado socialista ou do livre-comércio com as teorias marxistas do valor.

Ou seja, o ano de 1978, quando Deng Xiaoping voltou pela terceira vez do desterro político para se tornar o líder inconteste da República Popular, marcou uma virada crucial na história chinesa contemporânea. Foi o ano em que a China abandonou uma cartilha baseada na doutrina comunista pura e embarcou em uma série de reformas que transformaram o país. A garrafa que prendia o gênio do crescimento rápido foi enfim destampada, mas ainda havia alguns obstáculos importantes a superar antes que ele pudesse usar todo o seu poder.

A transição pela qual a China passou no século XX, da pobreza à prosperidade econômica, além de ter sido rápida, também se sustentou; mas, como indica o gráfico a seguir, uma análise mais atenta do crescimento do país a cada ano revela que a subida não foi sempre foi tranquila e livre de dificuldades. Em alguns anos, a taxa de crescimento anual chegou a 14%, ao passo que, em outros, caiu para menos de 3%.

Não houve uma mudança única que botou a economia em um caminho de crescimento contínuo. Pelo contrário, o crescimento ocorreu em surtos ligados a ondas específicas de reforma, cada uma das quais visando a uma fraqueza estrutural específica do sistema econômico. Quando o efeito positivo de uma reforma começava a se esgotar, vinha uma nova onda de reformas que produziam outro surto, até que este também se esgotasse. É famosa esta frase de Deng Xiaoping: "A reforma é a segunda revolução da China". Entre 1978 e 2008, quatro grandes ondas de reforma desencadearam surtos de crescimento.

A ex-União Soviética e os países do bloco oriental também recorreram às reformas para tentar salvar sua economia, mas com uma importante diferença: tentaram resolver todos os problemas do planejamento centralizado de uma vez, aplicando em sua economia o equivalente a uma terapia de choque. Despreparadas para o choque da privatização e da liberalização súbitas de seus mercados, essas sociedades não sentiram o efeito terapêutico. A China, por outro lado, atravessou o rio pedra por pedra. Esse gradualismo permitiu que os líderes do país fizessem experimentos de mudança — mesmo que arriscados e ideologicamente problemáticos — sem produzir rupturas com efeito desestabilizador. A transição do planejamento central para uma economia de mercado foi conturbada, como vimos anteriormente, mas as sucessivas melhorias foram tornando cada vez mais fácil, para o povo chinês, a tarefa de suportar as mudanças.

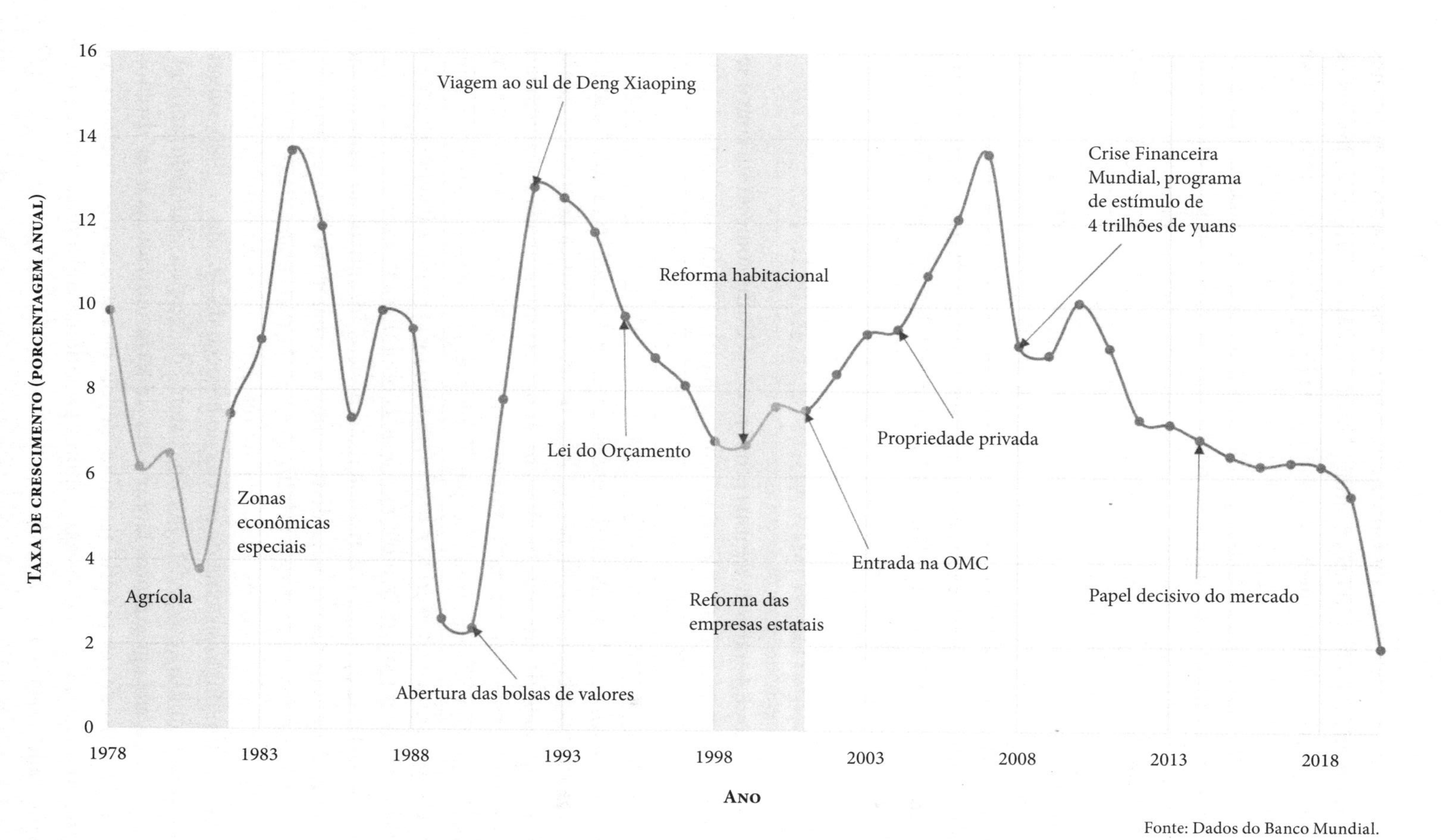

Figura 2.1: Crescimento da China medido em PIB *per capita*, 1978-2020.

Por trás das reformas da China havia um esforço de superar as limitações fundamentais de uma economia planejada. Para começar, os preços na China não eram determinados pelas mesmas forças de oferta e procura que estabelecem o valor em uma economia de livre mercado; ao contrário, por motivos tanto ideológicos quanto políticos, os preços eram estabelecidos pelo governo. Era importante manter os preços baixos, pois isso permitia que os artigos essenciais de consumo fossem acessíveis a todos, garantindo a estabilidade social. A produção era determinada por cotas estabelecidas pelo governo, em um processo que seguia de perto o modelo soviético. Os agricultores e outros produtores não podiam usar os preços como régua para aumentar ou diminuir a produção; ao contrário, todos produziam a quota que lhes era determinada pelo governo. Assim, os preços não funcionavam mais como sinais de escassez ou excesso de produção, e as quotas poderiam ser atingidas ou não; o resultado era a escassez severa de certos produtos básicos e imensos estoques de outros.

O CRESCIMENTO ESTIMULADO PELAS REFORMAS

As quatro grandes ondas de reforma econômica na China começaram com o setor agrícola. Quando Deng Xiaoping subiu ao poder, 80% da população chinesa morava no campo. O país adotara um sistema utópico de produção agrícola centralizada e distribuição igualitária, administrado pelas comunas populares. Isso amarrou a maior parte da imensa força de trabalho do país ao campo, onde famílias trabalhavam juntas em lotes de terra em troca de frações iguais, mas minúsculas, daquilo que produziam. Todas as outras atividades comerciais eram consideradas capitalistas e, por isso, eram estritamente proibidas. Os excedentes alimentares das comunas populares eram entregues ao governo a um preço artificialmente reduzido e usado para financiar a indústria pesada, vista então como o símbolo máximo do poderio econômico chinês.

Esse sistema agrícola coletivo oferecia poucos incentivos ao aumento de produtividade. Em decorrência disso, embora a maior parcela do povo chinês trabalhasse nos campos, a produção agrícola não conseguia pôr comida suficiente na mesa de todos. Por meio de reformas, o governo introduziu formalmente um duplo sistema de preços no começo da década de 1980, substituindo a agricultura coletivista por um sistema de "responsabilidade familiar" que permitia aos agricultores lavrar lotes de terra individuais e ter direito a parte do fruto de seu próprio trabalho: depois de entregar uma parte ao governo ao preço do Estado, os agricultores poderiam vender o restante a preço de mercado e ficar com o lucro.[12]

Com base em suas primeiras mostras de sucesso, o sistema foi endossado oficialmente e teve efeitos extraordinários. Entre 1978 e 1984, a produção de grãos por unidade de terra cresceu 43% e a produção agrícola total, mais de 50%, apesar da redução global da força de trabalho no campo à medida que as pessoas iam se mudando para as cidades. A produtividade agrícola cresceu tão rápido que muitos trabalhadores que permaneceram no campo passaram a ter tempo livre para se dedicar a atividades que nada tinham a ver com a lavoura. Em seis anos, o número de habitantes da zona rural que viviam na extrema pobreza caiu pela metade, de 250 milhões para 128 milhões de pessoas.[13] Para os consumidores, os preços dos alimentos subiram um pouco quando o Estado parou de reduzi-los artificialmente, mas esse aumento permaneceu dentro de margens toleráveis, pois foi compensado por um rápido crescimento da oferta de alimentos.

Gostaria de mencionar aqui um detalhe interessante. Embora tivesse sido suprimida boa parte das forças econômicas que proporcionam incentivos em um mercado livre, o Partido Comunista da China procurou compensar esse fato encorajando o espírito revolucionário, o patriotismo e o orgulho pelo rejuvenescimento da nação. Os profissionais de melhor desempenho eram homenageados com a maior premiação do país, a de Trabalhador Modelo Nacional. Esse reconhecimento não visava somente à classe operária, mas também a intelectuais, técnicos, cientistas, professores e médicos. Além disso, em reconhecimento por realizações extraordinárias em seus campos de atuação, as pessoas eram nomeadas para posições de prestígio como delegadas do Congresso Nacional do Povo. Esses incentivos inspiraram muitos trabalhadores a contribuir para a reconstrução nacional à custa de seus interesses pessoais e até mesmo de sua vida, pelo que foram canonizados como mártires da revolução.

No começo e em meados da década de 1980, o governo implementou uma segunda onda de reformas, criando zonas econômicas especiais (ZEEs) que reproduziam os efeitos de economias de mercado abertas e voltadas para a exportação. Os privilégios concedidos às ZEEs eram tão extensos quanto excepcionais: isenções de impostos, tarifas alfandegárias reduzidas, preços mais baixos para a aquisição de terras e maior flexibilidade para negociar contratos de trabalho e de financiamento. O experimento das ZEEs teve um sucesso extraordinário. Empresas estrangeiras trouxeram tecnologia, equipamento e know-how e, em contrapartida, beneficiaram-se do baixo custo da mão de obra chinesa, do ambiente propício aos negócios, da boa infraestrutura e de um mercado interno gigantesco. A China foi inundada de investimentos estrangeiros. O sucesso das quatro primeiras ZEEs — estabelecidas em

Shenzhen, Zhuhai e Shantou, na província de Guangdong, e em Xiamen, na província de Fujian — fortaleceu a confiança do governo o suficiente para que, em 1984, fossem implementados programas de abertura semelhantes em catorze cidades. Com o tempo, a China se tornou um polo global de processamento de exportações — essencialmente reunindo bens intermediários vindos do exterior para reexportá-los na qualidade de produtos finais.

No final da década de 1980, o ritmo formidável desse novo surto econômico já havia abrandado. O menor crescimento da década foi verificado em 1989, quando os acontecimentos da Praça da Paz Celestial paralisaram a economia nacional.** Tirando vantagem da fragilidade da situação política, os adversários da reforma estavam começando a ganhar terreno, mas, na Viagem ao Sul que fez em 1992, Deng Xiaoping redobrou seu compromisso de aumentar o impacto das reformas. Ele encorajou as autoridades locais a adotar um espírito empreendedor e a continuar abrindo mercados. Também prometeu um apoio inabalável às empresas privadas, que tiveram uma explosão de crescimento nos anos seguintes. À medida que muitas empresas privadas começaram a superar suas congêneres administradas pelo Estado, o governo passou a reformar essas estatais atrasadas. Anteriormente, as empresas estatais tinham sido a espinha dorsal econômica da nação, gozando de monopólios que lhes permitiam comprar materiais e equipamentos a preços reduzidos e vender produtos manufaturados a preços artificialmente elevados. Depois de décadas desempenhando papel de destaque em um sistema dedicado à promoção do socialismo, no entanto, muitas empresas estatais haviam se tornado pesos mortos na economia geral do país.

Seguindo a mesma estratégia gradual que havia seguido na reforma agrícola e nas ZEEs, o governo, com cautela, foi oferecendo cada vez mais autonomia aos gestores das empresas, sobretudo em decisões referentes a produção, vendas, financiamentos, investimentos, expansão e modernização tecnológica. As empresas estatais começaram a oferecer ações nas bolsas de valores públicas. Uma vez identificadas as empresas que não davam lucro, o governo discretamente deixou que elas falissem ou as vendeu aos funcionários. Em 1994, o setor privado já respondia por 40% dos empregos urbanos na China, quando dez anos antes a própria palavra "privatização" era tabu. Hoje em dia, o setor privado emprega cerca de 80% da força de trabalho urbana.[14]

** A Praça da Paz Celestial (praça Tian'anmen ou Tiananmen) passou a ser conhecida em todo o mundo por esse nome em consequência de um massacre ocorrido em 1989, conhecido como Massacre de 4 de Junho, em virtude da opressão do governo da República Popular da China contra manifestações populares pacíficas em Pequim. (N.E.)

Esse terceiro conjunto de reformas procurou resolver outra falha profunda do sistema socialista de estilo soviético adotado na China: a ausência de concorrência. Até meados da década de 1980, as empresas estatais não tinham nem incentivo para se expandir por sua própria iniciativa nem necessidade de competir ou adotar novas tecnologias. As empresas ineficientes e retrógradas eram aceitas com condescendência e as empresas recém-abertas, mais produtivas e inovadoras, não tinham muitas chances de obter as bênçãos do governo. Em resumo, o efeito purificador dos mecanismos de mercado estava ausente da economia centralizada; sem concorrência, não havia incentivo para o progresso e a inovação. Sujeitando as estatais a padrões mais elevados de desempenho e abrindo os mercados para concorrentes privados, o governo deu a essas entidades subsidiadas uma dose saudável de disciplina de mercado.

A última grande maré de reformas econômicas ocorreu quando a China entrou na Organização Mundial do Comércio (OMC), em 2001, escancarando suas portas para o comércio global. O governo liberalizou as exportações de forma agressiva, eliminando grandes barreiras ao comércio e cortando as tarifas pela metade. Dos 160 setores de serviços da China, 100 foram abertos para estrangeiros nos anos subsequentes. Regras e regulamentos foram reescritos para atender aos padrões internacionais. Com a exceção de certos setores monopolizados pelo Estado por serem considerados essenciais para a segurança nacional, as empresas chinesas foram incentivadas a negociar diretamente com empresas estrangeiras, em vez de ter de recorrer à intermediação de uma estatal, como no passado.

A entrada na OMC anunciou uma nova onda de crescimento entre 2000 e 2007, quando o PIB *per capita* real da China quase dobrou. Poucos anos depois de entrar na OMC, a China já ostentava um grande excedente comercial, já tinha acumulado uma quantidade expressiva de reservas em moeda estrangeira e já era dona de uma quantidade significativa de títulos do tesouro estadunidense. O capital estrangeiro continuava entrando no país a todo vapor, fluindo para empresas de exportação e para os setores industrial, hoteleiro e da construção civil. Em 1978, a China estava em 33º lugar no ranking global de comércio, e o total de suas importações e exportações era avaliado em 206 bilhões de dólares. Em 2009 — menos de uma década depois de entrar na OMC — o país já se tornara líder isolado em matéria de exportações. Em 2017, o total de importações e exportações da China alcançou 4,1 trilhões de dólares.

As consequências do rígido planejamento econômico chinês anterior a 1978 foram benéficas na medida em que proporcionaram à nova liderança um capital acessível com que trabalhar, e Deng Xiaoping soube aproveitar a oportunidade. Partindo de uma economia cujo desempenho era muito inferior ao seu potencial, ele restabeleceu o vínculo entre o esforço e a recompensa, liberando uma avalanche de incentivos, mobilidade, concorrência, flexibilidade de preços e inovação; depois, abriu a economia para fazer experiências com o comércio e os investimentos internacionais, conservando ao mesmo tempo a estabilidade política e social. Com isso, a economia chinesa estava pronta para uma explosão de crescimento. Esse surto ocorreu na China mesmo na ausência dos pré-requisitos típicos do crescimento econômico: o Estado de direito, a segurança dos direitos de propriedade e um ambiente propício aos negócios. Em outras palavras, as condições da China estavam longe de ser ideais, mas isso não retardou o ritmo frenético de crescimento quando as reformas entraram na ordem do dia.

MÃO DE OBRA, CAPITAL E A IMPORTÂNCIA DA PRODUTIVIDADE

Um erro comum que as pessoas cometem ao considerar o crescimento da China entre 1978 e 2008 é atribuí-lo a imensas infusões de capital do governo central. Isso é compreensível, dado que a taxa média de investimento na China foi de duas vezes a dos Estados Unidos no decorrer desse período. Essa ideia é reforçada pela importância que a China historicamente atribuía às indústrias poluentes e por imagens mais recentes, divulgadas na internet, de uma febre de construção que criou grandes cidades-fantasmas suburbanas e impressionantes pontes que não levam a lugar algum. No entanto, como aprendemos observando os efeitos das quatro ondas de reforma da China, a verdade é mais sutil — e mais interessante.

Inúmeros estudos apoiam a ideia de que, ainda que o investimento de capital tenha desempenhado um papel importante no sucesso da China, a produtividade total dos fatores (PTF) — a medida da eficiência com que recursos como a mão de obra e o capital são utilizados — teve uma atuação ainda mais significativa. É importante levarmos esse dado em consideração, pois, como estratégia, o investimento em massa não é sustentável no longo prazo. Afinal, quantas máquinas e quantos trabalhadores podemos continuar acrescentando? A certa altura, quando a economia alcança o pleno emprego, dar mais máquinas aos trabalhadores se torna menos eficaz. Os economistas normalmente chamam isso de "maldição dos rendimentos decrescentes". O crescimento da produtividade, no entanto, é diferente. Com um nível crescente de PTF, a mesma quantidade de máquinas e trabalhadores pode continuar gerando uma produção cada vez maior.

Para esclarecer esse conceito, vejamos a Figura 2.2, que mostra a trajetória de crescimento de uma economia. O eixo vertical indica a produção por pessoa (*y*) e o eixo horizontal, o capital por pessoa (*k*). Uma economia no ponto *b* pode ampliar sua produção ao longo da curva à medida que acumula capital *per capita*, mas em algum momento esse ritmo de crescimento desacelera. Karl Marx previu que a ganância capitalista reduziria por fim a zero o retorno em cima do capital, e a redução dos incentivos para poupar e investir acarretaria a queda do capitalismo.

Contudo, o crescimento pode vencer a maldição dos rendimentos decrescentes, *desde que seja acompanhado por um aumento contínuo da PTF.* Uma alocação de recursos mais eficaz e os avanços tecnológicos são duas maneiras de fazer crescer a produtividade total dos fatores. Aumentando a PTF, a economia pode então saltar de uma trajetória mais baixa para outra mais elevada. Observe que, no ponto *c* (em cima), a economia alcança um nível de produção *y* mais alto do que no ponto *b* (no meio), com o mesmo capital *k*. Dessa maneira, os países em desenvolvimento podem continuar crescendo se conseguirem melhorar constantemente a produtividade e expandir a fronteira da produção.

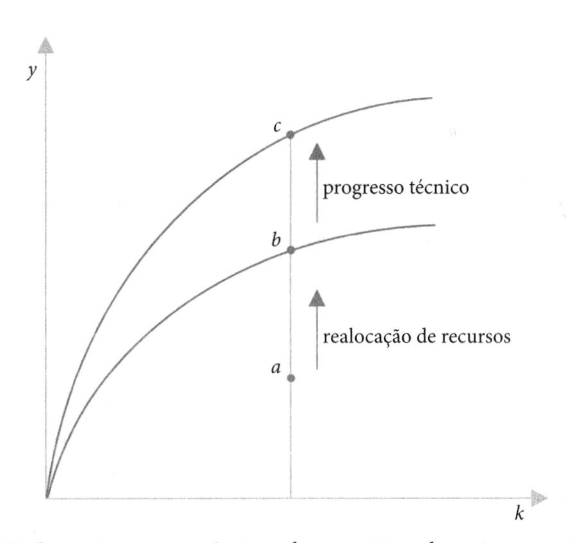

Figura 2.2: O crescimento econômico e duas maneiras de aprimorar a eficiência.

Nesse caso, qual parcela do crescimento do PIB chinês foi devida ao aumento dos fatores de mão de obra e capital e qual foi devida à PTF crescente? Análises acadêmicas dos dados chineses levam ao consenso geral de que a produtividade foi responsável por cerca de *metade* do crescimento da produção chinesa no seu período de crescimento mais rápido, os trinta e poucos anos após 1978: apesar de derivados de diferentes conjuntos de dados e sistemas de medida, os cálculos dão resultados muito semelhantes. Os pesquisadores Barry Bosworth e Susan M. Collins concluíram que o aumento de produtividade contribuiu com 49,3% do crescimento do PIB geral da China;[15] Dwight H. Perkins e Thomas G. Rawski observaram que essa porcentagem foi de 45,2%;[16] Jinghai Zheng, Arne Bigsten e Angang Hu chegaram a 49%;[17] Loren Brandt e Xiaodong Zhu calcularam 51,3%;[18] e um estudo do FMI concluiu que essa participação foi de mais de 50%.[19] Se, em vez de olharmos para o PIB em si, focarmos no PIB *per capita*, a PTF torna-se, surpreendentemente, responsável por 78% do crescimento da China.[20] Na década posterior a 2009, como veremos mais tarde no capítulo 6, a história é outra. A qualidade dos dados referentes às empresas em si infelizmente piora a partir de 2013, mas estimativas gerais sugerem que o crescimento da PTF diminuiu substancialmente na última década.[21]

Quando focamos nosso olhar especificamente na PTF, seu crescimento anual geral na China entre 1978 e 2007 foi de 3,92% em média, e, entre 1998 e 2007, alcançou 4,58%.[22] Para comparar, o crescimento da PTF dos Estados Unidos, que é o maior impulsionador do crescimento econômico nesse país, foi de 1,6% a 1,8%, em média, entre 1870 e 2010, e de 0,4% entre 2010 e 2018.[23] A taxa de crescimento da PTF na Europa tem sido de menos de 1%. Durante estágios de desenvolvimento comparáveis, a média da Coreia foi de 3% (1960-1990). Em resumo, ao contrário do que diz a crença popular, a *produtividade* proporcionou uma importante contribuição ao crescimento da China.

O que impulsiona o crescimento da PTF, aumentando a produtividade da economia no geral? A primeira coisa que vem à mente é a inovação e o progresso técnico. Por exemplo, a descoberta da eletricidade e a invenção do motor a vapor, do motor de combustão interna, do telégrafo e do microprocessador elevaram a produtividade de forma substancial durante décadas. Também podemos trabalhar mais com o ar-condicionado que nos mantém frescos em um clima quente e com remédios modernos que nos mantêm saudáveis. Graças ao telefone, às impressoras, aos computadores e aos novos softwares, os trabalhadores de escritório podem produzir dez vezes mais nos dias atuais do que produziam os do passado.

Avanços tecnológicos importantes como esses, no entanto, são poucos e raros. Felizmente, não são apenas eles que estimulam a produtividade. Nos primeiros estágios de sua explosão de crescimento, a China não teve de esperar pelo surgimento dos equivalentes chineses de Bill Gates, Steve Jobs, Sergey Brin ou Larry Page. O processo foi muito mais simples: reduzir o desperdício e a ineficiência por meio da realocação de recursos fez uma diferença enorme.

Particularmente para países em desenvolvimento, essa maneira de melhorar a PTF — reduzir a alocação ineficiente de recursos — é muito mais relevante.

Para ilustrar, vamos retornar aos dados de crescimento. Uma possibilidade que não consideramos é a seguinte: e se uma economia não começar na fronteira do ponto *b*, mas *abaixo* dele, no ponto *a*? Essa possibilidade surge quando os recursos são utilizados de maneira ineficaz — quando são desperdiçados ou mal distribuídos —, de tal maneira que a economia se mantém abaixo de seu potencial.

Há muitos exemplos de má alocação de recursos na vida real: nem sempre as melhores empresas obtêm os melhores trabalhadores; apesar dos exames de mérito, não são necessariamente os melhores estudantes que obtêm as melhores colocações; e nem sempre são os agricultores mais produtivos que têm os maiores terrenos. Os empreendedores privados sofrem para encontrar quem financie suas empresas inovadoras, enquanto estatais gigantescas compram clubes de futebol ou o SeaWorld. Algumas empresas com contatos políticos obtêm subsídios em abundância, enquanto outras mais produtivas quase se afogam em um mar de burocracia. Todos esses problemas indicam ineficiência em larga escala. Descrevendo os desafios enfrentados pelas economias em desenvolvimento, Abhijit V. Banerjee e Ester Duflo, ganhadores do prêmio Nobel, disseram em seu livro *Good Economics for Hard Times* [*Boa economia para tempos difíceis*]: "O problema não é que as tecnologias lucrativas não estejam disponíveis nem sejam acessíveis, mas que a economia parece não fazer o melhor uso possível dos recursos disponíveis".[24]

Na China, em particular, esse tema é recorrente. Na China pós-reforma, a maior e mais importante fonte de crescimento do país foi alcançar o próprio potencial — isto é, ir do ponto *a* ao ponto *b*. Isso ocorreu por causa de mudanças significativas na maneira com que os recursos eram geridos no período de 1978 a 2005, quando cerca de 400 milhões de trabalhadores saíram de bolsões de baixa produtividade econômica para entrar em bolsões de alta produtividade. Isso envolveu dois grandes êxodos. O primeiro foi uma migração da agricultura para a indústria, que ocorreu gradualmente entre 1978 e 2005, quando a porcentagem de mão de obra dedicada à agricultura diminuiu de 70% para 30%. O segundo êxodo assumiu a forma de uma gigantesca realocação de mão de obra do setor estatal para o setor privado, pela qual a proporção de empregos estatais diminuiu de 52% para 13% no mesmo período.[25] Um grande "programa de realocação" para funcionários de empresas estatais mandou alguns de volta à faculdade para que fossem retreinados. Em sua maior parte, os custos foram pagos pelo governo; outros passaram a trabalhar em empresas privadas ou se tornaram empreendedores. Como diz o ditado chinês, as árvores murcham se forem arrancadas, enquanto os seres humanos prosperam com o movimento. Em ambos os casos, políticas governamentais quebraram as barreiras à mobilidade que haviam sido erguidas anteriormente.

Esses importantes esforços ajudaram a corrigir um desequilíbrio gigantesco de recursos humanos, mas a China enfrentou problemas semelhantes no que diz respeito ao capital e à terra. As economias de mercado normalmente lidam com esses problemas por meio de um processo de destruição criativa, em que o inovador substitui o obsoleto. A concorrência leva à seleção natural, eliminando empresas de baixo desempenho e redirecionando os recursos para as empresas que estão funcionando. Mas essas forças podem ser enfraquecidas sob um gerenciamento central, cenário em que é muito comum que empresas menos produtivas utilizem mais recursos e expulsem empresas mais competitivas. Somente quando a política de "pegar o grande e soltar o pequeno" foi implementada, em meados da década de 1990, é que as empresas improdutivas tiveram de enfrentar o efeito destruidor das forças do mercado. Esse enorme aumento dos ganhos de eficiência por meio da realocação foi responsável por quase 3/4 do crescimento em produtividade que ocorreu no setor de manufaturas.[26]

É claro que as mudanças de cursos de ação política foram muitíssimo importantes para a China, mas não teriam sido tão eficazes se não fosse pela pesada mão do Estado. O Estado mobilizou recursos, conectou e coordenou diferentes entidades em uma rede nacional e pôs em prática reformas complicadas, que, em outros lugares, teriam sofrido resistência ou levado muito mais tempo para ser implementadas. É claro que nem todos os países têm Estados fortes e nem todos os cidadãos ficam felizes sob um governo desproporcionalmente grande. Como vimos, os efeitos da tradição confuciana, com sua ênfase no comunitarismo, na ordem social e no respeito pela liderança governamental, fizeram-se sentir na sociedade chinesa por mais de 2 mil anos. Na China contemporânea, as pessoas acostumaram-se com as intervenções onipresentes do Estado e simplesmente têm por certo que elas ocorrerão.

A intervenção do Estado em grande escala é certamente algo complicado. É boa para algumas coisas, como acelerar o desenvolvimento inicial, construir obras de infraestrutura, preencher mercados faltantes, fornecer bens e serviços públicos e desenvolver novas tecnologias altamente inovadoras, como veremos no capítulo 7. Mas é menos benéfica para outras coisas, como selecionar indústrias e tecnologias promissoras e tentar subsidiá-las para o sucesso. É difícil generalizar as lições da China para os países em desenvolvimento. A China ainda está tateando e avançando por meio de tentativa e erro. Às vezes, isso envolve experiências dolorosas em que o Estado aparenta ter se excedido, o que resultou em uma severa perda de confiança em 2021 e 2022. Uma vez que não há uma fórmula universal para o crescimento, nenhum modelo, nenhum conjunto de condições econômicas e políticas ideais é aplicável em todo tempo e lugar. Os que depositam sua confiança em um mercado sem restrições ficarão perplexos com as experiências da China, do Japão, de Singapura e da Coreia; os que acreditam na mão pesada do Estado têm uma variedade de desastres econômicos, do passado e do presente, para escolher. Mesmo sabendo o que é inequivocamente ruim para o desenvolvimento econômico, não conhecemos todo o espectro do que é bom ou eficaz. Por menos que isto seja satisfatório, as economias em desenvolvimento terão de desenvolver políticas próprias, que sejam adequadas ao seu ambiente e ao seu estágio de desenvolvimento e trabalhem com seu conjunto único de elementos culturais e históricos.

OS PERIGOS DA INDUSTRIALIZAÇÃO RÁPIDA

A China foi capaz de atingir taxas de crescimento impressionantes, mas isso não significa que seu modelo de crescimento entre 1978 e 2008 tenha sido um exemplo de sucesso absoluto. A participação da renda das famílias no PIB chinês diminuiu constantemente de 70% para menos de 60% nesse período; nos Estados Unidos e em outras economias avançadas, a participação da renda das famílias permaneceu em aproximadamente 80%. A taxa de retorno das poupanças das famílias chinesas era (e ainda é) extremamente baixa, cerca de 1% a 2% em média, em termos reais, em um período em que a economia cresceu 10% por ano e em que a média de retorno sobre o capital em toda a economia foi de 24% ao ano.[27] Ao mesmo tempo, o preço da moradia cresceu em um índice espantoso, de dois dígitos, tornando a moradia cada vez menos acessível para a família média. No setor industrial, os subsídios corriam soltos, levando a excedentes de aço, produtos de mineração e painéis solares, a ponto de algumas autoridades locais sugerirem bombardear as fábricas para diminuir seus estoques. O crédito barato virou uma droga que apoiava o setor industrial, e a certa altura serviu como tábua de salvação para toda a economia.

Esses males econômicos não são fenômenos isolados. São interligados e em entrelaçados por uma causa-raiz: o desejo impaciente de uma nação de se industrializar *rapidamente*. Por muito tempo, a mentalidade do Estado foi de que industrialização e modernização são equivalentes e que esse tinha de ser o foco econômico da China. Para um país que fora humilhado durante meio século por ser "retrógrado", a modernização era um objetivo absoluto. A industrialização é uma coisa boa, é claro, e especialmente benéfica para os países em desenvolvimento, mas o custo do desenvolvimento rápido na China foi alto: para subsidiar a industrialização, as taxas de juros foram mantidas artificialmente baixas, em um patamar que não refletia o crescimento de produtividade da economia. Essa "repressão financeira" foi possibilitada pelo fato de o sistema financeiro da China ser dominado por bancos estatais. As baixas taxas de juros diminuem o custo dos empréstimos, mas prejudicam as famílias que tentam obter um retorno decente em sua poupança. Isso produziu uma economia com pouco consumo, muito investimento nos lugares errados e uma quantidade grande de exportações. Esses desequilíbrios, como veremos no capítulo 8, provocaram controvérsias internacionais.

A baixa taxa de juros faz com que a moradia e as ações tenham um preço de equilíbrio alto, ao mesmo tempo que estimula os empréstimos em toda a economia, ameaçando a estabilidade financeira. Em essência, por mais que as reformas tenham eliminado algumas distorções que causaram um crescimento rápido da PTF nos últimos quarenta anos, novas distorções foram criadas no rastro do grande ímpeto chinês rumo à industrialização pesada. Afastar a China de uma política industrial artificial, boa no curto prazo mas tóxica no longo prazo, é a chave para o crescimento contínuo e de alta qualidade e para a resolução de certas disputas internacionais.[28] O velho modelo de crescimento deve ceder espaço a um novo modelo que não seja focado na industrialização, mas na inovação e na melhoria contínua da produtividade.

HIPÓTESE PARA O CRESCIMENTO FUTURO

Décadas atrás, se tivéssemos de prever o destino econômico da China com base nos princípios econômicos estabelecidos, jamais teríamos sonhado que a China chegaria aonde está hoje. Seja no que se refere ao Estado de direito, à facilidade de fazer negócios ou à governança corporativa — fatores considerados essenciais para o crescimento econômico —, a China tem se saído mal constantemente, oscilando em torno da média mundial ou abaixo dela.[29] A China ficou em 82º lugar entre 126 países no quesito Estado de direito; em 2018, ficou em 78º lugar em termos de facilidade para fazer negócios, atrás do Azerbaijão e de Ruanda; no quesito governança corporativa, ocupa o 72º lugar de 141 países pesquisados. Além disso, a China é comunista — e fervorosamente "vermelha"; afinal, nenhum país comunista além da China escapou do colapso total ou da miséria econômica.

Então, dada a óbvia dificuldade de fazer um prognóstico para a China, o que podemos esperar no que diz respeito ao crescimento futuro? Nos dez anos que se seguiram à crise financeira global de 2009, as coisas mudaram de direção. A produtividade total dos fatores caiu após um grande estímulo fiscal que pretendia impedir que a economia desabasse, mas acabou resultando na má alocação dos recursos. Como veremos no capítulo 6, estes foram direcionados para as grandes estatais, para o sistema financeiro paralelo e para inúmeros projetos de infraestrutura. Os três passos à frente dados nas primeiras três décadas após 1978 foram seguidos de um passo para trás. O crescimento manteve seu ritmo não pela melhoria da eficiência, mas por meio de uma quantidade imensa de crédito e de investimentos estatais; nos dez anos a contar de 2009, o índice de crescimento da PTF foi baixo ou até negativo, e a economia teve de se apoiar nos investimentos para sustentar sua expansão geral.

Como vimos, países latino-americanos como o México e o Peru e economias asiáticas como a Malásia, a Indonésia e a Tailândia também tiveram um crescimento rápido, mas por ora nenhum desses países em desenvolvimento alcançou o nível dos países de alta renda. Os dados mostram que o maior motivo é que eles sofreram uma significativa desaceleração na produtividade. É claro que os números não mostram *por que* essa desaceleração ocorreu; pode ter sido por causa da corrupção, da instabilidade política, de uma infraestrutura ruim ou de investimentos insuficientes em pesquisa e desenvolvimento, entre outras coisas. Esse fenômeno é o que os economistas chamam de "armadilha da renda média". Desde 1960, apenas 13 de 101 economias de renda média conseguiram escapar dela. A Coreia do Sul e Israel conseguiram, mas será que um país colossal como a China conseguirá? Essa talvez seja a pergunta mais importante acerca de seu futuro econômico.

Se a China ficar presa na armadilha da renda média, pode acabar seguindo os passos do Japão, que sofreu uma década perdida, sem crescimento, nos anos 1990. Se, no entanto, a China continuar crescendo na média de 5%, e supondo-se que os Estados Unidos continuem crescendo ema uma taxa anual de 1,5%, a economia chinesa ultrapassará a estadunidense por volta de 2030. Levaria ainda muitas décadas para que a China se tornasse tão rica quanto os Estados Unidos, mas a essa altura mais de 1 bilhão de chineses teriam o mesmo padrão de vida que o estadunidense médio. Contudo, para seguir a trajetória de seus vizinhos do Leste Asiático, e não a do Brasil e do México, a China precisará de um novo modelo de crescimento.

Na data em que escrevo, a taxa de crescimento da economia chinesa está desacelerando e atingiu seu menor nível em quarenta anos. Uma projeção de crescimento anual de 5% parece otimista demais a esta altura. Além de "fatores cíclicos", como os choques à economia global e às cadeias de produção e as quarentenas da covid-19, distorções persistentes e deficiências estruturais estão pesando na economia. Para começar, a relação recorde entre a dívida pública e o PIB da China, de 275% no ano de 2022, mostra que será necessário tomar um caminho doloroso rumo à desalavancagem. Os fatores estimulantes, como o crédito barato para salvar a economia da recessão, já não funcionam tão bem. A economia passou de "raramente fria e frequentemente quente" para o inverso. E as ameaças de desglobalização tornam particularmente frágeis as economias centradas na exportação.

A prolongada retração econômica faz com que seja difícil acreditar em um avanço do considerável potencial inexplorado da China. Mas a verdade é que ainda há cerca de 870 milhões de pessoas com uma renda mensal abaixo de 2 mil yuans (cerca de 300 dólares). Eles ainda não se juntaram aos 400 milhões no grupo de renda média, que, pelos padrões da China, têm uma renda mensal de 2 mil a 5 mil yuans — muito abaixo da média das economias avançadas.[30] Aumentar o grupo de renda média, grupo esse que tem a maior propensão marginal a consumir, é a única forma de realmente reforçar o motor do consumo chinês.

Há também espaço para a convergência. O nível de produtividade da China é, atualmente, muito menor que o dos Estados Unidos; a parcela chinesa de mão de obra com diploma universitário é ainda menor que a da África do Sul e a do Brasil, e muito menor que a dos países ricos.[31] Novas reformas governamentais poderiam liberalizar ainda mais a economia. Apesar de uma política econômica mais aberta no geral, as comportas ainda têm de ser escancaradas para que as empresas privadas possam competir no setor de serviços, que inclui entretenimento, educação e saúde. Atualmente, esse segmento de serviços da economia é responsável por cerca de 50% do PIB da China, um nível muito mais baixo que os 70%-80% encontrados em outros países industrializados. Uma vez que o setor de serviços necessita de mais mão de obra do que o de manufatura, sua expansão proporcionará mais oportunidades de emprego. A existência de seguradoras, hospitais, escolas e iniciativas culturais privadas não é apenas um benefício para a sociedade, mas também um solo fértil para que empreendedores de dentro e de fora do país participem e invistam.

Embora a China ainda tenha bastante espaço para crescer até alcançar os países ricos, o aumento gradual da prosperidade do povo também dependerá da capacidade política de implementar por completo reformas ainda não finalizadas. A esse respeito, a recente desaceleração no crescimento reflete mais um impasse nas reformas do que uma diminuição de potencial. Como vimos, as reformas deram um ímpeto poderoso à economia, e ainda há muitas áreas em que as distorções podem ser reduzidas e a eficiência pode ser aumentada: um aperfeiçoamento do setor financeiro melhoraria a alocação de capital e proporcionaria financiamentos estáveis e de longo prazo, que são importantíssimos para a inovação. A reforma do sistema *hukou* (o sistema de registro familiar), que vincula o trabalho das pessoas ao lugar em que elas nasceram, permitiria um fluxo de talentos entre as regiões e melhoraria a alocação de mão de obra, além de reduzir as disparidades regionais.[32] Reformas fiscais podem ajudar a solucionar o problema do alto nível de endividamento dos governos locais, como discutiremos mais detalhadamente no capítulo 6. As reformas são um ingrediente importante na mistura chinesa, mas ainda assim, à medida que o tempo passa, o modelo de crescimento impulsionado pelas reformas perde velocidade e potência. Muitos itens do abrangente pacote de reformas definido pelo 18º Congresso do Partido Comunista Chinês em 2012, quando Xi Jinping se tornou presidente, ainda estão em processo de implementação.

A China já deu seu primeiro salto quântico, passando de uma renda *per capita* de 380 para 10 mil dólares em quatro décadas. O segundo salto quântico consistirá em passar de 10 mil para 30 mil dólares de renda *per capita*. Só então é que o milagre econômico será completamente realizado. Até agora, boa parte da velocidade das conquistas da China pode ser atribuída ao fato de o país estar correndo para sair do atraso. Mas a China só alcançará um sucesso sem ressalvas quando o país, com uma população de 1,4 bilhão de pessoas, alcançar o status de alta renda, sobretudo se isso se der em um ambiente político que contradiz completamente a sabedoria convencional do Ocidente. Se isso acontecer, metade das pessoas mais prósperas do mundo poderá estar vivendo sob um governo comunista — uma situação que ninguém teria previsto em 1989, quando caiu o muro de Berlim.

É mais provável que a nova geração, responsável por uma onda de nova tecnologia, dirija a economia nessa direção do que na direção contrária. Os jovens da China não têm o mesmo apetite para a industrialização que as gerações anteriores, perspectiva que, até agora, moldou a identidade econômica do país e dirigiu o processo de seu crescimento econômico. Mas a nova geração orgulha-se da crescente capacidade de inovar do país e tem confiança em sua própria capacidade de contribuir para essa inovação. Essa geração entende o mercado e é inovadora e empreendedora. Em seus sonhos estão incluídos um padrão de vida mais elevado, um meio ambiente mais sustentável, mais equilíbrio entre o trabalho e o lazer, um espaço maior para a criação e a inovação e a valorização da cidadania em um país que lidera o mundo em matéria de crescimento econômico sustentável e intencional.

Se eu tivesse de escolher o tema do confucionismo que corre com mais força nas veias da China, seria este: "Ser um orgulho para os nossos antepassados". As conquistas na carreira são uma forma de honrar a ancestralidade. A nova geração que está assumindo papéis de liderança na China pode orgulhar suas famílias com uma vasta gama de empreendimentos, mas o pioneirismo em inovação se tornou, agora, a forma mais elevada desse tipo de glória. E é somente por meio da inovação que a China pode ter a esperança de se tornar a principal potência econômica do século XXI.

3. OS CONSUMIDORES CHINESES E A NOVA GERAÇÃO

Na China, o dia 11 de novembro é o Dia dos Solteiros; os números 1 em 11/11 parecem galhos sem folhas, que representam os solteiros. O Dia dos Solteiros foi, a princípio, uma reação ao Dia dos Namorados, gerada por estudantes da Universidade de Nanquim. Nascidos na era da política do filho único, esses estudantes pertencem a uma geração de jovens solitários que vivem sob alta pressão e receberam uma excelente educação. O Dia dos Solteiros pode até ter começado como uma forma de subversão social, uma expressão de frustração e descontentamento, mas, com um empurrão das grandes empresas de comércio eletrônico, ele rapidamente se tornou o maior acontecimento de compras online do ano — para todos. Em 11 de novembro de 2021, 140 bilhões de dólares em produtos foram vendidos em apenas dois sites, o Alibaba e o JD.com. Isso é mais do que os valores totais, somados, das vendas nos Estados Unidos na Black Friday, no Dia de Ação de Graças e na Cyber Monday.

O excedente de renda desses jovens elegantes — e sua disposição a gastá-lo — representa um agudo contraste com a frugalidade e a economia que costumamos associar ao povo chinês, visto como o que mais poupa dinheiro no mundo. Esses jovens consumidores fazem parte de uma nova elite assertiva, sempre ocupada com seus compromissos e planos de viagem, usufruindo dos bens materiais e do lazer como um modo de vida. Essa geração mais nova, que veio para quebrar barreiras, nasceu nos anos 1980, 1990 e na primeira década dos anos 2000. Seus membros são confiantes, privilegiados, prósperos e altamente instruídos, mas, acima de tudo, a trajetória de suas vidas foi definida pelo mais radical ato de engenharia social da história da humanidade: a política chinesa do filho único, posta em prática no fim dos anos 1970. Seu objetivo principal era coibir a explosão populacional das décadas anteriores, mas suas consequências socioeconômicas foram amplas e, sob muitos aspectos, imprevistas. Como veremos neste capítulo, ela afetou profundamente não apenas a demografia da China como também as relações familiares, a igualdade de gêneros, a relação com a poupança e o capital humano na forma de educação e habilidades.

O consumidor é o primeiro de três agentes primários em qualquer economia, seguido das empresas e do Estado. Investigando a fundo o que motiva as famílias chinesas, detectando seus incentivos e preferências, podemos entender melhor seus hábitos de consumo e suas tendências no que se refere aos investimentos; podemos entender também como essas coisas moldam diversos aspectos da macroeconomia, desde as taxas de poupança, o mercado de ações e o imobiliário até os desequilíbrios de mercado e as disputas entre países. Exploraremos esses assuntos maiores no decorrer do livro, mas começaremos com o primeiro dos três agentes básicos que moldam fundamentalmente o vasto panorama econômico chinês: o indivíduo e a família.

A população de 1,4 bilhão de consumidores da China há muito estimula a imaginação de empresas do mundo inteiro. A Apple, que vende o dobro de iPhones na China do que vende nos Estados Unidos, fatura mais de 100 milhões de dólares *por dia* na China. Mais de 1/5 das vendas do Starbucks são feitas na China. A Tesla está fazendo investimentos significativos na China, construindo no país a primeira fábrica de carros de propriedade completamente estrangeira. A empresa tem a expectativa de que as vendas na China alcancem e depois superem as vendas nos Estados Unidos. A Nike e a Estée Lauder prosperam em grande parte por causa de sua popularidade junto aos consumidores chineses, aos quais têm acesso por meio do WeChat, a plataforma de mídia social mais popular na China, com 1 bilhão de usuários mensais ativos. Mais recentemente, a "economia dos influenciadores" na China tem dobrado a cada ano e ficou tão grande quanto o setor de restaurantes, aproximando-se de um valor de 1 trilhão de dólares. E os consumidores chineses também gastam abundantemente além das fronteiras da China, contribuindo para o aumento do preço do vinho Bordeaux, comprando propriedades residenciais de frente para o mar em Sydney e pagando o ensino de seus filhos em escolas pelo mundo afora.

Ainda assim, mesmo com todos os tesouros que possam oferecer, as águas do vasto mercado consumidor da China podem ser traiçoeiras. A rápida mudança das tendências de consumo faz com que produtos populares se tornem antiquados ou obsoletos, e mudanças políticas inesperadas podem causar o caos — em um piscar de olhos. Quando o presidente Xi instituiu suas "Oito Regras", em 2012, para coibir a doação de presentes a autoridades do governo, seu ato provocou, como consequência não intencional, a derrocada da indústria de luxo. Da noite para o dia, o frenesi de presentes luxuosos que facilitavam as relações com autoridades do governo evaporou e as vendas de vinhos caros e relógios de luxo despencaram.

Dado esse caleidoscópio de variáveis, a lente mais importante para observar os consumidores chineses é a mudança geracional. Cada vez mais, os novos líderes da China são aqueles nascidos sob a política do filho único. Para entender quem são eles, vamos começar olhando mais de perto para o impacto social e econômico dessa política, ao mesmo tempo que nos esforçamos para tentar compreender um antigo paradoxo: ao longo de quatro décadas de rápido crescimento da renda, os chineses foram o povo do mundo que mais economizou.

A NOVA GERAÇÃO: PEQUENOS IMPERADORES E IMPERATRIZES

> "PEQUENOS IMPERADORES E IMPERATRIZES"
>
> Você, meu pequeno imperador ou imperatriz!
> Se a chuva ou o sol lhe agradarem,
> eles virão correndo atendê-lo.
> Você está alimentado e vestido
> sem levantar um só dedo.
> Oh, como posso segurá-lo?
> Se você derreter, posso pô-lo na boca?
> E, se você cair, posso tentar segurá-lo firme em meus braços?
>
> — *Tradução de um poema popular feita pela autora*

Ao longo de toda a história, nenhum país adotou uma medida tão draconiana para controlar o crescimento populacional como a China, nos trinta e poucos anos que se seguiram a 1978. A nova norma impôs um limite ao número de nascimentos para todas as famílias da etnia Han, o principal grupo étnico da China: elas poderiam ter um filho. Dentro de poucos anos, a maioria das famílias de áreas urbanas estava seguindo a regra, que era muito diferente da posição anterior do governo: nos primeiros dias do presidente Mao, as mulheres eram encorajadas a ter o maior número possível de filhos e muitas vezes eram recompensadas por ter famílias grandes com títulos públicos como "mãe heroína". Para Mao, uma população maior significava mais poder: sua nação recém-fundada precisava de um exército grande e de uma ampla força de trabalho. A estratégia funcionou. O resultado foi um grande aumento na taxa de fertilidade chinesa, que subiu de um pouco mais de quatro pessoas por família em 1950 para mais de sete em 1964. Na verdade, o plano de Mao talvez tenha tido sucesso demais.

Em 1957, o famoso demógrafo Ma Yinchu alertou sobre uma explosão populacional iminente em seu livro *New Population Theory* [A nova teoria populacional]. Ele advertiu que a população da China estava crescendo em um ritmo economicamente insustentável e recomendou medidas ativas para deter a onda. Mas ninguém escutou o conselho de Ma, e foi somente em 1970 que a gravidade da situação se impôs à liderança do país. Nessa época, com

80% dos 800 milhões de chineses abaixo da linha da pobreza, alimentar o país havia se tornado um grande desafio. Segundo um antigo ditado chinês, "o povo é o paraíso do imperador, mas o alimento é o paraíso do povo". A liderança da China conhecia muito bem a história das revoluções, que muitas vezes eram causadas por uma população subalimentada.

Veio então uma série de políticas restritivas, mas no começo elas apelavam mais à persuasão moral. O governo inventou o slogan "Tarde, espaçados e poucos!", que encorajava os homens a se casar após os 25 anos e as mulheres após os 23, a esperar um mínimo de três anos entre o primeiro e o segundo filho e a ter menos filhos ("Dois é bom e três é demais!"). Apesar de serem voluntárias, essas normas tiveram algum efeito. Nos anos 1970, a taxa de fertilidade total da China caiu significativamente. A taxa média de fertilidade das famílias em áreas urbanas caiu de três filhos no começo da década de 1970 para dois filhos no meio da década.

Para Deng Xiaoping, no entanto, que assumiu o poder dois anos após a morte de Mao, em 1976, isso não era o suficiente. Ciente de que uma população grande desacelerava o crescimento do PIB *per capita*, Deng queria "mais qualidade que quantidade" no que dizia respeito ao seu povo. A instrução de Deng ao conselho da população do Estado foi curta e grossa: "Diminuam a população. Não me importa como". Isso levou à imposição da política do filho único em 1978, e, segundo o Censo das Famílias Urbanas, passados quatro anos, 96% das famílias em áreas urbanas estavam tendo apenas um filho. Isenções foram concedidas às famílias rurais que precisavam de mais mãos para trabalhar na agricultura; às minorias étnicas, que podiam ter dois ou mais filhos; e aos gêmeos, que as famílias (felizmente) podiam manter.

Tendo crescido em Pequim nos anos 1980, eu estava na vanguarda da geração da política do filho único. Não conheci nenhuma família de etnia Han, como a minha própria, que tivesse mais de um filho. Dos 120 colegas que vim a conhecer bem durante o ensino fundamental e o ensino médio, somente um estudante uigur* tinha um irmão.

A nova lei era imposta no âmbito comunitário. Agentes de planejamento familiar em cada complexo residencial mantinham registros detalhados do uso de contraceptivos e até dos ciclos menstruais, detectando cedo gravidezes fora da cota.[1] A aplicação da lei foi marcada por muitas histórias de terror. Mesmo assim, a maioria das pessoas seguiu a nova política do filho único, ciente da necessidade de controlar o crescimento explosivo da população. Para a maior

* O povo uigur se originou na Ásia Central e faz parte de uma das 56 etnias oficiais da China, representando cerca de 45% da população do país. (N.E.)

parte das famílias, o custo de transgredir a regra — uma grande multa, perda do emprego em empresas estatais ou perda de benefícios sociais como educação, assistência médica ou permissões de moradia — era simplesmente alto demais.

AS CONSEQUÊNCIAS SOCIOECONÔMICAS DA POLÍTICA DO FILHO ÚNICO

Em circunstâncias normais, podemos escolher quantos filhos teremos. Essa escolha não é apenas questão de preferência, mas também reflete níveis de renda e educação. Em média, as famílias com maior renda têm menos filhos, assim como os países mais ricos têm uma taxa de fertilidade mais baixa. Se observamos que uma família com um filho poupou mais dinheiro do que outra família com três, pode ser que isso tenha acontecido simplesmente porque aquela família é mais rica, e não porque tem menos filhos.

O que tornou a política do filho único na China tão extraordinária e potencialmente informativa sobre os efeitos *causais* da fertilidade é que ela foi um evento exógeno, algo imposto pelo governo, e não uma questão de escolha pessoal. Todas as famílias urbanas foram atingidas pela política, e é isso que faz desse enorme experimento social um objeto de estudo tão fascinante. Esse "experimento natural" pode nos ajudar a entender fundamentalmente como mudanças na fertilidade afetam o comportamento das famílias. Para fazer isso, simplesmente temos de comparar essas famílias de filho único com as famílias sortudas que, por acaso, tiveram gêmeos. Como veremos, o "teste dos gêmeos" revela alguns padrões surpreendentes.

A mensagem primária é que a fertilidade tem importância e tem consequências amplas — e, às vezes, inesperadas. A política do filho único pode ajudar a justificar a taxa alta de poupança das famílias urbanas, o aumento extraordinariamente rápido da obtenção de diplomas universitários e até mesmo a grande disparidade na proporção dos gêneros que vemos na China atualmente. Mas o mais surpreendente é que ter menos filhos elevou imensamente o status das mulheres. Muitos estudos exploraram os impactos negativos da política, mas, para dar uma perspectiva diferente, este capítulo tratará de suas consequências econômicas inesperadas.

UM NOVO INCENTIVO PARA POUPAR

O mundo sempre se espantou com o quanto os chineses poupam. Na China, a taxa média de poupança líquida em relação à renda excedente foi de mais de 30% nas últimas duas décadas. Em contrapartida, nos 37 países industrializados da Organização para a Cooperação e o Desenvolvimento Econômico (OCDE), essa mesma taxa é de menos de 10% e, em muitos casos, de menos de 5%. Se os chineses poupassem um pouco menos, as empresas globais poderiam obter mais lucro com seu poder aquisitivo mais elevado, o crescimento da China teria de ser menos dependente dos investimentos e da exportação e haveria menos disputas acerca de desequilíbrios de mercado entre a China e outros países. Abordaremos esse fenômeno mais adiante neste capítulo e exploraremos diversas explicações, mas, no fim das contas, a política do filho único desempenha um papel importante nesse contexto. Pais e mães sabem que a economia de escala entra em jogo quando se tem filhos; itens como roupas e brinquedos podem ser compartilhados, por exemplo. Mas, mesmo que o valor total gasto com dois filhos seja inferior ao dobro do custo de um, o custo total, ainda assim, aumenta com o aumento do número de filhos, uma vez que produtos como alimento e educação são consumidos individualmente e não podem ser compartilhados. De fato, os dados mostram que as famílias com dois filhos na China gastam bem mais do que as famílias com um, mesmo levando em conta variáveis como a renda e a idade dos pais.

Se os pais gastam menos, a taxa de poupança aumenta naturalmente. Mas esse não é o único motivo desse aumento na poupança. O motivo de a política do filho único ter aumentado a taxa de poupança também tem relação com uma tradição confuciana, que exploraremos no capítulo 5. No decorrer da história, os pais sempre tiveram a expectativa de que os filhos ajudassem no sustento da família, mesmo na infância, e demonstrassem *xiao shun*, piedade filial, um sinal básico de caráter moral. Segundo a filosofia confuciana, a lealdade filial não é somente uma virtude, mas um dos pilares culturais do país. Respeitar os mais velhos, escutar seus conselhos e cuidar deles na velhice são poderosas normas sociais. Elas também foram canonizadas no próprio sistema jurídico da China. Os dados deixam evidente que os mais velhos contam com a família para apoiá-los na velhice, quer mediante a obtenção de auxílio financeiro, quer morando com os filhos. No passado, uma grande família com muitos filhos era considerada uma bênção. Como diz o ditado: “Quanto mais filhos, maior a felicidade”. E aqueles que tinham mais filhos tinham uma situação financeira melhor do que os que tinham menos.[2]

Vamos tomar como exemplo a família do meu pai. Ele nasceu em 1949, antes de qualquer política de fertilidade ter sido implementada. A mãe dele foi uma heroína que teve cinco filhos. Parecia lógico que ter uma família grande acalmaria as preocupações de meus avós acerca de sua velhice, e foi isso que acabou acontecendo. Depois que eles se aposentaram, meu pai lhes comprou um apartamento. Meus tios lhes proporcionavam um apoio financeiro contínuo e, além disso, uma filha e um filho que moravam perto cuidavam deles e lhes faziam companhia. Em resumo, eles eram bem cuidados por um grupo de filhos que trabalhavam juntos para atender a suas diversas necessidades. Meu pai e seus quatro irmãos e irmãs, no entanto, estavam em uma posição muito diferente. Todos eles foram obrigados a ter apenas um filho. Como resultado, precisavam se apoiar mais em si mesmos durante a velhice. O apoio de um filho — por mais próspero que seja — não substitui o que poderia ser oferecido por três ou quatro, uma vez que esse apoio também pode incluir morar perto ou providenciar cuidados diários. Para compensar essa lacuna, a geração dos meus pais sentiu-se obrigada a economizar mais durante os seus anos de trabalho.

Mais riscos e incertezas também oferecem mais incentivos para economizar. O terremoto de 2008, em Wenchuan, que matou muitos jovens estudantes em escolas precariamente construídas, realça as potenciais tragédias que são ainda piores para famílias que só têm um filho. Normalmente, em países com sistemas de seguridade social que funcionam bem, a população que trabalha apoia os idosos aposentados por meio dessa forma de transferência intergeracional. Na China, contudo, as pensões do governo e a seguridade social cobrem apenas uma parte da população, muitas vezes com valores modestos, e, às vezes, simplesmente não conseguem entregar o prometido. Para as famílias urbanas, as pensões constituem menos de 1/4 da renda dos aposentados. Em 2014, a maior greve da história recente aconteceu em Dongguan, na província de Guangdong, quando cerca de 60 mil trabalhadores não foram trabalhar por duas semanas. O empregador havia passado anos pagando menos do que devia em suas contribuições ao seguro social, e, com isso, funcionários que haviam passado a vida trabalhando na empresa recebiam uma pensão muito menor do que a que tinham o direito de receber.

Isso não é incomum na China, onde a aplicação da lei do seguro social — até mesmo em suas cláusulas mais básicas — tem sido negligenciada. Assim, sempre que as transferências intergeracionais institucionalizadas na forma de pensões falham, as famílias preenchem a lacuna. Algumas reformas importantes na seguridade social foram implementadas a partir de 1997, e outras uma década depois, e é possível que os idosos estejam mais bem protegidos no futuro.[3] Mas, para as gerações atuais de idosos, as pensões nunca foram uma fonte segura de renda.

O TESTE DOS GÊMEOS

Muitas coisas aconteceram na China durante o período que testemunhou o maior aumento na poupança das famílias, entre 1990 e 2010. Crescimento rápido, reformas de mercado e privatizações — todas essas coisas afetam a poupança, dificultando-nos a tarefa de isolar a importância da política do filho único. Não podemos simplesmente comparar as taxas de poupança chinesa de "antes" e de "depois" de a política do filho único ter sido instaurada e atribuir as diferenças à própria política. E, como mencionei, não se podem também fazer comparações entre famílias — digamos, entre uma família de etnia Han que teve apenas um filho e uma família rural ou de minoria étnica que teve dois filhos, dadas as suas diferenças intrínsecas. Mas um bom teste é comparar famílias da etnia Han que tiveram um filho com outras famílias da mesma etnia que tiveram gêmeos (1% das famílias de áreas urbanas). Não há nada de muito diferente nas famílias que têm gêmeos — exceto a sua boa sorte —, então elas nos oferecem uma rara oportunidade de pesquisa para estudar o efeito de ter dois filhos em vez de um durante o mesmo período.

Os dados sobre as famílias nos informam que, em média, entre 1990 e 2010, as famílias com gêmeos tinham taxas de poupança muito mais baixas do que as famílias com filhos únicos. A diferença chega a ser de 9%. Isso significa que, se as famílias com filhos únicos pouparam uma média de 30% de sua renda excedente, as famílias com gêmeos pouparam apenas 21%. O padrão é o mesmo nos diferentes grupos de renda. As famílias com gêmeos gastam mais em educação e bens de consumo. Esses pais também gastaram mais consigo mesmos depois que seus filhos saíram de casa, reforçando a noção de que pais com mais filhos têm uma motivação menor para poupar dinheiro do que os que têm apenas um filho. Estimamos que, se o país tivesse implementado uma política de dois filhos em vez da política do filho único, a taxa de poupança seria mais próxima dos 20% do que dos 30%, uma diferença significativa.

UMA GERAÇÃO SUPERINSTRUÍDA

O teste dos gêmeos também nos ajuda a examinar outro efeito da política do filho único: como as famílias cujos filhos nasceram nas três décadas entre 1980 e 2010 tratam a questão da educação. O ganhador do prêmio Nobel Gary Becker e seu coautor Gregg Lewis fizeram um estudo famoso sobre a criação de filhos nos anos 1970, em questão de quantidade e qualidade. Eles descobriram que, quanto menos filhos, maior era o investimento em educação por filho;[4] reduzindo o número de filhos em cada família, era muito possível que a política do filho único aumentasse a "qualidade" do filho, como pretendia Deng Xiaoping.

Para começarmos a ver em que medida a política do filho único levou diretamente ao aumento do capital humano na China, voltemos ao teste dos gêmeos. Os resultados são surpreendentes. A Figura 3.1 mostra os gastos com educação de um filho único (a linha contínua) e de gêmeos (a linha pontilhada), de acordo com a idade dos filhos. Para crianças mais novas, quase não há diferença; esses são os anos de educação obrigatória, em que a educação pública é gratuita na China. Mas, à medida que os filhos vão ficando mais velhos, vemos que o filho único recebe uma proporção muito maior dos gastos da família do que um filho gêmeo e, a certa altura, quase o dobro de gastos.

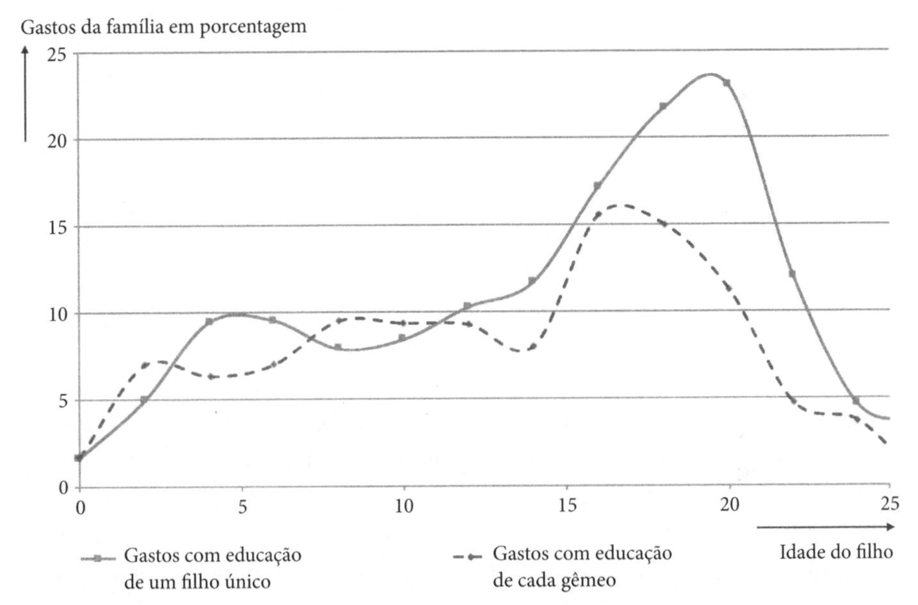

Fonte: Taha Choukhmane, Nicolas Coeurdacier e Keyu Jin, "The One-Child Policy and Household Saving", manuscrito de trabalho, jul. 2017.

Figura 3.1: Gastos com educação de um filho único e de um filho gêmeo.

A segunda característica notável dos dados é que as famílias chinesas investem bastante na educação de seus filhos. Em média, dedicam 25% de seus gastos anuais à educação de um filho. Esse montante é enorme. Como termo de comparação, a família estadunidense média destina cerca de 5% de seus gastos anuais à educação de um filho. As famílias estadunidenses têm mais filhos e são diferentes das chinesas em muitos aspectos, mas a grande discrepância no gasto *per capita* em educação dá a entender que a política do filho único aumentou significativamente o foco dos pais na educação. O motivo pode ser, em parte, pragmático — se temos somente um filho, vamos assegurar que ele seja altamente educado e possa receber um salário maior para compensar a falta de mais filhos — ou pode ser o desejo de assegurar que o filho possa progredir mais que o filho do vizinho. Não é segredo que o povo chinês é extremamente competitivo.

Pela lógica, a próxima pergunta é a seguinte: mais investimento em educação *per capita* acarreta necessariamente melhores resultados educacionais? A resposta é um sonoro sim. Na amostra que abrange os jovens de 18 a 22 anos no período entre 2002 e 2009 (meus colegas, nascidos nos anos 1980), os gêmeos são 40% menos propensos a frequentar um ensino médio que os prepare para a universidade do que os filhos únicos. Os gêmeos também são 30% mais propensos a ir a uma escola técnica que forneça formação especializada. Qualquer um que conheça a China de hoje sabe que preencher as agendas dos filhos e se preocupar com sua educação e suas conquistas se tornou um passatempo nacional. No novo panorama social da China, os pais se apressam, após a escola e nos fins de semana, para levar seus filhos a aulas de reforço escolar e a atividades extracurriculares, planejando cuidadosamente cada segundo da vida deles e tratando os professores da maneira mais polida possível (independentemente de seu status social ou riqueza).

A educação pública na China é gratuita no ensino fundamental. Até pouco tempo atrás, praticamente não existiam escolas particulares. No entanto, como a geração da política do filho único (ou melhor, de seus pais) desencadeou uma competição no que diz respeito à educação superior, o custo da educação opcional subiu bastante. Hoje as famílias pagam um valor extremamente alto por professores particulares e aulas extras de preparação para disciplinas acadêmicas importantes, sem contar os cursos extensivos de inglês, os cursos preparatórios para as Olimpíadas de Matemática, todos os tipos de intercâmbio, acampamentos de verão e estágios.

Por que todos esses gastos? O objetivo essencial é assegurar que o filho possa ser bem-sucedido ao competir; como diz o ditado popular, “não deixe seu filho ficar para trás desde a linha de partida”. Como as outras crianças têm aulas particulares de cinco disciplinas escolares, seus filhos são pressionados a fazer o mesmo. As famílias de áreas urbanas gastam uma quantia exorbitante de dinheiro para educar seus filhos únicos — custos que incluem até mesmo a compra ou o aluguel de apartamentos em distritos escolares extremamente cobiçados. Meu colega de pós-graduação, agora um alto funcionário do governo chinês, saiu de um espaçoso apartamento de sua propriedade, situado no centro de Pequim, para morar em um apartamento alugado muito menor, a fim de que sua família pudesse estar perto de uma boa escola primária.

O filho do motorista dele, que tem apenas 8 anos, já está tendo três aulas suplementares fora da escola — o que ainda não é o suficiente para acompanhar seus colegas. Quando o diretor do jardim de infância descobriu que o filho do meu primo ainda não sabia a tabuada aos 4 anos de idade, ele repreendeu energicamente meu primo e sua esposa por sua negligência.

Em 2019, a gigante da internet Tencent fez uma pesquisa com estudantes que moravam em cidades que compunham desde a categoria 4 — aquelas com população de 150 mil pessoas — até a categoria 1 — aquelas com mais de 15 milhões de habitantes.[5] Segundo a pesquisa, 88,7% dos estudantes dessas cidades tinham aulas suplementares fora da escola. A média nacional era de 2,1 aulas por estudante. É claro que o gasto é maior em cidades de primeira e segunda categorias, e nestas os estudantes também são significativamente mais ocupados. Mas até as famílias de cidades de categoria 4, onde a renda média é cerca de metade da de cidades de categoria 1, ainda custeiam aulas particulares para seus filhos. Isso significa que praticamente todos os estudantes que não são de áreas assoladas pela pobreza têm aulas fora da escola.

Como vemos, os pais chineses estão fazendo tudo o que é humanamente possível para aumentar a qualidade da educação de seus filhos. À primeira vista, poder-se-ia pensar que a diminuição da população em idade escolar durante três décadas teve um efeito negativo no sistema educacional chinês. Mas, em vez disso, houve uma vasta expansão no número de escolas e professores, de serviços educacionais e de uniformes e livros didáticos, além do surgimento de uma rica variedade de experiências educacionais. Um gigantesco mercado novo foi criado por essa obsessão nacional, e as empresas aproveitaram a oportunidade. Escolas e programas educacionais estrangeiros têm tirado proveito dessa mina de dinheiro sem precedentes. Escolas internacionais estão abrindo filiais em todo o país. A oportunidade não ocorreu apenas dentro do país, mas também fora dele. Os diretores das melhores escolas do Reino Unido e nos Estados Unidos estavam se mudando para a China antes da pandemia de 2020. Além disso, milhões de estudantes chineses frequentam colégios, universidades e programas de verão estrangeiros.

A competição educacional tem o seu lado sombrio. Ela induziu os pais a pagar o que for preciso para obter os melhores serviços, e os mais caros são frequentemente considerados por eles os melhores. Uma demanda sem fim permitiu que empresas de tutoria educacional cobrassem preços cada vez mais altos. Isso, por sua vez, levou a outra grande consequência não intencional da política do filho único: o custo astronômico da educação na China está desincentivando as pessoas a ter filhos. Quando o governo afrouxou a política do filho único, em 2013, as pessoas não se apressaram a ter mais filhos. Desde então, o governo começou a incentivar ativamente os casais em idade fértil a ter mais filhos, mas obteve pouco sucesso. A taxa de natalidade da China chegou a seu nível mais baixo em 2021 e não apresenta sinais de subida. Iniciou-se um ciclo prejudicial, com consequências significativas para o futuro: a política do filho único levou a um notável aumento do investimento em capital humano, que elevou o custo da educação, que, por sua vez, diminuiu a atratividade de se ter mais filhos.

A competição na educação é uma fonte comum de ansiedade nacional. Um fato revelador é que a série de TV mais popular do país em certa época foi um drama familiar que falava sobre colocar os filhos nas escolas certas. A tensão em torno da educação é completamente contrária à "prosperidade comum", o plano do presidente Xi de elevar ao máximo a prosperidade inclusiva, que é o principal projeto do governo. Os pais de classe média citam os custos da educação e dos imóveis como os principais obstáculos à criação de uma família grande, mesmo com a ausência de limites de natalidade. Em razão de tudo isso, no verão de 2021, o governo proibiu por completo as aulas extracurriculares para crianças em idade escolar. A medida causou uma queda histórica no valor de mercado das maiores empresas de educação da China, e até a falência total de algumas. Ela também é vista como uma medida de apoio à repressão do mercado imobiliário, iniciada com a intenção de desacelerar o aumento dos preços de imóveis para tornar a casa própria mais acessível para famílias de renda média.

UMA ERA DE OURO PARA AS MULHERES CHINESAS

A China tem 25 milhões de mulheres a menos do que deveria ter: meninas que deveriam ter nascido entre 1980 e 2010, mas não nasceram.[6] Segundo o Gabinete Nacional de Estatística, até 118 meninos nasceram para cada 100 meninas em alguns anos; em perspectiva, antes de 1982 a proporção era de 108 para 100. A maior causa dessa desproporção de gênero é a preferência histórica por ter filhos em vez de filhas. Dadas as obrigações filiais que discutimos, é fácil entender essa tendência: antigamente, os meninos tinham mais condições de cuidar da parte financeira dos pais do que as meninas. Quando a tecnologia do ultrassom foi introduzida na China para implementar as políticas de controle populacional dos anos 1980, ela era frequentemente utilizada para seleção de sexo. Isso não é mais legal na China, mas a prática era bastante difundida no passado, sobretudo na China rural.

No interior da China, as famílias precisam de meninos para ajudar no trabalho agrícola. Por mais que as restrições à fertilidade fossem mais atenuadas nas regiões rurais, em parte por ser mais difícil de aplicá-las ali, as famílias ainda tinham profundo interesse em saber o gênero de seus filhos durante a gestação. Estudos demonstram que os pais que tiveram primeiro uma filha eram mais propensos a ter filhos na segunda e na terceira tentativas, o que dá a entender que praticavam a seleção de sexo.[7] Outro dado que sugere isso é que, desde que a política do filho único foi flexibilizada em 2013, a proporção entre os gêneros ficou um pouco mais próxima: em 2017, ficou em cerca de 111 meninos para cada 100 meninas.

O fenômeno das "mulheres a menos" é reflexo de uma notória tendência antifeminina na China do passado (também vemos isso ocorrer em países como a Índia, o Paquistão e o Catar, mas o desequilíbrio na proporção de gêneros na China está entre os maiores do mundo). No entanto, a política do filho único teve o efeito inesperado de mudar a sorte das meninas que efetivamente *nasceram*. Na verdade, ela deu início a uma era de ouro para as mulheres chinesas, que está transformando o panorama da China até hoje. O motivo é bem simples: as filhas são criadas como filhos. A heroína lendária no filme *Mulan* assumiu o lugar de seu velho pai como chefe do Exército porque não tinha um irmão, e nas gerações moldadas pela política do filho único há muitas famílias assim. Embora as filhas não sejam literalmente criadas como filhos, já não precisam competir com seus irmãos por recursos, principalmente na educação.

Hoje, as filhas são ainda mais instruídas do que os filhos. Vários estudos confirmam que, em média, meninas passam mais anos estudando graças à política do filho único.[8] Isso representa um acentuado contraste com as famílias maiores do passado, quando, nos casos em que os pais tinham dois filhos, um menino e uma menina, a filha passava 0,4 ano a menos na escola do que o filho; em famílias com cinco filhos, as filhas iam 2,1 anos menos à escola. Estudos fascinantes vêm demonstrando que os retornos financeiros sobre a educação também são mais altos para as mulheres do que para os homens. Nos anos entre 2000 e 2009, os economistas estimam um retorno entre 11 e 12% por ano de escolaridade para mulheres, e entre 6 e 7% para os homens.[9]

No que diz respeito ao ensino superior, o censo chinês corrobora a tese de que a lacuna entre os gêneros basicamente se extinguiu para as pessoas da minha geração e das gerações subsequentes. Em 1978, a proporção de mulheres na faculdade era de 24,2%; em 2009, metade de todos os estudantes universitários era composta de mulheres. Na geração dos meus pais, a taxa de conclusão do ensino superior era duas vezes mais alta para homens do que para mulheres; já quando minha geração concluiu a faculdade, os índices de homens e mulheres eram quase iguais — e 47% dos estudantes de pós-graduação eram mulheres. É claro que a redução do abismo entre os gêneros normalmente acompanha o desenvolvimento econômico, como é o caso na maioria dos países. No entanto, a China se destaca: o índice de aumento do grau de escolaridade das mulheres (em relação aos homens) é substancialmente maior que o de países com níveis de renda similares ou até muito mais elevados.[10]

Além de as políticas de fertilidade terem feito com que as famílias destinassem mais dinheiro para a educação das meninas, há motivos menos óbvios para que a política do filho único tenha reduzido o abismo de desempenho entre os gêneros. Em primeiro lugar, o fato de as mulheres saberem que a demanda por elas é alta lhes confere maior poder de decisão sobre quando se casarão e terão filhos. Elas podem optar por adiar essas escolhas,[11] e, quando não se casam jovens, os longos anos de educação tornam-se ainda mais valiosos. Ter menos filhos também as libera para ingressar no mercado de trabalho e para voltar a trabalhar mais cedo depois de se tornarem mães. Tudo isso incentiva ainda mais os pais a investirem na educação de suas filhas, sabendo que é mais provável que elas encontrem um emprego, permaneçam nele por mais tempo, regressem a ele mais rapidamente após a maternidade e continuem pondo em prática a educação que receberam.[12]

Atualmente, as filhas contribuem financeiramente para cuidar de seus pais tanto quanto os filhos, e não somente por ter mais educação e empregos que pagam melhor. Segundo a convenção, quando dois jovens se casam, é quase sempre ao homem que cabe a tarefa de comprar e mobiliar um apartamento e arcar com a parte mais pesada desses custos. Sabendo disso, os pais de meninas se sentem mais tranquilos para investir suas economias em educação. Ironicamente, agora que as meninas têm muito mais opções, as famílias urbanas estão ficando cada vez mais interessadas em ter filhas do que em ter filhos!

O empoderamento das mulheres e a redução de diversas disparidades de gênero são alguns dos principais acontecimentos do último meio século. Nos Estados Unidos, a pílula anticoncepcional libertou as mulheres.[13] O acesso a contraceptivos lhes deu mais controle sobre a gravidez e lhes permitiu dedicar mais tempo à educação e aumentar sua participação na força de trabalho. Na China, a política do filho único foi ainda mais transformadora: estima-se que tenha tido um efeito dez vezes maior do que a pílula no aumento da participação feminina no ensino superior.[14] De acordo com o Banco de Dados Chinês de Pesquisas sobre a Bolsa de Valores e Contabilidade (CSMAR, em inglês), que fornece informações sobre empresas listadas na bolsa de valores chinesa, cada vez mais líderes em todos os campos na China são mulheres. Em 2017, uma amostra dos executivos de empresas públicas que nasceram nos anos

1950 revelou que 12% deles eram mulheres. Com relação à geração nascida nos anos 1970, esse número aumentou para 23%, e, com relação aos que nasceram nos anos 1980, para 35%. Já entre executivos nascidos nos anos 1990, a porcentagem de mulheres subiu para 42%.

Vemos essa tendência até na arena política, à qual o ingresso é especialmente difícil para as mulheres. Segundo o mesmo conjunto de dados, 5% das mulheres nascidas nos anos 1950 se tornaram prefeitas e secretárias de partido em âmbito municipal, em contraponto aos 21% de mulheres nascidas nos anos 1970. As mulheres constituem menos de 10% de todos os membros do Comitê Central (o órgão político do Partido Comunista que reúne seus líderes mais importantes, com algumas centenas de membros). Há no máximo uma mulher no Politburo (as 25 autoridades de primeiro escalão que supervisionam o partido) e nenhuma no Comitê Permanente (composto dos sete a nove mais altos líderes do partido). As mulheres nascidas na década de 1980 estão acabando de fazer 40 anos, que é a idade mínima para assumir cargos governamentais importantes na China, mas provavelmente veremos, em cada geração subsequente, um número maior de líderes políticos do sexo feminino, como vemos nos negócios. E as mulheres na política costumam ter um nível educacional mais elevado do que seus colegas do sexo masculino: 75% delas têm diploma universitário, em comparação com 56% de seus pares do sexo masculino.

Se a política do filho único elevou o status das mulheres nas famílias e na sociedade, a recente flexibilização da política causou certa erosão do status feminino. Os empregadores começaram a temer contratar mulheres em idade fértil, principalmente aquelas que não tiveram filhos ou tiveram apenas um filho. A possibilidade de elas tirarem licença-maternidade e precisarem de cobertura de saúde materna provoca uma grave discriminação contra as mulheres. Infelizmente, as leis da China não têm conseguido proteger os interesses e direitos femininos, pelo menos por ora. Uma amiga próxima da época do ensino médio me disse que era impossível conseguir uma entrevista em qualquer grande empresa após elas saberem que ela havia tido apenas um filho; a possibilidade de ela ter outro filho dentro de alguns anos a deixou em significativa desvantagem no trabalho, o que não ocorreria caso a política do filho único ainda estivesse em vigor.

A DISPUTA PELAS ESPOSAS

No mercado do casamento, contudo, as mulheres ocupam uma posição dominante. Jane Austen iniciou seu famoso romance *Orgulho e preconceito* com esta afirmação: “É uma verdade universalmente reconhecida que um homem solteiro e muito rico precisa de uma esposa". Dois séculos depois, esse princípio social chegou à China, mas sofreu algumas pequenas modificações: "É verdade reconhecida na China que um homem solteiro que precisa de uma esposa deve ter um imóvel e um carro".

Dado o desequilíbrio entre os gêneros de que já falamos, as mulheres chinesas aptas a se casar são escassas, o que significa que muitos solteiros terão dificuldade para encontrar uma esposa. Querendo ou não, a elegibilidade dos solteiros está intimamente associada à quantidade de bens materiais que possuem. Isso fornece um motivo poderoso para acumularem riquezas rapidamente — e mais um motivo para guardar dinheiro. Na verdade, guardar dinheiro tornou-se, ao lado da educação, um esporte competitivo nacional entre os pais de filhos únicos. Como a linhagem familiar (e, por extensão, a descendência) é importantíssima na cultura chinesa, as famílias entram em cena para ajudar os filhos a guardar dinheiro para que possam encontrar esposas. Não ter netos é o pior pesadelo possível para uma família tradicional.

Tudo isso é particularmente verdadeiro na China rural, onde o desequilíbrio entre os gêneros é ainda maior e as tradições familiares são mais fortes. Além disso, os homens na China rural costumam ter menos mobilidade e, portanto, são menos capazes de se mudar para lugares onde há mais mulheres. No passado, não havia tradição de dote na China, mas hoje são as famílias com um filho do sexo masculino que estão guardando dinheiro para o casamento e até fazendo pagamentos para a família da noiva. Dois economistas chineses, Shang-Jin Wei e Xiaobo Zhang, descobriram que as famílias com filhos guardam mais dinheiro, em média, do que as famílias com filhas, independentemente de fatores como renda e outras características familiares; as famílias que vivem em lugares com uma proporção de gênero mais distorcida guardam ainda mais dinheiro. Esses padrões também ocorrem no nível macro: as províncias chinesas que registraram um aumento mais rápido da desproporção entre os gêneros tiveram também um aumento maior na taxa de poupança. E, à medida que o abismo entre os gêneros se alargou, a taxa de poupança do país também aumentou.[15]

Poderíamos supor que, se as famílias com filhos do sexo masculino foram obrigadas a guardar mais dinheiro, as famílias com filhas poderiam relaxar e guardar menos, o que diminuiria o impacto do desequilíbrio entre os gêneros na poupança nacional como um todo. Mas o que os dois economistas concluíram é que as famílias com filhas também guardam dinheiro para aumentar ainda mais o poder de negociação de suas filhas — investindo mais em sua educação e esperando, no geral, aumentar a qualidade dos parceiros em potencial.

A disputa por esposas na China teve uma consequência secundária bastante incomum. Para corrigir o desequilíbrio entre os gêneros, principalmente em algumas áreas menos privilegiadas do país, a solução tem sido importar esposas do exterior. Por que pagar por uma noiva local que pode custar até 10 mil dólares quando se pode importar uma do Vietnã por muito menos? Em mais um capítulo da novela da terceirização e da globalização, o fenômeno da noiva por encomenda internacional dominou a China rural, oferecendo alívio psicológico e financeiro para o estresse de encontrar uma esposa dentro de um país em que relativamente poucas famílias têm filhas elegíveis.

Anúncios em jornais no Vietnã e em outros países do Sudeste Asiático oferecem diferentes pacotes com diferentes preços. Um pacote mais caro pode incluir uma viagem de ida e volta para visitar os pais e a noiva no Vietnã, vistos, licenças e até uma garantia! Se a noiva fugir no primeiro ano, por exemplo, o noivo tem direito a uma noiva substituta. Mas um outro lado da história toca em problemas morais graves. Algumas mulheres são exploradas ou abusadas. Muitas nunca aprendem a falar chinês nem se dão bem com a sogra. Em 2016, um grupo de mulheres vietnamitas fugiu de uma vila chinesa. As histórias sombrias de tráfico de noivas causaram alvoroço nas redes sociais, dando início a uma recente campanha nacional para combater o tráfico de mulheres e crianças.

PARA SOLUCIONAR O ENIGMA DA POUPANÇA

A política do filho único, que pressiona as pessoas a poupar para a aposentadoria, e a competição por noivas não são, em absoluto, as únicas razões de os chineses guardarem tanto dinheiro. Não é necessário mencionar que essa questão é importante, uma vez que se relaciona com a economia em geral. Se entendermos por que os chineses guardam dinheiro — e o que pode induzi-los a guardar mais ou menos —, poderemos prever o futuro com mais precisão. Se as famílias chinesas guardassem 20% de sua renda excedente em vez de 30%, centenas de bilhões de dólares poderiam ser liberados para o consumo de bens e serviços. Isso não seria bom apenas para a economia chinesa, mas também para o mundo. Como vimos, os turistas, os *millennials* e os consumidores chineses em geral são uma importante âncora da demanda global.

A alta propensão a guardar dinheiro das famílias chinesas contrasta com a das famílias estadunidenses, que guardam cerca de 7% (antes da crise de 2008, esse número estava mais próximo dos 2%). Isso produz o estereótipo popular dos chineses frugais e dos estadunidenses esbanjadores, mas essas diferenças na quantidade de dinheiro guardado têm consequências que vão além do comportamento pessoal. Contribuem diretamente para o grande desequilíbrio comercial entre os dois países e, por isso, estão no centro do intenso debate político e econômico sobre a política comercial que levou a uma guerra comercial total entre os Estados Unidos e a China. A essência do problema é o hiperconsumismo dos Estados Unidos e o subconsumo da China. Quando a China produzir mais do que é capaz de absorver dentro do país, haverá um superávit em sua balança comercial. Quando os Estados Unidos consumirem mais do que produzem, haverá um déficit em sua balança comercial. Tarifas punitivas para compensar o desequilíbrio não são capazes de resolver o problema.

Entender os motivos para a alta taxa de poupança chinesa é, portanto, crucial. Mas muitos mitos a envolvem. Um mito que se destaca é o de que os chineses são frugais por natureza. Ele tem certa fundamentação cultural, mas não resolve o enigma da razão pela qual, em uma economia em crescimento em que todos estão ficando cada vez mais ricos, as famílias chinesas estão guardando *mais* dinheiro, não somente em valores absolutos, mas também em porcentagem da renda. Apesar de terem visto sua renda excedente ser multiplicada por seis nas últimas décadas,[16] os chineses continuam guardando uma porção cada vez maior dela.

Outro equívoco é atribuir a causa à cultura. As normas culturais costumam mudar lentamente, então isso não explica por que os consumidores chineses estão poupando cada vez mais dinheiro no decorrer do tempo — a menos que estejam se tornando cada vez mais frugais, o que é pouco plausível. O Japão e a Coreia também são influenciados culturalmente pelos valores confucianos, mas suas famílias poupavam em média, respectivamente, cerca de 2,5% e 6% de sua renda excedente antes da pandemia global de 2020. Outra explicação comumente dada à alta taxa de poupança do povo chinês é a fraqueza da rede de seguridade social da China, que encoraja as pessoas a poupar bastante durante seus anos de trabalho para poderem se aposentar com tranquilidade. Contudo, se um sistema inadequado de seguridade social fosse o culpado, poderíamos esperar que as pessoas guardassem menos dinheiro à medida que o sistema de seguridade social fosse melhorando. No entanto, mesmo com os progressos substanciais no sistema de pensões da China, a taxa de poupança continua subindo.

Uma explicação plausível para o enigma da poupança é o preço crescente dos imóveis. Como veremos no capítulo 6, quando explorarmos o sistema financeiro, o custo dos imóveis na China está crescendo a uma velocidade vertiginosa. De acordo com essa teoria, as famílias chinesas urbanas têm de guardar dinheiro para poder comprar um apartamento — já que os chineses preferem comprar a alugar um imóvel —, e, assim, o preço dos imóveis cresce cada vez mais e os compradores são obrigados a guardar cada vez mais. A crescente desigualdade de renda também pode desempenhar um papel importante nisso, pois os ricos têm uma taxa de poupança maior do que os mais pobres. Alguns especialistas enfocam as grandes empresas chinesas para ajudar a explicar o crescimento da taxa de poupança nacional, mas os dados mostram que a contribuição das famílias chinesas é tão importante quanto a das empresas: a poupança das famílias foi responsável por 1/3 do aumento da poupança entre 1990 e 2009, contribuição igual à da poupança das empresas. O aumento da poupança corporativa não é tampouco um fenômeno unicamente chinês; a taxa de poupança corporativa cresceu em muitos países ao redor do mundo. O comportamento poupador das famílias chinesas, entretanto, é de fato uma algo atípico em nível global.

O ENVELHECIMENTO ACELERADO NA CHINA

Vimos como a política do filho único pode afetar o comportamento das famílias no nível micro, mas uma das mudanças mais profundas que ela causou em nível macro na economia foi a aceleração do envelhecimento na China. O motivo é óbvio: as gerações jovens diminuíram drasticamente ao longo do tempo. Segundo as pesquisas da Organização das Nações Unidas (ONU) sobre a população mundial, cerca de metade da população chinesa tinha menos de 20 anos antes de 1980. Em 2015, essa parcela caiu para 24%. E em 2050, segundo projeções, mais de um terço da população chinesa terá mais de 60 anos. Transições demográficas como essa acontecem naturalmente quando os países enriquecem e sua população tem menos filhos: a população vai envelhecendo em um ritmo lento, mas constante. Na China, contudo, a rápida transição levou muitos a se perguntarem: será que a China envelhecerá antes de enriquecer?

Vários riscos econômicos são associados ao envelhecimento da população, como a gigantesca pressão fiscal consequente da sobrecarga do sistema previdenciário e uma redução na força de trabalho — e, portanto, do crescimento. Faço parte da minoria que vê a situação de maneira um pouco mais otimista. Decerto, é preocupante que a geração jovem chinesa não tenha mais filhos — mesmo agora que isso é permitido —, e isso talvez não seja devido apenas aos custos mais elevados da educação e dos imóveis. Os hábitos e preferências podem ter mudado — e tal mudança pode ser permanente. Mesmo assim, não acredito que a baixa taxa de fertilidade da China e sua população em processo de envelhecimento sejam prenúncios de um iminente desastre. O que importa não é a quantidade de pessoas trabalhando, mas que essa força de trabalho seja *produtiva*. Para dar um exemplo extremo, mesmo se a força de trabalho cair pela metade, uma força de trabalho que seja quatro vezes mais produtiva do que antes mais do que compensará a redução do número de pessoas trabalhando. Além disso, a automação está tornando muitos empregos obsoletos. A ascensão da inteligência artificial (IA) provocou uma especulação acerca de quais empregos qualificados continuariam existindo no futuro. O problema na China atualmente e em um futuro próximo não é a escassez de mão de obra, como esperariam alguns, mas uma séria *incompatibilidade* de qualificação. Os profissionais com os melhores diplomas do país não encontram empregos à sua altura e estão cada vez mais desamparados, enquanto as empresas estão desprovidas da mão de obra profissional e técnica de que precisam. Em 2022, os jovens altamente qualificados tiveram uma taxa recorde de desemprego de 20%.[17] Uma notícia que chamou a atenção do país revelou que, em 2021, 1/3 dos novos funcionários da linha de produção de uma empresa fabricante de cigarros tinham diploma de mestrado e 2/3 eram estudantes de graduação de universidades bem-conceituadas.

Se o dividendo demográfico — o potencial de crescimento econômico que pode resultar de se ter uma população jovem — não explicou a *ascensão* do PIB da China, a diminuição gradual desse dividendo não deve explicar a *queda* do PIB. Como vimos no capítulo 2, os fatores de primeira ordem que contribuem para o crescimento da China são reformas específicas que incluem a abertura dos mercados, a partilha dos benefícios da produção e um uso mais eficiente do capital e da mão de obra, com ênfase no aperfeiçoamento tecnológico. O que pode causar uma desaceleração significativa do crescimento econômico são tentativas desastrosas (por parte do Estado) de corrigir o rumo da política econômica, o pânico diante do desenvolvimento agressivo do setor privado ou, pior, uma reversão radical das reformas. O envelhecimento da população não fica no topo da lista.

Em vez da demografia, o que me parece ter feito maior diferença na economia chinesa foi a mudança de paradigmas ao longo das gerações. Cada geração é diferente em termos de produtividade, padrões de consumo e de poupança, disposição ao risco, equilíbrio entre a vida pessoal e o trabalho e preferências políticas, e é sobre isso que falaremos a seguir. Uma coisa é certa: a geração de jovens atual gosta de gastar e pedir dinheiro emprestado. Na plataforma de comércio eletrônico Alibaba, pode-se comprar um batom com um clique e, com outro clique, pedir um empréstimo para pagá-lo. A função Huabei, palavra que significa "gaste e não pense no assunto", no Alipay, é altamente popular entre os jovens. Quando as gerações de filhos únicos chegarem à meia-idade e assumirem o lugar de seus pais, exímios poupadores, como os principais agentes da economia, provavelmente farão com que a China deixe de ser uma nação poupadora e se torne uma nação gastadora; farão também com que a balança comercial vire do superávit para o déficit.

RUMO A UMA NOVA VISÃO DO FUTURO

A política do filho único foi uma intervenção singular que moldou o curso do desenvolvimento moderno da China de uma forma que quase ninguém poderia ter previsto. Poucos chegaram a entender suas consequências contínuas e inesperadas para a economia, o desequilíbrio entre os gêneros, o capital humano, os hábitos de poupança e os laços familiares. Além das mudanças drásticas que ocorreram na China desde 1978, ela gerou um aspecto especial da sociedade chinesa atual: a coexistência de gerações com características radicalmente diferentes em matéria de atitudes, valores, aspirações e estilos de vida em geral.

Esse abismo geracional sem precedentes constitui uma revolução social por si só, um rompimento profundo com o passado. A nova geração nunca teve de enfrentar a pobreza e as dificuldades psicológicas que seus pais enfrentaram. Ela cresceu no conforto da modesta prosperidade de seus pais e desfrutou da atenção incansável de seus professores. Não precisou poupar para dias difíceis. Não teve irmãos para competir nem para compartilhar os fardos e as responsabilidades, sobretudo o fardo pesado das expectativas dos pais. Equipada com ferramentas e habilidades modernas, exposta a ideias e pensamentos ocidentais e confortável em um mundo em mutação cuja economia é fundamentada na tecnologia, essa geração é um grupo capaz de imaginar — e concretizar — uma nova visão do futuro.

O que considero mais fascinante são as consequências não intencionais de uma política social para as famílias chinesas comuns e as drásticas mudanças de atitude de uma geração para a outra. A nova geração moldada pela política do filho único personifica um poder de compra sem precedentes, o consumismo e a prosperidade como modo de vida; o que era um "sonho americano" sobre o qual os chineses apenas fantasiavam agora pode ser concretizado na China. Essa geração abraçou o consumismo com uma facilidade surpreendente. O gosto pelos prazeres, uma sensibilidade criativa no que diz respeito à moda e uma grande disposição a gastar fizeram com que ela se tornasse alvo e tema de anúncios e matérias jornalísticas. Otimista acerca das perspectivas econômicas da China, ela não é nem de longe tão avessa ao risco quanto a geração de seus pais. A memória inquietante da depressão econômica e da expropriação, tão firmemente enraizada na mente das gerações anteriores, não tem espaço em sua consciência. Seu ponto de vista sobre a economia e sobre suas próprias perspectivas é positivo, o que a diferencia da geração dos demais *millennials* ao redor do mundo.

Os membros dessa geração também têm consciência social — ficam indignados com as injustiças sociais, são apaixonados pela sustentabilidade ambiental e são sensíveis a coisas tão longínquas quanto a proteção da vida selvagem na África. Têm propósito, motivação e um apetite pelo trabalho duro que vai além da busca por bens materiais e ganhos pessoais. São a primeira geração na China a buscar mais a felicidade do que a riqueza. Têm orgulho do poder e da influência crescentes de seu país, um sentimento que é ainda mais acentuado pelo receio do Ocidente diante da ascensão chinesa. Tudo isso os aproxima das coisas chinesas, de eventos que ocorrem dentro do país e não fora. As gerações anteriores, que admiravam os padrões ocidentais, as marcas estrangeiras, os empregos estadunidenses e os modos de vida de outros países, estão dando lugar a uma nova geração convencida de que a educação e os bens e serviços de seu país são tão bons quanto quaisquer outros, senão melhores. A confiança dessa nova geração definirá o futuro da China.

A política do filho único sem dúvida limitou o crescimento populacional explosivo, mas provavelmente permaneceu em vigor por mais tempo do que deveria. Ela deixou muitos efeitos colaterais em seu rastro, que vão muito além do escopo desta análise econômica. Mas, com base na minha própria experiência e na dos muitos estudantes chineses que ensinei ao longo dos anos, posso relatar os muitos fardos de ser filho único. Uma forte noção de responsabilidade para com os pais e os professores, a solidão e uma vida de pressão competitiva sem fim — todas essas coisas são complicações que não podem ser facilmente quantificadas ou postas em palavras. Ao longo dos anos em que dei aula a muitos estudantes chineses na London School of Economics and Political Science, e também na Universidade de Tsinghua como professora visitante, pude ver que, mesmo com todas as suas conquistas, esses estudantes sofrem muito com a tensão entre cumprir suas obrigações para com os pais e atender às próprias expectativas da vida pessoal e profissional.

Quando entram na minha sala e lhes pergunto o que gostariam de fazer depois da graduação, as primeiras palavras que saem de sua boca são "meus pais gostariam que eu... [fizesse mestrado, voltasse à China, conseguisse um emprego, etc.]". Sob um aspecto importante, sua educação e sua experiência no

Ocidente não os libertaram da mentalidade da obediência — ao menos não libertou a maioria deles, por enquanto. Segundo uma pesquisa feita com 1,2 milhão de participantes conduzida pela Wonder Technology, uma startup de tecnologia que ajuda *millennials* a encontrar seu par ideal e a carreira de seus sonhos, mais de 82% dos jovens nascidos a partir da década de 1990 optariam, se pudessem, por uma profissão diferente daquela que exercem. Como se diz de forma popular, "Não posso morrer! Não posso viajar para longe! Quero muito ganhar dinheiro porque meus pais têm somente a mim!". Independentemente da nova sensação de empoderamento dos integrantes dessa geração, a característica de serem filhos únicos se tornou um grilhão mental e físico do qual pode ser que eles nunca se libertem. Eles carregam um pesado fardo de expectativas, tanto de seus pais quanto da sociedade. Por isso, não surpreende que sejam um grupo de pessoas solitárias, criadoras do primeiro feriado de Dia dos Solteiros do mundo.

4. PARAÍSO E SELVA: A HISTÓRIA DAS EMPRESAS CHINESAS

O surgimento e a evolução das empresas chinesas foram tão dramáticos quanto a própria história moderna da China. Como 20 milhões de empresas privadas puderam surgir em apenas trinta anos continua sendo uma das questões mais fascinantes do panorama econômico chinês, principalmente quando levamos em consideração as origens da China moderna, uma nação mergulhada em uma doutrina anticapitalista.

As empresas são agentes centrais em qualquer economia. Elas empregam trabalhadores e fazem investimentos para criar bens e serviços. Os consumidores compram esses bens e serviços com a renda que ganham das empresas onde trabalham ou diretamente do Estado. O que os consumidores não gastam, eles guardam, permitindo que as instituições financeiras emprestem essas economias para as empresas, para que possam fazer novos investimentos. Dessa forma, os consumidores e as empresas estão estreitamente conectados. No capítulo a seguir, veremos como um terceiro agente, o Estado, interage com esses dois agentes, constituindo o terceiro pilar da economia.

Ao contrário do que ocorre na maioria dos países, o setor corporativo chinês tem dois tipos distintos de empresas: as estatais e as privadas. As perspectivas — e as expectativas — desses dois grupos não poderiam ser mais diferentes. Os portões do paraíso se abrem para uma grande empresa estatal: ela obtém garantias, empréstimos e contratos sem nenhum esforço. E, se a empresa tiver sorte o bastante para ser uma estatal em que opere um setor estratégico, como o de energia ou o de telecomunicações, ela adquire um poder monopolístico que pode catapultá-la para o escalão de gigantes globais. Por outro lado, para uma empresa privada de pequeno ou médio porte, o mundo é uma selva cheia de ameaças à sua sobrevivência, incluindo imensos obstáculos para entrar no mercado, o custo exorbitante do capital e uma interminável burocracia. Quem quiser abrir uma loja ou construir um prédio de escritórios precisa obter centenas de permissões de uma intrincada rede de governos distritais, municipais e provinciais.

O resultado desses tratamentos diferentes, no entanto, desafia a lógica. Apesar das esmagadoras vantagens das empresas estatais, não somente as empresas privadas na China conseguiram se enraizar, expandir e alcançar suas equivalentes estatais na maioria dos setores, como também, em muitos casos, as *ultrapassaram*. E o fizeram em uma velocidade espantosa. Em 1990, as empresas privadas eram responsáveis por uma fração ínfima da produção econômica chinesa; vinte anos depois, eram responsáveis por mais da metade, sobretudo em razão de um crescimento de produtividade muito mais rápido. E a partir daí se transformaram na força motriz da economia chinesa, responsáveis por 50% das receitas fiscais, 60% do PIB, 70% das inovações e 80% dos empregos urbanos.[1]

Esses números evocam certos estereótipos — as estatais ineficientes e de difícil gestão *versus* empresários ágeis e supermotivados — que tornam tentador para os ocidentais ver essa dinâmica como um simples triunfo das forças do livre mercado. Mas a verdade é mais complexa, como normalmente ocorre na China. Em primeiro lugar, o limite entre o estatal e o privado não é uma linha reta. Está mais para a curva no símbolo do *yin-yang*, no qual elementos aparentemente opostos acabam sendo complementares. Como veremos, as empresas estatais e as empresas privadas na China encontraram maneiras de colaborar, competir e coexistir, colhendo, assim, os benefícios das diversas interações que são possíveis entre elas.

Na China, as empresas privadas precisam do governo para obter recursos e superar uma infinidade de barreiras, mas o governo também precisa de boas empresas privadas. Negócios bem geridos criam mais empregos, geram mais receitas fiscais, impulsionam o PIB local e geram ganhos de pontos políticos para as autoridades locais. Quando os economistas chineses Chong-En Bai, Chang-Tai Hsieh e Zheng Song escreveram sobre a ascensão das empresas chinesas depois de visitar cidades do sul da China, descobriram que o principal foco dos governos locais era atrair e apoiar empresas privadas, mesmo que oficialmente o trabalho deles não tivesse nada a ver com o desenvolvimento dos negócios. Nove vice-prefeitos de uma cidade grande passavam a maior parte de seu tempo prospectando novos negócios, e cada um deles era o ponto de contato de cerca de trinta empresas privadas com o governo.[2]

A simbiose entre o Estado e o setor privado pode ser especialmente útil em uma economia com instituições imaturas e um livre mercado imperfeito. Esse tema permeia este livro. Mesmo nos tumultuosos primeiros tempos do setor privado, não era incomum que empresários e autoridades do governo local compartilhassem os frutos dessas novas entidades orientadas pelo mercado, contornando ou distorcendo as normas até quase quebrá-las enquanto jantavam, bebiam e cantavam juntos no karaokê. “As reformas começam com a quebra de regras”, como diz o famoso provérbio chinês.

A partir dessa colaboração informal e, por vezes, ilegal, nasceram milhões de empresas privadas durante a década de 1990 e no começo dos anos 2000. No entanto, assim que essa era cumpriu o seu papel de incubadora, o presidente Xi iniciou uma grande campanha contra a corrupção em 2013, cortando a fundo as relações ilícitas entre empresas privadas e os donos do poder político, restringindo as propinas e abafando o incêndio da corrupção. Desde então, o elo entre as empresas e o Estado na China evoluiu para novas formas, cada vez mais sofisticadas — e legalizadas. A história do mundo corporativo chinês é uma narrativa das divergências e convergências das empresas públicas e privadas e de um espírito empreendedor que superou imensos obstáculos históricos para infundir na economia do país uma vitalidade cuja evidência está por toda parte na China atual. Também veremos como uma nova geração de empreendedores chineses está reformulando o jeito de fazer negócios do país.

AS ESTATAIS CHINESAS: UMA BREVE HISTÓRIA

Quando a República Popular da China foi fundada, em 1949, as empresas estatais serviram como alicerces de uma economia que lutava para se manter de pé. Na época, as estatais desempenhavam quase todos os papéis vitais em uma nação recém-nascida. Em um país com poucas estruturas econômicas, capacidade industrial limitada e pouquíssima riqueza privada, as estatais foram incumbidas da tarefa de reconstruir uma infraestrutura devastada pela guerra, cumprir metas nacionais de produção e fornecer salários regulares, cuidados médicos e pensões a seus empregados, enquanto entregavam praticamente todos os lucros para o Estado. Os trabalhadores tinham estabilidade no emprego, a famosa "tigela de ferro de arroz";* podiam até passar os empregos para seus filhos. Ninguém era demitido e quase ninguém se demitia. Em suma, as estatais atendiam às necessidades do povo do berço ao túmulo, principalmente nas metrópoles.

Desde o começo, o desempenho financeiro não foi considerado muito importante para as estatais. Elas eram as agentes que mantinham a estabilidade na sociedade e cumpriam metas nacionais importantes. O Estado lhes

* No auge do sistema socialista da China, os empregos nas empresas estatais eram muito seguros, assim como os bens e serviços que os acompanhavam. Embora os salários fossem baixos, esses empregos nas empresas públicas eram vitalícios, e essas empresas forneciam habitação, assistência médica, educação e alguns alimentos aos trabalhadores e às suas famílias. O termo "tigela de arroz de ferro" simbolizava a natureza indestrutível desses empregos e, de modo geral, a promessa do socialismo de zelar pela subsistência dos seus trabalhadores. Nessa época, os funcionários do setor público passaram a considerar a "tigela de arroz de ferro" um direito. (N.E.)

concedeu todos os tipos de vantagem e supôs que isso bastaria para mantê-las ao menos viáveis. E, por um tempo, elas foram. A certa altura, no entanto, atribuladas pela ineficiência e pelas perdas financeiras, as estatais não conseguiram fornecer empregos nem receitas fiscais suficientes para cumprir as metas nacionais do governo central. Muitos atribuem isso à falta de incentivo para os gestores diretos das estatais, principalmente à falta de motivação para obter lucros e de participação nos lucros. Mas a história não é tão simples. Como veremos no capítulo seguinte, esses executivos eram menos motivados pela compensação financeira e mais por saber que suas conquistas serviriam como trampolim para seu progresso pessoal tanto no partido quanto no governo. Muitos viam o sucesso ou o fracasso da empresa estatal como um reflexo da própria dignidade e autoestima.

Um obstáculo mais significativo ao sucesso das estatais surgiu do fato de que os privilégios especiais, quando em excesso, podem ser ruins. O acesso fácil ao capital, os baixos custos dos empréstimos e a suposição implícita de que as dívidas seriam indefinidamente prorrogadas ou até mesmo perdoadas estimularam algumas estatais a se comportar de maneira imprudente. Quando o crescimento foi postulado como a principal medida de sucesso, muitas estatais, de modo descuidado, juntaram ativos de todos os tipos e se aventuraram em áreas que nada tinham a ver com seu negócio principal ou sua especialidade. Um cliente que entrasse no prédio de um fabricante de armas podia comprar um quadro no 3º andar e um sistema de mísseis no 27º; a mesma empresa também vendia carros esportivos e operava teatros nacionais, casas de ópera e a terceira maior casa de leilões de arte do mundo. A Avic [Aviation Industry Corporation of China], uma companhia de aviação chinesa, investiu em filmes de Hollywood, enquanto a Anbang, uma seguradora, fez a maior oferta pelo hotel Waldorf Astoria. Muitas estatais se expandiram para o setor imobiliário, quer as propriedades contribuíssem para seus objetivos empresariais, quer não. Em 2020, a China sediava o maior número de empresas da Fortune 500, as maiores empresas em termos de receita no mundo; das 135 empresas chinesas que figuravam nessa lista, a maioria era estatal.

Do mesmo modo que o tamanho normalmente é visto como a mais importante medida de poder e prestígio no mundo corporativo, os executivos são atraídos pelos benefícios que advêm de administrar um conglomerado de classe mundial; alguns podem almejar exercer influência política; outros podem querer apenas se gabar para impressionar parentes, amigos, companheiros e pessoas com contatos políticos que possam estar à procura de patrocínio. O diretor de uma grande estatal recebe um tratamento político de nível vice-ministerial e pode muito bem ter a chance de subir para um escalão ainda mais alto da hierarquia política. Quando há acesso fácil a capital e o tamanho vira a coisa mais importante — quando o objetivo se torna fazer a empresa crescer até que ela seja "grande demais para falir" —, esses incentivos perversos podem se tornar a pauta principal.

Mas, de longe, o maior desafio enfrentado pelas empresas operadas pelo Estado está na sua razão original de ser. Os lucros nunca foram o objetivo mais importante para as estatais. Como vimos, desde o início da China moderna as estatais tiveram de carregar todo o fardo da responsabilidade social. Hoje, mais de sete décadas depois de as estatais terem começado a cumprir a tarefa de reconstruir a economia chinesa devastada pela guerra, as responsabilidades sociais atribuídas a elas já foram atendidas em um nível bastante significativo, mas as empresas estatais ainda são soldados de infantaria, bombeiros e executores essenciais do planejamento estratégico nacional. Em tempos de necessidade econômica, pede-se a elas que invistam em infraestrutura ou a construam, absorvendo o elevado preço a ser pago, seja ele qual for. Em 2008, quando os decisores políticos chineses quiseram salvar a economia do caos causado pela crise financeira global, apelaram para as estatais, que gastaram imensas quantias de dinheiro para incentivar o emprego e assumiram inúmeros projetos de estímulo, independentemente de sua viabilidade comercial. Por fim, quando a economia da China estava superaquecida e criou um excesso de bens sem compradores, foram as estatais que cortaram a oferta e fecharam fábricas.

A quantidade de estatais caiu drasticamente, mas, aos olhos do governo, elas ainda são consideradas a espinha dorsal da economia. Elas ainda são as agentes que colocam em prática os importantes planos nacionais do governo. É preciso construir um estádio olímpico em tempo recorde? Chame as estatais. Na implementação da iniciativa Nova Rota da Seda, o ambicioso plano chinês de ligar a Ásia à Europa e ao resto do mundo por meio de uma rede de infraestrutura que inclui aeroportos, portos marítimos e estradas de ferro, foram as estatais que assumiram a liderança. A maioria delas e as maiores delas pertencem aos chamados "setores estratégicos e fundamentais", como o da energia, o da defesa, o das telecomunicações e o da infraestrutura.

Criadas com o entendimento de que os lucros sempre ficariam em segundo plano em relação aos interesses estratégicos nacionais, as estatais entraram no jogo econômico com uma desvantagem considerável, apesar das diversas vantagens de que desfrutam. Mas, como não conseguiram criar empregos e receitas fiscais em quantidade suficiente para atingir os objetivos econômicos nacionais da China, alguns dos maiores líderes do Estado começaram a considerar uma alternativa que há muito era impensável: deixar de se opor à iniciativa privada.

A ASCENSÃO DO EMPRESÁRIO CHINÊS

Durante décadas, a iniciativa privada não teve nenhum lugar na sociedade chinesa. Praticamente não havia empresas privadas na China após a Reforma Socialista das Empresas Industriais e Comerciais, entre 1952 e 1956. As entidades estatais dominavam por completo a economia chinesa, em nível central e local. Com o tempo, surgiram pequenas empresas familiares, mas, em um Estado socialista, as lojas familiares muitas vezes se sentiam constrangidas, quando não completamente envergonhadas, em relação à maneira "duvidosa" como ganhavam a vida. Os proprietários de pequenos negócios certamente não desfrutavam da mesma honra, status ou segurança no emprego que os trabalhadores associados a instituições do Estado. Nessa atmosfera social, pouca gente em sã consciência aspirava a se tornar empreendedor privado, e as autoridades, preocupadas com o crescimento espontâneo do capitalismo, mantinham um controle rigoroso sobre os negócios individuais ou familiares que surgiam.

As primeiras empresas não estatais significativas surgiram no interior do país. Inicialmente, essas empresas de comunas e vilas (*township and village enterprises* ou TVEs, na sigla em inglês) eram de propriedade coletiva dos habitantes locais e eram frequentemente controladas, gerenciadas e apoiadas pelos governos locais. Embora aparentassem ser empreendimentos públicos, e não privados, eram definitivamente orientadas para o mercado. Essas TVEs tinham permissão para contrair empréstimos em bancos estatais e para contar com o apoio do governo local; no entanto, sua propriedade não era, a rigor, nem estatal nem privada: elas operavam em uma zona cinzenta intermediária entre essas duas coisas. Dada a sua capacidade de aproveitar as oportunidades do mercado em vez de tentar cegamente acatar as últimas diretrizes centrais, as TVEs prosperaram primeiro no período entre 1978 e 1989 (e depois, novamente, entre 1992 e 1998), principalmente em regiões que sofriam de escassez severa ou de excedentes indesejados, locais onde as estatais guiadas pelo planejamento central tinham sido particularmente ineficazes.

Em 1990, 14% da força de trabalho da China, cerca de 93 milhões de pessoas, já trabalhava em TVEs, muitas delas especializadas em setores de mão de obra intensiva ou de recursos intensivos, entre os quais o têxtil, o de vestuário, o de processamento de alimentos e o de brinquedos.[3] Em uma época em que a ideologia era um grande obstáculo à privatização (a teoria de Karl

Marx de que a mais-valia levava à exploração capitalista era seguida com fervor religioso nos círculos do governo chinês), a marca "coletiva" afixada a essas empresas serviu como uma máscara para encobrir o que realmente estava acontecendo e foi a melhor defesa contra o fechamento forçado. Sem uma estrutura jurídica estabelecida para as empresas privadas, os empreendedores começaram a registrá-las como TVEs.[4] Nesse sentido, essas empresas de comunas e vilas serviram como instituições de transição; nos anos seguintes, muitas viriam a se tornar completamente privadas.

Ao contrário das TVEs rurais, protetivamente disfarçadas sob a denominação "coletivas", as empresas familiares privadas e de pequena escala nas cidades chinesas tiveram de enfrentar barreiras colossais. Para começar, o tamanho dessas empresas era estritamente limitado por lei: elas podiam empregar no máximo oito trabalhadores. A questão chegou a um ponto crítico quando se descobriu que Nian Guangjiu, criador da Fool's Melon Seeds [Sementes de Melão do Bobo], empregava uma dúzia de pessoas, excedendo significativamente o limite além do qual um empresário era considerado um capitalista, desencadeando, assim, a ira do Estado.

NIAN GUANGJIU E SUAS SEMENTES DE MELÃO

Os chineses adoram sementes de melão. Gostam de abri-las com os dentes e extrair seu macio núcleo interno, com seu sabor adocicado de nozes. Esse passatempo, há muito um elemento popular de qualquer reunião social, também se tornou um meio para um jovem pioneiro de origens pobres e rurais alimentar sua família e, com o tempo, abrir as comportas para a primeira geração de empreendedores chineses pós-1949. Aos 7 anos, Nian Guangjiu começou a coletar bitucas de cigarro para conseguir algum dinheiro. Aos 9, já ajudava seus pais a vender frutas. Já adulto e sem educação formal, Nian Guangjiu fazia diversos bicos para ganhar a vida. Na década de 1960, foi preso e condenado a um ano de prisão por ganhar dinheiro como atravessador, função estritamente proibida na época por ser categorizada como especulação financeira.

A China começou a se abrir aos poucos às empresas privadas para compensar as falhas de suas estatais, mas, mesmo assim, os vendedores privados e os atravessadores tinham de ser ágeis o bastante para se manterem um passo à frente da lei. E às vezes seus melhores esforços não eram suficientes. Nian Guangjiu foi preso novamente por vender peixes e castanhas. Depois de solto, foi contratado por um vizinho para ajudar a preparar e vender sementes de melão, uma habilidade que ele aprendeu rapidamente. Na época, as sementes de melão enquadravam-se na categoria de bens racionados, então a venda privada delas era ilegal; frequentemente Nian Guangjiu era pego e tinha suas mercadorias confiscadas, mas ainda assim ele persistiu.

Em 1981, o governo decidiu legalizar a abertura de negócios e a criação de empregos, com restrições rigorosas. Nian Guangjiu estava pronto para aproveitar ao máximo o momento. Agora que seus carrinhos não precisavam ser desmontados ao primeiro sinal de um policial, ele podia montar bancas em locais fixos, vendendo sementes de melão com um sabor único que ele havia desenvolvido ao longo do tempo. Guangjiu também ganhou a reputação de dar aos seus clientes uma quantidade de sementes maior do que a que cobrava deles, o que o fez receber o apelido de "bobo". Tomando isso como um elogio, ele incorporou o termo no nome de sua marca. As Fool's Melon Seeds [Sementes de Melão do Bobo] se tornaram tão conhecidas que as pessoas formavam longas filas em frente às bancas de Nian Guangjiu, esperando por suas generosas porções de sementes deliciosas. Logo ele ganhou seu primeiro milhão de yuans, uma quantia estonteante naquela época. Um humilde vendedor de sementes de melão havia se tornado milionário!

Nian Guangjiu estava na vanguarda de um grupo emergente de trabalhadores autônomos sem um histórico legítimo de emprego em empresas ou instituições do Estado. Seu empreendimento pode ter sido visto com maus olhos, mas seu sucesso era inegável — e intensamente desejável, dadas as dificuldades que tantos trabalhadores rurais da China eram obrigados a suportar na época. Apesar desse sucesso — ou talvez por causa dele —, Nian Guangjiu teve problemas mais uma vez. (Como diz o ditado na China: "Os porcos devem evitar engordar e os seres humanos devem evitar a fama.") Ele empregava jovens para trabalhar em suas bancas de sementes de melão, que eram cada vez mais numerosas, e, quando o número de funcionários de suas bancas aumentou para doze, isso acionou o gatilho de alerta de "exploração capitalista".

Nian Guangjiu, um vendedor de sementes de melão semianalfabeto, tornou-se uma grande dor de cabeça para o Estado, que agora era obrigado a conciliar a ortodoxia marxista com a nova realidade chinesa das empresas estatais de baixo desempenho e o sucesso público de uma iniciativa empreendedora. Sim, algumas restrições estavam se afrouxando, mas quão longe os líderes chineses estavam dispostos a ir em seu apoio à iniciativa privada? E quem tomaria a decisão?

O caso das Fool's Melon Seeds se tornou uma verdadeira batata quente política e acabou chegando até o topo do poder — a mesa do líder supremo da China, Deng Xiaoping. Em uma reunião de cúpula da Comissão Consultiva Central, em outubro de 1984, Deng tomou uma importante decisão: a Fool's Melon Seeds poderia continuar funcionando. As consequências eram claras para qualquer um que soubesse interpretar os sinais: a questão da exploração de trabalhadores não seria invocada como forma de controle; pelo menos temporariamente, os negócios individuais na China poderiam se expandir sem obstáculos.

Agarrando essa oportunidade com as duas mãos, empreendedores iniciantes trabalharam arduamente para fazer seus negócios crescerem após a decisão de Deng. À medida que as empresas privadas avançaram para preencher o vazio criado pelas empresas estatais menos eficientes, proporcionaram ganhos econômicos inesperados para toda a nação. A decisão não ortodoxa de Deng teve resultados. Houve alguns marcos notáveis ao longo do caminho. Dois anos depois da Viagem ao Sul de Deng Xiaoping, em 1992, que reafirmou seu compromisso com as reformas e a abertura da economia à iniciativa privada, a Lei das Sociedades Comerciais da China passou a permitir a existência de canais de financiamento para o setor privado, que incluíam o sistema bancário formal. E, finalmente, em 2004, uma alteração na Constituição do país deixou claro, sem sombra de dúvida, que o Estado apoiava o setor privado, fornecendo proteções legais à propriedade privada.

A SEGUNDA E A TERCEIRA ONDAS DE EMPREENDEDORES

Quando a decisão de Deng de permitir que a Fool's Melon Seeds excedesse o limite de oito empregados sinalizou que a ideologia marxista não limitaria mais o crescimento das empresas privadas, os empreendedores da China embarcaram em um extraordinário período de expansão. Aventureiros, abertos a riscos e revolucionários por natureza, eles tinham pouco a perder e tudo a ganhar. Entendiam profundamente que teriam de trabalhar mais duro e sofrer mais punições — talvez até ser presos — se quisessem ter sucesso e transformaram essa dificuldade em uma fonte de motivação. Conhecedores do panorama que cercava as empresas privadas, rapidamente detectavam brechas nas políticas e normas, identificavam oportunidades de arbitragem e contornavam restrições e requisitos legais. Em uma comparação com quem vai de carro para o trabalho, sua estratégia seria acelerar para passar nos sinais verdes, passar nos sinais amarelos e desviar dos sinais vermelhos. Sua coragem para distorcer ou quebrar as regras — e sua habilidade para fazê-lo — lhes abriu uma ampla gama de oportunidades econômicas lucrativas que não estavam ao alcance das empresas do Estado, que eram mais escrupulosas.

Em pouco tempo, outros empreendedores provaram que o sucesso fenomenal da Fool's Melon Seeds não tinha sido um golpe de sorte. Lu Guanqiu nasceu em uma família pobre de agricultores em Xiaoshan, na província de

Zhejiang. Quando o país enfrentou desastres naturais e catástrofes econômicas por três anos consecutivos entre o fim da década de 1950 e o início dos anos 1960, ele perdeu seu emprego como aprendiz de ferreiro. Depois de abrir um moinho de arroz e farinha, seu negócio foi fechado e, para pagar suas dívidas, ele foi obrigado a vender uma casa de campo de três cômodos que lhe fora deixada pelo avô. Mas Lu não desistiu. Em 1969, começou a consertar máquinas agrícolas e, com seis ajudantes, passou a fabricar produtos automotivos. Dando ênfase contínua à alta qualidade e aos preços baixos de seus produtos, foi o primeiro empresário privado da China a vender seus produtos nos Estados Unidos. Apesar do sucesso, Lu Guanqiu permaneceu humilde; nunca transferiu seus escritórios para fora da modesta casa de tijolos cinza de dois andares onde iniciou sua jornada.

Conforme o tempo passava, o perfil dos proprietários de negócios privados na China começou a se expandir. A primeira onda, que veio na esteira de Nian Guangjiu, foi em grande parte forjada no molde dele; tendo crescido na pobreza com pouco tempo para a educação formal, esses empreendedores jamais experimentaram os privilégios da vida dentro da burocracia chinesa, o que fez deles verdadeiros proletários. A segunda onda de empreendedores diferiu da primeira pelo fato de que muitos deles tinham sido altos funcionários do governo ou eram membros de outras elites bem-relacionadas na sociedade chinesa. Bem-educados e preparados para uma vida de estabilidade no emprego e alto status social, estavam dispostos a abrir mão de sua tigela de arroz de ferro e optar pela *xiahai* — palavra cujo significado é "mergulhar no mar turbulento dos negócios". Cientes do desafio de navegar pelas adversidades e incertezas do mundo dos negócios privados, eles abraçaram a oportunidade de fazer fortuna. Com a ajuda de seus contatos sociais, esses empresários tinham como objetivo iniciar negócios de alto padrão, em vez de buscar qualquer oportunidade de ganhar dinheiro.

Liu Yonghao representa essa segunda onda de empreendedores chineses. Em 1982, ele e seus três irmãos se demitiram de seus empregos no setor público para iniciar um negócio juntos. Em oito anos, eram os donos da maior produtora de ração animal da China. Em 1995, a diversificação de seus negócios levou à criação de quatro empresas distintas, cada uma delas gerenciada de forma independente por um dos quatro irmãos. Como membro recém-eleito da Conferência Consultiva Política do Povo Chinês, um influente órgão consultivo político, Liu Yonghao propôs a criação de um banco sancionado pelo Estado, que mobilizaria recursos privados para promover o desenvolvimento do setor privado. O resultado foi o banco Minsheng, que foi listado na Bolsa de Valores de Xangai em 2000.

AS ESTATAIS E AS EMPRESAS PRIVADAS CONVERGEM

Como vimos, as empresas estatais e os negócios privados foram tratados de maneira diferente desde o começo. Enquanto as empresas estatais recebiam direitos de monopólio, acesso prioritário ao mercado de ações e fácil acesso a permissões e licenças, as empresas privadas tinham de se apoiar na família, nos amigos, no crédito comercial e em lojas de penhores para obter financiamento.[5] Enquanto as estatais contratavam empréstimos com uma taxa de juros de 5%, as privadas o faziam com uma taxa três vezes maior. Embora o enfraquecido setor estatal contribuísse com menos da metade do PIB nacional, ele era requeria mais da metade dos empréstimos bancários e dos investimentos no país. Contudo, todas essas vantagens não resultaram em um desempenho econômico superior para as estatais nem foram uma sentença de morte para as empresas privadas. Conforme indica a Figura 4.1, ao longo de várias décadas, a participação geral dos ativos, lucros e empregos gerados pelas empresas estatais declinou de forma constante. Resumindo, agora começava a parecer que as duas categorias de empresas, uma vivendo no paraíso e a outra sobrevivendo na selva, estavam em condições completamente invertidas em relação àquelas sob as quais tinham nascido.

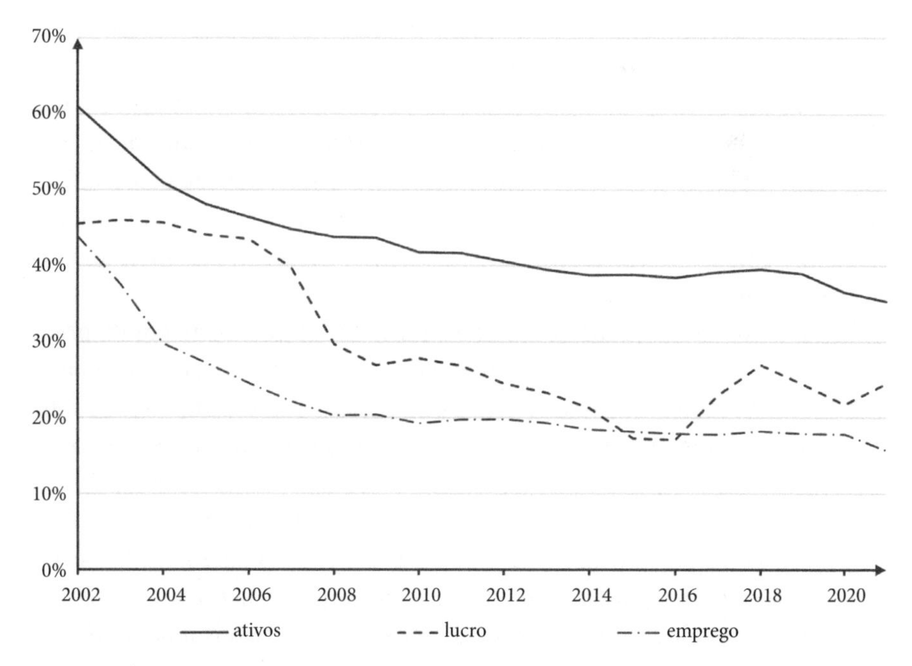

Figura 4.1: Participação das empresas estatais no setor industrial.

As empresas privadas tinham uma vantagem notável sobre as estatais: a flexibilidade. Podiam tomar decisões rápidas e se adaptar a novas circunstâncias sem pedir autorização a uma complexa burocracia. Também podiam entrar em um mercado quando quisessem e sair quando fosse mais prudente. As estatais, no entanto, não podiam simplesmente diminuir o tamanho de suas operações ou fechar quando estavam mergulhadas em dívidas ou quando as perspectivas futuras se tornavam sombrias. Tinham restrições para demitir funcionários, bem como compromissos com objetivos políticos nacionais. Podiam até diminuir de tamanho vendendo ativos ou reestruturando-se por meio de fusões com outras estatais, mas não tinham a opção de simplesmente baixar as portas. E as empresas estatais improdutivas também não eram obrigadas a ceder lugar para outras mais eficientes, como acontecia no setor privado ultracompetitivo. Mas tudo isso mudou depois de 1995.

DE TIGELA DE ARROZ DE FERRO A TRAMPOLIM PÚBLICO

Determinado a resolver os problemas há muito tempo pendentes das empresas estatais inchadas e ineficientes da China e colocá-las de pé, o primeiro-ministro Zhu Rongji implementou uma série de medidas em meados da década de 1990 que poucos poderiam ter previsto, iniciando a terceira onda de reformas discutida no capítulo 2. Tudo começou com "pegar as grandes e soltar as pequenas"; as grandes empresas estatais sofreram reformulações drásticas, enquanto as pequenas foram deixadas por conta própria, para afundar ou nadar segundo sua capacidade. As estatais mais importantes iniciaram um período de reestruturação fundamental: chamaram investidores estratégicos para assumir uma parcela do capital acionário, venderam participações minoritárias ao público e foram listadas na bolsa de valores chinesa. O resultado para as estatais foi uma diminuição drástica.[6]

Mais de 80% das estatais que operavam em 1998 foram fechadas ou privatizadas até 2007, principalmente as menores e menos eficientes. A taxa anual de saída das menores empresas estatais do mercado (no décimo percentil inferior) excedeu 30%, sendo muito superior à taxa de saída do mercado das empresas privadas de tamanho semelhante. O número de empregados no setor estatal caiu para 44 milhões à medida que o número de empresas estatais diminuiu de 118 mil para 34 mil, e a participação nacional dos ativos estatais caiu de 70% para menos de 50%. Até mesmo setores estratégicos altamente protegidos sentiram a queda na presença das estatais, à medida que sua participação nos setores de mineração, petróleo, produtos químicos e metalúrgico caiu quase pela metade.

Como consequência, o desempenho geral das empresas estatais melhorou. Em 1998, 60% das estatais estavam operando no vermelho; empresas que não davam lucro eram responsáveis por quase metade dos empregos públicos e por 23% dos empregos na indústria manufatureira. Já no final de 2003 o cenário mudou. Para as maiores, a lucratividade triplicou em apenas sete anos. As estatais maiores estavam se tornando mais lucrativas e produtivas. Entre 2001 e 2007, o abismo entre a produtividade das empresas estatais e a das empresas privadas diminuiu rápido. A melhora foi surpreendente; a maré virou por completo.

O objetivo de "pegar as grandes" se tratava de aumentar a lucratividade das estatais maiores, mantendo-as, ao mesmo tempo, sob o controle do Estado. Em 2018, metade das estatais mais importantes da China estava listada entre as quinhentas maiores empresas do mundo. Alguns grandes conglomerados industriais estatais se fundiram, tornando-se ainda maiores. No setor siderúrgico, produtores estatais consolidaram-se em cinco grandes grupos industriais. Na indústria automobilística, empresas estatais fundiram-se e formaram seis conglomerados estatais: o maior deles, a Saic, é propriedade do governo municipal de Xangai. Dessa maneira, as grandes estatais que surgiram da limpeza realizada em meados da década de 1990 acabaram ficando maiores do que nunca. O tamanho médio dos ativos das empresas estatais industriais aumentou 700% entre 1999 e 2008.[7]

O setor de negócios estatais foi transformado radicalmente. Muitas empresas estatais se dissolveram ou foram desmembradas, mas as que sobreviveram ganharam um destaque ainda maior. As reformas do final da década de 1990 também inauguraram um período de rápido crescimento de produtividade. As fusões eliminaram empresas estatais não lucrativas sem sacrificar empregos, e as guerras de preços entre empresas estatais concorrentes foram interrompidas. Menos era mais. E as estatais demonstraram que podiam se tornar empreendimentos lucrativos quase tão competitivos quanto as empresas privadas.

Essa transformação também tornou obsoleta a ideia convencional de que a privatização total era o futuro inevitável da parte maior da economia chinesa. A abordagem de privatizações em massa da noite para o dia, aplicada na Rússia e nas economias do Leste Europeu, com sua oligarquia, sua corrupção e seus problemas sociais, acabou não sendo a única opção. Parecia que a China poderia criar um sistema de duas pistas em que as empresas estatais e o setor privado pudessem coexistir, depois de realizada a reforma gradual das estatais. Dessa forma, evitou-se a transferência caótica de ativos do Estado para um grupo de magnatas políticos, bem como as demissões em massa, o alto desemprego e a instabilidade social.

As reformas chinesas, graduais mas constantes, conseguiram revitalizar o setor estatal: a diferença de produtividade em relação ao setor privado se estreitou e os retornos sobre ativos dobraram rapidamente depois de 1998. Por um tempo, o crescimento de produtividade das empresas estatais foi mais rápido que o das empresas privadas, e elas se tornaram concorrentes dignas. A operação cirúrgica que o governo conduziu em si mesmo funcionou, e a economia chinesa prosperou na década seguinte. Como veremos no capítulo 6 quando explorarmos o funcionamento do sistema financeiro da China, esse progresso foi interrompido no rastro da crise econômica de 2009, quando as estatais foram convocadas para salvar a economia. Na década seguinte, o desempenho financeiro das estatais e dos empreendimentos privados voltaria a divergir.

A RELAÇÃO ENTRE OS NEGÓCIOS E O GOVERNO

Pode ser que você já tenha escutado o termo chinês *guanxi*, que significa "relações". No passado, *guanxi* significava o vínculo especial de confiança que constitui a base das relações comerciais. Ele levava tempo para se estabelecer, mas, assim que se formava, as coisas prosseguiam mais rápido e com mais eficiência. Os empreendedores se apoiavam mais no *guanxi* do que nos contratos para expandir seus negócios. Em certo momento, *guanxi* começou a caracterizar a interação entre as empresas privadas e os governos locais. É fácil entender por que os governos locais quereriam ajudar as estatais locais, mas, em um país que historicamente favorecia suas empresas estatais e impunha obstáculos a seus empreendedores, por que o governo ofereceria a mão amiga às empresas privadas? Por que um governo local em Jiangsu bloquearia histórias pouco lisonjeiras na internet sobre uma empresa privada do ramo de vestuário? Por que outro governo local construiria uma pista extra em seu aeroporto para acomodar aviões de carga para uma única empresa privada? Certa vez, o governo de uma pequena cidade chegou até a explodir uma montanha para abrir espaço para uma fábrica privada. E era uma prática habitual ajudar as esposas de empresários a encontrar emprego e a colocar seus filhos nas melhores escolas. Por quê?

A título de explicação, consideremos um exemplo. Nos últimos anos, as mais altas autoridades dos governos locais de Pequim, Xangai e outras cidades e províncias importantes aceleraram seus esforços para montar veículos completamente elétricos. Por quê? De um lado, o governo chinês expressara seu apoio à produção nacional de um veículo verde; por sua vez, um empreendimento desse tipo poderia também dar uma enorme contribuição para aumentar o PIB e a taxa de emprego locais, principalmente levando-se em conta a ampla rede de fornecedores adicionais necessários para fabricar automóveis. Um líder local poderia se beneficiar duplamente de um novo setor automobilístico em expansão: poderia obter ganhos financeiros pessoais, participando dos lucros das empresas que decidisse apoiar, e poderia também ter ganhos políticos, pois, ao acelerar o crescimento local e cumprir a ordem do governo central de produzir automóveis, teria mais chances de ser promovido tanto dentro do governo quanto dentro do Partido Comunista. O elo entre o crescimento local e a promoção política é o que torna único o caso da China.

A esta altura, um governo local tem múltiplas escolhas. Pode apoiar uma estatal local que tenha começado a produzir veículos elétricos ou pode decidir apoiar uma empresa privada inovadora. De forma alternativa, pode direcionar seu apoio a diversas empresas menos produtivas que estejam dispostas a abrir caminho para o sucesso à custa de propinas. A expropriação é sempre um último recurso: o governo local pode optar por tomar posse de uma empresa privada desejável, mas, se não conseguir administrá-la de modo tão hábil quanto o fazia a administração anterior, voltada para o mercado, os retornos da empresa a tornarão muito menos desejável.

Vamos levar em consideração o que se perde e o que se ganha nesse cenário. A estatal seria a mais fácil de ajudar, pois precisa de menos recursos adicionais, isso se precisar de algum, e, politicamente, é inquestionável. Mas a desvantagem é que ela pode não fazer um veículo elétrico excepcional, o que significa que tem menos chances de gerar grandes lucros e empregos abundantes. A empresa privada inovadora pode precisar de mais recursos, mas, com a ajuda do governo, poderia se tornar uma estrela. Empresas menos produtivas que oferecem regalias de todo tipo se tornaram muito menos tentadoras no ambiente atual, em que o governo central combate rigorosamente a corrupção.

Então, qual é o resultado mais provável nesse cenário? Apoiar o empresário privado parece ser a melhor aposta. E foi exatamente isso que aconteceu quando o governo local de Hefei, capital da província de Anhui, conseguiu persuadir a Nio — uma fabricante chinesa de veículos elétricos inteligente, bem-sucedida e com grande potencial — a instalar ali a sua sede. O governo injetou dinheiro em troca de uma participação na empresa, forneceu-lhe terrenos baratos e ofereceu serviços de todo tipo para facilitar seu percurso. A Nio, uma companhia global que está listada na Bolsa de Valores de Nova York, além de proporcionar ao governo de Hefei uma ótima reputação e um enorme retorno financeiro à medida que o preço de suas ações disparava, também estimulou a prosperidade na indústria local. O governo local de Guangzhou está desempenhando papel semelhante em relação a outra empresa privada de veículos elétricos, a XPeng.

Tal lógica por trás do cenário de alternativas ajuda a explicar por que os governos locais foram motivados a romper com o histórico chinês de antagonismo à iniciativa privada e a encorajar as empresas privadas produtivas em sua região. Essa forma de seleção natural econômica pode não ter sido tão eficiente quanto sua versão baseada nos mecanismos do mercado, mas funcionou bem dadas as circunstâncias. E continua funcionando até hoje.

São diversos os tipos de apoio que podem ser dados pelos distintos níveis de governo. Os governos locais podem conceder licenças, licitações, terrenos baratos e empréstimos diretos de bancos locais para as empresas que preferirem. Podem criar novas leis ou contornar as antigas,[8] conceder permissões e fazer lobby junto ao governo central, pleiteando isenções. O *guanxi* traduz-se, portanto, em um valor monetário real. Um estudo demonstra que a elite do partido que ingressou no setor privado após a emenda constitucional de 2004 (que encorajava os membros do partido a empreender para que houvesse mais representação do partido no setor privado)[9] regularmente obteve acesso a empréstimos bancários e subsídios do Estado. A Evergrande, gigante imobiliária que se tornou uma das maiores empresas do mundo, deixou de ser uma pequena operação graças aos contatos políticos de elite que cultivou desde cedo.

Como vimos, o apoio dado pelas autoridades locais às empresas privadas não foi altruísta. Além do aumento do poder político, elas recebem em troca benefícios privados, que no passado frequentemente assumiam a forma de renda informal ou subornos ilegais. A renda informal poderia incluir viagens de luxo, estadias em resorts ou o pagamento de mensalidades escolares no exterior para filhos de autoridades. E é claro que também havia transferências diretas de dinheiro ou participações acionárias em empresas privadas concedidas a familiares de autoridades poderosas do Estado. Apesar de não serem poucos os casos de corrupção entre as empresas estatais, era mais fácil fazer acordos com as empresas privadas.

Esse era o antigo modelo de conluio entre o Estado e as empresas privadas. Quer chamemos isso de clientelismo ou de corrupção, ou o consideremos como a graxa que lubrifica as engrenagens da economia local, a ideia é a mesma: receber uma parte dos lucros das empresas em troca da ajuda oferecida a elas. Quer a motivação fosse a propina, quer fossem as maiores chances de promoção, ou uma combinação das duas coisas, os governos locais abraçavam com entusiasmo a busca frenética por crescimento e expansão e eram especialmente receptivos a empresas privadas grandes e produtivas. Mas a discriminação contra as menores ainda existia. No entanto, há uma desvantagem significativa nesse modelo: os governos locais são incentivados a proteger as próprias empresas e a bloquear a concorrência proveniente de outras regiões, prejudicando, assim, a inovação e a concorrência. O governo de Xangai protegeu o monopólio da GM, ao passo que o governo local de Wuhu apoiou a sua própria empresa privada local, a Chery. Embora tivesse licença para vender no país todo, a Chery encontrou resistência em Xangai e em outras localidades onde havia montadoras locais.[10]

UM NOVO MODELO MUDA O PANORAMA ECONÔMICO

O modelo antigo sofreu um golpe significativo quando o governo chinês começou a reprimir a corrupção, em 2013. Regulamentações adicionais, um controle mais rígido e uma vigilância muito mais rigorosa tanto sobre as empresas privadas quanto sobre os funcionários do governo fizeram com que as empresas privadas tivessem de se virar sozinhas. Sem acesso a financiamento fácil e a favores políticos, as empresas, tanto privadas quanto estatais, encontraram novos caminhos para a prosperidade: formando conglomerados e se tornando donas umas das outras.

Voltemos à história da empresa de carros elétricos Nio. Em abril de 2020, o preço de suas ações havia caído 62% abaixo do valor de sua oferta pública inicial, feitaem 2018, e a empresa estava à beira da falência, com suas fontes de financiamento cortadas. Àquela altura, o governo de Hefei, da província de Anhui, interveio, superando com sucesso seus concorrentes com uma oferta de 7 bilhões de yuans (equivalente a cerca de 1 bilhão de dólares) em troca de uma participação de 25% na empresa.[11] A Nio mudou sua sede para Hefei, onde o governo local a ajudou a conseguir empréstimos de seis grandes bancos estatais, além de ajudá-la a criar, organizar e coordenar uma cadeia de fornecimento de baterias, motores e sistemas de controle (encorajando outros negócios produtivos a se estabelecerem na região). No ano seguinte, a produção automobilística da Nio cresceu 81%. Seu valor de mercado, que era de aproximadamente 3 bilhões de dólares em abril de 2020, aumentou para cerca de 100 bilhões de dólares oito meses depois. Sendo uma parte interessada, o governo local beneficiou-se bastante de várias maneiras: conseguiu atrair uma empresa de alta qualidade para o seu parque de alta tecnologia, criou empregos e uma excelente reputação para si mesmo e obteve lucros substanciais por possuir ações da Nio.

Os governos, por meio de suas estatais, tornaram-se importantes acionistas de empresas privadas proeminentes. Em 2016, o Shenzhen Metro Group, uma empresa estatal local do governo de Shenzhen, tornou-se o maior acionista da Vanke, que até então era uma empresa completamente privada de empreendimentos imobiliários na China e estava listada na Fortune 500. A Vanke beneficiou-se da obtenção de terra mais barata e da assinatura de diversos contratos de construção, enquanto o Metro Group lucrou ao monetizar seus recursos por meio de seu gestor delegado, a Vanke. Outro exemplo famoso é o East Hope Group, o enorme conglomerado fundado pelos quatro irmãos que mencionei anteriormente,** cuja atividade abrange desde ração animal até produtos químicos. Sempre que se aventuravam fora de sua terra natal, Sichuan, para iniciar um novo negócio, eles criavam uma empresa conjunta [uma *joint venture*] com alguma estatal local. Até o momento, essa empresa possui *joint ventures* com quinze proprietários estatais e onze proprietários privados. Sua fórmula de sucesso tem sido amplamente replicada: na agricultura e na indústria pesada, 90% das *joint ventures* são formadas com governos de fora da província de origem da empresa.

Hoje, isso é ainda mais evidente no setor de tecnologia. Quando a STAR Market — equivalente chinesa da Nasdaq, que abrange muitas empresas de tecnologia — foi inaugurada, metade das empresas listadas tinha investidores estatais. Pode-se dizer que os governos locais se transformaram não apenas em investidores de risco, como os que operam no Vale do Silício (investindo direto em empresas tecnológicas de risco), mas também em gestores de fundo de segundo grau como os de Wall Street, escolhendo outros gestores de fundo para selecionar e investir em empresas em seu nome.

Muitas empresas privadas aceitam de braços abertos os investidores estatais. Afinal de contas, atrair um governo local ou uma empresa estatal dessa maneira tem muitas vantagens: podem-se usar seus contatos para acessar recursos locais, unir redes de distribuição, obter permissões difíceis de conseguir, ganhar certa proteção política, etc. Para que uma empresa privada fizesse tudo isso sozinha, seriam necessários tempo e recursos substanciais, pressupondo-se que não fosse simplesmente impossível. E algumas acreditavam que, desse modo, teriam "contatos políticos demais para falir". Para os órgãos do Estado, trabalhar com gestores privados altamente capazes em empresas conjuntas [*joint ventures*] ou se tornar investidores faz sentido do ponto de vista econômico, pois é o uso mais produtivo dos recursos do Estado.

** Trata-se de Liu Yonghao e seus irmãos, já citados. (N.E.)

Mas a colaboração só dá certo quando o Estado é um acionista minoritário e deixa que os gestores e empresários tomem as decisões comerciais importantes, livres de interferência política.

Assim, a visão ocidental do chamado capitalismo de Estado da China — em que as grandes estatais recebem generosos subsídios para cumprir ordens estatais e implementar políticas industriais — está ultrapassada. Essa caracterização pode ser verdadeira para um pequeno conjunto de setores estratégicos, mas um modelo de colaboração muito mais sutil e mais disseminado surgiu, beneficiando-se das características fundamentais da China: a forte capacidade do Estado e a fraqueza das instituições.

A abrangência e a profundidade dessas interconexões são demonstradas em um estudo fascinante realizado pelos economistas Chong-En Bai, Chang-Tai Hsieh, Zheng Song e Xin Wang, com base em dados que incluem todas as empresas registradas na China,[12] que eram 37 milhões em 2019. O universo de dados empresariais fornece informações sobre toda a complexa rede de propriedade: os proprietários compreendem 62 milhões de "capitalistas" privados e 60 mil órgãos estatais, incluindo governos locais e centrais. Quando uma estatal forma um empreendimento conjunto com uma empresa privada *A*, essa empresa *A* passa a ser diretamente associada ao Estado. Mas, se a empresa *A* faz um empreendimento conjunto com a empresa privada *B*, esta passa a ser *indiretamente* ligada à estatal. A empresa privada *B* pode, por sua vez, se tornar acionista da empresa privada *C*, de modo que esta última também se conecta indiretamente à estatal original. Essas diferentes camadas de relacionamentos acionários formam um conglomerado corporativo de grande porte. As estatais constituem os principais nós dessa rede, e muitas vezes os maiores.

A quantidade de empresas ativas fazendo negócios na China aumentou 900% entre 2000 e 2019. Porém, um fato ainda mais surpreendente é que os proprietários privados com conexões estatais possuíam cerca de 1/3 do capital registrado por essas empresas, o que mostra quão difundidas se tornaram as ligações acionárias entre empresas estatais e privadas no setor corporativo chinês. Em 2019, mais de 100 mil proprietários privados tinham *joint ventures* com proprietários estatais, um aumento de 500% em comparação com o número registrado em 2000. Em 2019, 63 dos cem maiores proprietários de empresas (em medida de capital social) eram agentes do Estado. Mas a surpresa está no fato de que todos esses proprietários estatais têm uma *joint venture* com uma empresa privada. Algo semelhante pode ser dito a respeito dos maiores proprietários privados: a maioria deles tem uma *joint venture* com um proprietário estatal.

Essas conexões estreitas entre o governo e as empresas não são exclusivas da China, mas sua difusão é. O modelo de conglomerados pode nos lembrar da rede japonesa *keiretsu* e do sistema *chaebol* coreano, mas em nenhum outro lugar as conexões acionárias são tão complexas e comuns. O fato de 1/3 do capital privado registrado estar ligado ao Estado supera significativamente outras economias com notável propriedade estatal, como a França, o Brasil ou a Rússia. Nos Estados Unidos, os governos estaduais podem competir para atrair empresas de sucesso, como fizeram no enorme leilão para abrigar a segunda sede da Amazon, mas não fornecem financiamento para essas empresas nem incluem negociações que envolvam a obtenção de uma participação nelas.

BÊNÇÃOS E MALDIÇÕES

Em um país com instituições pouco sofisticadas e mercados que ainda precisam amadurecer, a cooperação entre o governo e as empresas pode ser muito benéfica, principalmente quando os incentivos de ambos os lados são claros e se harmonizam entre si. Ainda assim, agentes mal-intencionados são um problema sempre que estão envolvidas grandes somas de dinheiro sem a devida supervisão. Na China, algumas empresas estatais e privadas começaram a aproveitar o acesso fácil ao dinheiro proveniente do apoio do Estado para investir em áreas de alto risco. Quando esses investimentos deram errado, a dívida gerada foi coberta pelas empresas estatais envolvidas e, algumas vezes, estas foram dragadas juntamente aos negócios privados que estavam afundando.

Do mesmo modo, o modelo colaborativo não funciona tão bem quando é invertido, ou seja, quando proprietários privados se tornam acionistas minoritários de grandes empresas estatais. Em 2013, o governo incentivou empresas privadas a adquirir participações expressivas em empresas estatais com o objetivo de melhorar a rentabilidade, a governança e a produtividade destas. Mas muitos desses casamentos foram infelizes. As empresas privadas faziam da eficiência sua prioridade, mas a capacidade das estatais de ir atrás desse objetivo era limitada pelas rédeas curtas do governo. Os proprietários privados tinham pouco poder de decisão na gestão ou na direção estratégica das empresas estatais. Acabaram não sendo participantes ativos, mas investidores financeiros passivos, diluindo os efeitos de suas melhores qualidades — rápida tomada de decisões, controle rigoroso de custos e uma excelente gestão. Os resultados foram, na melhor das hipóteses, dúbios: o setor privado não melhorou o desempenho do setor estatal e os proprietários privados também não se beneficiaram de forma significativa.

A participação do governo pode ser uma bênção ou uma maldição. O modelo de colaboração entre o Estado e as empresas privadas pode ser particularmente benéfico em certos estágios do desenvolvimento de um país — quando as instituições formais estão fracas. Ele se demonstrou útil para a China ao condensar em apenas quarenta anos os séculos que o Ocidente levou para transformar suas economias agrárias em economias industriais e de informação. Mas há desvantagens significativas. Para as empresas, a colaboração pode aumentar a volatilidade; as empresas privadas estão sujeitas a mudanças na gestão, mas não de forma tão imprevisível como ocorre com os gestores das empresas estatais ou autoridades locais com quem frequentemente colaboram ou compartilham propriedade, os quais, ao receberem uma promoção ou uma demissão, podem facilmente ser transferidos para outro lugar.

Os líderes locais bem-sucedidos frequentemente deixam seus distritos para ir atrás de oportunidades políticas melhores em outros lugares. Sua visão do futuro pode tê-los levado a gastar recursos consideráveis apoiando certas empresas que poderiam ajudá-los a concretizar essa visão, mas, quando seus sucessores assumem o poder, eles têm as próprias visões. Podem parar de implementar os planos de seus antecessores simplesmente para se diferenciarem deles ou para se beneficiarem de uma mudança na maré política. Nesse processo, as empresas podem sofrer. As queridinhas de um líder do governo local podem ser desfavorecidas sob o comando de um líder subsequente. E o governo central também pode aumentar o nível de incerteza. Se em determinado ano a diretriz central é focar no meio ambiente, as autoridades locais podem conceder tratamento preferencial a negócios relacionados à gestão de resíduos. Mas se, no ano seguinte, o governo central estiver focado em cultivar a competitividade interna na área de semicondutores, os governos locais seguirão o mesmo caminho.

Quando o governo e as empresas privadas colaboram, o fenômeno do sucesso excessivo pode representar um perigo por si só. Como diz o provérbio chinês: "As árvores mais altas são mais atingidas pelos ventos mais fortes". O governo pode ajudar as empresas a crescer, mas, quando elas começam a exercer influência sobre as instituições públicas ou se tornam tão implacáveis no tratamento dos concorrentes que chegam a gerar ressentimentos públicos, o governo as coibirá. Isso significa que as maiores empresas chinesas jamais serão verdadeiramente independentes. Empresas grandes, como o Alibaba e a gigante imobiliária Evergrande, que já chamaram a atenção dos órgãos de controle governamentais, estão a um passo de também sofrerem a ira do governo.

A vantagem de ser grande na China é que o vasto mercado chinês traz consigo lucros substanciais. Mas, ao mesmo tempo, as empresas privadas de sucesso têm responsabilidades e deveres que lembram os das antigas estatais, como a prestação de serviços e a criação de tecnologias para auxiliar o governo durante a pandemia ou a concessão de fundos para ajudar na recuperação de desastres naturais. Quando a China precisou alcançar o resto do mundo em tecnologia, ela deixou que o setor de tecnologia tivesse liberdade total, criando muitos bilionários e impulsionando a economia digital da China para a vanguarda global. Vinte anos depois, após criar quase uma centena de empresas que valem mais de 10 bilhões de dólares cada uma, o governo decidiu que deveria parar de permiti-las atuar sem restrições. Muitas das maiores empresas de tecnologia foram acusadas de explorar o seu poder de monopólio, de usar seus dados para manipular as preferências dos consumidores e até mesmo de vender dados ilegalmente para terceiros. Após inúmeros casos de violação de dados, o governo tomou uma medida drástica em 2021 ao introduzir novas restrições para determinadas grandes empresas de tecnologia, educação e jogos. Isso inclui multas para as empresas de vendas online mais conhecidas da China: o Alibaba, gigante do comércio eletrônico, a Meituan, plataforma de entrega e compras, e a Didi, empresa de compartilhamento de viagens. Ao que parece, nem mesmo a perda de 1 trilhão de dólares em valor de mercado das empresas chinesas de vendas pela internet abalou o governo.

Como reconheceram os governos do mundo inteiro, regulamentações e políticas antimonopólio são justificadas e especialmente pertinentes em um país onde o crescimento desordenado tem sido a norma. Se forem bem planejadas e implementadas, podem levar a resultados mais justos, a mais inovações e a maior eficiência. No entanto, se ocorrer o contrário, podem prejudicar o empreendedorismo dinâmico e desincentivar os talentos mais promissores. Mas o "justo equilíbrio" entre regulamentações e inovações, justiça e eficiência — o novo objetivo no plano estratégico da China — exige habilidades cada vez maiores por parte do governo. Diretrizes transparentes e claras, boa comunicação e políticas previsíveis são fundamentais para conquistar a confiança e garantir a continuidade do círculo virtuoso de investimento e inovação. Poucos governos conseguiram fazer isso de forma eficiente até o momento.

AS EMPRESAS ESTRANGEIRAS

As empresas estrangeiras começaram a entrar na China no final da década de 1970.[13] A japonesa Panasonic foi a primeira, em 1978. Um ano depois, a Coca-Cola tornou-se a primeira marca de consumo a vender seu produto na

China. No mesmo ano, a IBM chegou à China. Enquanto muitas sobreviveram e prosperaram, como a General Electric, a Apple e a Microsoft, outras tropeçaram ou fizeram suas malas e foram embora, como a Motorola. A sorte das empresas estrangeiras na China varia tanto que não se pode pintar o quadro todo com apenas algumas pinceladas. No começo, o governo demonstrou certa ambivalência em relação ao investimento estrangeiro direto (IED). Por um lado, o Estado acolhia o IED, que trazia consigo a tecnologia e o conhecimento tão cobiçados, mas, ao mesmo tempo, preocupava-se com o fato de que a competitividade estrangeira prejudicaria o desenvolvimento de certas indústrias locais em fase inicial. Portanto, enquanto algumas empresas enfrentavam todo tipo de obstáculos e restrições, outras desfrutavam de tratamento especial. O quadro geral é diferente do que é normalmente retratado: os dados mostram que, no período de 1998 a 2007, as empresas estrangeiras no setor de manufatura foram as mais subsidiadas de todas, às vezes, mais do que as empresas estatais.[14] As empresas estrangeiras também pagavam impostos sobre valor agregado mais baixos do que as empresas chinesas, em média, e desfrutavam de uma tendência favorável à propriedade estrangeira.[15] Parte disso pode ser atribuído ao forte apoio do governo às exportações, as quais muitas empresas estrangeiras estavam ajudando a impulsionar na China.

Não existe um critério único para avaliar o panorama dos investimentos estrangeiros na China. Há setores em que o investimento estrangeiro é restrito, como a mineração, a educação, a mídia, as telecomunicações e certas empresas de internet relacionadas à informação, ou naqueles casos em que *joint ventures* com empresas chinesas são a única opção. Muitas empresas estrangeiras também se queixam das transferências de tecnologia que são requisitos para o estabelecimento de *joint ventures* com empresas nacionais e a obtenção de acesso ao mercado chinês, da concorrência desleal das empresas estatais ou do flagrante protecionismo do governo. Esses fatores foram especialmente relevantes no passado (por exemplo, a Lei dos Investimentos Estrangeiros, aprovada em 2019, proíbe transferências forçadas de tecnologia), como veremos no capítulo 8. Mas também é verdade, como argumentam muitos estudos e especialistas, que atribuir à discriminação a culpa pela falência de empresas estrangeiras é algo simplista demais.[16]

Em qualquer setor específico, é possível apontar tanto empresas estrangeiras bem-sucedidas quanto fracassos evidentes. No setor automotivo, a Volkswagen e a Toyota tiveram muito sucesso, mas a Ford e a Hyundai não tiveram. A Audi, a BMW e a Lincoln tiveram sucesso, enquanto a Citroën e a Peugeot, apesar de terem entrado cedo no mercado chinês, não conseguiram atrair o consumidor local. Na indústria de bens de consumo, a Procter

& Gamble, a Yum! Brands e a Starbucks foram imensamente bem-sucedidas. A Mattel não conseguiu vender bonecas Barbie que se pareciam com as meninas chinesas simplesmente porque a empresa não compreendia que as meninas chinesas preferiam as bonecas loiras de olhos azuis. O fato de todas as empresas da Fortune Global 500 atuarem na China diz muito sobre o apelo do mercado do país, assim como o fato de a China ter sido a segunda maior receptora de IED em 2019 e a maior em 2020. Instituições financeiras estrangeiras como a BlackRock e a Fidelity estão correndo para estabelecer subsidiárias de propriedade integral na China a fim de oferecer uma gama de produtos, desde poupança até aposentadoria. O entusiasmo delas cresceu apesar das guerras comerciais e do antagonismo geopolítico. Esses desenvolvimentos econômicos e as ligações financeiras entre os Estados Unidos e a China parecem não refletir as tensões crescentes, pelo menos até o momento. Tudo isso está acontecendo a despeito dos muitos desafios e das frustrações que as empresas estrangeiras enfrentam.

As oportunidades para empresas estrangeiras sempre existiram — nos setores de manufatura, de TI, de software, de finanças, de bens de consumo, de empreendimentos imobiliários, etc. —, mas a mentalidade e a abordagem delas determinaram seu destino. Algumas empresas, como o Google, decidiram não acatar as restrições regulatórias e saíram do mercado. Algumas foram superadas por concorrentes locais: por exemplo, os negócios online do eBay, da Amazon e do Walmart foram derrotados pelo Alibaba. A Uber perdeu a batalha para a Didi, embora as duas empresas depois tenham chegado a um acordo mutuamente benéfico. E muitas outras empresas estrangeiras, como a Apple e a Samsung, prosperaram.

Uma vantagem que as empresas chinesas têm sobre as concorrentes estrangeiras é que elas estão mais bem preparadas para lidar com as complexidades políticas de tratar com o governo. Como vimos, isso não é fácil. As empresas estrangeiras que reconheceram esse problema e ajustaram sua estratégia se saíram melhor do que as que não o fizeram. Equipes locais autorizadas a tomar decisões tiveram mais sucesso do que as que eram obrigadas a esperar as decisões da sede no exterior. As empresas estrangeiras que constroem e mantêm relações amigáveis com governos locais, que se adaptam aos costumes locais e estudam cuidadosamente a demanda local por produtos, às vezes, conseguem levar vantagem até mesmo sobre as empresas nacionais. Na China, um lema popular dos negócios é "*Jie di qi*" — "mantenha os pés no chão", ou "mantenha-se" integrado à realidade local. Muitas empresas tentaram replicar na China modelos de negócios que tiveram sucesso em outros lugares no mundo. Mas agora já não é surpresa que essa abordagem raramente dê bons resultados.

Outro exemplo de discrepância entre o ouvir dizer e os dados sistemáticos diz respeito à eficiência das *joint ventures* na China. O ouvir dizer frequentemente aponta para seus fracassos, enquanto os dados revelam que, em média, as *joint ventures* têm um desempenho melhor na China do que tanto as empresas estrangeiras de propriedade integral quanto as empresas nacionais.[17] Os empreendimentos conjuntos [*joint ventures*] são obrigatórios naqueles casos em que a propriedade estrangeira total não é permitida, mas também fazem sentido de modo geral. O parceiro chinês é capaz de navegar pelo mercado do país e por suas leis, capitalizar seus contatos políticos e gerenciar um ambiente regulatório fluido, enquanto o parceiro estrangeiro pode fornecer novas tecnologias, infusões de capital, uma governança corporativa forte e redes comerciais internacionais estabelecidas. A McDonald's recentemente firmou uma *joint venture* com uma estatal para ampliar sua presença na China. No setor automotivo, as *joint ventures* predominam. A Mercedes, a Audi e a BMW têm conseguido expandir seus negócios na China por meio de empresas conjuntas com parceiros locais. Os casos que não funcionam tão bem podem ser devidos a uma incompatibilidade de estilos de gestão ou de abordagens e a divergências acerca do controle. Diferenças culturais e visões diferentes de como alcançar o crescimento ainda são obstáculos comuns.

Uma descrição minuciosa das empresas estrangeiras na China exigiria um livro inteiro para justificar a sua importância. Também é difícil encaixá-las em um único molde, visto que elas são tão diversas quanto qualquer grupo de empresas. No entanto, elas salientam alguns dos aspectos mais atraentes da China, ao mesmo tempo que tornam ainda mais evidentes as falácias sobre o ambiente de negócios. Conforme discutiremos de forma mais detalhada no capítulo 8, muitas delas estão adiando seus planos de expansão na China e algumas até saíram completamente do mercado — em virtude de tensões geopolíticas, controles pandêmicos ou dificuldades para fazer negócios. Mas a realidade é que a maioria fica, e há mais empresas planejando entrar e se expandir do que empresas que procuram reduzir o tamanho de suas operações. Uma China mais confiante e um setor corporativo mais resiliente criaram um país mais aberto à entrada de empresas estrangeiras e à concorrência. As políticas governamentais mais recentes destacam a importância de uma maior abertura às empresas estrangeiras. Nos últimos anos, a lista de indústrias ou setores em que o investimento estrangeiro é proibido diminuiu consideravelmente. Atualmente, o desafio para empresas estrangeiras não tem tanto a ver com restrições de políticas, mas, sim, com uma concorrência interna feroz. Como já vimos, a produtividade das empresas chinesas cresceu bastante, e, como veremos no capítulo 7, as empresas chinesas estão ficando cada vez mais inovadoras, tanto nos produtos que inserem no mercado quanto nos modelos de negócios em que se apoiam.

Em 2018, a Tesla foi recebida pela China de braços abertos e estabeleceu a primeira montadora automotiva de propriedade totalmente estrangeira no país. O governo de Xangai lhe deu dinheiro, subsídios e terrenos baratos. Mas, para ter sucesso, a Tesla terá de competir com ferozes rivais chineses, como a BYD, a Nio e muitas outras montadoras de veículos elétricos emergentes que vêm crescendo rapidamente. Terá de se adaptar às mudanças de gosto de uma nova geração. Terá de gerir de forma eficaz as relações com fornecedores locais e o governo. Terá de ser sensível à cultura e evitar a publicidade inadequada, que já causou problemas para marcas estrangeiras no passado. Deverá cumprir as leis chinesas de proteção de dados. E deverá traçar seu curso de acordo com a direção política geral estabelecida pelo governo central.

Isso é um grande desafio para uma empresa estrangeira. As empresas em busca de oportunidades de crescimento não podem se dar ao luxo de ignorar o vasto mercado chinês, mas os riscos e as recompensas sempre foram altos. E eles continuam mudando. As empresas chinesas estão avançando na cadeia de valor, até mesmo em setores como moda e cosméticos, que até agora foram dominados por marcas estrangeiras. Essa formidável competição local está surgindo em meio a uma nova geração orgulhosa, determinada a construir a própria identidade em torno de uma reinvenção da tradição e do estilo chinês. Tudo isso significa que, mesmo com a abordagem e a mentalidade corretas, as empresas estrangeiras terão mais dificuldade para alcançar o sucesso, embora ele ainda seja possível.

A NOVA GERAÇÃO

Nesta era de intensa concorrência em escala global, em que milhares de empresas estão atrás de participação no mercado ou do mesmo grupo de clientes, as habilidades necessárias para obter sucesso são a velocidade, a agilidade, a consciência da realidade local, a confiança equilibrada com humildade e a capacidade de se adaptar a circunstâncias mutáveis. Isso é ainda mais verdadeiro na China, onde os empreendedores atuais precisam ser inovadores e criativos na busca por novas formas de otimizar e monetizar seus modelos de negócios. Qualquer vantagem de curto prazo que possam adquirir no início se dissipará rapidamente se não aproveitarem a oportunidade de evoluir, mantendo-se sempre à frente. Muitos têm consciência social e elevados padrões morais e esperam encontrar meios para levantar os menos afortunados e ajudar a resolver os problemas mais fundamentais da sociedade.[18]

Em uma era em que propinas, regalias, estratagemas astutos, subterfúgios, manobras com brechas regulatórias e até o suborno descarado não podem mais ser os principais catalisadores da expansão dos negócios, a nova geração de empreendedores deve estar equipada com uma visão mais clara e habilidades mais sofisticadas, bem como impulsionada por motivações mais nobres. Conheci muitos membros dessa nova geração ao longo dos anos, e eles são um grupo impressionante. O servilismo para com o governo não é mais uma condição necessária para o sucesso, nem é uma característica que se encontra com frequência nessa geração de empreendedores filhos únicos. Eles são movidos pela paixão e pela vontade de ter sucesso — não tomando atalhos, mas criando produtos ou serviços melhores graças à engenhosidade e à boa governança.

Muitos empreendedores da nova geração não cresceram nem pobres nem desfavorecidos. Costumam ter educação de primeira classe, com diplomas das melhores universidades e experiência de trabalho em empresas de alto nível no Ocidente. Wang Xing formou-se no Departamento de Engenharia Elétrica da Universidade de Tsinghua em 2001 e fez seu doutorado em engenharia elétrica e da computação na Universidade de Delaware, nos Estados Unidos. Dois anos depois, abandonou a universidade para iniciar seu primeiro negócio na China, aos 25 anos de idade. Embora a jornada empreendedora inicial de Wang Xing tenha sido descrita como "copiar na China" o que ele aprendera nos Estados Unidos, seus negócios estavam profundamente inseridos na realidade chinesa. Sua empresa, a gigante de tecnologia Meituan, oferece centenas de serviços, entre os quais entrega de comida e medicamentos, táxis, aluguel de bicicletas, hotéis, viagens, cinema, serviços de massagem, receitas médicas online e outros.

Huang Zheng (ou Colin Huang) estudou na Universidade de Wisconsin-Madison e trabalhou no Google como engenheiro antes de voltar para a China e fundar a Pinduoduo. Seu talento estava em encontrar maneiras de tornar divertidas as compras em grande quantidade, criando um espaço de varejo onde o Costco se mistura com a Disney. Os usuários participam de eventos divertidos, como compras em grupo com familiares e amigos, e sorteios com ótimos prêmios, ao mesmo tempo que têm acesso a uma ampla variedade de bens de consumo a preços extremamente baixos. Huang também mostrou perspicácia quando se tratava de política. Evitou os holofotes da mídia, afastando-se do comportamento ostensivo típico de empreendedores de grande sucesso e deixando discretamente o cargo de CEO e presidente apenas alguns anos após a fundação de uma das empresas de vendas online mais bem-sucedidas da China. Por outro lado, sua saída não é necessariamente uma boa notícia para sua empresa, seus investidores ou um país que busca fomentar talentos.

A nova geração de empreendedores na China recorre à persistência, à inovação e à agilidade para lidar com uma tremenda concorrência e navegar em um ambiente regulatório muito mais desafiador do que o enfrentado por seus antecessores. Sendo essa a primeira geração chinesa de verdadeiros inovadores, eles vencem com base na alta qualidade de seus produtos e na sua engenhosidade. A governança ambiental, social e corporativa (ESG) é o novo padrão para que qualquer empresa no mundo tenha sucesso em mercados bem governados e respeitáveis. Isso aumenta o nível de exigência para muitas empresas chinesas, forçando algumas a fechar as portas. Mas a nova geração abraça o desafio ao adotar novas tecnologias e práticas, tornando a violação das regras e as relações de favorecimento coisas do passado.

Em 2017, a JD.com estabeleceu uma coalizão anticorrupção com outras empresas de internet. Se um funcionário fizesse algo ilícito, seria incluído em uma lista proibida por toda a comunidade de negócios online. A Baidu, empresa chinesa de mecanismos de busca na internet, criou um grupo para investigar infrações graves, e a Meituan formou um comitê de ética e conduta. Todos os anos, elas entregam dezenas de casos diretamente para a polícia. A existência de tais comitês teria sido inimaginável para a geração anterior de empresas associadas ao antigo modelo de crescimento chinês. Todas as gerações de empresários chineses tiveram de se manter atentas à fronteira entre seus interesses de negócios e o desejo do governo de manter a estabilidade social. Sempre tiveram de reagir com flexibilidade a mudanças repentinas nas políticas e nas lideranças. Ainda que as regras do jogo empresarial tenham evoluído, os princípios básicos do empreendedorismo na China não mudaram. Embora fazer grandes fortunas na China seja cada vez mais difícil nesse ambiente mais regulamentado e controlado, o otimismo e a confiança da nova geração de empreendedores continuam alimentando o dinamismo empresarial e os sonhos de sucesso à medida que vão se adequando aos nichos do vasto mercado consumidor chinês. Para cada bilionário insatisfeito com a intervenção governamental, há muitos jovens *millenials* felizes que acreditam ter mais chance de se tornar multimilionários ou bilionários agora que o espaço se abriu para mais jogadores competirem.

5. O ESTADO E A ECONOMIA DE PREFEITOS

Hoje em dia, centenas de parques industriais espalham-se pelos quatro cantos do vasto território chinês. Nos últimos anos, mais de 150 zonas de desenvolvimento de alta tecnologia foram construídas em cidades pequenas e médias de todo o país, com o objetivo de desenvolver centros comerciais nas áreas de eletrônica, biomedicina e energia limpa. Quase todas as 23 províncias e quatro municípios chineses estão implementando projetos experimentais de desenvolvimento comercial: um projeto, em Guangdong, prevê uma rota marítima da seda; outro, em Fujian, investe em conectividade com Taiwan; outro, em Xangai, pretende consolidar a cidade como centro internacional de serviços financeiros; e ainda há muitos outros. Dentro da própria cidade de Xangai, cada distrito escolhe um foco específico, como logística comercial, transporte marítimo, alta tecnologia, finanças ou desenvolvimento industrial. Além das tradicionais usinas de geração de energia e das siderúrgicas, um sem-número de centros culturais, museus, galerias de arte e projetos turísticos vem surgindo à medida que a China encontra meios criativos para impulsionar o desenvolvimento econômico através de iniciativas regionais e locais.

Esse fenômeno é conhecido como "economia de prefeitos". Nas últimas décadas, autoridades locais de espírito pioneiro trabalharam em um ritmo frenético para expandir as economias locais, transformando antigas terras agrícolas e vilas de pescadores em centros tecnológicos e industriais. Essas autoridades competem entre si pela primazia nas mais diversas áreas — crescimento econômico, investimentos estrangeiros, o número de feiras industriais, comerciais e agrícolas e o tamanho de eventos culturais como concertos e festivais de cinema, para citar apenas algumas. Os governos locais estão empenhados em construir pontes, arranha-céus, teatros de ópera e ginásios usando a mais recente arquitetura de vanguarda. Em 2019, mais de 3 mil feiras em todo o país apresentaram as mais avançadas tecnologias ambientais, novos produtos de beleza ou inovações em embalagens para presente — que foram os personagens principais de exatamente 58 feiras em todo o país. Somente em Xangai, um visitante teria de visitar mais de uma feira por dia, todos os dias, para ver todas as feiras montadas em um ano. Cada exposição tem a ambição de ser maior que a anterior.

Quando autoridades e executivos ocidentais vêm visitar a China, sempre se impressionam com o entusiasmo dos governadores das províncias, dos prefeitos de municípios e distritos e até dos chefes dos vilarejos quando recitam incríveis estatísticas sobre a indústria, a agricultura e os serviços locais, o crescimento das importações e exportações e, em especial, as medidas que estão tomando para melhorar o ambiente de investimentos e a facilidade de fazer negócios. Na China, a economia de prefeitos é tão importante quanto a economia de mercado.

Os países ocidentais costumam reclamar do fato de o Estado chinês ser muito grande — de que sua ineficiência, suas intromissões e sua rigidez se combinam para sufocar o desenvolvimento das empresas privadas e criar obstáculos à economia. É verdade, sem dúvida, que o Estado chinês, às vezes, lança obstáculos no caminho de uma empresa por interesses próprios, mas é muito menos conhecido o fato de que, para compensar a rigidez da autoridade central e suas deficiências institucionais, ele concede intencionalmente grande autoridade e autonomia econômicas aos governos locais. Na economia de prefeitos, os governos locais têm um forte incentivo para ajudar empresas promissoras a superar barreiras e para estimular a inovação em sua região. O conceito de Adam Smith da mão invisível que trabalha por trás do pano é substituído, na China, pelas mãos estendidas — e muito visíveis — do Buda de mil braços.*

O melhor termo para descrever o paradigma de desenvolvimento chinês é "economia política": na China, há um entrelaçamento profundo entre o Estado e a economia. Às vezes um dos dois assume o volante, às vezes o outro, mas é raro que qualquer um dos dois opere sozinho. Quando pensamos no modelo chinês, seu traço mais característico é essa economia política. Os mecanismos complexos e sutis embutidos no sistema — esquemas de incentivo, a concorrência e um sistema fluido de freios e contrapesos que opera em vários níveis governamentais e empresariais — fazem dele um dos mais fascinantes objetos de estudo para quem quer compreender a China.

O Estado chinês tem três características principais. A primeira é seu poder: ele dispõe de recursos e de capacidade administrativa para mobilizar rapidamente uma ação coletiva a serviço dos objetivos da nação. A segunda é sua estrutura de centralização política, combinada com a descentralização econômica, que dá espaço para que uma atividade empresarial local criativa ocorra à sombra das orientações centrais. A terceira característica é sua adaptabilidade. Ele é capaz de se adaptar a novas circunstâncias com rapidez e flexibilidade, extinguindo políticas que foram longe demais e mudando prioridades quando a situação o exige.

---

* Referência a Avalokiteshvara, o buda da compaixão. (N.E.)

Em *Por que as nações fracassam*, um livro pioneiro, Daron Acemoglu e James A. Robinson afirmam que aqueles países em que o poder político é altamente concentrado criam instituições que permitem à elite dominante explorar o restante do país, em vez de dar ênfase ao crescimento, às novas tecnologias, à educação e ao investimento. A China certamente se enquadra nesse perfil no que se refere à concentração de poder, mas o Estado chinês está longe de ser um Estado extrativista. Em vez de limitar o crescimento, direcionando toda a riqueza da nação para uma pequena elite, o Estado incentivou o surgimento de 20 milhões de empresas privadas quase da noite para o dia. Em vez de inibir novas tecnologias, o governo está promovendo um esforço nacional para que a China se torne a líder mundial em novas tecnologias pioneiras, investindo trilhões de dólares para apoiar empreendedores, centros de pesquisa, universidades e zonas de alta tecnologia. Já o povo chinês não só poupa e investe a longo prazo como também gasta enormes quantias de dinheiro para educar os filhos, baseando-se, para tanto, em uma expectativa positiva a respeito do futuro. Não há dúvida de que algo está dando certo. Alguns chegariam até a dizer que a concentração política impede os impasses políticos, ao passo que, na opinião de outros, essa mesma concentração foi importante para que a China crescesse como cresceu.[1] Neste capítulo, vamos examinar mais de perto o papel do Estado nessa dinâmica mais ampla.

UM GOVERNO CENTRAL E UM PARTIDO POLÍTICO SE ENTRELAÇAM

O início da pandemia de covid-19, em março de 2020, possibilitou que eu visse em primeira mão o alcance do Estado chinês. Eu havia retornado de Londres para Pequim pouco antes de a pandemia se alastrar pelo Reino Unido. O aeroporto parecia o cenário de uma operação militar — centenas de homens e mulheres de uniforme estavam estrategicamente colocados em diversos postos de controle e interrogavam cada passageiro, acumulando informações detalhadas antes de despachar os visitantes para diversos hotéis. Levei cerca de oito horas para passar por todos os postos de controle, e, ao final do processo, fui apresentada a um membro do comitê residencial encarregado de garantir que eu cumprisse minha quarentena forçada de catorze dias.

Em quase todas as cidades chinesas, pequenas ou grandes, cada bairro residencial tem um comitê residencial formado, em geral, por voluntários mais velhos; é uma célula do Partido Comunista, muito bem-organizada e encarregada de administrar o local. A chefe do comitê — muitas vezes, uma mulher mais velha — tem um poder imenso. No conjunto onde moramos, até mesmo autoridades que trabalham em ministérios acatam as ordens dessa mulher, que impõe as regras e os regulamentos residenciais. Nos catorze dias seguintes, um membro do comitê residencial veio me ver duas vezes por dia para ter certeza de que eu não tinha saído do apartamento. A porta foi lacrada, do lado de fora, com uma tira de papel. Quando as coisas de que eu precisava naquele dia me eram entregues, a tira era removida e, em seguida, recolocada. Tive de fazer relatórios sobre a minha saúde por meio de um chat comunitário administrado por um membro do comitê. Seria difícil criar e fazer as pessoas aceitarem um sistema como esse em diversas partes do mundo, mas os cidadãos chineses obedecem sem pestanejar. Aceitam limitações a sua privacidade em troca da sensação de segurança que lhes é dada por um Partido Comunista Chinês altamente organizado, capacitado e paternalista. A rede do partido e sua capacidade de organização revelam-se úteis em tempos de crise, como no caso de uma pandemia global.

Na China, o Partido Comunista e o governo têm cada um sua função, mas, em vez de trabalhar em paralelo, são entrelaçados. Funcionam como uma dupla hélice, estabilizada pelos elos que ligam os dois sistemas. Ao contrário da estrutura clássica do DNA, no entanto, os dois sistemas se unem no topo. A China é uma república socialista administrada por um único partido político, o Partido Comunista Chinês, ou PCC. Seu Politburo representa o zênite do poder e é dirigido pelo Comitê Permanente, que toma decisões sobre as principais políticas, a legislação e outros assuntos importantes. No nível imediatamente anterior, o poder divide-se em dois ramos: o partido de um lado e, do outro, o legislativo e o executivo. O presidente do Congresso Nacional do Povo encabeça o legislativo, ao passo que o primeiro-ministro dirige o executivo; ambos são membros do Comitê Permanente, para o qual convergem as duas hélices da política chinesa. O secretário-geral do partido é ao mesmo tempo o chefe de Estado e o presidente da Comissão Militar Central, o que garante que o partido detenha o controle dos militares.

O poder executivo é composto de vários ministérios sujeitos ao Conselho de Estado e aos governos provinciais (ver Figura 5.1 com a hierarquia das divisões administrativas). A mesma estrutura paralela, formada pelo partido e pelo governo, funciona aí. O líder supremo de qualquer organização em qualquer nível é sempre o secretário do partido. Do mesmo modo, em um governo municipal, o secretário municipal do partido está acima do prefeito. Um deles representa o partido e o outro, o governo, e ambos trabalham em estreita colaboração.

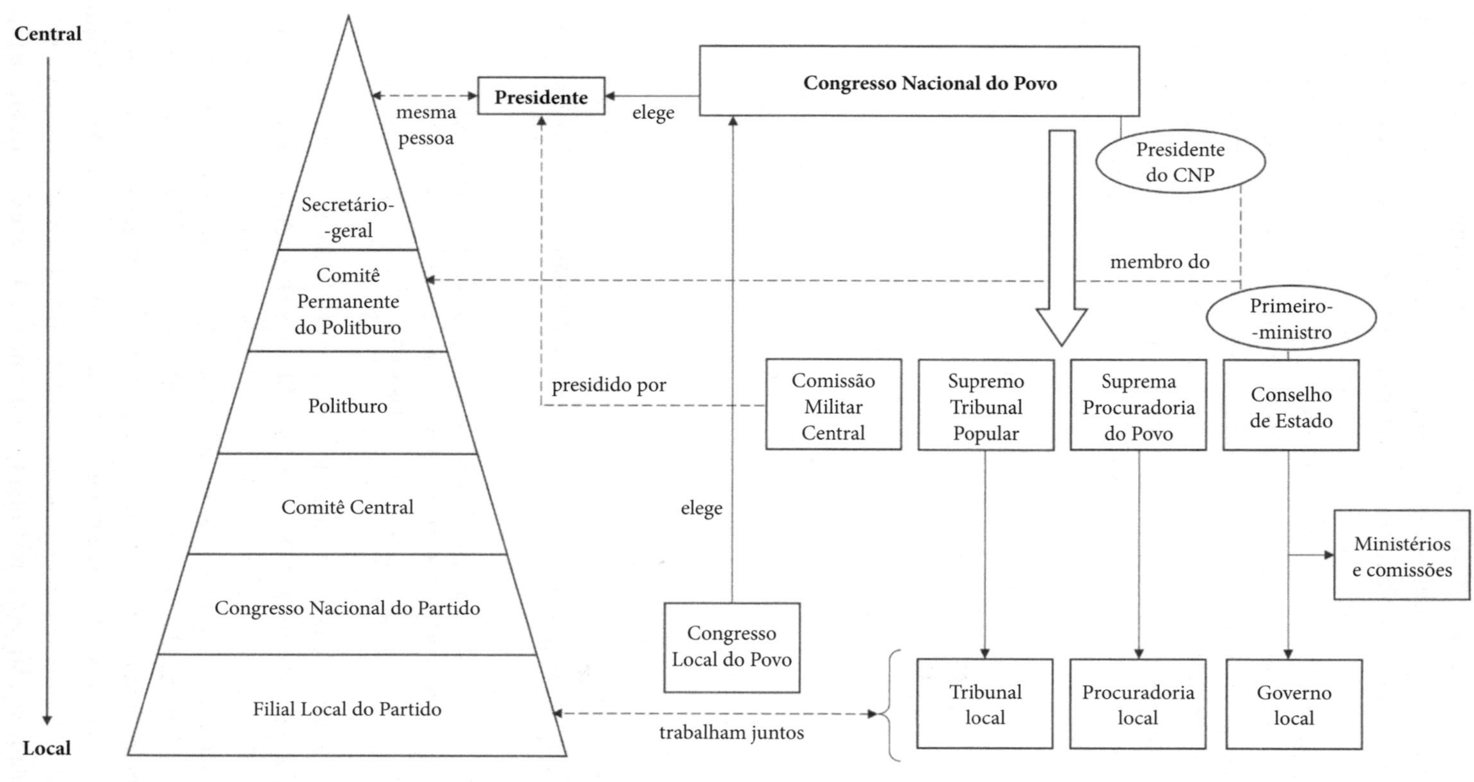

Figura 5.1: Hierarquia das divisões administrativas do governo.

A concentração do poder político na China remonta à era imperial, quando o imperador detinha o controle supremo. Hoje, esse controle é exercido pelo primeiríssimo escalão do Partido Comunista, mas não no que se refere à gestão cotidiana da economia; nesta, o poder emana do centro e se irradia para o nível local. São as autoridades locais nas províncias, municípios, condados e cidades que impulsionam o desenvolvimento local, procuram cumprir as metas de crescimento, implementam reformas e atraem investimentos estrangeiros. São eles os responsáveis por transformar vilas de pescadores e atrasadas regiões rurais em modernos centros de exportação, centros de produção e zonas econômicas de alta tecnologia. Por trás de todos os casos de sucesso econômico há um governo local que o apoiou a cada passo do caminho.

	Divisão	**2020**
Província	Nível provincial	23
Município		4
Região autônoma		5
Região administrativa especial		2
Cidade do nível de prefeitura	Nível de prefeitura	293
Distrito	Nível de condado	973
Cidade do nível de condado		388
Condado		1.312
Cidade	Nível de comuna	21.157
Comuna		7.693
Subdistrito		8.773

Fonte: Quadro estatístico das divisões administrativas da República Popular da China (31 de dezembro de 2020). Disponível em: http://xzqh.mca.gov.cn/statistics/2020.html.

Figura 5.2

Esse modelo de concentração de poder aliada à descentralização econômica é exclusivo do Estado chinês. Ele se diferencia dos Estados totalmente centralizados, como a antiga União Soviética, onde todas as decisões eram tomadas no topo e todas as principais políticas econômicas eram coordenadas e implementadas por ministérios centrais especializados. Também se diferencia do federalismo à moda estadunidense, em que o poder econômico dos governadores e dos prefeitos eleitos se deve sobretudo à fatia orçamentária que lhes é destinada pelo legislativo estadual. As autoridades locais chinesas controlam diretamente uma quantidade imensa de recursos, desde terra, energia e matérias-primas até bancos locais. Elas podem criar e impor regulamentos, construir obras de infraestrutura e realizar grandes projetos comerciais. Na China, o governo central cuida da política interna e externa e estabelece a política econômica geral, mas são os governos locais que cuidam diretamente da economia.

CHINA S.A.

O sistema de governo da China, que só existe nesse país, tornou-se um motor turbinado para o desenvolvimento econômico. Mas como foi que isso se deu? Um dos modos pelos quais os economistas entendem o Estado chinês é imaginando-o como uma corporação gigantesca, a China S.A., cujo objetivo é maximizar tanto a receita quanto a sustentabilidade, motivando os funcionários, garantindo que ideias inovadoras não fiquem soterradas debaixo de camadas e mais camadas de burocracia e promovendo debates saudáveis a respeito de todas as decisões importantes. Um dos desafios fundamentais enfrentados pela China S.A. é alinhar os interesses de seus funcionários não somente com os objetivos de gestão, mas também com os dos acionistas — o público em geral.

O Comitê Permanente do Politburo, que reúne as mais importantes autoridades do país, funciona mais ou menos como a equipe sênior de gestão de uma grande empresa. Tem executivos, como o diretor de operações, o chefe de recursos humanos e o diretor de marketing, cada um deles responsável por determinado domínio. Já as autoridades locais atuam como gerentes de departamentos, encontrando meios de cumprir os objetivos estabelecidos pela liderança central. O poder permeia cada uma das camadas da hierarquia, desde o chefe da província até o chefe do vilarejo, passando pelo prefeito do município, o prefeito da cidade e o diretor do condado.

Como em qualquer grande empresa, é crucial implementar uma estrutura eficaz de incentivos. Na China S.A., isso se baseia em um sistema de governança chamado *nomenclatura*, que nomeia autoridades para cargos-chave na estrutura do governo e na hierarquia do próprio partido. O Ministério Organizacional do Comitê Central é responsável por triar os membros e determinar quem deve ser promovido a cargos de comando no partido, no governo e em grandes empresas estatais. Esse poderoso ministério é, na prática, o maior departamento de recursos humanos do mundo. Todas as autoridades ambiciosas têm o sonho de ascender na hierarquia do partido: os prefeitos de cidades visam aos cargos de governadores da província ou de secretários do partido, ao passo que os que já se tornaram líderes em nível provincial aspiram aos escalões mais altos do governo central e até ao supremo Politburo. A gestão de pessoal é o mecanismo que o governo central usa para incentivar a excelência e garantir a obediência. É o governo central quem decide quais autoridades locais serão promovidas, rebaixadas, nomeadas para cargos-chave ou jogadas na prisão com base em acusações criminais.

Na China S.A., as realizações econômicas das autoridades locais se traduzem em capital político. Isso significa que as autoridades capazes de garantir o crescimento econômico de sua região têm maior chance de ser promovidas na hierarquia do partido. Os critérios de promoção são a integridade, a diligência e a competência, mas o desempenho — o quanto a autoridade local é capaz de administrar bem a economia local — é essencial. Antigamente, o principal padrão de medida utilizado era o crescimento do PIB, mas veremos adiante que isso está mudando. Embora seja imperfeito como medida do bem-estar geral do povo, o PIB mede, de fato, o quanto a economia se expandiu em um determinado período e quantos empregos foram criados.

A ambiciosa meta anual de crescimento da China S.A. alimenta a concorrência entre os governos locais para acelerar o crescimento do PIB em suas respectivas regiões, fenômeno que costuma ser chamado de "culto ao PIB". Os grandes meios de comunicação fazem sua parte publicando listas anuais de taxas de crescimento do PIB nas diversas regiões, para que todos possam lê-las e fofocar a respeito. Por que a província de Jiangsu cresceu somente 10% este ano, se no ano passado cresceu 11%? E o que está acontecendo na província vizinha, Anhui, com seu índice de 12%?

A ECONOMIA DE PREFEITOS

A cidade de Kunshan é um bom exemplo de como um governo local conseguiu, sozinho, transformar uma pequena cidade agrícola comum em uma cidade grande e próspera voltada para a indústria e a alta tecnologia. Em 1978, seus moradores poupavam, em média, cerca de 12 dólares por ano. Espremida entre duas cidades poderosíssimas, Xangai e Suzhou, Kunshan não tinha a menor chance de disputar a atenção de multinacionais estadunidenses e europeias. Por isso, seu governo local decidiu se reinventar como um nicho de mercado para investidores taiwaneses ricos. Para tanto, pôs em prática um amplo leque de políticas favoráveis aos negócios: apoio financeiro e fiscal, arrendamento de terras, facilitação da concessão de licenças e limites mais baixos de capital. Além disso, adotou uma política rígida de não tolerância com a corrupção. Em decorrência disso, os investidores taiwaneses se sentiram cobiçados e seguros. Quando vários deles adoeceram em uma de suas visitas e foram hospitalizados, os líderes locais foram visitá-los e cuidaram pessoalmente de seu bem-estar e de sua recuperação. Com tanto apoio e hospitalidade, mais de 4 mil novas empresas surgiram em Kunshan.

Histórias de sucesso como essa também colocam em evidência a diversidade de motivações que impelem as autoridades locais. Algumas delas são intrínsecas: como vimos, a importância das conquistas e do bom desempenho está profundamente enraizada na cultura confuciana. Outras inspirações são externas: entre elas, a possibilidade de vir a assumir responsabilidades maiores, em um escalão superior, e de receber aclamação popular. Assim, como tantas vezes acontece, sucesso gera sucesso. Um PIB mais elevado aumenta a receita, a qual as autoridades locais podem então utilizar como acharem mais adequado. Esses recursos são muito úteis. O governo local pode gastá-los para construir um sistema de metrô, marca registrada de uma cidade de prestígio. Pode recuperar o meio ambiente, que recentemente ganhou mais importância nas métricas da avaliação de desempenho: limpar rios e lagos e combater os problemas relacionados à poluição atmosférica e à destinação de resíduos. Pode financiar programas sociais em áreas como educação, bem-estar social e assistência médica. Um governo local bem-sucedido também pode cuidar da própria aparência a fim de atrair novos investimentos, construindo edifícios emblemáticos espetaculares e organizando feiras e festivais de nível internacional. Quando uma pequena cidade se torna uma cidade grande ou uma cidade de nível de condado se torna uma cidade de nível de prefeitura, essas promoções trazem prestígio, visibilidade e peso político às autoridades locais.

Isso explica por que as autoridades locais não somente tratam de promover as próprias empresas estatais, mas também apoiam ativamente o setor privado. Nem sempre as coisas foram assim. Até a década de 1990, as empresas estatais dominavam grandes fatias da economia, entre as quais os produtos de consumo, desde eletrodomésticos até bicicletas, passando por cervejas. Eram altamente lucrativas e atraíam a atenção e os recursos das autoridades locais, pois parte de seus lucros entravam diretamente nos cofres públicos locais. Contudo, à medida que muitas estatais foram perdendo a lucratividade ou mesmo falindo, as autoridades locais passaram a promover empresas privadas mais inovadoras e resilientes, e a cuidar das sementes de seu desenvolvimento.

No início desse processo, ainda na década de 1980, quando as empresas do setor privado começaram a ser apoiadas pela política, sem no entanto deixar de levar o estigma do capitalismo, as autoridades às vezes as disfarçavam de empresas de propriedade coletiva, dando-lhes um "chapéu vermelho" (como então se dizia) para usar enquanto exerciam suas atividades normais.

À medida que o Estado foi se tornando mais tolerante para com a iniciativa privada — e à medida que esta foi provando sua eficácia e seu valor —, os governos locais começaram a trabalhar ativamente para atrair as melhores empresas, em uma espécie de concurso de beleza cujos adereços eram exuberantes incentivos fiscais e regulamentos flexíveis.

A eficácia é, sem dúvida, um fator-chave desse processo. Como o cientista político Francis Fukuyama observa em seu livro *Ordem e decadência política*, uma burocracia meritocrática é essencial para o sucesso de um Estado moderno. Para a sorte da China, esse ingrediente já estava consolidado em sua educação cívica desde o século III a.C., como vimos. No entanto, como acontece em qualquer outro sistema, a proteção de padrinhos poderosos também é importante. Nos países ocidentais, o partido político que vence as eleições concede inúmeros cargos do governo a seus apoiadores. Na China, os padrinhos são particularmente importantes, pois são associados à ideia de lealdade; os líderes supremos que promovem seus protegidos podem contar com o apoio político infalível deles, sobretudo em momentos de crise.[2] Os vínculos políticos com líderes supremos do partido são especialmente importantes nas nomeações para os escalões mais altos. Embora uma autoridade com fortes vínculos políticos não possa ser promovida se não for extremamente competente ou se não tiver uma valiosa experiência, é provável que um líder local que tenha um bom desempenho, mas que não tenha conexões políticas, atinja em algum momento um teto de vidro. Os líderes provinciais de alto desempenho e com boas conexões se tornaram funcionários de primeiro escalão no país. Aliás, os três secretários-gerais do Partido Comunista Chinês a ocupar o cargo depois de Deng Xiaoping foram líderes provinciais: Jiang Zemin governou Xangai, Hu Jintao governou as províncias de Guizhou e do Tibete e Xi Jinping governou as províncias de Zhejiang e Fujian.

Como vimos, um sistema complexo de mecanismos e incentivos é primordial para o crescimento econômico chinês. No entanto, o estudante de economia perspicaz poderá perguntar, em primeiro lugar, por que foi necessário esse esforço extraordinário para garantir a participação dos governos locais. Os mercados não seriam capazes de fazer tudo sozinhos? O Estado é obrigado a tomar medidas incomuns porque as forças do livre mercado ainda não estão em plena operação na China. Alguns mercados ainda são objetos de um controle rígido, o sistema financeiro ainda está na adolescência e as lacunas do sistema jurídico fazem com que a China seja incapaz de funcionar do mesmo modo como funcionam as economias de mercado maduras. Vários séculos foram necessários para que as economias ocidentais desenvolvessem mercados que funcionassem relativamente bem sozinhos, e mesmo assim ainda há vários detalhes que demandam a interferência do Estado. Como vimos, a força do governo chinês, associada à fraqueza das instituições formais, é o que distingue a China das demais economias; é isso também que explica por que a grande economia chinesa — um híbrido de economia de mercado e economia de prefeitos — surgiu e funciona tão bem sob as circunstâncias próprias do país.

Na maioria dos países, a ineficiência do Estado é fonte de muitos problemas importantes. Não é o caso da China. Sempre que necessário, o Estado chinês tem a capacidade de intervir nos campos financeiro, logístico e até militar, como pude ver pessoalmente quando o país teve de enfrentar a covid-19. No que se refere à economia, o Estado também exerce uma presença política estabilizadora — a capacidade de manter o rumo na busca de objetivos de longo prazo e de resistir à pressão das exigências de curto prazo e de grupos de interesses particulares. Para o bem ou — às vezes, como veremos — para o mal, a economia chinesa é uma economia política.

MUDANÇA, INOVAÇÃO E RISCO

Um dos grandes fatores do sucesso da economia chinesa é sua capacidade de abraçar a mudança, a inovação e o risco — qualidade que não costumamos associar a regimes caracterizados pela centralização política. Como tantas vezes acontece, quem deu o tom foi o governo central. Foi o próprio Deng Xiaoping que pressionou os funcionários locais do partido quando as iniciativas de reforma estavam enfrentando a resistência de líderes conservadores do partido apegados à ideologia. Mudar é difícil, e, no final da década de 1970, a paisagem econômica da China era uma terra incógnita. Em uma época em que ninguém sabia como a economia de mercado realmente funcionava, a concessão de tanto poder econômico às autoridades locais foi um tremendo salto no escuro. Os riscos eram altos, mas, desde o início, os chefes locais foram encorajados a experimentar ideias inovadoras.

Um dado muito importante é que pouquíssimas penas foram impostas a quem tentou e fracassou. Pelo fato de os esforços se darem no nível local, as consequências negativas do fracasso eram limitadas, mas os planos bem-sucedidos eram elogiados e imitados em todo o país, e seus patrocinadores recebiam reconhecimento e elogios. Esse ambiente de alto risco e recompensas elevadas levou ao desenvolvimento de um Estado empreendedor dentro de um Estado altamente centralizado. As autoridades eram encorajadas a flexibilizar ou até a transgredir as regras e as tradições, a apresentar até mesmo as mais bizarras ideias originais e a tomar decisões com base na criatividade ou na intuição, mesmo que o resultado fosse incerto. Ou seja, foram fortalecidas e recompensadas pela sua audácia.

No fim das contas, essa partilha do poder com o nível local fazia sentido de diversas maneiras, pois as autoridades locais conheciam melhor as condições regionais, tinham a maior rede de contatos local e sabiam como coletar as informações locais e tomar decisões mais bem-fundamentadas sobre a destinação dos recursos. Isso as colocou em uma posição muito melhor que a do distante governo central para desenvolver a economia local. Com efeito, o dilema perene da centralização política é que, embora ela seja excelente para estabelecer objetivos de longo prazo em vista de um bem maior, muitas vezes acaba sendo vista como uma burocracia distante, insensível às necessidades locais. As autoridades locais chinesas gozavam de uma substancial autonomia para desviar-se da norma, e aproveitaram essa oportunidade.

MOSCAS NA COZINHA: A CORRUPÇÃO

Apesar de seus muitos benefícios, um sistema que confere poder e recursos às autoridades locais também tem as suas desvantagens. Uma delas é a criação de amplas oportunidades para a corrupção. Quando projetos de desenvolvimento estão em aberto, muitas oportunidades de propina se apresentam ao longo do caminho: na concessão de licenças, no uso de bancos locais para guardar o dinheiro, no leilão de terras para arrendamento — todas essas coisas oferecem às autoridades locais inúmeras oportunidades de enriquecimento ilícito. Para alguns, a tentação de abusar do poder e desviar dinheiro para o bolso de particulares pode ser irresistível. Muitos pensam: se tenho trabalhado tanto para fazer crescer o bolo da economia, por que não posso ter direito a uma fatia? Alguns economistas chegam a afirmar que, nos países em desenvolvimento, certa quantidade de suborno é favorável ao crescimento: é o óleo que lubrifica as engrenagens de uma máquina pública que não funciona muito bem.

No decorrer da história, os governantes chineses sempre tiveram de enfrentar o dilema de como fornecer incentivos sem deixar que os efeitos corrosivos da corrupção debilitem o sistema. Na época feudal, o imperador usava uma coroa que literalmente lhe permitia bloquear tudo o que não quisesse ver ou ouvir. Ela tinha uma pequena cortina de tule preto e doze borlas ornadas de contas de jade, com uma pepita de jade de cada lado, que poderia servir como tampão de orelha. Baixando as borlas ou inserindo os tampões nas orelhas, o imperador poderia ver e ouvir somente o que quisesse. A coroa chinesa simboliza o estilo de governo de todos os imperadores chineses: como a coisa mais importante é manter sob controle a situação geral, as tarefas que podem se revelar impossíveis são ignoradas — como expurgar completamente o reino do mal, da corrupção, das intrigas políticas e das rixas. Como diz o antigo ditado chinês, "Nenhum peixe consegue sobreviver em uma água pura demais".

Hoje em dia, a autoridade central da China sabe muito bem que a corrupção corrói o sistema como cupins: não causa danos aparentes à estrutura, mas a faz desabar de repente. Ao assumir o poder, em 2013, o presidente Xi não perdeu tempo e logo anunciou a mais abrangente campanha anticorrupção da história da China moderna. Cerca de 2,3 milhões de autoridades de vários níveis foram punidas por violar os regulamentos do partido ou as leis do Estado. Essas autoridades iam desde "tigres" da elite até "moscas" comuns. Em 2017, das 527 mil autoridades punidas, 58 pertenciam ao nível provincial, ministerial ou até a escalões superiores; 3.300 pertenciam ao nível de gabinete; 21 mil estavam no nível dos condados; 78 mil, no nível de comuna; 97 mil ocupavam postos ordinários do partido e os demais eram provenientes de vilarejos ou pertenciam a empresas locais.[3] Isso mostra o quanto é difícil monitorar e controlar milhões de autoridades locais espalhadas pelo país. A campanha pode até ter motivações políticas, mas a amplitude, a profundidade e a durabilidade do programa provam o quanto é séria a intenção de romper os elos corrosivos formados em uma época de crescimento rápido, mas desordenado.

Quando Zhao Zhengyong, ex-secretário do partido da província de Shaanxi, deixou esse cargo para tomar assento no Congresso Nacional do Povo, vários negócios seus que haviam redundado em um enriquecimento pessoal imenso vieram a público. O mais infame deles foi um esquema, montado com empreendedores privados, para construir luxuosas casas de campo na encosta norte das montanhas Qinling, localizada em uma área protegida, de imensa beleza natural e significado espiritual, conhecida como os Alpes da China Central. Depois de ser reiteradamente advertido por líderes do primeiríssimo escalão, Zhao declarou, falsamente, que as casas tinham sido demolidas e o problema, solucionado. Quando os esquemas finalmente vieram à tona, ele e vários de seus cúmplices foram detidos e postos na prisão.

Esse exemplo demonstra que já não há tolerância com a corrupção na China. A operação nacional de limpeza recebeu amplo apoio público e tem contribuído muito para elevar os índices de satisfação com o governo, como mostram as pesquisas públicas. Mas ela não deixa de representar um perigo para a economia. Sem a propina como incentivo, as autoridades locais podem ter menos motivação para promover o crescimento. Por medo de atrair atenção indesejada, podem tornar-se relutantes em se comprometer com grandes empreendimentos — inclusive com reformas positivas. Quando as regras mudam ou passam a ser aplicadas de maneira diferente, é natural que todos tomem mais cuidado e prefiram não fazer nada ou fazer muito pouco. Os programas anticorrupção podem, portanto, favorecer inadvertidamente a inércia por parte dos funcionários locais, desacelerando o crescimento econômico. Um partido tão determinado a reforçar sua imagem de boa governança não vai abortar a campanha anticorrupção por medo de que o ímpeto econômico diminua. Para lidar com essa consequência indesejável, o partido começou agora a monitorar o comportamento de seus membros e a punir a resistência passiva à campanha anticorrupção, consubstanciada na apatia, na inércia, na indolência ou na inatividade total.

MANTENDO O CONTROLE

Além da corrupção, outro problema que sempre existiu em toda a história da China é a rebelião dos chefes locais — isso em um vasto país em que convivem diversas culturas e etnias. A autonomia é boa para elevar o moral e fazer as coisas acontecerem, mas também tem o efeito de descentralizar o poder. Consolidar e manter esse poder sempre foi um desafio para os grandes líderes da China e uma das razões pelas quais Mao deflagrou a Revolução Cultural, em 1966. Um dos meios empregados para impedir que as regiões se unam para se opor às ordens do governo central é a criação de competição entre elas, que serve a esse valioso propósito, além de ser um incentivo ao sucesso.

Para criar um ambiente competitivo, o Estado inventou os métodos mais diversos para quantificar e recompensar as realizações. A competição por parâmetros mede tanto o desempenho absoluto (o crescimento do PIB, por exemplo) quanto o desempenho relativo entre as autoridades. Em uma competição de tipo torneio, só o desempenho relativo importa. Em uma competição de qualificação, as autoridades locais têm de atender a certos critérios básicos ainda antes de serem autorizados a entrar no desafio. Em uma competição por eliminação, as autoridades que não atendem a certos padrões já não são elegíveis para promoção, independentemente de seu desempenho em outros domínios. O que faz com que o modelo competitivo funcione é o controle absoluto que o governo central, por meio de seu ministério de pessoal, tem sobre as decisões relativas às nomeações; outro fator é que poucos funcionários chegam de fato a ser nomeados para cargos cobiçados nos escalões mais altos do governo.

A competição, por outro lado, pode ser uma espada de dois gumes. A competição intensa entre autoridades locais contribuiu para o protecionismo local, como vimos, no capítulo 4, no exemplo das montadoras automobilísticas locais — apesar dos esforços esporadicamente bem-sucedidos do governo central para encorajar a colaboração. Os governos locais podem se envolver tanto com a criação de uma identidade econômica única que acabam se isolando, desinteressando-se de colaborar com os vizinhos mesmo quando essa colaboração pode ser motivada por uma sinergia econômica. Seu objetivo primário acaba sendo o de proteger as próprias indústrias e empresas contra a competição externa; eles podem inclusive chegar a ajudar as empresas locais a contornar os padrões de qualidade e de proteção ao meio ambiente. Esse protecionismo local tem um forte impacto na economia agregada. Um estudo publicado em 2019 pelos economistas Trevor Tombe e Xiaodong Zhu mostra que a eliminação das barreiras *internas* ao comércio pode resultar em ganhos de produtividade muito mais altos do que os decorrentes da promoção do comércio exterior por meio da globalização.[4] Essas barreiras internas não somente reduzem a capacidade do país de aproveitar sua escala, suas sinergias internas e seus pontos fortes complementares, como também podem produzir uma quantidade excessiva de restrições administrativas e jurisdicionais.

Para prevenir a intratabilidade local, o governo central tem outro grande instrumento à disposição. Nenhuma autoridade do governo que ocupe uma posição importante pode ficar por muito tempo em um mesmo lugar. A rotação dos funcionários é importante, pois limita a possibilidade de que autoridades locais possam construir feudos independentes, nos quais a lealdade seja oferecida ao chefe local e não ao Comitê Central do partido. Depois de um mandato de cinco anos, a maior parte dos secretários e dos governadores do partido é transferida para uma nova posição. Os chefes de província são convocados de outras regiões para impedir a consolidação do poder a longo prazo.

A rotação desempenha outros papéis fundamentais. Quando funcionários locais reformistas e provenientes das províncias costeiras mais prósperas são transferidos para o interior, esse sangue novo serve para fortalecer a liderança local e promover as economias locais. As transferências de novos talentos ajudam as regiões de menor renda a ampliar seus horizontes e, ao mesmo tempo, promovem a cooperação regional. Além disso, a exposição das autoridades às diversas bênçãos do PIB, como diz o ditado jocoso, e as situações desafiadores aguçam sua capacidade de liderança e também são úteis para a formação dos líderes do futuro.

A BÊNÇÃO E A MALDIÇÃO DO PIB

Como diz o ditado, em tom de brincadeira: "O PIB produz as autoridades e as autoridades produzem o PIB". Considerando o importantíssimo sistema chinês de incentivos e competições, não surpreende que as autoridades locais sintam a tentação de manipular os números do PIB. Pesquisas constataram que, desde 2004, a soma do PIB de todas as províncias da China — que deveria ser igual ao PIB nacional — tem sido sempre 5% mais alta, o que indica que os números das províncias têm sido inflados.[5] A manipulação dos números de PIB, no entanto, é um problema insignificante em comparação com a criação de um PIB *vazio* — ou seja, um PIB sem valor intrínseco. Quando um colega meu acompanhou uma missão oficial em visita a um condado no norte da China, o prefeito local levou os visitantes a uma ponte imponente e afirmou que tinha sido construída sob a sua direção, tagarelando sem parar sobre a escala grandiosa e o alto custo do projeto. Por fim, um dos visitantes não se conteve e observou que a ponte passava por cima de um trecho de terreno seco e plano. "Para que serve a ponte, afinal?", perguntou o convidado. O prefeito, sorrindo, disse: "Não se preocupe. O governo central concordou em escavar um rio debaixo dela!".

A construção de pontes aumenta o PIB; a escavação de rios também, aliás. E esse tipo de conduta bizarra, movido pela idolatria do PIB, tem sido comum demais na China. Ao visitar uma estância turística aninhada nas lindas montanhas do sul da China, notei que estávamos passando por uma avenida larga, que parecia deslocada naquele lugar. Perguntei ao motorista do táxi: "Por que este lugar precisa de uma rua tão larga quanto a avenida Changan, de Pequim, aqui no sopé desta montanha?". Ele respondeu: "É que temos um novo prefeito".

A idolatria do PIB conduziu, frequentemente, à excessiva reconfiguração das cidades, às vezes prejudicando locais de importância histórica e cultural. Tudo é visto pela lente do aumento do PIB — cada centímetro quadrado de terra redesenhado, cada árvore cortada ou deslocada, cada edifício histórico demolido. O ex-prefeito da cidade de Nanjing, capital da província de Jiangsu, fez jus ao sentido literal de seu nome, Jianye (que, em chinês, significa "construir ou realizar grande empreendimento"). Mereceu o apelido de "Prefeito Escavadeira" quando empreendeu uma campanha maciça de demolição e reconstrução que literalmente não deixou pedra sobre pedra na cidade. Uma quantidade considerável desse dinheiro gasto na geração de um PIB vazio acabou nos bolsos de Jianye, que está atualmente na prisão.

A busca febril pelo crescimento do PIB fez com que praticamente tudo fosse produzido em quantidade excessiva na China: uma overdose de distritos industriais e científicos, centros de exposições, siderúrgicas e minas de carvão. A distribuição de recursos comandada pelo Estado, e não pelo mercado, gerou um excesso de capacidade e uma corrida por preços mais baixos, dentro do possível: aço, ferro e painéis solares baratíssimos inundaram os mercados globais e aborreceram os parceiros comerciais da China. Foram velozes enquanto o país tentava correr uma maratona. Todos pensavam rápido, agiam rápido, tentavam ganhar dinheiro rápido e seguiam em frente bem rápido quando se deparavam com obstáculos. Houve pouco tempo para fazer um balanço e aprender lições em vista da adaptação a um ambiente em rápida mudança. A economia corria mais rápido que a capacidade do ecossistema de se renovar e mais rápido do que a sociedade poderia acompanhar.

O NOVO GUIA CHINÊS: ALÉM DO PIB

Alcançar um elevado crescimento pode ser impressionante, mas a pergunta que se deve fazer é a seguinte: a que preço? Na China, o impulso rumo ao crescimento excessivo deixou um rastro de consequências ambientais perigosas: rios e lagos poluídos, cidades cobertas de poluição atmosférica, intoxicação do solo arável e montanhas despidas de toda vegetação, provocando deslizamentos de terra que refletem o desequilíbrio do ecossistema. Ser a fábrica do mundo é uma posição invejável, mas veio com um preço altíssimo. À medida que as economias avançadas transferiram as indústrias poluentes para países de baixa renda a fim de reduzir suas próprias emissões, elas transferiram, na prática, o custo ambiental da produção. A China recebeu várias atividades desse tipo de braços abertos para poder se industrializar, mas isso resultou em uma paisagem desolada em todo o país, repleta de resíduos sólidos e águas poluídas e encoberta por uma camada perpétua de poluição atmosférica. Durante muito tempo, os governos locais não foram incentivados a controlar e reverter a degradação ambiental às custas do crescimento do PIB, embora isso esteja mudando hoje em dia. Quantias imensas de dinheiro têm sido gastas para limpar rios e lagos e libertar as cidades de suas mortalhas dickensianas.

A China despertou para a necessidade urgente de adotar um novo paradigma de desenvolvimento — da maximização da produção para a melhoria da qualidade; da realização de metas quantitativas de crescimento para o desenvolvimento de uma infraestrutura sutil, sobretudo nas áreas de educação, atendimento médico e outros serviços públicos. Essa estrutura reflete as novas exigências de uma nação com uma classe média em ascensão. Para que uma sociedade atinja uma "modesta prosperidade", na terminologia chinesa, não basta que a população tenha uma vida decente, consubstanciada em uma série de variáveis que ultrapassem a satisfação material. Por isso, o Estado precisa de uma nova orientação. O 20º Congresso do Partido Comunista Chinês, realizado no final de 2022, deixou claro que o crescimento econômico, que até então era um elemento central do programa partidário, já não é a única prioridade. É uma questão de antepor a qualidade, a segurança e a prosperidade de todos à quantidade.

Nem sempre é fácil atender à lista de desejos dos cidadãos em uma sociedade que já supriu as necessidades básicas da população. As pessoas gostam de ir de carro para o trabalho, mas reclamam da poluição do ar; apreciam a conveniência dos eletrodomésticos, mas exigem que as autoridades se esforcem mais para evitar a mudança climática; compram produtos de maior qualidade, que exigem mais mineração e extração de recursos, mas priorizam a proteção ambiental. E a nova geração se pergunta: de que adianta ter dinheiro se não posso ter certeza de que meus filhos estão ingerindo alimentos e bebidas seguros, abundantes e de alta qualidade?[6] A curva ambiental de Kuznets mostra a poluição na forma de um U invertido: à medida que a renda cresce, a poluição primeiro aumenta e depois diminui.[7] Embora esse fenômeno tenha várias explicações, a mudança nas preferências da população é uma das principais. No começo, as pessoas estão dispostas a trocar a qualidade ambiental por um rápido aumento de renda; mas, quando a renda atinge um certo nível, preferem um crescimento mais limpo, por mais que seja mais custoso. À medida que a sociedade se torna mais próspera, também se torna mais exigente em matéria de saúde e de meio ambiente.

O aumento do preço dos imóveis, o trânsito horrível e a degradação ambiental são consequências da corrida para aumentar o PIB, alimentada por governos locais que também impulsionam o aumento do preço das terras e encorajam o consumismo. Os parâmetros principais eram a velocidade e a quantidade. Hoje, o parâmetro está deixando de ser o maior PIB possível e passando a ser a melhora da qualidade da vida cotidiana. Há dez anos, os estrangeiros que visitavam a China estranhavam o "hábito de cuspir". As pessoas escarravam e cuspiam, ou assoavam o nariz, em plena rua, onde quer que estivessem. Jogar lixo em qualquer lugar parecia ser o esporte nacional. Ruas, rios, lagos e outros locais públicos eram usados como lixeiras. Garrafas e latas vazias, bem como outros resíduos, eram lançadas por carros que passavam. Hoje em dia, as ruas de Pequim e de Xangai são impecáveis, e o comportamento dos habitantes mudou bastante. O governo publicou, há pouco tempo, uma complexa lei de separação de resíduos, e o fato de a obediência ter sido maior que as queixas mostra uma convergência entre as novas expectativas do povo e as normas sociais.

Embora a classe média, que vem crescendo na China, não tenha ainda nenhuma garantia formal de maior participação política, ela vem se tornando uma força importante nesse campo. A teoria política nos diz que a ascensão da classe média pressiona o sistema político, pois o aumento da prosperidade encoraja as pessoas a sentir que devem ter maior participação nesse processo. Se as instituições políticas não evoluem com o progresso socioeconômico, o descontentamento social pode aumentar. Alguns especialistas acreditam que a Primavera Árabe pode ser um prenúncio do que está para acontecer na China. A diferença da China, contudo, é que o partido soberano tem aguda consciência dos males do descontentamento social, e suas instituições políticas evoluem de modo a manter-se à altura das novas necessidades do povo chinês. Nas palavras do próprio partido, "avançar com os tempos" (*yu shi ju jin*) é fundamental. Para tanto, o partido fortaleceu o poder do povo e passou a cobrar responsabilidade de todos os níveis do governo. Já não se tem a expectativa de que o Congresso Nacional do Povo, cujos delegados são eleitos em nível local, simplesmente ratifique os projetos de lei endossados pelo Comitê Permanente do Politburo do partido. A Lei de Procedimentos Administrativos de 2015, recém-revisada, amplia o direito do povo de levar o governo à justiça, e algumas ações judiciais foram, de fato, vencidas. O poder não é um dado adquirido: se a legitimidade não se baseia nas urnas, depende, criticamente, da capacidade do partido de fornecer um padrão de vida sempre melhor para o povo chinês, cujas aspirações ainda constituem uma garantia política de sua estabilidade econômica.

Nas sociedades ocidentais, a responsabilidade se baseia no Estado de Direito, imposto por um poder judiciário independente e por uma imprensa livre. Embora esses sistemas ainda não estejam plenamente desenvolvidos na China, uma combinação de instituições e canais informais tem preenchido essa lacuna. Já que a China não pratica a democracia eleitoral ao estilo ocidental, sua melhor estratégia no futuro é manter o apoio popular por meio da responsabilização e da capacidade de resposta. As autoridades locais são demitidas sumariamente quando não reagem a desastres naturais ou epidemias ou quando acontecem explosões em minas de carvão ou acidentes graves causados por sua negligência.

A capacidade de resposta do governo não é exclusiva das democracias, nem uma democracia é sempre responsiva. Os Estados Unidos demoram, às vezes, a atender às necessidades do seu povo, como ocorreu depois do furacão Katrina e na pandemia de covid-19. Singapura, por sua vez, que tem um regime autoritário, é livre de corrupção e responde às demandas dos cidadãos. Na China, três semanas depois da primeira constatação de um caso de covid-19 em Wuhan, o governo chinês já havia construído dezesseis imensos hospitais móveis na cidade e despachado para lá 40 mil profissionais de saúde. Além disso, o Ministério da Economia destinou fundos para que todo o atendimento médico associado à covid fosse gratuito para todas as pessoas no país. Por outro lado, a mobilização excessiva também pode ser problemática: em muitas partes da China, os custos diretos da reação à covid foram imensos.

UM PODER ATENTO

A legitimidade do Partido Comunista na China sempre foi uma questão interessante. Como vimos, várias pesquisas internacionais evidenciam um alto nível de satisfação do povo com o governo. É claro que isso se deve à prosperidade e a segurança desfrutadas por um grande número de seus cidadãos. Além disso, no entanto, boa parte da satisfação se deve também ao fato de o governo ser um poder atento e responsivo. Os métodos de prestação de contas do sistema são, às vezes, comparáveis aos de países democráticos, sobretudo no que se refere ao enfrentamento dos problemas sociais. Por exemplo, o número de departamentos do governo chinês dotados de poder investigativo aumentou nos últimos anos, à medida que cuidam de assuntos como prevenção de incêndios, segurança no trabalho, segurança alimentar, padrões farmacêuticos, proteção propriedade intelectual, controle da poluição e medidas anticorrupção. No total, 250 mil agentes do partido são regularmente destacados para investigar instituições privadas e públicas em todos os níveis. Entre 2016 e 2017, em razão das inspeções de proteção ambiental, mais de 17 mil funcionários do governo foram advertidos, processados e condenados.[8] Torneios nacionais e provinciais de proteção ambiental foram realizados para entregar prêmios de vigilância e tenacidade aos vencedores. Por causa disso, o ar em Pequim está limpo a ponto de seus habitantes poderem gozar de muito mais "dias de céu azul". Reagindo em grande medida a um sentimento do público, o governo tomou medidas duras, como o desmembramento de grandes empresas petrolíferas, caso da PetroChina e da Sinopec, e o fechamento de fábricas em Hebei, província vizinha a Pequim.

Além de despachar equipes de inspeção, o governo instituiu o uso intenso de caixas de reclamações (tanto físicas quanto virtuais), encorajando delatores a revelar malfeitos de toda espécie. Os resultados dão a entender que o sistema está funcionando e que, ao contrário da crença popular, um Estado de partido único, como o chinês, é capaz de criar e fazer valer um potente conjunto de freios e restrições às autoridades públicas. Plataformas públicas virtuais em que os cidadãos locais podem fazer reclamações e exigências são monitoradas de perto pelo governo central. Uma vez que as autoridades locais preferem ser portadoras de boas notícias do que de más notícias e, por isso, com demasiada frequência encobrem escândalos ou apresentam relatórios pouco fidedignos, o governo central tem a participação dos cidadãos comuns como uma fonte crucial de informações. Hoje em dia, mais de 75% dos 3 mil condados do país contam com essas plataformas públicas virtuais.

As redes sociais podem desempenhar papel semelhante. Apesar do controle cerrado do governo sobre a internet, as redes sociais apresentam uma diversidade de opiniões sobre a vida contemporânea na China, alimentando um movimentado debate público sobre um amplo leque de assuntos. Pessoas de todas as gerações dedicam várias horas por dia à internet. Com mais de 1,2 bilhão de usuários ativos por mês na rede social WeChat e meio bilhão de microblogueiros no Weibo (que pertence à Sina), os chineses estão conectados em tempo real. Um estudo publicado no *The Journal of Economic Perspectives* analisou 13,2 bilhões de postagens no Weibo entre 2009 e 2013. Para surpresa desses pesquisadores estadunidenses, constatou-se que diversas questões espinhosas foram discutidas abertamente. Até os temas mais controversos — conflitos étnicos, escândalos envolvendo autoridades locais, boatos sobre os grandes líderes, protestos políticos e, em época mais recente, as relações entre a China e os Estados Unidos — foram abordados em um grande número de postagens.[9] Houve, por exemplo, milhões de publicações sobre eventos de ação coletiva, como protestos e revoltas, que são temas altamente sensíveis. As postagens podem até prever a realização de protestos organizados nos dias seguintes.

Embora o Estado chinês vigie de perto a internet, a suposição comum de que as redes sociais são completamente censuradas é incorreta. Para começar, não é fácil bloquear postagens e trolagens, que são compartilhadas instantaneamente por um grande número de pessoas. Apesar da vigilância do governo, milhões de blogueiros publicam suas postagens no meio da noite; e, antes que o governo consiga filtrar os inúmeros filamentos do tópico, é possível que o país inteiro já esteja em comoção. Mesmo que algumas postagens sejam completamente excluídas, a marca que fica na memória dos internautas não pode ser apagada (isso, talvez, mude à medida que aumentar o uso do *machine learning* e da inteligência artificial). Os líderes de primeiro escalão estão cientes do quanto é importante permitir que o povo expresse a própria opinião. O estudo dessas informações, além disso, permite que o governo responda rapidamente à opinião pública negativa, antes que ela dê origem a inquietações sociais. Desde que as postagens não toquem em pontos altamente controversos — opiniões subversivas sobre o próprio partido ou ataques a membros altamente graduados do partido —, um amplo leque de temas sensíveis, tanto políticos quanto sociais, é tolerado.

Também é útil para o governo que informantes monitorem os integrantes do partido nas redes sociais. Segundo o mesmo estudo do *Journal of Economic Perspectives*, 11 milhões das 13,2 bilhões de postagens em blogs diziam respeito ao governo, e mais da metade desses 11 milhões envolvia casos de corrupção. Os *paparazzi* amadores da China não se interessam somente por celebridades; usam suas lentes teleobjetivas para pegar autoridades corruptas no flagra. Quando uma autoridade de alto escalão veio de Pequim para se encontrar com uma autoridade local, um fotógrafo com olhos de lince percebeu que havia uma faixa de pele mais clara no pulso da autoridade local. Uma breve pesquisa nos arquivos locais revelou imagens dessa autoridade ostentando diversos relógios de luxo; a postagem das imagens na rede provocou uma investigação oficial e redundou em acusações de corrupção. Investigadores amadores e independentes tiram e postam fotos de autoridades saindo de mansões de luxo à noite ou em outras situações comprometedoras.

As campanhas organizadas nas redes sociais também podem produzir mudanças. Em um caso famoso, um blogueiro compartilhou o vídeo sobre uma mulher que tinha sido sequestrada e obrigada a se casar, provocando uma comoção nacional que culpou a negligência do governo por esse episódio e outros semelhantes. Em pouquíssimo tempo, o governo central lançou uma campanha especial em todo o país, em 2022, para coibir o tráfico de mulheres e crianças. Outra campanha bastante discutida começou quando uma estudante morreu de ataque cardíaco depois de ter sido vítima de fraude em suas mensalidades. Isso levou o governo não apenas a combater a fraude como também abriu caminho para a promulgação de uma das mais rígidas leis de proteção de dados em todo o mundo. Embora a discordância em muitas matérias sensíveis seja silenciada nas redes sociais, essas plataformas incorporam uma interação complexa entre o governo e o povo, que coíbe a capacidade do governo de agir sem supervisão e desempenha um papel importante na disseminação de informações e propagandas, na vigilância e na agregação da opinião pública.

Essa ênfase na qualidade e na segurança faz parte de um novo conjunto de diretrizes da cartilha do Estado. Assinala uma mudança significativa em relação a uma época anterior, em que o aumento do PIB era o santo graal e muitos desvios, e inclusive a corrupção pura e simples, eram tolerados para que ele aumentasse. Por muito tempo, a atitude do Estado em relação às autoridades, tanto dos altos escalões quanto dos baixos, era a de manter um olho aberto e o outro fechado, desde que as metas fossem alcançadas. Hoje em dia, contudo, os dois olhos ficam abertos, e a eles vem se juntar um terceiro olho na testa. Um conjunto mais amplo de indicadores sociais — muito mais difícil de medir do que o crescimento do PIB — passou a dominar o processo importantíssimo de avaliação de desempenho.

Além de tentar resolver os problemas da poluição e da corrupção, o novo programa do Estado investe contra um dos maiores problemas da nossa época: a disparidade de renda, que invariavelmente acompanha um crescimento rápido. Os mercados não sabem resolver sozinhos essa questão; pelo contrário, podem piorá-la. A crescente desigualdade se tornou um tema crítico em todo o mundo, produzindo sociedades polarizadas, contribuindo para a ascensão do populismo e alimentando amplo descontentamento com os governos.

Mais uma vez, o ônus da resolução cabe aos governos locais, que recebem metas dizendo quantas pessoas devem sair da pobreza a cada ano em sua jurisdição; seu sucesso ou fracasso será baseado nessa métrica. O presidente Xi pôs na mesa uma lista de medidas específicas para levar prosperidade aos mais vulneráveis: retirar pessoas de áreas rurais sujeitas a desastres naturais ou a outros fatores de dificuldade e reassentá-las em cidades pequenas e grandes; fornecer incentivos e recursos para que as pessoas abram pequenas empresas; melhorar a infraestrutura rural e fornecer serviços públicos nessas áreas, como atendimento médico; e proporcionar educação e formação técnica para a juventude. As famílias qualificadas para participar desses programas chegam a receber os dados de contato das autoridades responsáveis pela eliminação da pobreza em sua região. Em decorrência desse programa, o número de pessoas muito pobres residentes na zona rural caiu de quase 100 milhões no final de 2012 para 16,6 milhões no final de 2018. No final de 2020, a meta de eliminação total da extrema pobreza foi alcançada quando cerca de 40 milhões de pessoas em áreas rurais saíram da mais abjeta indigência. A próxima meta que o governo se propôs, como veremos em mais detalhes no capítulo 10, é o ambicioso objetivo da prosperidade em comum almejado por Deng Xiaoping no começo do processo de reformas e de abertura.

É correto optar por um crescimento mais lento, porém mais sustentável e de maior qualidade. Na verdade, essa é a única estratégia viável para uma economia que já colheu todos os frutos que tinha ao alcance da mão. No entanto, os mecanismos de incentivo para os governos locais são colocados à prova. No passado, seu desempenho era fácil de medir, pois havia um único conjunto de metas quantificáveis relacionadas ao crescimento do PIB. Já um objetivo mais amplo e multifacetado, que abarca o nível de emprego, o meio ambiente, o controle da pandemia e o próprio crescimento pode, às vezes, conduzir à confusão e a erros de administração das economias locais. As autoridades locais podem acabar se voltando muito para uma única direção para evitar a punição a qualquer preço, em vez de equilibrar uma ampla gama de objetivos que assegurem a melhora do bem-estar geral de seus cidadãos.

O singular sistema de governo da China, entrelaçado com a economia e a partilha de poder no âmbito local, cria ao mesmo tempo oportunidades incríveis e obstáculos notáveis. Apesar dos limites que a China impõe às forças do livre mercado e da ausência de uma imprensa livre, de um judiciário independente e do direito ao voto individual, vemos que existem outros mecanismos para atender às necessidades dos cidadãos e para neutralizar as ameaças decorrentes da desigualdade de renda.

Sistemas diferentes levam a compensações diferentes. Como assinala o economista Pranab Bardhan, os regimes centralizados são bons para manter compromissos de longo prazo, mas são menos eficazes em matéria de responsabilização ou flexibilidade. O pluralismo político tem seus benefícios em matéria de representatividade de populações diversas, mas muitas vezes essa representatividade é alcançada ao custo da fraqueza da ação coletiva. As deliberações democráticas contribuem para a legitimidade social, mas a competição entre partidos políticos em uma democracia também pode produzir um nivelamento por baixo. Em vez de atender a interesses amplos, como originalmente se pretendia, a democracia pode ser distorcida por meio do poder do dinheiro e dos lobbys. Pessoas com convicções diversas consideram determinados valores em detrimento de outros. Algumas podem preferir a liberdade, ao passo que outras se interessam mais por prosperidade, estabilidade ou segurança.

Emprestando uma distinção traçada por Markus K. Brunnermeier em sua análise das sociedades pós-covid,[10] o sistema chinês de economia política é robusto, mas será resiliente? As sociedades resilientes são flexíveis: são capazes de absorver os baques e rapidamente tornar a ficar em pé. As sociedades robustas são fortes: com suas muitas camadas de amortecimento, resistem às ondas de choque. No entanto, um sistema robusto pode ser derrubado por um evento extremo, levando muito tempo para se recuperar, ou mesmo não se recuperando jamais. Como vimos em todo este capítulo, a estrutura chinesa — com seu poder centralizado, sua musculatura financeira e sua capacidade administrativa de implementação de políticas — torna o sistema robusto. Também tem qualidades de resiliência: é um Estado ágil, sempre pronto a desencadear o processo decisório a fim de mudar com o tempo. No conjunto, contudo, a robustez ainda é maior que a resiliência na China: seu modelo de crescimento é confiável, mas não é flexível. Para que se mantenha em pé, é necessário haver uma constante injeção de crédito na economia, e os preços dos imóveis e os preços das ações precisam ser sustentados. Há um custo imenso para manter a estabilidade — seja para impedir que a economia mergulhe em uma crise financeira profunda, seja para manter uma política rígida de covid zero.

Resistir a todo custo à pressão descendente sobre a economia ou manter a estabilidade em todos os momentos não ajuda a construir a resiliência. Um corpo que vive em um ambiente estéril acaba por perder a imunidade. Para ser capaz de aguentar a turbulência, é preciso vivê-la e aprender com ela. A metáfora de Brunnermeier, de um junco que "se inclina muito, mas não quebra", é muito adequada: uma economia ou um sistema atinge seu maior grau de sustentabilidade quando é mais semelhante a um junco que a um carvalho. Esse seria um objetivo digno do novo guia da China.

6. O SISTEMA FINANCEIRO

O sistema financeiro é o coração de qualquer economia. Assim como o coração, que bombeia sangue e oxigênio para o corpo de um organismo vivo, o sistema financeiro fornece dinheiro ao mercado no qual bens e serviços são produzidos, comprados e vendidos — às vezes chamado de economia real. Como vimos no capítulo 3, os consumidores ganham dinheiro trabalhando; eles gastam a maior parte do que ganham e economizam o restante. A menos que essas poupanças estejam escondidas sob o colchão, elas fluem para um sistema financeiro onde bancos, seguradoras e bolsas de valores facilitam o direcionamento desse dinheiro para onde ele é necessário. É aí que as empresas buscam fundos quando desejam expandir sua capacidade, construindo instalações maiores ou contratando mais trabalhadores para produzir mais bens e serviços. O Estado também atua nesse cenário, regulando as instituições financeiras para controlar os riscos e as práticas predatórias; além disso, o Estado levanta seus próprios fundos, emitindo, por exemplo, títulos do governo.

Quando tempestades atingem o sistema financeiro na forma de uma queda no mercado de ações ou da falência de uma grande empresa, o sistema balança um pouco, mas, desde que esse mau tempo permaneça contido dentro do sistema, ele é controlável; por outro, quando uma tempestade rompe os diques do sistema financeiro, ela causa estragos na economia real. Ao longo da história, tais crises financeiras sistêmicas têm representado uma ameaça profunda tanto para economias em desenvolvimento quanto para as avançadas. É o caso da crise da dívida que afetou as economias latino-americanas tanto nos anos 1980 quanto nos anos 1990, as crises bancárias nos países nórdicos e no Japão nos anos 1990, o colapso financeiro asiático em 1997 e, é claro, a crise financeira dos Estados Unidos de 2007 a 2009. Esse último exemplo resultou em uma contração do PIB e na perda de empregos; seus efeitos persistiram por mais de uma década e se espalharam para outros países de forma sem precedentes.

Seria de esperar que a economia chinesa sofresse efeitos igualmente catastróficos durante sua longa transição para a economia de mercado a partir de 1978, mas, na verdade, o número de crises financeiras sistêmicas na China é exatamente igual a zero. Como veremos, houve frequentes quedas acentuadas do mercado de ações, e, em alguns anos, a inadimplência em alguns dos principais bancos estatais chegou a 20%, mas nenhum desses eventos levou a um colapso financeiro que causasse uma séria contração da economia mais ampla. Pelo menos, ainda não.

Essa peculiaridade é apenas um dos diversos enigmas financeiros na China. Outro é o fato de que, apesar do crescimento econômico sobrenatural do país, seu mercado de ações tem um dos piores desempenhos do mundo. Conforme mostra um estudo, entre 2000 e 2018, a economia da China quadruplicou de tamanho, mas um cidadão chinês que investiu 1 dólar em uma carteira diversificada de ações de empresas chinesas em 2000 ainda teria apenas esse mesmo 1 dólar dezoito anos depois, ajustado pela inflação. Em contrapartida, nos Estados Unidos, esse mesmo investimento teria rendido 2 dólares e, no Brasil ou na Índia, 3 dólares. A propósito, investir em ações chinesas listadas em bolsas internacionais teria gerado um retorno de 3,50 dólares.[1] Um cidadão chinês com acesso apenas ao sistema financeiro dentro do país teria tido um desempenho melhor se guardasse o dinheiro em uma conta de poupança, contrariando a sabedoria convencional de que as ações geram os melhores retornos no longo prazo.

A bolsa chinesa não é uma anomalia; é apenas um reflexo do sistema financeiro ineficiente e caótico do país. Outro exemplo é o mercado imobiliário, no qual os moradores de Pequim e Xangai se esforçam para pagar preços comparáveis aos de Boston e São Francisco, mesmo que sua renda per capita anual seja inferior a 1/5 da dos lares estadunidenses nessas cidades.[2] O sistema bancário paralelo — atividades bancárias não regulamentadas ou pouco regulamentadas — pode ser um ambiente arriscado, como sabemos pela crise financeira dos Estados Unidos em 2008. O obtuso sistema bancário paralelo da China se expandiu em um ritmo fenomenal até 2017, quando o governo finalmente freou seu crescimento. No entanto, apesar de tudo isso, a China ainda conseguiu evitar uma imensa implosão financeira.

Se assim é, por que você e eu devemos nos preocupar com as muitas peculiaridades do sistema financeiro chinês? Considerando o quão interligados se tornaram todos os nossos destinos na crescente rede global de comércio e finanças, tudo o que nos resta é nos preocupar. O fato de os choques financeiros poderem ficar contidos dentro da China não significa que eles não causarão ondas de choque em outros lugares. Em 2015, uma queda na bolsa de valores chinesa eliminou 2 trilhões de dólares do valor de mercado global de ações.[3] Naquele mesmo ano, uma forte desvalorização da moeda chinesa provocou outra reação global que subtraiu 5 trilhões de dólares do valor do patrimônio líquido global.[4] No segundo semestre de 2021, o órgão regulador desferiu um golpe pesado nas empresas de tecnologia e educação, eliminando mais de

1 trilhão de dólares do valor das companhias públicas, muitas das quais estão listadas nas bolsas de valores estadunidenses e são de propriedade de uma ampla gama de investidores de todo o mundo. Isso representa uma perda significativa de riqueza para os investidores.

E o efeito desses tremores econômicos pode ter uma abrangência surpreendente. Em 2021, a incapacidade de uma grande empresa imobiliária chinesa — a Evergrande Group — de honrar suas obrigações de empréstimo fez com que os preços do cobre despencassem e arrastou outras incorporadoras que também tiveram de deixar de cumprir suas obrigações para com investidores estrangeiros. Para muitas instituições financeiras que possuem ativos chineses, uma série de inadimplências importantes relacionadas a esses ativos dentro do país pode colocá-las em risco, e, por meio de um efeito dominó, espalhar-se para muitos outros participantes do sistema.

Pelo lado positivo, talvez queiramos compreender o caótico e tumultuado sistema financeiro da China porque suas insuficiências abrem a porta para oportunidades. Empresas de seguros, bancos de investimento e empresas de gestão de ativos estadunidenses e europeias podem facilmente oferecer aos consumidores chineses uma vasta gama de produtos e serviços financeiros. E o setor privado de fintech na China é extremamente bem-sucedido exatamente porque preenche muitas lacunas existentes no sistema financeiro formal, que é zelosamente protegido.

Seja seu interesse baseado em compreender os riscos financeiros que você pode enfrentar, em aproveitar oportunidades atraentes ou na simples curiosidade intelectual, a dicotomia chocante entre o errático sistema financeiro da China e o excepcionalismo otimista de sua economia vale uma investigação mais aprofundada.

ENTENDENDO O BÁSICO

Em termos de amplitude ou profundidade, o sistema financeiro da China é subdesenvolvido. Para começar, é excessivamente dependente dos bancos. O crédito bancário é a principal fonte de financiamento na China e representou cerca de 165% do PIB em 2019; em comparação, nos Estados Unidos, o crédito bancário corresponde a apenas 52% do PIB.[5] Em economias avançadas, os mercados de capitais, como os mercados de ações e títulos, desempenham um papel muito mais importante no financiamento do crescimento e da inovação, permitindo que startups e empresas maduras obtenham capital de grandes fundos ao emitir ações ou títulos. Nos Estados Unidos, o tamanho do mercado de ações (medido pelo valor das ações em circulação) era de cerca de 150% do PIB em 2019, e o tamanho do mercado de títulos era de cerca de 205% do PIB. Na China, o mercado de ações representa apenas 60% do PIB; o tamanho do mercado de títulos cresceu de 35% em 2008 para cerca de 113% no final de 2020, mas ainda fica atrás em tamanho, profundidade e maturidade em comparação com o mercado de títulos dos Estados Unidos.[6] Uma medida importante de crédito, às vezes chamada de "financiamento social total", avalia a quantidade agregada de fundos fornecidos pelo sistema financeiro para a economia real. Até o final de 2021, mais de 60% do crédito total era composto por empréstimos bancários, enquanto o mercado de ações e o mercado de títulos corporativos contribuíam com modestos 3% e 10% do crédito total, respectivamente.[7]

A alta dependência do sistema bancário é uma característica comum dos sistemas financeiros em países em desenvolvimento. Pode-se facilmente imaginar por que isso é considerado um sinal de primitivismo: os empréstimos bancários não são suficientes para fornecer um financiamento estável e confiável para empresas menores e mais arriscadas, nem oferecer informações transparentes aos participantes do mercado sobre o estado da economia ou sobre preços importantes, como as taxas de juros. Os bancos também não conseguem oferecer às famílias chinesas uma renda suficientemente diversificada ou oferecer-lhes uma participação suficiente no crescimento do país. O sistema financeiro estadunidense, baseado em ativos, que contrasta com o sistema financeiro chinês baseado em dívidas, possibilita um maior compartilhamento de riscos e vantagens financeiras entre todos os participantes. No entanto, poucos países em desenvolvimento possuem mercados de capitais profundos e que funcionem bem.

O cenário financeiro dentro da China se caracteriza pela notável escassez de atores financeiros típicos, como fundos de investimento, empresas de seguros, agências de classificação e bancos de investimento internacionais. Por exemplo, os ativos geridos por fundos de investimento representam apenas 12% do PIB da China, em comparação com mais de 100% nos Estados Unidos.[8] Além disso, falta um mercado de derivativos atuante, com negociações de contratos futuros ou opções. Essa significativa oportunidade de desenvolvimento oferece várias possibilidades para os concorrentes estrangeiros à medida que o país se abre para o resto do mundo e liberaliza seus serviços financeiros. No passado, os investidores estrangeiros representavam menos de 5% dos investimentos nas bolsas de valores chinesas. Esse número poderia potencialmente crescer para 20%, o que seria uma boa notícia para o sistema financeiro chinês, mas resultaria em uma exposição ainda maior às flutuações econômicas da China no cenário global.

Nenhum desses números reflete uma variável poderosa que só existe na economia chinesa: o envolvimento efetivo do governo no sistema. O governo não apenas controla os mecanismos financeiros e políticos que determinam as taxas de juros e afetam os preços de ações e imóveis, mas também exerce poder sobre o direcionamento que o Banco Central dá a seu dinheiro — para quais setores ele vai e para quais empresas dentro desses setores. Infelizmente, as políticas ditadas pelo governo central, muitas vezes, são inconstantes. Não faz muito tempo, por exemplo, que, logo após incentivar os proprietários a venderem seus imóveis para evitar uma rápida alta nos preços da habitação, o governo proibiu os cidadãos chineses de venderem suas casas para evitar uma grande *queda* nos preços dos imóveis. Pouco depois, o governo começou a reprimir os investimentos em habitação, o que causou pânico em todo o país em 2022. Os cidadãos chineses, com razão, reclamaram por não poderem vender quando os preços estavam em alta ou comprar quando os preços estavam em baixa. Além disso, o mercado financeiro frequentemente reage de forma tão acentuada a essas mudanças súbitas na política governamental que as autoridades ficam sem saber se devem continuar, desacelerar ou até mesmo reverter essas políticas.

A intervenção do governo afeta todos os segmentos do sistema financeiro da China. Essa vontade de controle decorre de uma forte noção de paternalismo que tem profundas raízes culturais e históricas. Como veremos em detalhes, isso tem grande influência sobre a compreensão dos vários enigmas financeiros da China — desde as montanhas-russas das bolsas de valores e os mercados imobiliários em ebulição até as manipulações desenfreadas do sistema bancário paralelo. No entanto, os consumidores e as empresas privadas também foram motivados a se comportar mal: as famílias especularam, as empresas exploraram brechas legais e os governos locais se comportaram como capitalistas de risco. A última década testemunhou uma explosão de atividades financeiras fora do sistema bancário formal, desde o sistema bancário paralelo até plataformas de empréstimos *peer-to-peer*. Isso foi, em parte, uma forma de contornar regras e regulamentações formais, em parte uma inovação financeira e em parte uma solução para deficiências existentes. Como veremos, tudo isso contribui para um sistema financeiro turbulento, mas empolgante.

O SISTEMA FINANCEIRO COMO UMA FERRAMENTA

Um bom sistema financeiro energiza a economia em geral, conectando as poupanças domésticas com as empresas que precisam de financiamento, agrupando e diversificando riscos, fornecendo um mercado para a descoberta de preços e valores e tornando-se um trampolim para o progresso tecnológico e a inovação. O sistema financeiro dos Estados Unidos, apesar de seus problemas e falhas ocasionais, tem servido amplamente a esses propósitos. Acredito que é justo afirmar que a economia dos Estados Unidos continua prosperando graças a um sistema financeiro que funciona bem, enquanto na China a economia cresceu *apesar* do sistema financeiro nacional.

No passado, o sistema financeiro chinês era pura e simplesmente um instrumento do Estado. A bolsa de valores foi aberta para ajudar as estatais em dificuldades, assim como o mercado de títulos. O governo estabeleceu um limite para os juros da poupança para que as empresas pudessem tomar empréstimos a baixo custo e a industrialização em massa pudesse ocorrer rapidamente, mas às custas das famílias que obtinham retornos reais ínfimos ou até mesmo negativos em suas economias devido a décadas de baixos juros nas contas de poupança e falta de opções de investimento. Os bancos estatais concediam empréstimos preferenciais às empresas estatais, e o financiamento direcionado pelo Estado em infraestrutura, tecnologia e indústria trabalhava para promover os objetivos planejados pelo governo. Direcionar o sistema financeiro para servir aos propósitos do Estado pode alcançar maravilhas quando se trata de atingir metas estratégicas e cuidar de emergências, mas também gera uma série de problemas persistentes.

Uma pequena lição de história revela como tudo isso começou. Até o final da década de 1970, o sistema financeiro do país era inexistente no sentido moderno. Além do Banco da China, que se concentrava em câmbio e em negócios no exterior, havia, a rigor, apenas um banco, o Banco Popular da China (PBC, na sigla em inglês), que desempenhava uma função dupla como Banco Central e comercial. Ele controlava 93% dos ativos financeiros do país e cuidava da maioria de suas transações financeiras. Somente em 1978 a China deu origem a um sistema bancário, criando bancos comerciais a partir de cisões do PBC, sendo os quatro maiores o Banco Industrial e Comercial da China, o Banco Agrícola da China, o Banco da China e o Banco de Construção da China. Conforme seus nomes sugerem, cada um deles foi designado para atender a um setor específico. Hoje, juntamente ao Banco de Comunicações, eles são conhecidos coletivamente como os Cinco Grandes e controlam cerca de 40% dos depósitos bancários totais na China.

Além de fornecer empréstimos para construir a nação, esses bancos receberam outra tarefa desde o início: apoiar as empresas estatais em dificuldades, que o governo relutava em liquidar. Como vimos, as estatais desfrutam de restrições orçamentárias flexíveis e suas finanças são protegidas pelo governo. No entanto, esse tratamento indulgente gera riscos. Protegidos por garantias explícitas e implícitas do governo, os bancos concederam empréstimos em montantes excessivos, seja para obter lucros antecipados ou porque estavam sob pressão do governo para emprestar. Na década de 1990 e no início dos anos 2000, o resultado foram gigantescas perdas de capital, e, à medida que um número crescente de estatais enfrentava problemas, os empréstimos bancários inadimplentes atingiram um patamar estratosférico de 20% no início dos anos 2000, de modo que os bancos que haviam feito esses empréstimos estavam tecnicamente falidos. (Mesmo durante o auge da crise financeira nos Estados Unidos em 2009, essa proporção de empréstimos ruins não ultrapassava 5%.) A crise só foi evitada porque o governo recapitalizou rapidamente os bancos, melhorou seus balanços patrimoniais e os listou nas bolsas de valores nacionais ou internacionais. Essa última atitude refletiu uma mudança significativa na relação do governo com os mercados de ações e títulos, que anteriormente eram mantidos à distância.

Quando a bolsa de valores reabriu, em 1990, a maioria das empresas listadas nas bolsas de Xangai e de Shenzhen era de estatais. Originalmente, o objetivo do experimento de Deng Xiaoping não era ajudar empresas privadas a levantar fundos, nem oferecer oportunidades de gerenciamento de risco aos investidores ou criar um mecanismo de descoberta de preços; seu objetivo era levantar dinheiro para as estatais em dificuldades e sujeitá-las à disciplina do mercado. Afinal, os preços das ações refletiam as capacidades de gerenciamento e o desempenho das empresas. O mesmo valia para os mercados de títulos, que foram criados para oferecer principalmente títulos emitidos pelos governos locais e pelas estatais.[9] Em 2000, 70% das empresas listadas ainda eram estatais, embora esse número tenha caído para 30% até 2018, à medida que as empresas privadas foram se tornando mais ativas.[10]

A ECONOMIA DE MELHOR DESEMPENHO E O MERCADO DE AÇÕES DE PIOR DESEMPENHO

Embora a economia da China tenha desfrutado de um crescimento milagroso nas últimas décadas, superando facilmente países como o Brasil, a Índia, o Japão e os Estados Unidos, o desempenho das ações durante seu período de crescimento mais rápido (2000-2014) ficou muito atrás de todos eles, inclusive do lento Nikkei do Japão. Em uma economia típica, o mercado de ações vai bem quando a economia vai bem; em outras palavras, a correlação entre o retorno do mercado de ações e o crescimento econômico é alta. Quando analisamos o retorno médio do mercado de ações de grande parte das principais economias nos últimos cinco anos e o correlacionamos com as taxas de crescimento do PIB, o resultado é o esperado: uma correlação alta e positiva de cerca de 50% para a Alemanha e o Reino Unido, 30% para os Estados Unidos e acima de 40% até para economias emergentes como Brasil e Tailândia. No entanto, na China, esse número é zero — ou seja, *não* há correlação entre as taxas de crescimento do PIB e o retorno do mercado de ações.[11] Isso coloca a China no mesmo patamar que o Irã. Essa desconexão entre o crescimento econômico e o retorno do mercado de ações significa que indivíduos e famílias não podem desfrutar dos frutos do rápido crescimento econômico por meio de seus mercados de capital. Significa também que o desempenho das ações de uma determinada empresa nem sempre está vinculado ao seu valor fundamental.

Felizmente, já dispomos de alguns dados para ajudar a explicar o desempenho insatisfatório das bolsas de valores chinesas. Isso inclui informações financeiras e contábeis de quase 4 mil empresas listadas no mercado de ações A, onde a maioria das empresas da China continental está listada e onde a maioria das ações é comprada e vendida por investidores chineses. As duas bolsas de valores da China são a Bolsa de Valores de Xangai e a Bolsa de Valores de Shenzhen. O mercado de ações B é composto por ações emitidas por empresas chinesas cotadas nessas duas bolsas que são vendidas e mantidas por investidores estrangeiros *offshore* (representando menos de 1% do valor de mercado do mercado A). Existem também cerca de mais mil empresas chinesas listadas em bolsas internacionais, como a Bolsa de Valores de Hong Kong ou a Bolsa de Valores de Nova York, mas a base de investidores nesses mercados internacionais é global e não apenas chinesa.

Um indício revelador é que as empresas chinesas listadas e não listadas, que no mais são muito semelhantes, apresentam níveis de desempenho muito diferentes. Os dados mostram que o retorno sobre ativos, o retorno sobre o patrimônio líquido e o crescimento do lucro líquido das empresas listadas são todos inferiores, por uma margem significativa, em comparação com os das não listadas. Também ficam atrás das empresas chinesas listadas no exterior. Curiosamente, quando omitimos as empresas listadas nas bolsas chinesas, os retornos das empresas restantes passam a apresentar uma correlação mais alta com o crescimento econômico, de cerca de 40%. São as empresas chinesas listadas nas bolsas chinesas que distorcem os números, o que leva à seguinte pergunta: por que o fato de uma empresa estar listada nas bolsas de valores da China está associado a um desempenho anormalmente fraco?

No fim, há dois fatores. O primeiro é o próprio processo de seleção para a listagem. O outro está relacionado ao que acontece com as empresas depois que se tornam listadas. Vamos começar explorando o primeiro fator, o processo de listagem, que difere do seguido nas típicas economias de mercado.

Em vez de ser baseado em um registro, no qual as empresas divulgam suas informações financeiras e se registram para uma oferta pública inicial (IPO, na sigla em inglês), na China o processo é baseado em aprovação. Qualquer empresa que deseje ser listada no mercado de ações A (com exceção do Star Market — o "Nasdaq chinês" lançado em 2019) precisa receber a bênção da autoridade reguladora estatal, a Comissão Reguladora de Valores Mobiliários da China (CSRC, na sigla em inglês), que é equivalente à SEC nos Estados Unidos. Esse processo é longo e árduo, e o resultado está longe de ser certo. Para se qualificar para a aprovação, a empresa deve atender a critérios rigorosos, tendo inclusive apresentado lucro em cada um dos três anos anteriores à IPO, e deve observar limites significativos tanto para o lucro líquido quanto para os ativos. Somente quando esses critérios são atendidos é que a CSRC avalia a empresa e aprova ou rejeita sua candidatura. As empresas muitas vezes esperam anos para descobrir se foram aprovadas. Mesmo que já sejam bem-sucedidas, ainda podem não ter ideia de quando a IPO pode ocorrer.

Esse processo de listagem cria muito espaço para interferência, por meio da manipulação das regras e da busca de privilégios especiais. As empresas que têm relações amistosas com o governo podem acelerar o processo de listagem. Infelizmente, isso também significa que empresas inovadoras e arrojadas podem ser preteridas em favor de empresas com conexões políticas mais fortes. Como resultado, o mercado de ações chinês perdeu a oportunidade de listar muitas empresas dinâmicas em suas bolsas. Desestimuladas pelo processo lento e incerto, empresas como Alibaba, Tencent, JD.com, Baidu, Youku e Pinduoduo optaram por listar-se no exterior. Além disso, muitas empresas de alta tecnologia bem-sucedidas não tiveram lucro durante anos; é o caso do Uber e da Amazon, que nunca teriam atendido ao requisito chinês de lucratividade. A JD.com, a segunda maior varejista online da China após o Alibaba, não teria sido selecionada para a listagem chinesa porque, dois anos antes de sua IPO, em 2014, registrou um pequeno prejuízo. Por isso, optou por listar-se na Nasdaq, onde sua capitalização de mercado (valor de mercado de suas ações em circulação) disparou para 115 bilhões de dólares. O aplicativo de mídia social Weibo, de enorme sucesso, que teve um prejuízo de 38 milhões de dólares em 2013, é outro exemplo, assim como empresas de internet famosas, como a Sina, a Sohu, a NetEase e o Youku (a versão chinesa do YouTube), todas as quais optaram por listar-se no exterior.

Alguns observadores caracterizam a diferença entre os mercados de ações dos Estados Unidos e da China desta forma: o mercado chinês olha para o passado, enquanto seu equivalente estadunidense olha para o futuro. Na China, é preciso ser lucrativo para entrar na arena; nos Estados Unidos, os investidores julgam as empresas pelo seu potencial. O mercado de ações A segue em grande parte o antigo modelo de crescimento — é mais concentrado no setor industrial e menos no setor de serviços. Mesmo com sua economia avançando rapidamente e abraçando a tecnologia e a inovação, as bolsas chinesas permanecem firmemente enraizadas no passado. As estatais centrais (empresas estatais controladas pela autoridade central) estão na rabeira do mercado de ações do país, tendo um desempenho ainda pior que o das estatais controladas pelos governos locais.

Por todas as razões expostas, entre 2000 e 2018, o número de empresas chinesas que optaram por ser listadas no exterior aumentou quatro vezes; em meados de 2021, as bolsas de valores estadunidenses abrigavam empresas chinesas no valor de 2,1 trilhões de dólares.[12] Se as empresas melhores e de mais rápido crescimento não estão sendo listadas dentro do país, não é de surpreender que as bolsas da China apresentem um desempenho regularmente inferior. Essa tendência, no entanto, pode mudar facilmente devido às crescentes tensões geopolíticas. Recentemente, houve uma pressão dos Estados Unidos para retirar empresas chinesas de setores sensíveis das bolsas estadunidenses. O governo chinês também está tornando mais difícil para as empresas com dados sensíveis serem listadas nas bolsas de valores estrangeiras, e é sempre possível que venha a promulgar novas regulamentações, limitando sua possibilidade de serem listadas no exterior em geral.

O problema de seleção vai além da questão de quais empresas podem entrar no mercado de ações: também inclui aquelas que saem dele. Normalmente, um desempenho ruim leva à exclusão das bolsas de valores nacionais. No período entre 2000 e 2018, 33% das empresas nos Estados Unidos foram excluídas a cada ano. No Brasil, esse número foi de 13%. Na China, no entanto, o número de empresas excluídas a cada ano durante o mesmo período foi de cerca de cinco — menos de 2,7%.[13] Muitas empresas chinesas que seriam excluídas de outras bolsas de valores continuam sobrevivendo, arrastando para baixo o desempenho geral da bolsa no país.

O processo de listagem na China também incentiva as empresas a tomar decisões ruins durante o período que antecede uma IPO. Para atender aos critérios de listagem, muitas buscam lucros de curto prazo como maquiagem, mas uma vez que se listam e essas fraquezas subjacentes vêm a público, o preço das ações despenca. Todas as empresas tendem a escolher o melhor momento do ano para abrir capital, mas as empresas listadas na China têm quedas de retorno muito maiores do que aquelas nos Estados Unidos, Índia, Brasil ou Japão. Na China, o retorno sobre os ativos cai aproximadamente pela metade no ano seguinte à IPO, enquanto nos Estados Unidos cai menos de 10%.

Outro fator que contribui para o desempenho decepcionante das ações chinesas é a tomada de decisões inadequadas pelas empresas depois de entrarem na bolsa. As empresas chinesas lideram a lista global quando se trata do montante que investem, mas também têm a pior eficiência de investimento entre as principais economias. Isso muitas vezes está relacionado à tendência chinesa de sempre contornar as regras. Empresas emprestam dinheiro para outras empresas intimamente relacionadas ao acionista controlador (movimento conhecido como "tunelamento"). Incorrem em gastos excessivos, adquirindo empresas que não têm relação com o seu negócio principal. Depois de abrir o capital, uma empresa chinesa de motocicletas, que já foi um nome bastante conhecido, passou a adquirir empresas farmacêuticas, enquanto uma empresa farmacêutica igualmente conhecida começou a adquirir clubes de golfe, hotéis e empresas automobilísticas; ambas afundaram. Depois de se tornar uma das maiores empresas do mundo,[14] a Evergrande, o império imobiliário que se transformou em uma bomba de dívidas que pôs em risco a estabilidade financeira da China no final de 2021, expandiu para áreas nas quais não tinha experiência, incluindo carros elétricos, clubes de futebol, água engarrafada e criação de porcos.

Uma autoridade de alto escalão me contou certa vez sobre a investigação de uma empresa que vendia tartarugas-de-casco-mole, uma iguaria chinesa popular que, segundo se crê, aumenta a vitalidade e a energia. A administração havia decidido manipular o preço das ações criando notícias negativas para a empresa; assim, comprariam ações quando o preço caísse e obteriam um grande lucro assim que o preço se recuperasse. Quando os jornais locais divulgaram a história de que o Rio Yangtze havia inundado as fazendas da empresa de tartarugas-de-casco-mole, fazendo com que um grande número de tartarugas escapasse, o preço das ações despencou. Pouco depois, no entanto, a empresa relatou um número recorde de tartarugas, para consternação dos investidores que haviam vendido suas ações baseando-se nas notícias ruins. Eles insistiram em uma reunião com o presidente da empresa, que apresentou uma explicação extraordinária: disse que, quando os peixes escapam de um criadouro, eles nadam para longe e não voltam, mas as tartarugas são diferentes; elas têm um forte instinto de retornar ao local em que nasceram. E nesse caso, milagrosamente, trouxeram consigo uma multidão de novas tartarugas!

Deixando de lado as tartarugas e seus hábitos, o mercado de ações chinês é uma montanha-russa selvagem. A segunda maior bolsa de valores do mundo é a mais volátil de todas as principais economias. Portanto, como investidor chinês, você não apenas obtém retornos muito piores em comparação com um investidor nos Estados Unidos, mas também corre muito mais riscos — a volatilidade média desses retornos foi o dobro da do mercado dos

Estados Unidos de 2000 a 2017. As bolsas chinesas frequentemente atingem alturas vertiginosas seguidas por quedas igualmente vertiginosas. Em 2008, o mercado de ações da China encolheu assustadores 70% apenas alguns meses depois de o índice composto da Bolsa de Valores de Xangai (SSE) atingir uma máxima histórica! Em 2015, as ações A na SSE perderam 1/3 de seu valor em um único mês, após subirem 150% nos meses anteriores.

Claramente, o mercado de ações da China não é um lugar para quem tem coração fraco. Sobretudo porque, ao contrário do que ocorre nos Estados Unidos, o mercado de ações na China é dominado por investidores de varejo, muitos dos quais são comerciantes barulhentos, jogadores que dependem de rumores e fofocas para atuar no mercado em vez de investir em longo prazo. Na China, os investidores individuais respondem por cerca de 80% do volume de negociação no mercado de ações A, enquanto na Bolsa de Valores de Nova York são os investidores institucionais que respondem por 85%.[15]

A predileção do Estado por intervir nos mercados de ações dentro do país acrescenta mais um elemento de incerteza a um ambiente de investimento já inconstante. O paternalismo leva o governo a intervir para proteger os investidores individuais, chegando às vezes a convocar o "Time China" — um grupo de instituições financeiras — para resgatar um mercado de ações em queda ou impondo uma série de medidas (impostos de cartórios, limites de preço, limites para ações de estatais, etc.) para esfriar uma subida desenfreada. No entanto, o resultado final é que os investidores individuais nunca aprendem com seus erros e o governo continua sentindo a necessidade de protegê-los. Além disso, uma longa história de intervenção estatal se tornou parte do cálculo feito pelos investidores ao fazerem suas apostas. Independentemente de acertarem ou errarem, a presença do Estado como um ator importante acrescenta mais um grande elemento de incerteza à mistura. Em junho de 2015, o governo tentou conter o crédito de margem não regulamentado; o resultado desastroso foi um *crash* no mercado de ações que durou um mês. Isso levou o governo a introduzir o *circuit breaker* em janeiro de 2016, um processo automatizado pelo qual um movimento de 5% no índice que acompanha as maiores empresas listadas em Xangai e em Shenzhen causaria uma pausa de quinze minutos nas negociações; um movimento de 7% interromperia o pregão pelo resto do dia.

O objetivo, nesse caso, era estabilizar o mercado de ações durante grandes oscilações e proteger os investidores individuais, estabelecendo um limite de vendas, mas os investidores rapidamente assimilaram o que significava essa nova medida e agiram de acordo. Apressaram-se em vender antes que o mecanismo pudesse entrar em ação e, consequentemente, o mercado entrou em colapso no próprio dia em que o *circuit breaker* foi introduzido. Dois dias depois, a bolsa de Xangai fechou trinta minutos após o início do pregão, no dia de negociação mais curto de sua história. No final das contas, foram necessários apenas quatro dias para o governo suspender indefinidamente esse novo mecanismo de reforço de estabilidade. Sem mencionar que, durante esse breve experimento, o mercado perdeu mais de 1 trilhão de dólares de valor. Nos Estados Unidos, o mecanismo de proteção havia sido acionado apenas uma vez, em 1997, até que a pandemia de covid-19 exigiu seu uso quatro vezes em um único mês, em março de 2020. O que o governo chinês muitas vezes deixou de perceber é que cada atitude sua gera uma variedade de reações inesperadas, causando, em última análise, mais perturbações ou comportamentos perversos.

Quando se trata da economia em geral, para além do mercado financeiro, o governo chinês tem exercido seu controle por meio de uma abordagem gradualista, dando pequenos passos no início, de abrangência limitada, enquanto observa cuidadosamente como a economia reage. Essa estratégia tem sido em grande parte bem-sucedida, e deve-se atribuir ao governo o crédito por ter evitado vários desastres enquanto a China passava por transformações profundas. No entanto, o gradualismo nem sempre funciona nos mercados financeiros,[16] nos quais as expectativas se refletem quase instantaneamente nos preços de mercado.

O mercado de ações deveria ser um mecanismo para a descoberta de preços e valores, mas na China são frequentemente os fóruns de discussão do *People's Daily* que determinam o movimento do mercado. Mais recentemente, no entanto, as reformas da bolsa têm levado as coisas na direção certa e, como resultado, os preços das ações passaram a refletir um pouco mais a capacidade de uma empresa de gerar lucros futuros. No entanto, o caminho rumo a um mercado plenamente desenvolvido, com regulamentação profissional e normas efetivamente aplicadas, além de boa governança corporativa, ainda está sendo pavimentado, como naquelas famosas imagens das cidades-fantasmas da China.

A GRANDE CORRIDA PELA MORADIA

Entre 2003 e 2013, o preço médio das moradias nas principais cidades chinesas quadruplicou. À razão de 550 dólares por metro quadrado, os preços em Pequim e Xangai tornaram-se comparáveis aos de Boston, e Shenzhen rapidamente alcançou os valores de São Francisco. Isso é surpreendente à luz da grande disparidade de renda entre essas cidades chinesas e as estadunidenses: o nível de renda de 7.500 dólares de Pequim, Xangai e Shenzhen naquela época era significativamente inferior aos 40 mil dólares de renda média de Boston ou aos mais de 50 mil de São Francisco.[17] O preço da moradia nas outras regiões da China também sofreu um aumento igualmente drástico, crescendo a taxas de quase dois dígitos a cada ano, o que fez com que a bolha imobiliária dos Estados Unidos no início dos anos 2000 se tornasse modesta, em comparação. Em muitos aspectos, a China parece estar diante de uma bolha imobiliária clássica. Conforme os preços das moradias disparam, há sinais de novas construções por toda parte.

O setor imobiliário é considerado parte do setor financeiro, mas a importância do mercado imobiliário para a economia chinesa como um todo não deve ser subestimada. Para começar, o valor dos imóveis afeta todos os principais agentes da economia: os consumidores, as empresas e o Estado. Os imóveis representam 60% dos ativos das famílias chinesas, em comparação com 37% no Japão e 25% nos Estados Unidos.[18] As empresas chinesas dependem dos imóveis como sua forma mais importante de garantia para financiamento. Os imóveis também funcionam como uma tábua de salvação para os governos locais, cuja grande parcela da receita fiscal e do financiamento da dívida depende das vendas de terrenos agora e no futuro. Pela métrica mais ampla possível, o setor imobiliário representa quase 30% do PIB nacional.[19] Essa é, de longe, a proporção mais alta entre as grandes economias (17% nos Estados Unidos, 15% na Coreia, cerca de 20% no Reino Unido e na França; mesmo a Espanha, durante os anos de pico do setor imobiliário antes de 2008, não ultrapassou 30%).

Embora a China tenha demonstrado forte capacidade de se recuperar dos tropeços periódicos no mercado de ações, muitos especialistas estão prendendo a respiração, com medo de um colapso no setor imobiliário. Uma vez que grande parte da economia depende do alto valor dos imóveis, isso deixa a China perigosamente exposta a riscos. O setor bancário paralelo também tem canalizado financiamentos para uma ampla gama de entidades, usando imóveis como garantia. Um colapso nos preços dos imóveis desencadearia ondas de inadimplência, não apenas nas dívidas hipotecárias, mas também nas dívidas corporativas, nas dívidas dos governos locais e nos empréstimos do sistema bancário paralelo. O medo é que uma crise no setor imobiliário possa levar a uma crise financeira *sistêmica*, como aconteceu na crise financeira dos Estados Unidos em 2008.

Em 2022, o valor de mercado dos imóveis residenciais na China era quase o dobro do valor de mercado dos imóveis residenciais dos Estados Unidos. Como o Japão antes da bolha imobiliária entre o fim dos anos 1980 e o início dos anos 1990, quando o valor de mercado dos seus imóveis era mais de duas vezes maior que o dos Estados Unidos; porém, três décadas depois, foi reduzido a menos de um terço.[20] Isso significa que compreender as forças por trás do grande *boom* imobiliário — e sua sustentabilidade, ou a ausência desta — é muito importante. Começaremos discutindo os fatores incomuns que têm moldado o cenário imobiliário na China ao longo das últimas três décadas, entre eles o Estado, os hábitos de compra de uma nova geração (incluindo o papel do casamento e o "fenômeno das seis carteiras") e os incentivos das autoridades locais na economia política da China.

ALGUNS PROBLEMAS DE MEDIDA

Acompanhar as tendências dos preços dos imóveis na China não é uma tarefa simples. As estatísticas oficiais muitas vezes se baseiam em listas de transações mês a mês, mas esse método tem um problema intrínseco. Vamos supor que, em determinado mês, todas as unidades habitacionais vendidas fossem construções novas no lado sul de Pequim e, no mês subsequente, fossem construções novas no lado leste da cidade. As unidades seriam comparáveis, pois todas seriam novas, mas o lado leste de Pequim é significativamente mais caro do que o lado sul, então o rastreamento registraria um grande aumento nos preços dos imóveis de um mês para o outro. A questão é que, embora sejam agrupados nas estatísticas oficiais, um apartamento novo vendido em um mês pode ser muito diferente de um apartamento novo vendido no mês seguinte. O ideal seria medir as mudanças de preço em unidades verdadeiramente comparáveis. Além da localização e do tamanho, existem certas características, como instalações e serviços adicionais oferecidos pelos condomínios, que são mais difíceis de medir. Uma ferramenta comum usada em outros países é o índice Case-Shiller, que acompanha as vendas das mesmas unidades habitacionais para obter as mudanças de preço. No entanto, o problema na China, dado o seu setor imobiliário emergente, é que ainda há poucas vendas repetidas.

Por todas essas razões, precisamos ter cuidado com os dados provenientes de fontes oficiais chinesas, ou mesmo de canais não oficiais, como agências imobiliárias. Para contornar isso, pesquisadores chineses desenvolveram um índice de habitação mais confiável, analisando transações dentro do mesmo complexo habitacional.[21] Em um cenário típico nas cidades chinesas, um empreendedor constrói centenas de unidades de apartamentos em vários prédios altos de uma só vez, vendendo-os aos poucos ao longo de alguns anos. Como esses apartamentos compartilham as mesmas comodidades, como academias, espaços ao ar livre e serviços de portaria, isso facilita o controle das diferenças de qualidade. Os pesquisadores utilizam dados detalhados de hipotecas de 120 cidades chinesas, abrangendo o período entre 2003 e 2013, e outro conjunto de dados até 2017; juntos, esses dois períodos abrangem a fase em que os preços dos imóveis cresceram mais rapidamente na China. Além do preço real da unidade habitacional no momento da venda, o conjunto de dados fornece uma riqueza de informações detalhadas, incluindo a renda familiar e o valor dos empréstimos. Esses dados em nível micro, disponibilizados por um grande banco chinês, nos oferecem estatísticas muito mais confiáveis do que os números oficiais fornecidos pelo Estado.

O primeiro padrão que se destaca é que os preços dos imóveis revelados pelos dados em nível micro subiram bem mais do que foi relatado pelas estatísticas oficiais e foram também mais voláteis. A Figura 6.1 traça o índice de preços médios de imóveis em nível nacional de 2003 a 2017 em comparação com uma medida do poder de compra das famílias em diferentes regiões.[22] Surpreendentemente, embora em todo o país o preço médio dos imóveis tenha aumentado 350% entre 2003 e 2017, a tendência de alta não se afastou muito do crescimento da renda, um padrão que sugere que não havia uma grande bolha imobiliária em formação.

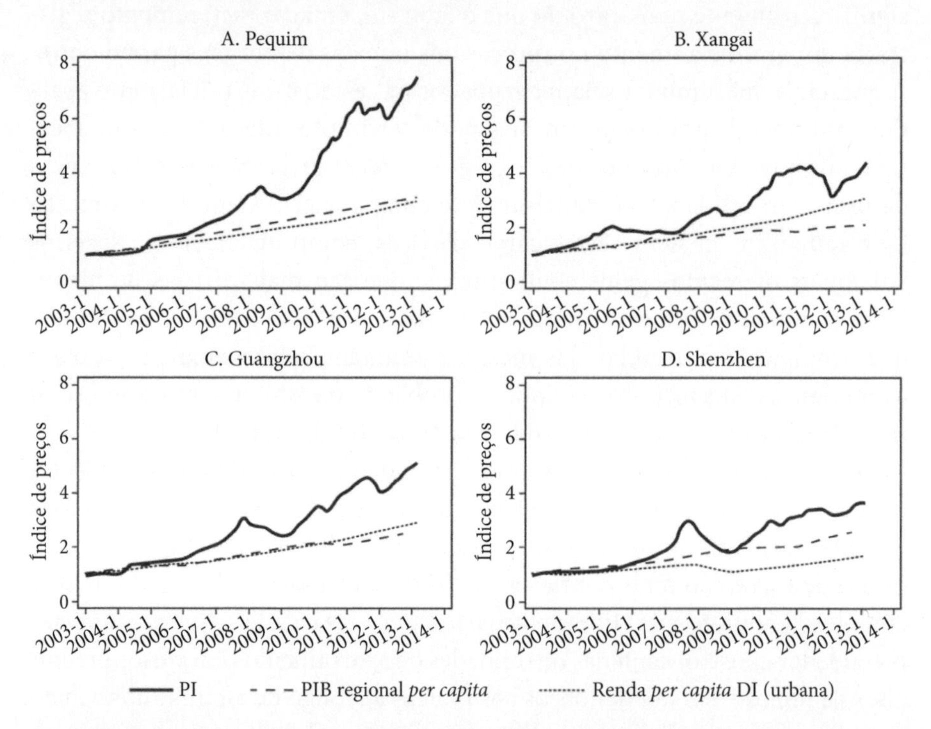

Fonte: Hanming Fang, Quanlin Gu, Wei Xiong e Li An Zhou, "Demystifying the Chinese Housing Boom". *NBER Macroeconomics Annual* v. 30, n. 1, p. 105-166, 2016; e National Bureau Nacional of Statistics.

Figura 6.1: Índice nacional do preço médio de moradia, 2003-2014.

Mas esse quadro difere de cidade para cidade. As cidades de primeira categoria apresentam um cenário muito diferente das demais. Como mostra a

Figura 6.2, em Pequim, Xangai, Guangdong e Shenzhen, a divergência entre o crescimento do preço dos imóveis e o crescimento da renda é surpreendentemente grande, evidenciando sinais de uma verdadeira bolha imobiliária. Já nas cidades de segunda categoria, os preços dos imóveis aumentam em linha com o crescimento da renda; e, nas cidades de terceira categoria, crescem ainda mais lentamente do que a renda, o que sugere que, nessas cidades, o crescimento dos preços tem um apoio real.

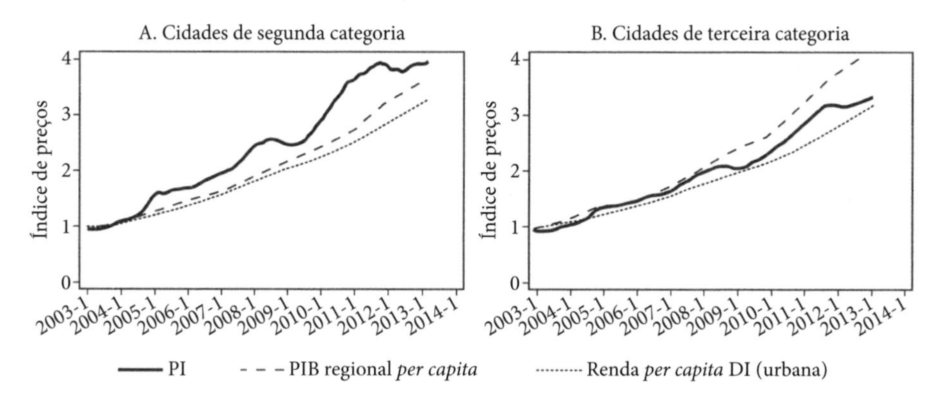

Fonte: Hanming Fang, Quanlin Gu, Wei Xiong e Li An Zhou, "Demystifying the Chinese Housing Boom". *NBER Macroeconomics Annual* v. 30, n. 1, p. 105-166, 2016; e National Bureau Nacional of Statistics.

Figura 6.2: Divergência entre o crescimento dos preços dos imóveis e o crescimento da renda em cidades de segunda e terceira categorias, 2003-2014.

As preocupações sobre a euforia no mercado imobiliário das grandes cidades devem vir acompanhadas de uma ressalva. Ao contrário da renda atual, que é fixa, os preços dos imóveis refletem um valor que inclui expectativas sobre o futuro. Se acreditarmos que Pequim ou Xangai estão a caminho de entrarem para o rol das cidades mais cosmopolitas do mundo nos próximos vinte anos, por exemplo, essa expectativa será refletida no preço: é mais caro *hoje*. Por isso, uma alta relação entre o preço dos imóveis e a renda não indica necessariamente uma bolha. Também pode refletir as expectativas positivas das pessoas em relação ao futuro. Quão realistas são essas expectativas e quão suscetíveis elas são a mudanças? Para responder a essas perguntas, precisamos conhecer um pouco melhor o contexto histórico.

BREVE HISTÓRIA DE UM MERCADO IMOBILIÁRIO

Até cerca de vinte anos atrás, o mercado imobiliário na China era praticamente inexistente, o que é mais um indicativo do ritmo fenomenal de mudança no país. Funcionários públicos, empregados de empresas estatais e outros trabalhadores do setor formal eram alocados em moradias por seus empregadores governamentais. Em 1997, o governo central privatizou o mercado imobiliário, considerando a demanda por moradias como uma forma de estimular o crescimento econômico após a crise financeira do leste asiático daquele ano. Nasceu o mercado imobiliário da China, que em apenas duas décadas se tornou o maior mercado imobiliário do mundo.

Na China, todas as terras são propriedade do Estado, exceto as terras rurais, que são propriedade coletiva dos moradores locais. O Estado pode vender o direito de uso de suas terras por meio de contratos de arrendamento com durações variadas: trinta anos para terrenos industriais, quarenta anos para terrenos comerciais e setenta anos para terrenos residenciais. As terrenos industriais eram tradicionalmente vendidos com desconto e usadas exclusivamente para fins de produção; os preços dos terrenos comerciais e residenciais eram determinados pelo mercado. Embora a maioria das terras seja propriedade exclusiva do Estado, elas são controladas pelos governos locais que, historicamente, financiavam suas atividades através da arrecadação de impostos e usando essa receita para pagar pelo desenvolvimento econômico local, instituições locais e vários programas sociais regionais.

No entanto, em 1994, duas mudanças no ordenamento jurídico — a Reforma do Compartilhamento de Impostos e a Lei Orçamentária — provocaram uma mudança imensa nesse arranjo. Antes de 1994, os impostos estavam em grande parte sob o controle dos governos locais. Naquele ano, quase 80% de toda a receita fiscal era coletada e gasta pelos governos locais. A partir daquele momento, no entanto, os governos locais não foram mais autorizados a ficar com a maior parte dessas receitas fiscais, tendo que entregá-la ao governo central. Nos anos seguintes, a parcela da receita fiscal coletada e gasta pelos governos locais caiu para menos de 50%. Para tornar as coisas ainda mais difíceis, a Lei Orçamentária de 1994 proibiu os governos locais de tomar empréstimos ou ter déficits orçamentários, mas eles ainda precisavam gastar a mesma quantidade para manter as operações e os programas locais e promover o crescimento. Proibidos de ficar com a maior parte dos impostos que cobravam e proibidos de tomar empréstimos para financiar seus gastos, como os governos locais poderiam preencher a lacuna entre receita e gastos? O governo central lhes deu uma saída: o direito de arrendar terras que anteriormente eram de domínio exclusivo do governo central.

Quando os governos locais arrendam terras, eles estão, na prática, vendendo uma participação no crescimento futuro de sua região. Essas terras se tornam mais valiosas quando são desenvolvidas e ocupadas por uma mistura de inquilinos residenciais e comerciais, o que exige a construção de infraestrutura: estradas, rodovias, pontes, escolas, parques e hospitais. Isso cria um poderoso incentivo para fornecer esses sistemas e esses serviços públicos. Em uma reviravolta fascinante dos acontecimentos, a partir de 1994 os governos locais transformaram-se em proprietários de ativos em busca de capital de risco para várias etapas de desenvolvimento comercial e residencial.

No passado, os governos locais procuravam atrair empresas industriais para construir fábricas em suas jurisdições. Após 2008, no entanto, a febre de industrialização deu lugar à mania da urbanização, à medida que o antigo modelo de promoção do crescimento com base na manufatura e nas exportações foi sendo substituído pelo desenvolvimento imobiliário, impulsionado por autoridades locais que agora dependiam de arrendamento para obter receitas. Os governos locais podiam vender parcelas de seus ativos para incorporadoras imobiliárias, que então investiriam e tornariam os ativos de ambas as partes mais valiosos. Esse mecanismo funcionou de maneira quase perfeita — pelo menos no início.

Os incentivos estavam perfeitamente alinhados. Os governos locais estavam entusiasmados com novas construções, o que trazia investimentos de capital e crescimento do PIB. As margens de lucro elevadas devido ao baixo custo de construção possibilitavam que as incorporadoras imobiliárias acumulassem vastas fortunas. Os preços de tudo, exceto dos terrenos industriais (cujos preços eram mantidos intencionalmente baixos para apoiar as empresas industriais), cresceram rapidamente: para os terrenos comerciais, a média de preço nacional aumentou sete vezes entre 2004 e 2014, seguida pelos preços dos terrenos residenciais, que aumentaram cinco vezes.[23] Em Pequim, os preços dos terrenos dispararam dezoito vezes, e mesmo em cidades de segunda categoria, como Wuhan, os preços dos terrenos aumentaram quinze vezes.[24]

As vendas de direitos de uso de terras rapidamente se tornaram a principal fonte de receita para os governos locais — representando de 30% a 40% do total. Os impostos sobre o desenvolvimento imobiliário e as vendas de apartamentos também contribuíram, mas foi principalmente o rápido crescimento da receita das vendas de terras que possibilitou aos governos locais obter dinheiro para financiar projetos locais. Como os governos locais controlavam o fornecimento de terras, eles podiam disponibilizá-las no mercado em um ritmo que evitava um excesso que poderia reduzir os preços. Também usavam ferramentas como restrições ou subsídios para compras de casas para apertar ou flexibilizar os controles sobre novos desenvolvimentos. Ao controlar rigorosamente o fornecimento de terrenos, fizeram com que os preços da terra disparassem, enchendo os cofres do governo e elevando os preços das moradias às alturas.

Os incorporadores imobiliários na China desfrutaram de um longo período de crescimento. Com o apoio dos governos locais, entraram em um frenesi de expansão por meio de financiamentos de baixo custo. Vendiam propriedades antes de serem construídas e, com um financiamento praticamente gratuito, começaram a acumular novos terrenos e materiais de construção mesmo antes de haver qualquer projeto concreto. Elas se tornaram as empresas de propriedade pública mais endividadas do mundo.[25] O comportamento inescrupuloso não era incomum: a Evergrande — uma gigante do setor imobiliário antes de sua queda, em 2021 — ficou tão grande e alavancada que podia usar dinheiro facilmente para expandir-se para outras áreas que nada tinham a ver com o setor imobiliário. Enquanto isso, empresas de outros setores, fascinadas por um setor imobiliário arriscado, porém lucrativo, muitas vezes se distraíam e deixavam de focar em suas operações principais.

Com o tempo, o mercado imobiliário superaquecido transformou-se em uma questão social maior. Como vimos, os jovens atualmente talvez estejam tendo menos filhos porque o espaço é muito limitado e muito caro. Os altos preços dos imóveis também tornam a acessibilidade um problema para famílias de baixa e de média renda, suscitando preocupações sobre a desigualdade. Assim, com firme determinação, o governo começou a apertar o mercado em 2020, com uma forte persuasão moral de que "as propriedades existem para serem habitadas, não para a especulação". Novas restrições levaram a uma severa queda no mercado imobiliário, com as vendas declinando em até 30% em 2021. Uma onda de inadimplência se seguiu e, em menos de um ano, a maioria das cem principais incorporadoras imobiliárias entrou em grave dificuldade financeira, muitas à beira do colapso. Apesar de sua postura rigorosa em relação a um mercado imobiliário superaquecido, é improvável que o governo deixe o barril de pólvora explodir sem cuidados. Mas o grande *boom* imobiliário das últimas duas décadas provavelmente chegou ao fim.

MORADIA PARA UMA NOVA GERAÇÃO

Mesmo com o caos que foi repetidamente causado no mercado imobiliário — com três ciclos de alta e baixa na última década —, os preços dos imóveis não sofreram correção significativa. Embora as vendas de imóveis tenham diminuído bastante entre 2021 e 2022, até agora não houve o colapso calamitoso de uma grande bolha, como se viu nos Estados Unidos, onde os preços caíram 36% do pico ao ponto mais baixo, ou no Japão, na Espanha e em muitos outros países. Para entender por que os preços dos imóveis têm um nível básico de suporte, precisamos examinar o lado da demanda dessa história.

Por mais que seja difícil de imaginar, são necessários em média quarenta anos de renda (com base em um salário mínimo) para comprar uma casa em muitos lugares da China, enquanto em outras partes do mundo isso leva, em geral, apenas dez anos. Então, por que o povo chinês não opta por alugar apartamentos, dado o baixo custo do aluguel em relação à compra? (A relação entre o preço do imóvel e o valor do aluguel é de 70 em Pequim ou Shenzhen, em comparação com menos de 20 em Nova York ou São Francisco.) Vamos imaginar que você tenha cerca de vinte e poucos anos e tenha de tomar algumas decisões importantes na vida. Você ganha um salário decente, economiza cerca de 30% dele, e atualmente está alugando o espaço em que vive. Você poderia optar por continuar alugando, colocar suas economias no banco e ganhar uma taxa de rentabilidade anual de cerca de 2%; dada uma taxa de inflação média de cerca de 2%, seu retorno real seria próximo de zero. Também poderia decidir investir suas economias no mercado de ações e obter uma baixa taxa de retorno combinada com um alto grau de risco, como já vimos. De acordo com uma pesquisa domiciliar, apenas as famílias da faixa dos 10% mais ricos da China obtiveram retornos positivos em seus investimentos financeiros no período de 2010 a 2018.[26] Uma terceira alternativa seria comprar um lugar para morar e obter uma taxa de retorno real de cerca de 20% ao ano à medida que seu patrimônio imobiliário valoriza. A substancial entrada exigiria de três a quatro anos de economias, mas a boa notícia é que seus pais provavelmente contribuiriam, se pudessem. Dessa forma, você pode fazer um empréstimo hipotecário de trinta anos a uma taxa de juros de 6%.

Diante dessas opções, a escolha mais provável seria prosseguir com a compra de um imóvel. Isso seria ainda mais verdadeiro se você fosse solteiro e estivesse buscando melhorar sua colocação no competitivo mercado matrimonial. Possuir um carro e uma casa certamente aumentaria seu apelo em relação a um inquilino com uma conta de poupança de crescimento lento. De acordo com uma pesquisa do *Shanghai Daily* com mães chinesas de filhas jovens, realizada em março de 2010, 80% delas se opunham a que suas filhas se casassem com alguém que não fosse proprietário de uma casa. Por essas razões, parece que todos na China desejam possuir uma casa. A taxa de propriedade de moradia na China é a mais alta do mundo — mais de 90% para as 276 milhões de famílias urbanas, em comparação com 65% nos Estados Unidos ou 42% na Suíça.

Um fator importante quando se trata de acessibilidade é o que os chineses chamam de "fenômeno das seis carteiras". Muitos compradores atuais de imóveis nasceram sob a política do filho único, que entrou em vigor no início dos anos 1980. Portanto, quando chega a hora de um casal formado por filhos únicos comprar uma casa, não há apenas uma carteira disponível, mas talvez até seis para contribuir com a grande quantia de entrada (o casal, bem como os pais e os sogros) e para colaborar ainda mais, se necessário. Não são apenas os pais do comprador que desejarão ajudar, mas também os pais do cônjuge. E se os avós participarem, pode haver até dez carteiras disponíveis para contribuir com a compra de uma única casa. Desde que a política do filho único foi revogada, a próxima geração de compradores de imóveis pode não desfrutar do mesmo apoio familiar, e o fenômeno das seis carteiras pode se tornar coisa do passado.

Uma amiga me explicou que era quase impossível comprar um novo apartamento em Xangai, devido ao rigoroso sistema de pontuação instituído pelo governo para conter a loucura imobiliária: os compradores precisam de uma pontuação alta apenas para serem elegíveis para participar de um sorteio para comprar um novo imóvel. Para adquirir um apartamento em um distrito cobiçado de Xangai, minha amiga precisaria adotar uma estratégia elaborada para contornar as regras, começando por fazer com que seu pai comprasse o apartamento para ela. Em seguida, seu pai, que tem mais de sessenta anos, precisaria se divorciar de sua mãe, casar-se com alguém que acumulou uma pontuação alta com base em várias métricas, incluindo contribuições para a previdência social, compras anteriores de imóveis, etc., e, depois, entrar no sorteio com sua nova pontuação combinada — e ganhar! (Em alguns anos, ele estaria livre para se divorciar e se casar novamente com sua primeira esposa.) Surgiu um novo mercado de pessoas com pontuações elevadas que estão dispostas a se casar e se divorciar em troca de um valor — prática que não é tão incomum em Xangai. Mesmo nessa dinâmica peculiar, podemos ver em funcionamento uma mistura de pressões sociais e forças de mercado, de alta octanagem, que impulsionaram os preços dos imóveis da China cada vez mais para o alto, salvando-os até mesmo de um colapso quando o setor imobiliário enfrentou sérios problemas em 2021.

E AQUELAS CIDADES-FANTASMA?

Não faz muito tempo, a China era conhecida por suas cidades-fantasma — não as antigas cidades de mineração abandonadas que se podem encontrar no oeste dos Estados Unidos, mas escritórios e arranha-céus recém-construídos sem ninguém para ocupá-los, vazios como paisagens lunares. Essas imagens de Ordos, na Mongólia Interior, e Zhengdong, em Henan, ficaram impressas na consciência coletiva do mundo. Então, por que havia tantas unidades habitacionais vazias na China — segundo algumas estimativas, propriedades vazias suficientes para abrigar 200 milhões de chineses? Essa é a narrativa da sobrecapacidade da China — descrições vívidas de pontes construídas para lugar nenhum e casas construídas para ninguém. É verdade que, em uma cidade chinesa típica, a taxa de vacância é alta; nas maiores cidades, pode chegar a 20% em alguns anos. Em comparação, a taxa média de vacância nos Estados Unidos é de cerca de 3%, mesmo durante um *boom* imobiliário como o do início dos anos 2000.

Mas também existem razões pelas quais a imagem de cidades-fantasma da sobrecapacidade da China pode estar equivocada. Para começar, as maiores cidades-fantasma estavam todas na mesma região, a Mongólia Interior; não são representativas de toda a China. Talvez mais importante, elas precisam ser vistas não como uma coisa que acontece continuamente, mas como um retrato de um momento específico no tempo. Na China, o desenvolvimento de uma nova região ou bairro envolve múltiplas etapas.

O processo geralmente começa com um governo local delineando um plano diretor: quantas terras devem ser convertidas em comunidades comerciais e residenciais e quanto de infraestrutura será necessário para apoiá-las, entre outros aspectos. Em seguida, essas autoridades locais se envolvem com os incorporadores imobiliários em uma *joint venture* e, uma vez resolvidas as questões financeiras, a construção começa. Essa primeira etapa do processo pode levar de um a cinco anos. Algumas pessoas começarão a adquirir unidades habitacionais assim que forem lançadas nessa fase inicial, mas geralmente as taxas de ocupação serão muito baixas.

A segunda fase, na qual a maior parte da construção é concluída, pode levar de seis a dez anos a partir do início do projeto. Nesse momento, os governos locais transferem funcionários, agências e escritórios para a nova área, estimulando a demanda por seus produtos e serviços comerciais. A ocupação aumenta gradualmente, mas leva mais dez anos para que o distrito se torne um local dinâmico para morar e trabalhar. Somente então os negócios comerciais no distrito se tornam lucrativos e um mercado secundário de imóveis é ativado.

Devido a esse longo período de gestação, não surpreende que os distritos anteriormente apelidados de cidades-fantasma agora sejam centros urbanos prósperos. Pudong, em Xangai, foi um dos primeiros distritos-fantasma, mas hoje é uma das partes mais prósperas da cidade. Zhengdong, que já teve uma taxa de ocupação de 10%, agora tem uma taxa acima de 70% em uma cidade que abriga centenas de instituições financeiras e muitas outras empresas e serviços. Changzhou e Lanzhou eram outras duas cidades-fantasma, com seus novos bairros ostentando umas poucas luzes solitárias em um mar de escuridão, mas agora ambas são cidades movimentadas. Muitas dessas cidades quase vazias se urbanizaram, construíram infraestrutura de apoio, impulsionaram suas economias locais e ganharam vida.[27]

Claro, sempre há exceções. Algumas cidades remotas permaneceram vazias por uma série de razões idiossincráticas. Em geral, porém, pode ser útil saber que na China, o desenvolvimento imobiliário impulsionado pelos governos locais é descrito pelo ditado "Crianças pobres vestem roupas grandes". Crescer em roupas folgadas faz tanto sentido para a política de desenvolvimento urbano quanto para as crianças. O tempo cuida do resto.

No entanto, o tempo por si só pode não ser sempre suficiente para resolver a crescente bolha no mercado imobiliário da China. Dados do período entre 2000 e 2015 revelam que outros tipos de investimentos foram prejudicados devido ao *boom* imobiliário, um fenômeno diretamente relacionado ao uso de terras como garantia para empréstimos. Descobriu-se que até empresas não relacionadas à construção residencial reservaram entre 20% e 40% de seus orçamentos para adquirir terras — não apenas propriedades industriais, mas também terrenos comerciais e residenciais não destinados à produção. Algumas empresas usam essas terras como garantia para adquirir mais terras, que são então utilizadas para alimentar ainda mais empréstimos.

Tudo isso cria uma perigosa mentalidade de "ser grande demais para falir" no mercado imobiliário. Como os governos locais dependem do setor imobiliário, as empresas e as famílias acreditam ser impossível que o governo central permita que os preços das habitações caiam. Essa expectativa, por sua vez, alimenta comportamentos mais e mais especulativos, redirecionando cada vez mais recursos para o setor imobiliário e distorcendo seus preços em relação aos fundamentos da simples oferta e demanda.

Ao que parece, uma grande bolha imobiliária já foi criada em muitas cidades da China. Existem, sim, razões sociais e financeiras que justificam esses preços exorbitantes, como já exploramos. No entanto, as tendências futuras não delineiam um cenário positivo. O envelhecimento da população chinesa e a relutância da geração mais jovem em ter mais filhos indicam uma diminuição na demanda por habitação. Além disso, cada vez menos pessoas se casam: em 2021, apenas 7,6 milhões de novos casamentos foram registrados, uma queda de 30% em relação a poucos anos atrás. A geração mais jovem, nascida sob a política do filho único, pode estar adiando o casamento ou escolhendo não se casar. O ritmo de urbanização e o crescimento da renda também estão desacelerando, mesmo com cerca de 200 milhões de pessoas que ainda devem se mudar das áreas rurais para as urbanas ao longo da próxima década. Do lado da oferta, o governo enviou um forte sinal para manter um controle mais rígido sobre o mercado, reduzindo o apetite insaciável tanto dos construtores quanto dos compradores de imóveis.

O governo possui uma ampla gama de controles e ferramentas administrativas à sua disposição, como restrições a novas construções e compras de imóveis ou ajustes nos requisitos e nas taxas de hipoteca para controlar os preços na alta e na baixa. Isso talvez torne a China relativamente imune a uma crise imobiliária clássica observada em outras economias baseadas no mercado. No entanto, às vezes, as ações e os métodos corretivos aplicados são tão drásticos e pesados que ameaçam a estabilidade macroeconômica e financeira.

O esteroide viciante do mercado imobiliário representa um dilema contínuo para a China. O governo gostaria de desvincular a economia desse setor, mas o Estado tem dificuldade em fazê-lo de maneira que não prejudique o crescimento nem desencadeie uma crise. A cada vez que o mercado enfrenta uma retração, o governo afrouxa seu controle e opta por impulsioná-lo para cima novamente. Esses ciclos repetidos de resfriamento e reaquecimento do mercado se assemelham à prática de tratar os sintomas sem abordar a causa-raiz. Com o tempo, a solução rápida de inflar os valores dos imóveis para estimular a economia torna-se menos eficaz. A economia majoritária, fortemente dependente do setor imobiliário, precisará mudar de rumo.

O DOPPELGÄNGER SOMBRIO

Algumas das mais graves ameaças ao sistema financeiro da China podem ser encontradas no sinistro setor bancário paralelo. Esta sombra oculta traz consigo um toque de mistério e perigo potencial, e quando "sombra" e "banco" se juntam, essa sensação de ameaça aumenta. O setor bancário paralelo, afinal, foi a fonte da Grande Recessão de 2008 nos Estados Unidos, onde os bancos vendiam títulos hipotecários de baixa qualidade com camadas complexas de riscos ocultos para compradores desavisados. Apenas alguns anos depois, o setor bancário paralelo da China havia se expandido muito mais que seu homólogo estadunidense. Desde 2009, cresceu a uma velocidade feroz de 20% ao ano, causando inquietação e, por vezes, alarme no mundo financeiro.

Conforme o nome sugere, o setor bancário paralelo engloba atividades semelhantes às dos bancos — várias formas de empréstimos e transferências de fundos — que ocorrem fora do sistema bancário formal. Ao contrário dos bancos comerciais, os bancos paralelos não são amplamente fiscalizados nem estão sujeitos a requisitos de liquidez e capital. Na China, o setor bancário paralelo é onipresente e os participantes variam de casas de penhor a empresas de pagamento por celular, de plataformas de empréstimos *peer-to-peer* a associações de poupança e empréstimo. Até mesmo bancos comerciais e governos locais desempenham um papel ativo no setor bancário paralelo.

Faz todo sentido que os sistemas paralelos encontrem um anfitrião ideal na China, cujos empreendedores estão constantemente tentando navegar em meio a uma infinidade de regras, restrições e regulamentações. O desejo de liberdade na busca pelo lucro é bastante evidente entre o povo chinês, como vimos nos mercados de ações e habitação. Hoje, por trás de qualquer instituição formal ou setor oficial pode-se encontrar sua contraparte paralela — na educação, no câmbio, no emprego e no sistema bancário.

O sistema de bancário paralelo firmou raízes quando os bancos convencionais decidiram contornar as regulamentações governamentais, transferindo grande parte de suas atividades de empréstimo para "fora do balanço". Governos locais, ansiosos para mostrar sua dedicação, recorreram a esse sistema alternativo para obter fundos a fim de investir em projetos grandes de construção e infraestrutura. As famílias ávidas por retornos mais altos juntaram-se à corrida por empréstimos fáceis. Nesse aparente Jardim do Éden, muitos frutos proibidos foram consumidos com ostentação. Canais paralelos foram abertos para investir em setores que antes eram restritos, como imóveis e mineração. "Especialistas financeiros" enganaram investidores individuais inexperientes com promessas de retornos exorbitantes, e plataformas de empréstimos *peer-to-peer* serviram de terreno fértil para esquemas de pirâmide. Pessoas bem-intencionadas foram misturadas no mesmo balaio dos gananciosos e inescrupulosos, pois o sistema bancário paralelo acolhia tanto os bons quanto os maus.

Surpreendentemente, o sistema bancário paralelo era importante sobretudo para o Estado. A primeira pista de que isso poderia ser verdade veio quando o governo central optou por não reprimir o sistema bancário paralelo em seus estágios iniciais desordenados. Ciente de que um sistema financeiro controlado pelo Estado não poderia mais atender adequadamente às necessidades de uma economia cada vez mais complexa, o governo tratou o sistema bancário paralelo como um pseudoexperimento, um campo de testes para a próxima grande rodada de reformas direcionadas à liberalização financeira. Na medida em que o sistema bancário paralelo imitava um sistema financeiro mais livre e aberto, suas lições poderiam servir para ensinar e prevenir futuros problemas. Se bem-sucedida, a liberalização financeira poderia ajudar a transformar a China de um país cuja economia se baseava em mão de obra barata para um país impulsionado pela tecnologia e com grande disponibilidade de capital, reforçando seu status internacional.

No passado, os grandes bancos comerciais estatais sentavam-se confortavelmente sobre montanhas de lucro graças à grande diferença entre a alíquota de dinheiro depositada e a quantidade de dinheiro emprestada. Tudo o que os bancos precisavam fazer era coletar o maior número possível de depósitos e continuar emprestando — principalmente para empresas estatais, consideradas muito mais seguras do que outros clientes. Mas à medida que a regulamentação governamental se flexibilizou para permitir a entrada de bancos de pequeno e médio porte no cenário, inclusive alguns bancos privados, a concorrência por depósitos se tornou mais acirrada. Além disso, os reguladores governamentais começaram a impor requisitos mais rigorosos de capital e liquidez, o que fez com que os bancos tivessem de reduzir seus empréstimos. Após 2007, foi imposto um rígido limite de 75% na razão entre empréstimos e depósitos, o que significava que, para cada dólar de depósitos que um banco recebesse, apenas 75 centavos poderiam ser emprestados. Nesse ponto, os bancos tiveram de encontrar maneiras de atrair mais depósitos, emprestar mais ou ambos.[28]

O sistema bancário paralelo se tornou o meio ideal. Em 2005, os bancos chineses começaram a vender aos seus clientes novos instrumentos de poupança chamados produtos de gestão de patrimônio (PGPs). Eles se assemelhavam a depósitos a prazo, com vencimento médio de alguns meses, mas não estavam sujeitos a uma taxa de juros limitada. Mais importante ainda, os bancos não precisavam mais garantir o principal, permitindo-lhes remover os PGPs de seus balanços. Nos anos seguintes a 2009, o montante total de PGPs em circulação disparou, pois fundos de depositantes corporativos e de varejistas entraram em grande quantidade. De menos de 2,6% do PIB em 2008, esses produtos de gestão de patrimônio cresceram para 40% do PIB em 2016. Somente em 2013, foram vendidos 3,1 trilhões de yuans em PGPs, e até o final de 2017, os PGPs sem garantia somavam 22,2 trilhões de yuans (ou 3,36 trilhões de dólares).[29] Os bancos canalizaram os recursos desses PGPs para empresas de confiança externas, que posteriormente investiam os fundos no mercado de títulos, em instrumentos de crédito ou diretamente em empresas ou projetos específicos.

Mais uma vez, a diferença crucial aqui é que, ao contrário dos bancos, as sociedades fiduciárias não estavam sujeitas a supervisão regulatória. Livres de restrições a empréstimos ou requisitos de capital, elas efetivamente se tornaram veículos extrapatrimoniais para os bancos, oferecendo empréstimos em nome deles. Graças a esse truque financeiro, áreas que não podiam receber investimentos agora estavam amplamente abertas, e as sociedades fiduciárias controladas por bancos ou estatais centrais aproveitaram ao máximo para injetar dinheiro em imóveis, empresas de mineração e plataformas de financiamento dos governos locais — essencialmente, para mutuários de alto risco. Entre 2010 e 2015, os ativos das sociedades fiduciárias aumentaram de 6% para 24% do PIB.

Os bancos comerciais não foram os únicos a tentar encontrar maneiras de contornar as regras e os regulamentos. Empresas de todos os tipos enxergaram no sistema bancário paralelo uma oportunidade de obter grandes lucros emprestando dinheiro. Normalmente, empresas de fora do setor financeiro são proibidas de fazê-lo, mas, por intermédio do sistema bancário paralelo, qualquer um com acesso privilegiado ao financiamento oficial, incluindo grandes estatais e empresas listadas na bolsa, poderia tomar empréstimos com baixas taxas de juros e emprestar a taxas de juros mais altas para os menos privilegiados, obtendo ganhos imediatos. Esses empréstimos, chamados de "empréstimos de confiança", são essencialmente empréstimos entre empresas. Junto aos produtos de gestão de patrimônio e aos empréstimos fiduciários, eles se tornaram um componente importante do sistema bancário paralelo.[30]

OS GOVERNOS LOCAIS APOSTAM TUDO

Os governos locais, motivados por uma preocupação urgente, acabaram se tornando um dos principais atores no sistema bancário paralelo. Em resposta a uma recessão financeira nos Estados Unidos, o governo central da China decidiu implementar um enorme programa de estímulo fiscal, maior do que qualquer outro já visto até então. A decisão foi tomada em setembro de 2008 em Shanxi, onde o presidente Hu Jintao, seus conselheiros políticos e vários membros do Politburo estavam considerando a melhor maneira de lidar com as consequências devastadoras que inevitavelmente seguiriam a crise financeira dos Estados Unidos.[31] A conclusão foi que eles precisavam incorrer em grandes gastos fiscais. Se não implementassem o maior pacote de estímulo imaginável, a China poderia enfrentar uma década perdida, como aconteceu no Japão.

Dois meses depois, em novembro de 2008, o primeiro-ministro Wen Jiabao anunciou um pacote de estímulo fiscal de 4 trilhões de yuans destinado a impulsionar a economia até 2010. Seria um gasto fiscal extravagante, com 1,5 trilhão de yuans direcionado para ferrovias, estradas, aeroportos, conservação de água e redes de energia urbanas; 1 trilhão de yuans para a reconstrução pós-desastre da província de Wenchuan após o devastador terremoto de maio de 2008; 1,14 trilhão de yuans para habitação de baixa renda, sustento rural e comodidades locais; e mais 0,36 trilhão de yuans direcionados para proteção ambiental e educação.[32] Internacionalmente, a China recebeu elogios pela rapidez e pela escala de sua resposta.

Mas a grande questão era: quem iria implementar o plano? Quem iria fornecer o dinheiro em si e quem iria executar os projetos assim que esse dinheiro estivesse disponível? O governo central não estava preparado para assumir os déficits orçamentários necessários para financiar gastos tão grandes e não podia contar com financiamento do exterior. Até 2009, o governo central depositou a responsabilidade de evitar as consequências desastrosas da Grande Recessão de 2008 diretamente sobre os ombros dos governos municipais. No entanto, havia um problema aparentemente insuperável: os governos locais não tinham permissão para ter déficits, como decretava a Lei Orçamentária de 1994! Se não podiam tomar empréstimos, como poderiam gastar? Dessa vez, eles não poderiam recorrer ao arrendamento de terras como resposta, pois isso não seria suficiente nem rápido o bastante.

Até 2010, a quantia total do pacote de estímulo de 4 trilhões de yuans da China havia sido liberada — e dentro do prazo previsto. Mas apenas 1 trilhão de yuans foi financiado pelo governo central. De onde vieram os outros 3 trilhões de yuans? Os governos locais recorreram a uma entidade chamada "veículo de financiamento do governo local" (VFGL) para tomar empréstimos em seu nome. Esses VFGLs eram corporações nominalmente independentes, mas, na realidade, eram de propriedade dos governos locais. Podiam recorrer a bancos comerciais ou bancos paralelos para tomar empréstimos e sua dívida seria considerada uma dívida corporativa e não dívida do governo local. Os governos locais injetavam ativos fundiários nessas empresas, concedendo-lhes direitos de uso da terra e a capacidade de construir pontes e rodovias. Com esses recursos como garantia, eles podiam tomar empréstimos em grande quantidade. A vantagem desse esquema era que nenhuma dessas dívidas, que essencialmente pesavam sobre os governos locais, apareceria em seus balanços. Portanto, tecnicamente, as regulamentações do governo central não haviam sido violadas.

O primeiro desses VFGLs foi a Shanghai Municipal Investment Corporation [Corporação de Investimento Municipal de Xangai], fundada em 1992 e autorizada pelo governo central a emitir títulos para financiar construções na área menos desenvolvida de Xangai, a região de Pudong. O título Shanghai Pudong Construction [Construção de Xangai Pudong], emitido no mesmo ano, tinha um valor nominal de 500 milhões de yuans por ano durante dez anos. Nos anos seguintes, embora os governos locais tenham usado esses veículos para financiar alguns empréstimos, os veículos de propósito especial foram fortemente restritos — limitados à construção de estradas e investimentos em desenvolvimento urbano. Impulsionados pelas exigências do pacote de estímulo de 2009, no entanto, os veículos de financiamento do governo local proliferaram. Em 2009, havia apenas 3.800 VFGLs, mas, em 2013, o número quase dobrou, atingindo 7.170, e 30 das 36 províncias e municípios da China tinham VFGLs estabelecidos no nível municipal. A dívida total suportada por esses veículos aumentou de 6 trilhões de yuans em 2009 para estimados 45 trilhões de yuans seis anos depois.[33] Em anos recentes, os VFGLs financiaram megaprojetos como a Torre de Xangai, um edifício de 2,4 bilhões de dólares, o segundo mais alto do mundo.

O Banco Central, a princípio, endossou a prática. Ele aceitou que os governos locais contornassem dessa maneira a Lei Orçamentária de 1994, já que o endividamento fora do balanço era a única alternativa disponível. O disfarce funcionou: de um lado, o Ministério das Finanças incentivou os governos locais a usar as VFGLs para tomar empréstimos, e, de outro lado, o órgão regulador bancário central (que na época era o Comitê Regulatório Bancário da China) incentivou os bancos estatais a emprestar generosamente a eles. Dos 4,7 trilhões de yuans em novos empréstimos bancários concedidos em 2009, metade foi para as VFGLs. Enquanto em anos normais os novos empréstimos bancários correspondiam a 15% do PIB, em 2009 esse número saltou para 27,5%. A consequência foi um PIB muito mais dinâmico, impulsionado pelo crescimento da dívida dos governos locais.[34]

Foi nesse contexto que o sistema bancário paralelo se tornou cada vez mais importante como fonte de financiamento para os governos locais. Além dos empréstimos bancários, as VFGLs começaram a emitir títulos de construção e de investimento urbano conhecidos como títulos *chengtou*. Esses títulos eram considerados títulos corporativos, mas todos sabiam que eram implicitamente garantidos pelo governo local. Os fundos principais destinados a esses títulos vinham do setor bancário paralelo, que se tornou um esteroide instantâneo, já que a facilidade e a rapidez de captação de recursos por meio desse novo canal estimularam os governos locais. À medida que a taxa de crescimento dos títulos *chengtou* ganhava velocidade, o dinheiro do sistema bancário paralelo foi entrando na economia. O número de novos títulos emitidos subiu de 79 em 2008 para 1.704 até 2014, uma taxa de crescimento impressionante de 85% ao ano. Todos os governos municipais passaram a utilizar suas VFGLs para emitir títulos *chengtou*.[35]

A transição de uma forte dependência em relação aos empréstimos bancários convencionais para uma dependência do sistema bancário paralelo ganhou ainda mais impulso após 2012. Até o final de 2014, havia 4,95 trilhões de yuans em títulos *chengtou* em circulação, que se tornaram a principal fonte de financiamento para os governos locais. A participação dos empréstimos bancários no financiamento dos governos locais caiu de 80%, meros seis anos antes, para menos de 20%.[36] O gatilho foi que os governos locais estavam, agora, acuados de um jeito novo. Alarmado com a dívida sempre crescente, o Banco Central decidiu reverter o ambiente de crédito fácil em 2010. Mas, a essa altura, os governos locais já estavam presos. Os imensos empréstimos bancários contraídos em 2009 venceriam em três a cinco anos, mas esses recursos haviam sido investidos em projetos de infraestrutura que levariam uma década para serem concluídos — e duas décadas para gerarem retornos materiais. Havia uma enorme pressão para prorrogar a dívida: os governos locais precisavam pagar uma quantia significativa desses empréstimos bancários. Neste ponto, os governos locais abandonaram qualquer restrição remanescente e abraçaram totalmente o novo campo de atuação do sistema bancário paralelo. O bastão havia sido passado do setor bancário formal para o seu *doppelgänger*.

Resumindo, com as novas fontes de financiamento fornecidas pelo sistema bancário paralelo, os governos locais conseguiram implementar a ambiciosa resposta do governo central à ameaça representada pela Grande Recessão de 2008. Além disso, puderam direcionar esses fundos para onde quisessem, incluindo propriedades, indústria local e suas empresas favoritas. Ao longo dos seis anos seguintes à Grande Recessão dos Estados Unidos em 2008, o tamanho da economia chinesa dobrou, passando de 4,5 trilhões de dólares para 9 trilhões até 2014. No entanto, a dívida total da China subiu para mais de 230% do PIB. Uma parte significativa dessa dívida foi canalizada através do sistema bancário paralelo.

O SISTEMA BANCÁRIO NA CHINA E NOS ESTADOS UNIDOS

O contexto do sistema bancário paralelo nos Estados Unidos e na China não é realmente tão diferente: em ambos os países, os bancos queriam contornar regulamentações e optaram por criar veículos fora do balanço como forma de fazê-lo. Nos dois casos, os bancos conseguiram obter financiamento de curto prazo para investimentos lucrativos, porém arriscados. Nos Estados Unidos, esse dinheiro foi investido em produtos financeiros exóticos e difíceis de entender; na China, foi investido em setores superaquecidos, como o imobiliário. No entanto, a diferença pode ser encontrada na estrutura do sistema bancário paralelo nos dois países, bem como na inter-relação de seus diversos participantes.

Uma grande parte do sistema bancário paralelo dos Estados Unidos gira em torno de formas complexas de securitização — dividindo *tranches* de empréstimos e, em seguida, reempacotando-os em uma ampla variedade de títulos que atendem aos mais diversos apetites por risco, vencimento e liquidez. O exemplo principal disso são os títulos lastreados em hipotecas. Na China, as coisas são muito mais simples: os bancos coletam dinheiro de investidores varejistas e corporativos e oferecem produtos financeiros de alto retorno, como PGPs e produtos fiduciários. Não existe a longa, complexa e opaca cadeia de intermediação que caracteriza o sistema bancário paralelo estadunidense; em vez de sete etapas intermediárias, há apenas uma ou duas, e principalmente empréstimos simples.

Tampouco existem muitas entidades financeiras diferentes envolvidas na complexa teia de investimentos da China. Nos Estados Unidos, isso é muito mais comum. Em 2008, o Goldman Sachs estava vinculado a fundos de *hedge* por meio de um acordo de *swap*, que foi usado para compensar obrigações por meio de outro acordo de *swap* com o Bear Stearns, que, por sua vez, tinha outro acordo de *swap* com uma empresa de *private equity*. Enquanto isso, fundos do mercado monetário compraram as dívidas do Lehman Brothers; quando as seguradoras venderam vários bilhões de dólares em derivativos *credit default swaps*, muitos desses compradores também tinham títulos do Lehman. Nessa intricada rede de interconexões, quando o primeiro dominó tombou, os outros também foram derrubados.

A falta de complexidade financeira na China pode parecer uma razão convincente pela qual é improvável que ocorra uma crise financeira de grandes proporções, mas talvez não seja suficiente. Os maus empréstimos são o cerne da maioria das crises financeiras, e as coisas podem rapidamente se tornar problemáticas nos empréstimos de baixa qualidade que sustentam parte do trilionário mercado chinês de PGPs e produtos fiduciários. A Evergrande, a gigante imobiliária que caiu, obtinha 40% de seus financiamentos por meio de empresas fiduciárias antes de enfrentar problemas financeiros.[37] Quando a companhia entrou oficialmente em inadimplência, desencadeou uma cascata de perdas para as empresas fiduciárias, que utilizaram investidores de varejo para financiar os projetos do grupo imobiliário. A Anxin Trust, que emprestou dinheiro a uma empresa imobiliária que, por sua vez, usou esses fundos para comprar o SeaWorld e a empresa de viagens de luxo Abercrombie & Kent, entrou em inadimplência quando o grupo imobiliário deixou de pagar seus empréstimos.

Quando as empresas enfrentam problemas, os investidores sofrem prejuízos, especialmente os investidores de varejo com pouco conhecimento em finanças. Mas até mesmo pessoas com experiência financeira podem acreditar erroneamente que os produtos de investimento do sistema bancário paralelo são seguros, supondo que são garantidos pelas grandes entidades estatais ou comerciais que vendem esses produtos. Uma parente minha, gerente em um banco estatal e veterana do sistema financeiro, decidiu investir em produtos fiduciários que, por sua vez, investiam em diversos projetos imobiliários, e esses empréstimos tinham como garantia ativos valiosos, inclusive terrenos e empreendimentos imobiliários. Inicialmente, ela estava encantada com o investimento — afinal, estava gerando um retorno anual de 10% e era respaldado por terras valiosas e forte apoio do governo local. Caso algum problema surgisse, a propriedade poderia ser vendida para pagar os credores. No entanto, quando o governo decidiu conter o superaquecimento do mercado imobiliário, o valor da garantia caiu bruscamente e os projetos em si enfrentaram dificuldades. Cinco anos depois, minha parente ainda estava esperando para recuperar o valor principal de seu investimento.

O potencial de desastre no sistema bancário paralelo é tão vasto quanto o próprio setor. Somente os produtos de gestão de patrimônio correspondiam a cerca de 35% do PIB da China em seu auge — quatro vezes o valor combinado de Citigroup, Bank of America, Wells Fargo e JPMorgan em relação ao PIB dos Estados Unidos.[38] A fraqueza do sistema reside na possibilidade de muitos investidores perderem seu apetite pelo risco e quererem resgatar seus PGPs e produtos fiduciários. O pânico é contagioso e poderia levar a ondas de inadimplência. Esses riscos associados ao considerável crescimento do sistema bancário paralelo na China são muito reais, mas retratar esse setor apenas de forma negativa seria injusto. O sistema bancário paralelo cresceu espetacularmente porque atuou como um remédio, embora falho, para as deficiências gritantes do setor financeiro tradicional. Principalmente, preencheu uma lacuna na economia chinesa, que sofria de uma escassez generalizada de crédito. Pequenas e médias empresas privadas, sem acesso a canais formais de empréstimos, encontraram capital relativamente barato e disponível no sistema bancário paralelo, melhorando o impacto de alocações que, de outra forma, teriam sido destinadas em grande parte — se não completamente — para empresas estatais. As famílias obtiveram retornos mais altos sobre suas economias do que vinham obtendo, embora com riscos ocultos muito maiores. O sistema bancário paralelo também acelerou o desenvolvimento do mercado de títulos corporativos, que antes de 2013 era pequeno e usado principalmente por bancos comerciais; hoje, o mercado de títulos corporativos da China é o terceiro maior do mundo.

No final, o sistema bancário paralelo é mais um cenário para o turbilhão do setor financeiro da China. Em todos os mercados que vimos — ações, habitação e bancos — o quadro regulatório é incompleto, o que leva os participantes a aproveitar várias brechas. Às vezes, suas anomalias também decorrem das políticas imprevisíveis do governo central ou de casos em que uma intervenção estatal excessiva em uma parte do sistema financeiro desloca o problema para outro lugar. Às vezes, temos a impressão de que o governo está sempre cavando novos buracos para tapar os buracos antigos, mais uma indicação de que o sistema financeiro — uma parte significativa da economia chinesa — ainda tem muito o que evoluir.

O SISTEMA FINANCEIRO DA CHINA: RISCOS E TRAJETÓRIA

Cada uma das três últimas décadas trouxe sua causa específica de preocupação. Nos anos 1990, foram os grandes empréstimos fornecidos pelos bancos estatais, que redundaram em inadimplência; na primeira década do século XXI, foi a iminente bolha imobiliária que levou o sistema bancário à ruína quando estourou; a seguir, veio a expansão implacável do sistema bancário paralelo com seu abundante crédito fácil, resultando em montanhas de dívidas. Em 2001, o livro *The Coming Collapse of China*, de Gordon Chang, previa: "O fim do Estado chinês moderno está próximo. A República Popular tem cinco anos, talvez dez, antes de cair." A revista *The Economist* publicou vários artigos sob o título "The Great Fall of China" [A grande queda da China], um em 2004 e outro em 2015. No entanto, nenhuma dessas sombrias previsões se concretizou. Como a China conseguiu evitar uma crise total?

Em seu livro *Stress Test: Reflections on Financial Crises*, o ex-secretário do Tesouro, Tim Geithner, um dos principais bombeiros do incêndio financeiro dos Estados Unidos em 2008, afirmou que toda crise financeira é uma crise de confiança. Quando as pessoas perdem a fé de que o dinheiro que colocaram em bancos, títulos ou mercados de ações está seguro, ou se os investidores acreditam que o governo não irá socorrer instituições financeiras importantes, eles fugirão o mais rápido possível. Quando os Estados Unidos estenderam uma mão amiga para o Bear Stearns, o mercado se acalmou; quando se recusaram a socorrer o Lehman Brothers, o fundo despencou. Na China, porém, a política não impedirá o salvamento de um sistema financeiro à beira do colapso.

O Estado não apenas regula os bancos, mas também é seu principal proprietário, e os bancos, por sua vez, detêm a dívida dos governos locais. Isso significa que é improvável que um grande banco seja autorizado a falir da mesma forma que o Lehman foi. Nenhuma batalha ideológica entre diferentes ramos do governo impedirá que resgates de emergência ocorram. É verdade que isso cria tanto um risco moral quanto a sensação de que os investidores serão protegidos de perdas graves, mas o governo pode responder retirando os CEOs das instituições problemáticas de seus cargos e até mesmo acusando-os e condenando-os. Isso poderia gerar advertências e garantias suficientes para que esses perigos fossem enfrentados com sucesso no futuro.

O poder do Estado chinês também se estende muito além de apoiar este ou aquele banco ou corretora, dada a sua excepcional capacidade de mobilizar recursos onde quer que sejam necessários. Durante a crise financeira dos Estados Unidos, uma severa restrição de crédito paralisou o sistema. Os bancos estavam retendo dinheiro, os mutuários comuns que desejavam financiar um novo carro ou a educação universitária não conseguiam fazer isso e os intermediários financeiros pararam de emprestar. Nesse ponto, se o governo dos Estados Unidos tivesse injetado liquidez no sistema, o espasmo poderia ter sido evitado. No entanto, o Congresso não estava interessado em mais resgates. Na China, o governo simplesmente *ordenaria* aos bancos que disponibilizassem mais dinheiro.

O aspecto mais alarmante do sistema financeiro chinês é a dívida generalizada. Vimos como a necessidade de cumprir o mandato do governo central da China para um enorme estímulo após a Grande Recessão de 2008 levou os governos locais a acumularem dívidas. Como resultado, a dívida em relação ao PIB na China atingiu um recorde de 275% em 2022, tornando-se uma das mais altas do mundo. No entanto, as crises de dívida ocorrem quando mutuários e credores não conseguem chegar a uma resolução mutuamente aceitável e quando os credores não agem de forma coordenada. Na China, onde a maior parte da dívida é de propriedade direta ou indireta de governos locais ou de empresas estatais, o controle estatal tanto do endividamento quanto de empréstimos torna muito mais simples a resolução da inadimplência. Se necessário, o governo central pode simplesmente intervir e resolver a situação.[39] No entanto, às vezes, os planos de resgate vêm um pouco tarde e são insuficientes, como durante a crise do mercado imobiliário em 2022. Isso pode assustar os investidores e gerar custos de remediação maiores do que os esperados.

A dívida é apenas um lado da equação. Para examinar a capacidade de crédito, o lado dos ativos também importa. Os governos locais estão altamente endividados, mas muitos também possuem quantias substanciais de ativos. De acordo com uma estimativa confiável, os ativos dos governos locais totalizavam cerca de 126 trilhões de yuans no final de 2017, excedendo em muito as obrigações de 29 trilhões de yuans (que, desde então, estima-se que tenham aumentado para 61,3 trilhões de yuans).[40] Sua receita anual foi significativamente afetada por um mercado imobiliário em deflação e uma queda econômica em 2022, a ponto de alguns estarem financeiramente sobrecarregados e terem que atrasar o pagamento dos salários dos funcionários públicos. No entanto, o balanço patrimonial nacional está consolidado e o governo central é rico, o que significa que, em tempos de emergência, os fundos podem ser transferidos de um cofre para outro. Por outro lado, as famílias chinesas estão ainda mais bem posicionadas. Embora seus níveis de endividamento estejam aumentando, especialmente os empréstimos hipotecários, sua capacidade de pagar os juros é extremamente alta, graças a sua vasta quantidade de poupança, que é várias vezes maior do que a das famílias estadunidenses, japonesas ou espanholas antes do estouro de suas bolhas imobiliárias.[41]

As avaliações dos níveis de endividamento da China são baseadas nos mesmos padrões aplicados às economias ocidentais, mas há uma diferença fundamental entre as duas situações: a diferença entre a taxa de crescimento da economia e a taxa de juros. Essa é uma variável crucial para determinar a sustentabilidade da dívida. Quando as taxas de juros são menores do que as taxas de crescimento, os juros da dívida são baixos e a proporção da dívida em relação ao PIB diminuirá ao longo do tempo. Quando as taxas de juros são maiores que as taxas de crescimento, a razão entre a dívida e o PIB aumentará e a sustentabilidade da dívida se torna um problema (as taxas de juros estão aumentando atualmente nos Estados Unidos). Mercados emergentes como a China normalmente desfrutam de taxas de crescimento significativamente mais altas do que as economias avançadas, e as taxas de crescimento provavelmente permanecerão superiores às taxas de juros. Portanto, não se podem aplicar os mesmos padrões para avaliar a dívida. Isso não significa que a China não sofrerá as consequências de empréstimos excessivos e arriscados ao longo do tempo. Mas, mesmo que os empréstimos ruins e o apoio estatal a empresas zumbis continuem, é mais provável que isso leve a uma corrosão gradual da economia do que a uma série de surtos agudos.

A extraordinária quantidade de poupança nacional da China é mais do que suficiente para cobrir suas necessidades internas de investimento. Isso significa que a economia não precisa depender de capital estrangeiro, e, como resultado, é improvável que a China fique à mercê do capital especulativo externo ou que sofra reversões de fluxos internacionais de capital, como a maioria das economias de mercado emergentes teve de suportar. Rígidos controles de capital, que limitam a quantidade de dinheiro que pode entrar e sair do país, mantêm as poupanças presas dentro da China. Em outros países, como o Japão, os habitantes simplesmente venderam seus ativos japoneses e os transferiram para o exterior após o colapso do mercado imobiliário, desencadeando uma correção muito maior nos preços dos ativos. Na China, desde que esses controles permaneçam capazes de prevenir fugas repentinas de capital, a poupança chinesa pode fornecer lastro financeiro à nação. Isso não é necessariamente ideal para os chineses ou para a eficiência econômica a longo prazo, mas evita a amplificação de choques financeiros.

Os prognosticadores fervorosos do desastre ainda estão prevendo o colapso do sistema financeiro chinês, e não faz mal considerar essas contagens regressivas de um colapso como avisos para nos prepararmos para o inesperado. Tudo é possível, e a estabilidade financeira da China depende de uma condição importante: que qualquer crise em um setor específico do sistema financeiro seja mantida isolada e não infecte o sistema como um todo. Se vários grandes bancos enfrentarem dificuldades financeiras, ou se alguns PGPs e produtos fiduciários entrarem em inadimplência, então a capacidade do Estado de conter essas ameaças é alta. Mas no caso de uma tempestade perfeita — se, além de uma queda nos preços imobiliários, o mercado de ações despencar, os grandes bancos falirem e uma ampla gama de inadimplências ocorrerem simultaneamente —, a capacidade do governo de salvar o dia seria posta em questão. As expectativas poderiam se reverter rapidamente, a confiança poderia se desgastar e um tsunami financeiro poderia inundar bancos, governos locais, empresas, famílias e corporações. Dada a maneira como o governo chinês tem enfrentado todos os desafios nos últimos quarenta anos, esse cenário não é provável em um futuro próximo.

Nos últimos anos, o governo também intensificou seus esforços para reduzir a alavancagem do sistema financeiro e da economia como um todo. Em 2020 e 2021, sua recusa em socorrer as maiores empresas imobiliárias da China quando ficaram insolventes mostra que ele tem poder e disposição para evitar um perigo financeiro significativo, mesmo que suas ações sejam impopulares. Esses esforços têm sido amplamente bem-sucedidos e o país está mais financeiramente sólido do que estava há alguns anos. No entanto, em algum momento, a economia desacelerou consideravelmente, já que as empresas encontraram dificuldades para obter empréstimos e os bancos não quiseram emprestar, e a experiência quase fatal dos incorporadores imobiliários assustou o mercado. A estabilidade pode ter sido alcançada no final, mas as empresas também sofreram com as constantes mudanças do processo regulatório e das condições de financiamento; os custos para resgatar e estimular a economia aumentam a cada atraso e hesitação, agravando ainda mais o risco moral. No sistema financeiro, em particular, assim como na economia em geral, a China obtém uma pontuação alta em estabilidade, mas baixa em eficiência.

O sistema financeiro da China enfrenta um dilema perene: como ele ainda não é maduro, o Estado sente a necessidade de intervir constantemente a fim de preservar sua estabilidade. Porém, quanto mais intervém, mais distorções são criadas e mais lento se torna o processo de amadurecimento. Está claro que, no futuro, os mecanismos de mercado precisarão ter mais peso do que o Estado. Uma solução para as deficiências financeiras da China seria introduzir a concorrência de participantes privados chineses e participantes estrangeiros que possam desafiar as burocráticas entidades estatais que definem o *status quo*. Assim como as empresas privadas tornaram as estatais mais produtivas ao desafiar sua existência confortável, mais participantes estrangeiros — como o J.P. Morgan, a Fidelity e a BlackRock — poderiam ajudar a eliminar a teia de incentivos perversos e comportamentos distorcidos endêmicos no ambiente financeiro chinês. A longo prazo, abrir espaço e deixar fluir — algo que o Estado só de vez em quando tem se mostrado disposto a fazer — pode ser a melhor abordagem para evitar o destino sombrio que tantos imaginaram para o sistema financeiro chinês.

7. A CORRIDA TECNOLÓGICA

Desde a criação da primeira ferramenta de pedra, há 2 milhões de anos, a tecnologia transformou a vida humana. Empregamos o poder da ciência para nos alimentar, para aumentar nossa expectativa de vida e para expandir nossa capacidade cognitiva. Hoje em dia, a competição entre as nações tem menos a ver com o embate entre exércitos e mais com o domínio da tecnologia avançada e da segurança cibernética. A maioria dos conflitos mundiais será resolvida por quem conseguir estabelecer os padrões tecnológicos internacionais, obtiver a maior fatia de mercado nos setores de alta tecnologia e for capaz de desenvolver os melhores algoritmos para processar a quantidade imensa de dados que molda nossa vida cotidiana. Atualmente, é a tecnologia que dita quem ganha e quem perde na geopolítica global.

A tecnologia também desempenha papel fundamental em todas as economias: quando as infusões de capital e de trabalho se esgotam como meios propulsores da economia, o aumento da produtividade se torna o melhor meio de avanço. (Nas palavras do economista Paul Krugman, "a produtividade não é tudo, mas a longo prazo é quase tudo".) No capítulo 2, vimos que a China conseguiu sair da pobreza, mas, para que ela entre no rol dos países mais ricos do mundo, o progresso constante é essencial.

A última vez em que a China esteve na frente de todos os outros países em relação à tecnologia foi na dinastia Song, quando inventou a bússola, o papel, a pólvora e a impressão. Hoje em dia, quem visita a China pela primeira vez pode testemunhar alguém escaneando por meio de um aparelho celular um caranguejo vivo para identificar sua origem e seu valor nutricional antes de comprá-lo. No Dia dos Solteiros, poderá participar do frenesi das compras no Alibaba com um sistema automatizado de serviço ao consumidor capaz de processar 540 mil pedidos *por segundo*. Se o número de casos de covid-19 aumentar de súbito, verá robôs fazendo entregas de alimento em apartamentos e desinfetando espaços públicos.[1] Na rua, poderá presenciar um pedinte com um cartaz onde se lê ESTOU FAMINTO segurando uma placa com um código QR para receber esmolas de forma digital.

Essa é a China que construiu o supercomputador mais rápido do mundo e a primeira via expressa que absorve energia solar para converter em eletricidade, além de ter promovido a primeira cirurgia remota do mundo por meio de tecnologia 5G. Essa é a China que lançou o primeiro drone aeronáutico capaz de carregar passageiros, o EHang 184, que pode transportar uma pessoa durante 23 minutos, com alcance de até 35 quilômetros. Essa é a China que está ultrapassando os Estados Unidos em matéria de inteligência artificial baseada em internet e percepção, bem como no 5G, nos pagamentos digitais, na comunicação quântica e na tecnologia de fala (nesta última, as empresas chinesas estão vencendo as estadunidenses em todas as línguas, inclusive no inglês). Essa é a China cujas novas cidades inteligentes têm veículos autônomos que se comunicam com os sinais de trânsito e os estacionamentos enquanto passam por polos inteligentes que medem a direção do vento e os níveis de CO_2, transmitem dados em tempo real e carregam veículos elétricos. Pela primeira vez na história, um país em desenvolvimento cujo padrão de vida não é superior a um quarto do padrão vigente nos principais países industrializados está dominando as tecnologias mais avançadas. Isso parece ter contrariado todas as previsões ocidentais. Em 1999, uma edição especial da revista *Time*, intitulada "Beyond 2000" [Depois do ano 2000], afirmava: "A China não poderá se transformar em um gigante da indústria no século XXI. Sua população é grande demais e seu PIB, pequeno demais". Na época, as pessoas não acreditavam que a China pudesse ter dinheiro suficiente para comprar produtos de tecnologia avançada — e muito menos os recursos necessários para inventá-los.[2]

Apesar de tantos sinais visíveis de progresso tecnológico, os especialistas ainda não sabem ao certo se a China está pronta para assumir o posto de a grande inovadora do mundo. Alguns observadores assinalam que essa mesma China ainda emprega um sistema educacional que privilegia as avaliações e a aprendizagem mecânica, não tem leis fortes para proteger a propriedade intelectual e depende da mão pesada do Estado em relação a planejamento, fatores que limitam a imaginação e a criatividade. Afirmam que a tecnologia chinesa ainda é subalterna, pois depende dos Estados Unidos e da Europa em competências fundamentais, como a criação de semicondutores de última geração.

Na tentativa de conciliarmos essas visões contraditórias da China, vale a pena distinguir dois tipos de inovações: os avanços fundamentais e as adaptações criativas. A primeira categoria nos leva "do zero ao um". É uma tecnologia revolucionária e dá origem a tecnologias de uso geral, como os computadores e a inteligência artificial, que permeiam a economia e inspiram novas correntes de tecnologias derivadas. A segunda categoria nos leva "do um ao N". São inovações cumulativas: não são revolucionárias, mas evolutivas, e baseiam-se em um aperfeiçoamento contínuo e não em saltos descontínuos da não existência para a existência. Embora a China esteja desenvolvendo uma notável maestria das tecnologias "do um ao N", sobretudo no que se refere a aplicativos para a internet e ao projeto de modelos de negócios, ela ainda não tem condições de criar com regularidade inovações pioneiras "do zero ao um". Para que isso aconteça, mudanças profundas terão de ocorrer na sociedade chinesa, em seus mercados e no papel que o Estado desempenha no país.

DO UM AO N: O PONTO FORTE DA CHINA

Mas o que é a inovação, afinal? É habitualmente entendida como o desenvolvimento de algo novo — um dispositivo, um método ou um processo que antes não existia. Por essa definição, a invenção do iPhone seria uma inovação. Já a do Samsung Galaxy, não, muito embora a Samsung, dona de um terço do mercado mundial, seja maior que a Apple. No entanto, quando se trata de retratar o impacto que o progresso técnico pode ter na sociedade e na economia, essa definição é estreita demais. Qualquer aperfeiçoamento significativo de um produto, processo ou serviço existente deve ser considerado uma inovação. No livro *The Economics of Technical Change*, o economista Edwin Mansfield nos diz que a inovação pode assumir muitas formas, entre as quais novas maneiras de produzir produtos que já existem, acrescentando características novas e importantes. Por essa definição, uma tela de celular da LG que se enrola como uma folha de papel ou um par de tênis de corrida que mede a frequência cardíaca são inovações. O Facebook também é, embora não tenha sido a primeira rede social, pois os aperfeiçoamentos que introduziu na ideia original transformaram o próprio modo pelo qual a internet é usada.

Além da inovação em produtos, temos a inovação em *processos* — a descoberta de meios mais baratos, mais limpos e mais eficientes de produzir algo. Pôr em prática uma nova ideia ou uma descoberta científica é outro tipo importante de inovação. Muitas contribuições importantes não foram inventadas do zero. James Watt não inventou o motor a vapor, mas sua máquina incorporava melhorias importantes em comparação com a de Thomas Savery, patenteada um século antes. Em Kitty Hawk, os irmãos Wright criaram o precursor do avião moderno, mas uma máquina voadora já tinha sido concebida muito tempo antes, em 1799, por Sir George Cayley. Como diz Abbott Payson Usher, historiador econômico estadunidense, a invenção consiste na "assimilação construtiva de elementos preexistentes em novas sínteses"; e, de acordo com a definição mais sucinta do sociólogo S. Colum Gilfillan, uma invenção é "uma nova combinação de artes anteriores".[3]

As inovações chinesas tendem a se basear em novas aplicações de tecnologias existentes. O *machine learning* — a técnica essencial que está por trás da inteligência artificial — pode não ter sido inventado na China, mas as aplicações chinesas de IA estão entre as melhores do mundo em campos como o dos veículos e drones autônomos, do reconhecimento facial e da robótica. Para os habitantes urbanos que vivem em espaços apertados, empresas chinesas inventaram esteiras de exercício que podem ser dobradas em duas partes e guardadas no armário. Para os pais que mal podem esperar para iniciar a educar dos filhos, foram projetados robôs que divertem e ensinam as crianças. Para policiais que enfrentam a elevada poluição do ar nas cidades, fábricas chinesas oferecem dispositivos nasais de purificação de ar que podem ser usados por eles enquanto cumprem seus deveres.

Os chineses são especialistas em melhorar e tornar mais barata a tecnologia já existente. O celular topo de linha da Huawei custa metade de um iPhone, ao passo que um smartphone da Xiaomi igualmente sofisticado custa menos ainda. A Xiaomi classificou-se em primeiro lugar como marca global de smartphones em 2021. O próprio processo chinês de manufatura é rápido, ágil e enxuto, possibilitando a produção de mercadorias de alta qualidade por um preço muito menor que o de outros países, mesmo antes de se levar em conta o custo do trabalho. Usando uma tecnologia modular de manufatura, por exemplo, as empresas chinesas são capazes de construir um hotel de sessenta andares em menos de três semanas.

Acima de tudo, a China é criativa no desenvolvimento de modelos de negócios. Todos conhecem as plataformas de streaming de vídeo, mas a iQiyi permite que os espectadores comprem produtos e roupas dos próprios programas a que assistem, enquanto assistem! A Pinduoduo encoraja os membros que fazem compras online a formar equipes para conseguir descontos especiais para grupos e para participar de jogos com a família e os amigos a fim de ganhar prêmios. Essa experiência inovadora de compras permitiu que a empresa tivesse o crescimento mais rápido entre todas as empresas em toda a história — de mera novidade em 2015 a um valor de mercado de 30 bilhões de dólares após oferta pública de ações, três anos depois. A Meituan associou os serviços do Groupon (compra em grupo), do Grubhub ou da Deliveroo (entrega de comida), da Tripadvisor (viagens) e do Yelp (recomendações) em uma única plataforma. Essas empresas chinesas, e muitas outras como elas, estão encontrando novos meios para monetizar seus serviços, atrair consumidores e encorajá-los a comprar, o que é bom para um país que tem a maior taxa de poupança do mundo e uma balança comercial pendente para o lado das exportações.

O que vemos é que, em se tratando de inovação, as empresas chinesas têm uma inteligência incrível para pegar tecnologias já existentes e aplicá-la de maneiras novas, expandindo-as de um a N. Embora alguns possam considerar essas adaptações e novas implementações de tecnologias existentes como meros ajustes, elas são significativas na medida em que contribuem para o crescimento mediante o aumento da produtividade e a geração de renda, o que certamente ocorre na China. A eletricidade foi uma tecnologia "do zero ao um", por exemplo, mas as inúmeras tecnologias derivadas dela, entre as quais as que nos permitem iluminar e aquecer nossas casas e condicionar o ar, nos deixaram muito mais confortáveis e produtivos. Smartphones baratos e com mil utilidades podem não mudar o mundo como a descoberta da eletricidade mudou, mas, se permitem que os agricultores da zona rural chinesa obtenham informações em tempo real sobre o preço e a demanda de seus produtos, podem aumentar imensamente o bem-estar das pessoas. Sob essa definição mais ampla de inovação, a China pode ser considerada um país altamente inovador.

ALÉM DA IMITAÇÃO E DO PROTECIONISMO

Por não se tratar de novidades fundamentais e mais vistosas, o Ocidente tende a menosprezar as realizações chinesas em matéria de alta tecnologia, atribuindo-as quer à imitação, quer ao protecionismo. Embora essas práticas tenham dado impulso à economia chinesa no começo de seu processo de crescimento, já não são os principais motores da inovação da China, e isso por uma razão muito simples: essas oportunidades mais rudimentares se exauriram. Hoje em dia, em vez disso, a China está repleta de empresas precursoras, como a Mobike, de compartilhamento de bicicletas, e a Ant, empresa que une tecnologias financeiras e tecnologias de pagamento, desmembrada do Alibaba, que é, sem dúvida, a empresa mais inovadora do mundo em seu ramo.[4] Embora o TikTok não seja o primeiro aplicativo de compartilhamento de vídeos curtos, sua tecnologia de IA é a melhor no segmento de feeds de vídeo.

Durante décadas, o povo chinês adotou a prática de copiar as coisas de que gostava, uma prática que emanava da sociedade, e não do governo. A replicação era vista como algo pragmático e amplamente aceita como modelo de negócios e como forma de atualizar-se. A primeira geração de empresas de internet chinesas, no começo dos anos 2000, consistia em cópias carbono dos modelos ocidentais: a Xiaonei, rede social chinesa, imitava cada pixel do Facebook; a versão chinesa do Yahoo! era a Sohoo (depois denominada Sohu; "So" significa "busca"); e a variante chinesa do YouTube era chamada Youku. A forma mais sincera de elogio não se limitava à tecnologia. O fundador da Xiaomi (vendida como a "Apple chinesa") gosta de usar blusas pretas de gola rolê, evocando descaradamente a figura de Steve Jobs. A KFC, no setor de alimentação rápida, tem diversas imitadoras chinesas, todas com os mesmos logotipos vermelho e branco, mas com marcas ligeiramente diferentes, como MFC, KFD e KFG. O logotipo da montadora chinesa Chery apresenta uma inquietante semelhança com o da Infiniti, da Nissan.

A imitação não era, portanto, considerada desabonadora. Às vezes, era algo de que as pessoas se gabavam. Conheci certa vez o prefeito de uma cidade pequena que havia estimulado a construção de pontes que cruzavam os riozinhos do local, cada uma das quais era uma cópia descarada de pontes famosas como a Ponte de Londres e a Golden Gate de São Francisco. A sede de um campo de golfe perto de Pequim reproduz um famoso *château* francês. Um rico negociante me disse, com orgulho, que sua residência era uma réplica exata, em escala, da Casa Branca. No entanto, enquanto o mundo zombava dessas imitações, as empresas chinesas estavam alcançando as líderes mundiais da indústria e, em anos recentes, começaram a ultrapassá-las. A mesma atitude pragmática determinou a abordagem flexível do Estado chinês à imposição das leis de proteção da propriedade intelectual.

Além disso, é importante ter em mente que todas as histórias de sucesso econômico incluem um estágio que envolve a cópia e a imitação das tecnologias e produtos dos líderes da indústria. A imitação é um aspecto básico da natureza e da vida econômica. Por outro lado, ninguém sustentaria que foi a imitação dos projetos fabris ingleses que fez dos Estados Unidos uma superpotência econômica, ou que foi à custa de cópias que empresas japonesas como a Nintendo, a Hitachi e a Sony se tornaram conhecidas nos lares do mundo inteiro. Não é a imitação que conduz uma economia à liderança global. E hoje vemos que o fenômeno da imitação está entrando em um novo ciclo: agora, são as empresas chinesas que são copiadas, desta vez por suas concorrentes na Malásia, na Índia e nas Filipinas.

Certas tecnologias são difíceis de copiar. Na tentativa de acelerar sua absorção da tecnologia avançada do Ocidente, a China implementou por muito tempo uma estratégia de "trocar mercados por tecnologia". Quando uma empresa estrangeira queria funcionar na China e aproveitar os baixos custos e o imenso mercado chinês, tinha de fazer um empreendimento conjunto com uma empresa chinesa, o que muitas vezes envolvia a partilha de tecnologias patenteadas. Em disputas comerciais recentes, o Ocidente tem se referido a essa política como uma "transferência forçada de tecnologia". A realidade não é tão simples: muitas empresas multinacionais aceitam esse arranjo, pois pensam que serão capazes de inventar novas tecnologias com rapidez suficiente para permanecer à frente da concorrência em seu país e, de lambuja, lucrar bastante no imenso mercado chinês. Embora a China tenha se beneficiado muito do que aprendeu por meio desse mecanismo, a estratégia também tinha uma falha fundamental: muitas vezes, a China não conseguia o acesso à tecnologia especial que buscava, pois as empresas estrangeiras partilhavam somente a tecnologia necessária para aqueles produtos — ou partes de produtos — manufaturados na própria China; mas não entregavam o projeto completo ou as informações críticas necessárias para a produção independente de um produto competitivo.[5]

No livro *China as an Innovation Nation*, o professor Kaidong Feng mostra como essa política de exigir que as empresas estrangeiras partilhem tecnologia não alcançou nem de longe seus objetivos originais. O melhor exemplo talvez seja o da indústria automotiva. As equipes chinesas que participaram de centenas das *joint ventures* formadas com empresas automobilísticas estrangeiras não chegaram sequer a desenvolver a capacidade de criar motores de alta qualidade sozinhas. Em vez disso, foram empresas 100% chinesas, como a Chery e a Geely, que conseguiram fatias substanciais do mercado. Hoje em dia, a política de trocar mercados por tecnologia saiu de cena. Motivada por tensões geopolíticas e guerras comerciais, a China deixou de importar tecnologia e adotou uma estratégia baseada na autossuficiência. A Tesla, por exemplo, que tem produzido um número recorde de veículos em sua gigafábrica em Xangai, tem pleno controle de sua tecnologia e propriedade intelectual.

Não há nada de essencialmente errado na transferência de tecnologia, desde que as partes envolvidas tenham ciência do que ganham e do que perdem e assinem um acordo benéfico para todos. À medida que a China vai assumindo a liderança em muitas áreas de tecnologia de ponta, o pêndulo das transferências começa a se deslocar para o outro lado. Isso é particularmente verdadeiro no que se refere à tecnologia ecológica. Como observa o escritor Scott Malcomson em um artigo para a *Foreign Affairs*, a Ford e a Toyota investiram em empresas chinesas de veículos elétricos para levar a tecnologia delas aos mercados estadunidenses, japonês e europeu.[6] A Tesla optou por usar a bateria sem cobalto produzida pela inovadora firma chinesa CATL. Esses investimentos poderiam ter sido coibidos pela China, mas ninguém ganharia com isso. Se todos os países decidirem desenvolver suas tecnologias isoladamente, por motivos geopolíticos, o progresso tecnológico será mais lento para todos. O governo alemão vem encorajando seus fabricantes de automóveis a aperfeiçoar a própria produção de veículos elétricos, mas mesmo esse esforço é baseado em uma colaboração de dez anos com empresas chinesas inovadoras.

Além da imitação, o protecionismo costuma ser citado como uma das razões do sucesso tecnológico chinês. Essa alegação tem um elemento de verdade. Empresas estrangeiras de tecnologia da informação, como o Google, o Facebook e o Twitter (agora chamado X), sofreram pesadas restrições na China e, quando não foram totalmente proibidas de operar, foram induzidas a abandonar o país. Caso o Google tivesse sido capaz de operar livremente na China, o Baidu (o mecanismo de pesquisa chinês) não teria tido a oportunidade de conquistas a fatia de 70% do mercado que domina hoje. Do mesmo modo, se o Twitter e o Facebook tivessem podido competir na China, teriam tido a chance de adquirir serviços nativos como o WeChat e o Sina Weibo, que floresceram — ainda que sob a vigilância dos censores do governo.

Embora o protecionismo tenha dado a certas empresas chinesas a oportunidade de lançar raízes, não foi ele a causa última dos sucessos chineses no campo da tecnologia. Para começar, a maioria das empresas chinesas de tecnologia não foi protegida da concorrência estrangeira. Se a Amazon saiu da China em 2018, não foi porque suas concorrentes chinesas receberam vantagens injustas. Ela simplesmente perdeu para concorrentes como a JD.com, que sabia muito bem que os chineses adoram descontos, mas desconfiam de programas de assinatura, como o Amazon Prime. Os chineses também gostam de se divertir enquanto compram, e a interface da Amazon lhes parecia maçante em comparação com o design festivo e movimentado da JD.com. O Alibaba conseguiu ganhar do eBay fazendo mudanças radicais em seu modelo de negócios: tornou gratuita a participação na plataforma, cobrando apenas dos vendedores que optassem por uma visibilidade maior, e reduziu as taxas cobradas dos fornecedores. O feroz duelo da Uber com a Didi na China acabou quando a Didi comprou o Uber local, pois a Didi conhecia muito melhor os motoristas e os consumidores chineses. Na maioria dos casos, como esses, as empresas chinesas simplesmente superaram as estrangeiras com base na simples concorrência.

É difícil expressar o quanto é feroz a competição na China. Atualmente, a rivalidade entre as empresas chinesas de tecnologia lembra o período dos Estados Combatentes, entre 475 a.C. e 221 a.C. As táticas modernas — guerras de preços, hackear e desinstalar os softwares dos concorrentes, comerciantes rivais processando uns aos outros e bloqueando mutuamente seus sistemas de pagamento — são tão impiedosas quanto naquela época, mas sem chegar ao derramamento de sangue.[7] Por um lado mais positivo, a competição na China faz com que as empresas melhorem incessantemente seus produtos, encontrem novas maneiras de ganhar dinheiro e cortem custos de forma agressiva. A expressão "9-9-6" resume os hábitos de trabalho na China: das 9 da manhã às 9 da noite, seis dias por semana. Uma versão mais moderna,

"0-0-7", refere-se ao trabalhador estar disponível 24 horas por dia, sete dias por semana, sem nenhuma vida pessoal.

OS BENEFÍCIOS DA ESCALA E DOS MEGADADOS

As últimas décadas assistiram a uma mudança de paradigma no mundo corporativo. Em 2008, as empresas com maior capitalização de mercado eram a Chevron, a Walmart e outras como elas. A Microsoft era a única representante do setor de tecnologia. Dez anos depois, empresas de tecnologia — entre as quais a Alphabet, a Amazon, a Tencent e o Alibaba — ocupam sete das dez primeiras posições. E existe um motivo pelo qual a maioria dessas empresas é ou estadunidense ou chinesa. Ambos os países têm a vantagem da escala — grandes mercados e acesso a uma quantidade gigantesca de dados.

No final do século XX, a China alavancou a economia de escala — as vantagens, em matéria de custo, que decorrem da produção em grande quantidade — para construir uma potência manufatureira com vasta rede de infraestrutura de apoio e a logística necessária para alcançar a alta eficiência. Na era da informação, contudo, a escala assumiu um significado completamente diferente. Pelo fato de as empresas de tecnologia serem baseadas em dados, tornam-se capazes de aproveitar o que os economistas chamam de "retornos múltiplos sobre a escala", o que significa que, quando se duplicam as entradas, as saídas mais do que duplicam. A inteligência artificial, por exemplo, pode criar um circuito virtuoso em que, quanto mais dados fluem em um algoritmo, mais eficientes eles se tornam — e melhor será o produto final, quer se trate de um mecanismo de busca, de uma tradução em tempo real ou de um veículo autônomo.

Mais uma vez, as empresas chinesas desfrutam de uma clara vantagem competitiva com seu gigantesco mercado interno. A Toutiao aperfeiçoou sua tecnologia de feed de notícias, que associa as pessoas às notícias de que podem gostar; isso pôde ser feito graças a uma enorme base de clientes. O fundador da Ctrip, a maior empresa de viagens online da China (Trip.com nos Estados Unidos), me disse que o tamanho da companhia lhe permite aprender rapidamente com seu vasto número de clientes. E é claro que isso também ocorre com o Alibaba, com seus 800 milhões de usuários em várias plataformas e 500 milhões de consumidores que utilizam o serviço Alipay para empréstimos. As informações coletadas dos mais de 1 bilhão de usuários dos serviços da Tencent, que incluem redes sociais, música, comércio eletrônico, serviços de internet, sistemas de pagamento, smartphones e jogos online multijogador, ajudam a tornar os produtos da empresa mais úteis e divertidos.

A escala não é tudo, o que explica por que a Índia não possui tantas gigantes de tecnologia quanto a China. Outros fatores cruciais são o capital humano, a infraestrutura física e digital, e o capital financeiro de longo prazo. Mesmo assim, a escala tem sua importância — aliás, de maneira muito mais marcante do que na economia pré-digital. As empresas de tecnologia distinguem-se nitidamente das empresas industriais tradicionais. Na indústria, quando uma fábrica produzia um sapato a mais, sua produção e sua venda incorriam em um custo adicional. No entanto, o custo adicional de fornecer um produto digital pela internet — uma assinatura extra do Spotify, Netflix ou Zoom — é praticamente nulo. As empresas de tecnologia tornam-se mais lucrativas quando adquirem o maior número possível de clientes, o que facilita entender por que ter 1,4 bilhão de consumidores conectados à internet e acessíveis por meio de smartphones é uma tremenda vantagem para as empresas chinesas.

É por isso que diversos setores de tecnologia são muito mais concentrados do que os setores industriais: o Google conquistou 90% do mercado global de buscas online, enquanto a Uber e a Lyft juntas controlam quase 100% do mercado de transporte por aplicativos nos Estados Unidos. Essa característica da nova economia tem implicações importantes para a sociedade como um todo, afetando tudo, desde a desigualdade social até a taxa de juros de equilíbrio — a taxa de juros na qual a oferta de poupança corresponde à demanda de investimentos.

Em uma economia digital, os dados são o novo insumo que orienta a produção. Os dados médicos contribuem para diagnósticos mais precisos, os dados do consumidor melhoram as recomendações da Amazon e os dados de tráfego produzem aplicativos de navegação como o Waze. Biotecnologia, planejamento urbano, logística de transporte e cadeias de suprimentos: dados são os insumos fundamentais desses segmentos. A expressão "Os dados são o novo petróleo" é bastante verdadeira, embora a analogia não seja totalmente precisa.[8] O petróleo não pode ser reutilizado; aquele litro de gasolina que foi consumido para ir à loja se foi para sempre. Os dados, por outro lado, podem ser compartilhados por indivíduos, pesquisadores, empresas e governos enquanto forem úteis. Isso significa que possuir dados não é tão importante quanto ter *acesso* a eles.

Em princípio, países pequenos podem não estar em uma desvantagem tão significativa em comparação com as economias grandes, desde que possam acessar um conjunto global de dados. Na prática, contudo, os dados são uma mercadoria altamente politizada que suscita preocupações com a segurança nacional e a privacidade, tanto para os políticos quanto para os cidadãos.

Quando os dados de aplicativos focados no consumidor contêm muitas informações específicas sobre uma cultura particular, países grandes como a China e os Estados Unidos desfrutam de uma vantagem significativa.

A China não apenas gera uma quantidade imensa de dados como também gera dados extremamente *úteis*. Mais de 1 bilhão de chineses usam telefones celulares para fazer pagamentos. Em um único dia típico, os pagamentos digitais na China superam os pagamentos digitais feitos nos Estados Unidos em todo um *ano*. A obsessão da China pelos serviços digitais significa que muitos aspectos da vida cotidiana são transformados em dados digitais. A entrega de comida online é dez vezes mais comum do que nos Estados Unidos, e as viagens de bicicleta compartilhada são mais de trezentas vezes mais frequentes. Antes da pandemia de 2020, um quarto das transações de varejo ocorria online na China, em comparação com cerca de 10% nos Estados Unidos, e os pagamentos por um café, uma passagem de ônibus ou uma multa de estacionamento revelam muito sobre o perfil pessoal de um comprador. Com esse tipo de informação, as empresas podem vender produtos de forma mais eficaz e melhorar seus serviços. Além disso, como veremos, elas podem revolucionar o setor bancário.

A coleta de dados e a governança orientada por dados levantam questões de vigilância e privacidade, sobre as quais as pessoas costumam ter opiniões muito diferentes na China. A China possui um dos sistemas de reconhecimento facial mais avançados do mundo. Em Xangai, supostamente, indivíduos em espaços públicos podem ser identificados em questão de segundos. Uma vez, atravessei a rua perto da minha casa e, minutos depois, recebi uma mensagem de texto informando que tinha sido multada por atravessar fora da faixa de pedestres. Na China, as pessoas também são monitoradas por comportamentos irregulares ou inadequados, como jogar lixo fora da lixeira e colocar propaganda ilegal em um corredor de um prédio, entre outros exemplos. Essa tecnologia se mostrou altamente eficaz durante a pandemia de covid-19, quando aplicativos de celular rastreavam o paradeiro das pessoas e mostravam com quem elas haviam tido contato. Sem múltiplos "passes verdes" em meu aplicativo de código de saúde digital e no aplicativo de localização, teria sido impossível viajar para outra cidade na China ou mesmo entrar em um restaurante ou uma loja.

No Ocidente, essa falta de privacidade e essa vigilância constante seriam consideradas invasivas (na melhor das hipóteses), mas, na China, muitos cidadãos dão mais valor à segurança que à privacidade. Muitos afirmam que não se importam em compartilhar seus dados se isso acarretar a diminuição da criminalidade, um comportamento social melhor e menos riscos à saúde pública. Como foi mencionado anteriormente, de acordo com a Pesquisa Mundial de Valores, 93% dos chineses dão mais valor à segurança do que à liberdade, enquanto 72% dos estadunidenses dão mais valor à liberdade do que à segurança. Na China, um grande número de pessoas já se inscreveu no sistema de crédito social (que por enquanto é opcional), que concede pontos de bônus pela boa cidadania (pagar as contas em dia, oferecer-se para ajudar os pobres e realizar atos "heroicos", por exemplo) e deduz pontos por mau comportamento, que inclui desde infrações de trânsito até a participação em protestos ilegais ou não visitar regularmente os pais idosos. Pontuações mais altas podem proporcionar tarifas de transporte público mais baratas, filas mais curtas em sistemas de metrô ou reduções de impostos. Isso pode parecer absurdo aos olhos do Ocidente, mas muitos cidadãos chineses comuns acham o sistema atraente devido aos seus numerosos benefícios práticos.

No entanto, é um mito que nem o governo chinês nem o povo chinês se importem com a privacidade. O espaço para diferenças de opinião vem aumentando aos poucos. Quando os cidadãos da cidade de Hangzhou denunciaram o aplicativo de código de saúde por coletar informações pessoais em excesso, as autoridades locais tiveram que cancelar o projeto. A pressão civil também está levando o governo a intensificar as leis de proteção de dados e reforçar a privacidade do consumidor. Em tempo recorde na história da legislação chinesa, o governo criou uma das leis de proteção de dados mais rigorosas do mundo. Um sistema de aprovação muito mais rígido para que os governos em vários níveis coletem dados de plataformas privadas também está agora em vigor.

O Ocidente denuncia a exportação de tecnologias de vigilância chinesas ao redor do mundo, mas ignora o fato de que tem havido uma alta *demanda* de outros países para comprar da China — em vez dos Estados Unidos ou do Japão — devido à alta qualidade e ao baixo preço dos sistemas chineses. Mais de oitenta países adotaram plataformas chinesas de vigilância e segurança pública desde 2008, tanto democracias liberais quanto regimes repressivos. Os Estados Unidos também forneceram essas tecnologias para mais de trinta países em 2019. Um estudo elaborado pela Brookings Institution em 2020 descobriu que os países mais propensos a adotar essas tecnologias são aqueles em que a taxa de criminalidade é alta, e não os menos democráticos e livres.[9] As mesmas tecnologias são usadas para impulsionar plataformas de cidades inteligentes e um policiamento inteligente. A redução da criminalidade tem sido muito bem-sucedida nesses países. Por exemplo, milhares de crianças indianas desaparecidas agora podem ser encontradas em questão de dias; traficantes de drogas são capturados com mais facilidade na América Latina; no

Reino Unido, as onipresentes câmeras de circuito fechado levaram a melhorias na segurança pública.

QUEIMAR ETAPAS DE DESENVOLVIMENTO TECNOLÓGICO

Como vimos no caso da industrialização, quem começa atrás pode acabar obtendo alguns benefícios surpreendentes. Por um lado, uma economia atrasada pode adotar imediatamente as tecnologias mais recentes das economias avançadas, evitando assim os lentos e dispendiosos passos intermediários. Alguns países em desenvolvimento optaram por não construir uma infraestrutura de banda larga, por exemplo, concentrando-se em vez disso em redes móveis. Outros estão contornando os bancos tradicionais e passando diretamente a um sistema bancário móvel. Além disso, os países em desenvolvimento podem fazer a transição para as tecnologias de energia renovável sem a necessidade de construir — e depois descartar — usinas de energia baseadas em combustíveis fósseis. Geralmente é mais fácil começar do zero do que demolir uma estrutura existente para dar lugar a uma nova.

Em 1948, quando foi construído o Aeroporto Internacional de Nova York, hoje conhecido como Aeroporto Internacional John F. Kennedy (JFK), ele era o aeroporto mais avançado de sua época. Ele ainda está em funcionamento e, portanto, ainda está em uso, mas sua infraestrutura está longe de ser de última geração. Em contraposição, em 1948, quando o JFK estava em construção, Pequim ainda dependia de um aeroporto militar convertido para viagens aéreas internas, mas, atualmente, seu aeroporto de Daxing possui acesso de segurança por reconhecimento facial, sistemas de aquecimento e resfriamento que usam bombas de calor geotérmicas e identificação por radiofrequência para rastreamento de bagagens. Derrubar o JFK para construir um aeroporto inteligente como Daxing faz menos sentido, dado o grande investimento feito no passado. O desafio do legado está menos relacionado à capacidade de criar novas tecnologias do que à capacidade de escapar das antigas.

Uma vez que as economias maduras têm uma extensa experiência com tecnologias antigas, isso muitas vezes faz com que as novas pareçam valer menos a pena — sobretudo aquelas que inicialmente parecem oferecer apenas benefícios mínimos. Pode-se defender a tese de que, às vezes, a maior barreira para criar algo realmente grande é já ter algo bom o suficiente. Há algumas décadas, os Estados Unidos dobraram o volume de sua rede de pagamentos com cartão de crédito e tornaram-se o país mais avançado no setor de pagamentos. O investimento nesse sistema levou os Estados Unidos a passarem os últimos dez anos atualizando seus cartões magnéticos, emitidos por bancos, para cartões com chips.[10] Os consumidores estadunidenses recebiam a todo momento novos cartões de crédito pelo correio, enviados por bancos e empresas de cartões de crédito, à medida que os chips melhoravam e os varejistas atualizavam seus leitores de chip nos pontos de compra — tudo isso a um custo enorme. Por outro lado, a China estava livre para aproveitar a onda de uma revolução na tecnologia financeira e criar um ecossistema totalmente novo de pagamentos digitais. Como resultado, os consumidores chineses escaneiam um código QR com seu telefone para pagar instantaneamente por suas compras. Com alguns cliques, eles podem pagar, fazer empréstimos, investir ou até adquirir apólices de seguro personalizadas para suas necessidades específicas. Depois de seu pioneirismo, os Estados Unidos agora estão muito atrás em tecnologias de pagamento digital.

Outra desvantagem do legado tecnológico é que ele cria uma casta poderosa e profundamente interessada em manter o *status quo*. A Kodak foi a primeira empresa a desenvolver a câmera digital, mas deliberadamente recuou por medo de perder seu lucrativo negócio de venda de rolos de filme. Com o tempo, essa decisão mostrou-se fatal para essa empresa que simbolizava a própria fotografia e cujo futuro parecia estar irremediavelmente entrelaçado com o da própria máquina fotográfica. A Toyota e a Ford estão bem posicionadas para liderar a tecnologia dos veículos elétricos, mas, em vez disso, são empresas novatas, como a Tesla, que estão traçando novos caminhos; para elas, a única maneira de se tornarem líderes de mercado é abraçar tecnologias que rompem com o passado. É o mesmo tipo de ultrapassagem que permitiu à China assumir recentemente a liderança em muitos campos novos da tecnologia, entre os quais a energia renovável, da qual agora é líder.

O atraso oferece outra vantagem, pois de vez em quando pode estimular a inovação radical como solução para problemas até então não resolvidos, o que facilita que se queimem etapas de desenvolvimento tecnológico. O comércio eletrônico surgiu na China porque os habitantes que viviam fora das grandes cidades tinham poucas opções de varejo tradicional. Nessa paisagem árida, empresas como o Alibaba encontraram uma oportunidade para florescer e prosperar, e agora as empresas chinesas de comércio eletrônico são as mais inovadoras do mundo. Isso também pode ser dito em relação às empresas de tecnologia financeira da China, que surgiram em resposta ao incipiente setor financeiro chinês, que, como vimos, não conseguia atender às necessidades das famílias e empresas chinesas. As *fintechs* inovadoras também oferecem benefícios ainda mais drásticos para aqueles que vivem em áreas remotas, muito longe da agência bancária mais próxima ou até mesmo de um caixa eletrônico — os clientes que primeiro recorreram ao comércio eletrônico. Diversos estudos mostraram que a tecnologia de megadados da Ant possibilita que praticamente qualquer pessoa possa conseguir um empréstimo. O MYbank da Ant, por exemplo, atende a 35 milhões das 100 milhões de pequenas e médias empresas do país. Além disso, as pegadas digitais dos mutuários funcionam como um novo tipo de garantia, e essas informações adicionais podem reduzir as taxas de inadimplência.[11]

Diz a lenda que Jack Ma, cofundador do Alibaba, certa vez comprou *yang rou pao mo* (caldo de cordeiro) de um vendedor de rua em Xi'an (cidade famosa por seus antigos soldados de terracota) e aproveitou a oportunidade para perguntar sobre a experiência do vendedor com o serviço de microempréstimos da Ant. O vendedor ambulante, não tendo reconhecido Ma, contou que tinha conseguido obter 80 mil yuans (mais de 10 mil dólares) em empréstimos naquele ano, o que permitiu que ele expandisse com sucesso seu negócio. Sem nenhuma garantia ou histórico de crédito, o vendedor nunca teria conseguido se qualificar para um empréstimo em um banco tradicional, mas, em um curto período, a Alipay lhe concedeu um empréstimo e, alguns segundos após a aprovação, o dinheiro foi creditado diretamente em sua conta da Alipay.

A primeira vez que experimentei o aplicativo Huabei, ele me ofereceu um limite de crédito instantâneo de 150 dólares que eu poderia gastar em um novo celular ou em produtos de beleza, ou poderia aumentar meu limite de crédito no Dia dos Solteiros. A maioria dos 500 milhões de tomadores de empréstimo do Huabei é de *millennials* que não querem perder as fabulosas promoções online porque estão esperando o próximo pagamento. Outro produto, chamado Jiebei (que significa apenas "empreste"), oferece acesso a quantias que variam de 150 a 8 mil dólares, geralmente por um período de doze meses. E esses são apenas produtos para consumidores. Dezenas de milhões de pequenas empresas e vendedores individuais, como o vendedor de caldo de cordeiro, também estão obtendo empréstimos do MYbank.

Durante a pandemia de covid-19, a tecnologia financeira da China permitiu que o apoio financeiro fosse direcionado com precisão e entregue de maneira conveniente e rápida por meio de pagamentos móveis — fornecendo produtos de seguro para profissionais de saúde da linha de frente ou cupons de pequeno valor para quem precisava deles.[12] O Banco Central também forneceu 590 bilhões de yuans em empréstimos sem juros ao MYbank e o incentivou a usar sua abrangência e sua experiência em empréstimos para ajudar um grupo de pequenas empresas às quais o Banco Central tinha pouco acesso. No total, foram concedidos 8 trilhões de yuans em empréstimos a mais de dez milhões de entidades ao longo de três anos.[13]

Mas junto com a inovação surgem novos riscos, alguns dos quais são indetectáveis no início. O avanço tecnológico pode acontecer tão rapidamente que os formuladores de políticas e os reguladores têm dificuldade para acompanhá-lo. Será que a Ant e a Square (agora Block) são empresas de tecnologia ou instituições financeiras? Se elas oferecem serviços bancários, não deveriam ser regulamentadas como bancos?

A situação me lembra dos fundos de hedge e dos bancos de investimento em 2008, que criaram e venderam entusiasticamente novos instrumentos financeiros arriscados, levando ao grande colapso financeiro. Os perigos representados pela nova geração de instituições financeiras de hoje ainda são desconhecidos, pois a tecnologia continua superando a regulamentação. Os políticos não querem sufocar a inovação com regras burocráticas, mas o governo chinês também não está disposto a dar poder irrestrito aos seus empreendedores de tecnologia bilionários. Por isso, o governo tem intensificado a fiscalização, principalmente em relação às empresas com enormes plataformas de internet voltadas para o consumidor, mesmo antes dos Estados Unidos, que estão tentando legislar limites para gigantes como a Meta Platforms — empresa controladora do Facebook, do Instagram e do WhatsApp — e a Alphabet, empresa controladora do Google.

A CHINA CONTRA OS ESTADOS UNIDOS: QUEM ESTÁ À FRENTE NA TECNOLOGIA DO UM AO N?

Das 25 empresas de internet mais valiosas em 2020, onze eram estadunidenses e nove, chinesas. De cada 10 dólares de capital de risco investidos em IA em 2018, cinco foram para startups chinesas e quatro para estadunidenses.[14] Em muitas frentes, desde o comércio eletrônico até os aplicativos de transporte, são as empresas chinesas e estadunidenses que competem lado a lado. Curiosamente, poucas empresas do mesmo nível surgiram na Europa e em outros lugares; a esfera da tecnologia da internet é dividida entre as duas maiores economias do mundo, em parte devido aos benefícios da escala. Assim, é natural perguntarmos se as pessoas ao redor do mundo estarão usando o Instagram ou o TikTok, viajando com a Didi ou com a Uber, fazendo compras na Amazon ou no Alibaba. O destino pode já estar selado na China e nos Estados Unidos, mas outras partes do mercado global estão disponíveis para conquista. Ao tentarmos prever o resultado da competição entre os principais gigantes da tecnologia, alguns padrões interessantes surgem.

Em 2017, a empresa chinesa Didi, de transporte por aplicativo, fez sua primeira incursão no mercado mexicano, onde a Uber já havia conquistado uma posição dominante, controlando quase 87% do mercado. Além da desvantagem de ser novata, a Didi tinha outras desvantagens gritantes em comparação com a Uber. O México compartilha uma fronteira com os Estados Unidos, o inglês é muito mais falado no México do que o chinês e os mexicanos conhecem muito mais sobre a cultura estadunidense do que sobre a cultura chinesa. No entanto, apenas alguns anos depois, a Didi ultrapassou a Uber, e já abocanhava 56% do mercado em 2022.[15] Embora faça sentido que a Didi seja a empresa dominante no mercado chinês e a Uber mantenha sua influência nos Estados Unidos, é significativo que em países como o México e em outras partes da América Latina, onde as duas empresas competem diretamente fora de seus mercados internos, a Didi esteja vencendo a batalha.

Uma análise mais detalhada desse exemplo aponta para duas abordagens muito diferentes em relação aos novos mercados. A Uber aproveitou um modelo que havia se mostrado bem-sucedido nos Estados Unidos e tentou replicá-lo em outros países. A estratégia da Didi focou na adaptação de seu modelo para levar em conta condições demográficas, normas culturais e outras características nacionais. No Brasil, por exemplo, onde muitos motoristas vivem com o dinheiro contado, a Didi (que adquiriu a 99) pagava-lhes diariamente e não mensalmente, pois os motoristas brasileiros preferiam assim. A maioria não tinha conta bancária, então a Didi criou um botão de pedido de conta bancária com apenas um clique dentro de seu aplicativo para os motoristas, o que permitia que a Didi solicitasse uma conta em nome dos motoristas, garantindo uma rápida aprovação e permitindo que novos motoristas recebessem um cartão bancário em apenas alguns dias.

Durante a pandemia de covid-19, a Didi fornecia desinfetante e protetores faciais de graça. Como a maioria das transações na América Latina usa dinheiro e trocar dinheiro era especialmente perigoso durante a pandemia, a Didi adicionou uma carteira digital ao seu aplicativo. A Didi também investiu pesado em centros de treinamento para seus motoristas, em tecnologia de reconhecimento facial para tornar as viagens mais seguras e em parcerias com bancos locais para facilitar os pagamentos. O modelo de negócios do aplicativo de transporte não foi inventado pela empresa chinesa, mas a Didi o adaptou de maneira a deixá-lo mais atraente para os diversos mercados locais. Ao criar o que se tornou o aplicativo de transporte mais popular na América Latina como um todo, a Didi se estabeleceu firmemente no quintal dos Estados Unidos, apesar de ter surgido no outro lado do mundo, em uma cultura completamente diferente.

Essa história tem muito a dizer sobre as táticas que podem influenciar o equilíbrio na competição entre gigantes de tecnologia dos Estados Unidos e da China em mercados além de suas fronteiras. Não se trata apenas de quem tem a melhor tecnologia ou de quem possui mais apelo cultural. Para detectar alguns padrões gerais que possam nos informar sobre o futuro, precisamos entender melhor as forças estruturais que moldam essas empresas e os mercados em que competem. Diferentes setores de tecnologia apresentam distintos perfis de mercado. Os mecanismos de busca na internet são dominados por um único player no mundo, o Google. Quando se trata de equipamentos de telecomunicações 5G, existem apenas quatro players globais — Huawei, Ericsson, Nokia e Samsung. Esse grau de domínio faz sentido, dado o enorme custo de desenvolver uma alternativa própria. Na prática, muitos países concedem aos gigantes globais estabelecidos o acesso ao seu mercado, para o benefício de seus habitantes. Em outras palavras, não é ideal para o governo malaio, por exemplo, tentar construir seu próprio mecanismo de busca, seu próprio setor de aviação ou suas próprias fábricas de semicondutores do zero, se isso não for necessário.

Mas a situação é diferente no setor dos aplicativos de transporte, por exemplo. Ao contrário dos motores de busca, os aplicativos de transporte têm importantes participantes *locais*. No Sudeste Asiático, por exemplo, o Grab é muito popular. Na Rússia, a Uber foi obrigada a se fundir com sua concorrente local, a Yandex. A Ola, uma empresa indiana, disputa a primazia com a Uber na Índia. No comércio eletrônico, o padrão da competição assemelha-se ao dos aplicativos de transporte, com participantes locais ainda mais significativos competindo com os gigantes globais, que nesse caso são a Amazon e o Alibaba. Na Indonésia, por exemplo, a Shopee e a Tokopedia juntos capturam a maior fatia de mercado. Na Índia, a empresa local Flipkart está à frente da Amazon no comércio eletrônico, mas muitos outros players locais dividem o restante do mercado. Mesmo na China, o Alibaba agora tem menos de 60% do mercado, à medida que concorrentes locais como a JD.com e a Pinduoduo afirmam-se agressivamente. Por outro lado, quando olhamos para reservas e recomendações de serviços online, vemos que não há nenhum gigante global na competição; serviços locais como o Yelp nos Estados Unidos ou o Dianping na China dominam o mercado.

Um fator importante que torna a competição de mercado muito diferente em cada um desses setores é se o segmento possui uma externalidade global ou local — ou seja, se seu impacto tecnológico é mais universal ou mais local. O mecanismo de busca do Google é um exemplo primordial de tecnologia com benefícios universais. O que o Google faz na Índia, por exemplo, incluindo as informações que coleta, é bom para a empresa no mundo inteiro; seu algoritmo é incrivelmente capaz de classificar uma enorme quantidade de conteúdo global para fornecer resultados precisos para cada consulta, independentemente de onde seja feita ou do idioma do usuário. A Amazon também tem externalidades globais significativas, porque sua extensa rede de fornecedores e de vendedores globais possibilita que consumidores ao redor do mundo possam se beneficiar da ampla variedade de ofertas para comprar produtos que vendedores locais de comércio eletrônico não podem oferecer. Esses consumidores também desfrutam de melhor correspondência graças aos produtos recomendados pela Amazon e aos preços mais baixos devido às suas cadeias de suprimentos globais superiores.

Em setores como esses, com considerável repercussão mundial, quem possui melhor tecnologia ou produto tem a maior probabilidade de dominar o mercado global. É por isso que gigantes como o Google, a Huawei e a Bitcoin têm sido vencedores em seus respectivos domínios. Por outro lado, setores com externalidades locais significativas, como o de entregas online e, em certa medida, o de transporte por aplicativo, podem acomodar uma ampla variedade de concorrentes locais. Quando a preferência regional, o marketing de nicho ou a diversidade são mais importantes, isso proporciona vantagem a vários participantes, não apenas um. Os economistas categorizam os produtos ou serviços de acordo com o grau em que são substituíveis. O Google e o Bing são altamente intercambiáveis em termos de serviço oferecido. No entanto, o Facebook, o WhatsApp, o TikTok ou o Twitter não são iguais, embora todos se enquadrem na categoria de redes sociais, e é por isso que podem surgir múltiplos gigantes, sejam estadunidenses ou chineses, para conquistar mercados globais nessa esfera.

Essa análise simplifica demais a situação, porque há outros fatores envolvidos, como barreiras de entrada à concorrência, o alcance dos efeitos de rede em cada setor e o grau de confiança necessário do cliente, todos os quais moldam a competição de mercado. Mas, ao classificar essas empresas em várias dimensões importantes, podemos agora examinar mais de perto o estado da competição entre os dois principais líderes em tecnologia, os Estados Unidos e a China. Ambos desfrutam do benefício de grandes mercados internos, mas diferenças de cultura, estratégia, abordagens empreendedoras e o posicionamento de seus governos desempenharão um papel importante na definição do futuro. As empresas chinesas podem ser mais bem-sucedidas na produção de tecnologias mais anônimas — aquelas que têm alcance universal sem a necessidade de um apelo cultural, pelo menos por enquanto. Por exemplo, se os robôs, os drones e as tecnologias *blockchain* da China tornarem-se melhores, podem conseguir capturar uma parcela significativa do mercado global; a empresa chinesa DJI controla 76% do mercado de drones nos Estados Unidos, apesar dos obstáculos impostos pela guerra comercial entre Estados Unidos e China. E, no âmbito da inteligência artificial, a China teria uma vantagem se a próxima etapa evolutiva consistisse inteiramente na implementação de IA. Se essa etapa tiver mais a ver com avanços revolucionários em algoritmos e hardware, no entanto, a vantagem está com os Estados Unidos.

Mas existe uma razão pela qual o WeChat, apesar de ser um aplicativo verdadeiramente fantástico e um grande sucesso na China, tem menos apelo internacional. As redes sociais envolvem uma dimensão cultural importante, e o WeChat é projetado principalmente para se adequar aos costumes, aos gostos e às demandas chinesas. No entanto, se a nova geração de empreendedores chineses conseguir criar produtos que atraiam os *millennials* ao redor do mundo da mesma forma que o K-pop e o TikTok, as empresas chinesas poderão se tornar concorrentes sérias nessa esfera. Até que isso aconteça, por outro lado, as empresas estadunidenses desfrutam de uma vantagem significativa devido ao alcance mais universal da língua inglesa e da cultura pop estadunidense.

Talvez pelo fato de as empresas chinesas terem bastante experiência em lidar com a incerteza regulatória, e porque viram como as empresas estrangeiras falharam na China devido à sua incapacidade de se ajustar às circunstâncias locais, a China possa se adaptar melhor aos mercados de países em desenvolvimento, nos quais as instituições locais são incompletas e as regras e os regulamentos não estão bem definidos. A intensa competição interna da qual essas empresas chinesas nasceram também pode torná-las mais dispostas a fazer o trabalho árduo necessário para obter uma leve vantagem competitiva (o termo coloquial para isso é "engolir o amargo"). As empresas estadunidenses talvez sejam mais propensas a pegar seu modelo comprovado e tentar replicá-lo no maior número possível de mercados, já que elas, muitas vezes, têm a vantagem de serem pioneiras. As empresas chinesas podem estar mais tendentes a investir mais recursos e tempo em cada mercado, optando pela profundidade em vez da amplitude. Sua vantagem competitiva pode residir em sua criatividade para conquistar a participação de mercado anteriormente detida por seus concorrentes. Isso poderia explicar por que a Uber está presente em um número muito maior de países do que a Didi, mas a Didi tem uma receita média mais alta em cada mercado.

Por último, quando se trata de competição internacional em tecnologia, o papel do Estado volta a ser relevante. Governos ao redor do mundo estão considerando a possibilidade de impor restrições às gigantes de tecnologia, até mesmo desmembrá-las, em nome do combate aos monopólios, do bem-estar do consumidor e da segurança dos dados. Essas preocupações podem ser justificadas. Os retornos crescentes da escala significam que as empresas de tecnologia não estão limitadas pelos limites naturais de crescimento enfrentados pelas empresas industriais tradicionais. Para evitar que as empresas de tecnologia se tornem muito grandes e usem seus dados de maneiras prejudiciais aos consumidores, eliminando a concorrência e suprimindo a inovação, os governos podem sentir-se obrigados a intervir e regulamentá-las. Mas o argumento se torna mais complexo quando aplicado à competição internacional. Para manter as empresas de tecnologia competitivas globalmente nos mercados estrangeiros, os governos podem estar mais dispostos a tolerar esses problemas e permitir que as empresas permaneçam grandes ou cresçam ainda mais.

As preocupações dos governos com a proteção do consumidor podem levar a políticas muito diferentes na competição internacional. Na Europa, a proteção do consumidor prevalece sobre eficiência e lucros. Na China, a eficiência e o sucesso econômico geralmente superaram as considerações sobre o bem-estar do consumidor, possibilitando a rápida ascensão de gigantes e campeões nacionais. Os Estados Unidos estão em um ponto intermediário. Porém, na nova era chinesa, à medida que a igualdade econômica e o bem-estar do consumidor ganham destaque entre as prioridades nacionais, o governo está começando a limitar seriamente as empresas que outrora eram mimadas, invocando leis antitruste e novas regulamentações. Além disso, o governo não deseja que uma empresa se torne grande a ponto de ser capaz de desafiar o poder do Estado — um fator importante que impulsiona a onda de regulamentação e repressão que começou em 2020.

DO ZERO AO UM

As paisagens futurísticas e reluzentes da China, impulsionadas pela IA usada em cidades inteligentes e veículos autônomos, podem fazer com que as cidades europeias pareçam antiquadas e de meia-idade, mas essas imagens dissimulam a realidade de que a China ainda não é uma pioneira em tecnologias de ponta e em inovações revolucionárias. Uma coisa é ser um seguidor rápido ou um parceiro igual, e outra bem diferente é ser um criador. A preeminência em tecnologia de ponta, como software, novos materiais ou comunicações de última geração, é importante não apenas porque suas aplicações comerciais podem conquistar uma parcela do mercado internacional e estabelecer padrões tecnológicos globais, moldando as normas e as instituições que as adotam: conhecimento e competência profundos também dão origem a tecnologias de propósito geral, ou GPTs, como a eletricidade, os computadores, a internet e a inteligência artificial, cujos benefícios podem se estender para a economia em geral, criando empregos e inspirando novos empreendimentos. Isso proporciona aos pioneiros uma vantagem inicial, garantindo-lhes a liderança e o poder de moldar os mercados durante anos. Criar tecnologias a partir do zero é crucial para a vantagem competitiva e para a segurança nacional de um país, pois a tecnologia avançada resulta em capacidades militares avançadas. No que diz respeito à criação dessas inovações fundamentais, a China está rapidamente aproximando-se do Ocidente e, em algumas áreas, até passando à frente, mas no geral a distância entre ela e o Ocidente ainda é significativa.

A China pode fabricar medicamentos genéricos, mas não medicamentos de marca. Ela é capaz de projetar excelentes semicondutores, mas não possui unidades de produção que fabriquem circuitos integrados. As empresas médicas chinesas são bem-sucedidas como prestadoras de serviços, mas ainda dependem de importações para obter os equipamentos médicos de última geração. A China é líder mundial na fabricação e na implementação de tecnologias de energia verde, mas não as inventa. Enquanto isso, as startups estadunidenses estão trabalhando em nanorrobôs que podem circular dentro de nossos órgãos, consertando estômagos e realizando cirurgias cardíacas, como em um romance de ficção científica. Mesmo em relação à inteligência artificial, área em que as empresas chinesas são avançadíssimas, sua vantagem comparativa está nos dados, não nos algoritmos usados para cálculo, no processamento de dados e no raciocínio automatizado.

Os semicondutores, considerados o elemento mais importante das tecnologias do futuro, fornecem os materiais vitais e os circuitos necessários para produzir os microchips que fazem funcionar tudo, desde um smartphone até um sistema avançado de armas em satélites. No entanto, a China ainda não consegue fabricar seus próprios chips de alta qualidade; há anos o país vem importando peças essenciais de semicondutores. Somente no final de 2019 a mais moderna fábrica de semicondutores da China, a SMIC, começou a criar chips a partir da tecnologia de 14 nanômetros. (Isso se refere ao tamanho físico do transistor; quanto menor o transistor, mais transistores podem ser colocados em um espaço pequeno; quanto mais rápido eles operam, menos energia consomem e geram menos calor.) Isso ainda deixa a China pelo menos duas gerações atrás dos líderes globais, que são Taiwan, Coreia do Sul e Estados Unidos. A TSMC, em Taiwan, está produzindo transistores de 7 nanômetros desde 2018, começou a produzir transistores de 3 nanômetros em 2022 e, em breve, terá transistores de 2 nanômetros.

Apesar de investir somas astronômicas em pesquisa e em desenvolvimento nos últimos anos, a China ainda depende de outros países para obter equipamentos, materiais ou propriedades intelectuais importantes. A China importa os equipamentos avançados necessários para produzir semicondutores, incluindo o scanner que utiliza luz ultravioleta extrema, da empresa holandesa ASML, considerado a máquina mais complicada do planeta.[16] A autossuficiência aqui não pode ser alcançada com facilidade ou rapidez. A produção de semicondutores de alta qualidade requer habilidades e processos avançados baseados em décadas de aprendizado e aprimoramento acumulados; por exemplo, essa máquina de ultravioleta foi desenvolvida após dezessete anos de pesquisa a um custo de 9 bilhões de dólares. A situação precária da Huawei, depois que as sanções dos Estados Unidos a proibiram de produzir seus chips com a parceira da TSMC, ilustra a fragilidade por trás da aparente força tecnológica da China.

De lá para cá, a Huawei respondeu aumentando sua capacidade de produção de chips, lançando novas linhas de produtos e serviços e implementando infraestrutura 5G diferente de tudo que seus concorrentes mais próximos já viram. Conseguiu continuar expandindo seu número de parceiros internacionais e observou um aumento na lucratividade ao longo dos anos. Apesar das sanções dos Estados Unidos, a maior fabricante de chips da China, a SMIC, começou a vender chips de 7 nanômetros em 2022, competindo em pé de igualdade com empresas como a Intel.[17] A corrida pela supremacia tecnológica muitas vezes é impulsionada por pressões externas, como o embargo de semicondutores às empresas chinesas. A sensação de urgência intensificou-se em razão das amplas medidas de controle anunciadas pelo presidente Joe Biden em 2022, poucos dias antes da realização do 20º Congresso do Partido Comunista Chinês, que reelegeu o presidente Xi para um terceiro mandato. O novo conjunto de medidas não apenas adicionou mais empresas chinesas à lista de sanções e proibiu empresas internacionais que usam tecnologia dos Estados Unidos de vender chips e equipamentos para a China, como também coibiu que cidadãos dos Estados Unidos trabalhassem para empresas chinesas de semicondutores.

Quando a União Soviética lançou o Sputnik, o primeiro satélite, isso inspirou os Estados Unidos a recuperar seu papel de liderança na exploração espacial. A China acordou em sobressalto e fez da autossuficiência tecnológica uma prioridade nacional em seu 14º Plano Quinquenal (2021-2025) e um destaque no 20º Congresso do Partido Comunista Chinês, que introduziu pela primeira vez uma categoria chamada *ke jiao xing guo*, que significa fortalecer a nação por meio da ciência, da tecnologia e da educação. O governo chinês está preconizando uma abordagem *juguo*, ou um "esquema integrado para toda a nação", concentrando todos os recursos nacionais na tentativa de obter avanços em tecnologias fundamentais ou, como os chineses as chamam, tecnologias "asfixiantes". Essa campanha está agora em pleno andamento, com uma intensidade jamais vista desde que o presidente

Mao lançou o programa *Duas bombas e um satélite*, que conseguiu desenvolver as bombas atômicas e de hidrogênio em tempo recorde, e, ao som da música "The East is Red" ["O Oriente é vermelho"], lançou um satélite chinês em órbita apenas alguns anos após o Sputnik soviético. (Curiosamente, isso aconteceu sob um embargo comercial imposto pelo Ocidente.) Foi uma façanha, considerando que a China mal tinha uma base industrial moderna na época, além de contar com poucos recursos.

Quando um objetivo estratégico recebe a designação *juguo*, as considerações de custo são postas de lado. O desperdício será tolerado. A essência do sistema *juguo* é que toda a nação se mobiliza para alcançar um objetivo estratégico; ela lança uma rede ampla para uma grande realização, como a China fez na busca por medalhas olímpicas para impulsionar o orgulho e o prestígio nacionais. O próprio presidente Xi Jinping assumiu a responsabilidade de supervisionar o avanço tecnológico da China, anteriormente sob a supervisão de um ministro do governo. Mobilizações desse tipo são desencadeadas principalmente em tempos de guerra, mas a China entende que estar na vanguarda do desenvolvimento de tecnologias-chave é uma questão de sobrevivência.

A ABORDAGEM JUGUO VAI FUNCIONAR?

Todos nós tendemos a pensar nos superastros da tecnologia, como Steve Jobs e Elon Musk, como pioneiros solitários, mas mesmo nos Estados Unidos o governo desempenhou um papel crucial nos bastidores em importantes avanços tecnológicos, como a internet, o computador pessoal, o GPS, as telas sensíveis ao toque e os microprocessadores.[18] O governo subsidia programas importantes, como a Darpa (Defense Advanced Research Projects Agency), a Agência de Projetos de Pesquisa Avançada de Defesa dos Estados Unidos, que utiliza parte de seu orçamento anual de bilhões de dólares para recrutar os melhores talentos dos departamentos universitários de ciência da computação em todo o país. Inspirando-se no Projeto Manhattan e no programa Apollo, a China está construindo uma cadeia de incubação totalmente integrada que conecta os principais laboratórios, universidades e parques industriais de alta tecnologia do país. Além disso, o Estado visa criar cem centros de tecnologia e mais de cem parques industriais de alta tecnologia em todo o país. Isso já atraiu milhares de pesquisadores e cientistas do exterior para residirem na China. E, à medida que os cientistas e acadêmicos chineses enfrentam uma crescente vigilância nos Estados Unidos, alguns consideram a perspectiva de retornar à China, onde a pesquisa e o desenvolvimento nas ciências e na tecnologia são generosamente financiados tanto pelo governo quanto por empresas privadas, cada vez mais atraente.

Como parte de seus esforços para tornar a China mais atrativa para a pesquisa científica básica, o governo tem se dedicado a fortalecer a proteção da propriedade intelectual. Disputas com outras nações sobre PI levaram a China à direção certa, mas a falta de garantias adequadas também representava um grande obstáculo para as empresas chinesas que buscavam desenvolver tecnologias importantes. A aplicação dos direitos de propriedade intelectual sempre foi fraca na China, onde a apropriação das ideias de outra pessoa nunca foi considerada um grande problema. Agora, no entanto, o governo implementou um sistema de penalidades substanciais, administrado por centros de proteção de PI em todo o país, e está trabalhando para mudar a cultura em relação às ideias, começando no ensino fundamental. A China também tem construído um marco jurídico abrangente que promete ser o mais rápido do mundo para investigar e coibir violações de PI.

Como acontece com qualquer grande objetivo estatal na China, o governo central desenvolve o plano estratégico — nesse caso, uma abordagem *juguo* para alcançar avanços em tecnologias-chave — e convoca os governos locais para executá-lo. As autoridades que conheci falam com ambição sobre a criação de "ilhas de unicórnios", aglomerações de empresas bilionárias de tecnologia que elas ajudarão a desenvolver. Em 2020, visitei um parque de alta tecnologia em Suzhou, onde empresas de biomedicina, de semicondutores e de tecnologia da informação desfrutam de terrenos baratos, isenções fiscais e redução dos custos de seguridade social. A autoridade local responsável explicou como esse "ponto único de atendimento" ajuda as empresas a encontrar financiamento e proporcionar uma qualidade de vida elevada para os funcionários em um *campus* espetacular, semelhante ao do Google. Isso ajuda, por sua vez, a promover a colaboração em pesquisa e desenvolvimento, atrai talentos das universidades próximas e aproveita as iniciativas nacionais para recrutar talentos do exterior. Todo esse suporte permite que as empresas se concentrem no desenvolvimento de tecnologias inovadoras sem distrações externas.

Quem pode arcar com a criação da nova infraestrutura para computação, da Internet das Coisas e da rede 5G que possibilitará o funcionamento sem entraves de veículos autônomos, de robôs, de drones e de equipamentos de reconhecimento facial na sociedade? Apenas o Estado, ou uma empresa como o Google ou a Amazon, que tenha a paciência e os recursos necessários para empreendimentos arriscados e imaginativos que podem ter um impacto significativo no futuro, mas não prometem retorno de investimento a curto prazo. Certamente, a capacidade de fornecer um financiamento imenso e reunir um grande grupo de cientistas e engenheiros com formação internacional, conferindo à sua missão um senso de urgência semelhante ao de tempos de guerra, impulsiona a busca da China para se tornar a líder global em tecnologia. Em 2019, a China lançou um plano de estímulo de 1,4 trilhão de dólares para investir em uma nova infraestrutura tecnológica ao longo de seis anos. Em vez de construir mais pontes e estradas, como fez após a crise financeira em 2009, a China está implementando redes sem fio, instalando sensores e construindo plataformas para uma Internet das Coisas industrial, a fim de revitalizar a economia pós-pandemia e avançar na corrida tecnológica global. O setor de semicondutores se beneficia de um "Grande Fundo", que está canalizando mais de 1 trilhão de yuans de investimentos públicos e privados. Da mesma forma, a comunicação quântica conta com um "megaprojeto".[19]

Embora esse dinheiro todo muitas vezes seja desperdiçado e acabe por se mostrar ineficaz, a abordagem *juguo* funciona especialmente bem em áreas nas quais o financiamento estatal é primordial ou nas quais os custos importam menos, como em programas espaciais, comunicação quântica e cibersegurança. Apesar da ideia convencional de que grandes impulsionamentos estatais são improdutivos, os da China têm um histórico razoável. Das cerca de 35 tecnologias críticas em que a China está buscando a autossuficiência, parece que grandes avanços foram obtidos em aproximadamente vinte delas — em setores de algoritmos essenciais, software e manufatura de alta qualidade, embora menos nos de semicondutores ou biomedicina. Nos casos em que a competitividade de custo e a produção em massa são importantes, como em chips avançados para usuários finais, a abordagem *juguo* não funciona tão bem.

Em outros setores inovadores de alta tecnologia, nos quais todos os participantes partem de posições mais ou menos iguais, como energia renovável, veículos elétricos e cadeia de suprimentos de tecnologia verde, a China já está avançando à frente dos Estados Unidos e de seus outros concorrentes globais. No entanto, mesmo que a China consiga liderar de forma clara em uma ampla gama de áreas de alta tecnologia, isso ainda não equivale a ser uma promotora consistente de avanços tecnológicos. Quem será o primeiro a dotar as máquinas de habilidades cognitivas comparáveis ou melhores que as nossas? A desenvolver uma cura para o câncer? A criar terapias médicas que possam reparar as diversas partes do nosso corpo? A tecnologia "do zero ao um" nasce de um aprendizado cumulativo baseado em repetidas tentativas e erros, inúmeros sucessos e insucessos. Tudo isso leva tempo. Não é algo que possa ser apropriado, copiado ou importado do exterior.

Por trás dos avanços em tecnologias críticas estão três fatores-chave: mercado, dinheiro e talento. A China tem, sem dúvida, os dois primeiros. Mas seu ponto fraco é o talento, o que levou a uma escassez de pesquisa básica. Embora haja na China uma infinidade de programadores e engenheiros, e o maior número de estudantes de ciência, tecnologia, engenharia e matemática se formando no mundo, muitos deles não seguem carreiras na área de ciência e tecnologia. Como exemplo, na área de semicondutores, menos de 15% dos estudantes formados na área decidem realmente trabalhar no setor. Estima-se que haverá uma lacuna de aproximadamente 300 mil trabalhadores qualificados na indústria de chips até 2025.[20]

No fim das contas, os saltos quânticos surgem da pesquisa básica — uma base de conhecimento profunda e ampla adquirida sem um propósito comercial específico. Ela se expande por meio da colaboração entre as universidades, os laboratórios nacionais e a indústria para produzir e compartilhar conhecimento em um ambiente que fomenta a aprendizagem, a curiosidade e a exploração. Apesar de seus esforços recentes para equiparar-se, a China ficou muito atrás nesse aspecto, em parte porque suas universidades e seus centros de pesquisa historicamente deram uma importância excessiva à quantidade — focando no número de publicações acadêmicas e patentes, por exemplo, e não em sua qualidade. Embora a China lidere o mundo em número de patentes produzidas, a qualidade média dessas patentes não é de primeira classe.[21] Os acadêmicos são pressionados a publicar uma grande quantidade de artigos para serem promovidos ou para mostrar resultados aos funcionários do governo, mas isso não resulta em Prêmios Nobel. A supervisão rigorosa dos pesquisadores também pode ter um efeito sufocante sobre a criatividade.

UM PAÍS IMPACIENTE

A maior barreira que a China enfrenta para se tornar líder mundial em tecnologia "do zero ao um" é sua sociedade como um todo. Não devemos esquecer que a China ainda é um país com renda *per capita* de cerca de 10 mil dólares por ano e se comporta, pensa e age de acordo com essa realidade - com a impaciência de um país jovem, um adolescente cujos desejos e ambições superam a capacidade presente. A psique nacional jovem da China inspirou uma corrida em todo o país: startups tornam-se empresas bilionárias em poucos anos, estações de trem de alta velocidade são construídas em questão de meses, acadêmicos são incentivados a publicar frequentemente em revistas prestigiadas e o governo chinês negocia acesso aos seus mercados em troca de tecnologias estrangeiras que preencham lacunas específicas. Todos esses são sinais de uma nação ávida por resultados instantâneos, soluções rápidas e vitórias da noite para o dia.

Há um ditado na China que captura seu estado de espírito: *duan*, *ping*, *kuai* ou "curto, plano, rápido". Foi originalmente usado para descrever uma estratégia vencedora no vôlei, mas agora serve como uma prescrição para investidores: fazer investimentos de curto prazo, mantê-los simples e buscar retornos rápidos. Isso também reflete uma atitude mais geral na sociedade. Tem sido inclusive usado de forma cínica para descrever o mercado de casamentos: um namoro breve antes de se casar, pouco investimento emocional e um caminho rápido para o divórcio. Uma jovem nação enérgica, trabalhadora, ferozmente competitiva e intensamente focada pode produzir ganhos notáveis a curto prazo, mas a criação de tecnologia transformadora a partir do zero requer paciência — dos criadores, dos investidores e das instituições igualmente. Exige pessoas instruídas — estudantes, pesquisadores, professores e outros acadêmicos — que se dediquem à busca do conhecimento por si só. Em outras palavras, avanços criativos exigem um capital paciente, pessoas pacientes e um país paciente.

A inovação fundamental impõe altas demandas à sociedade civil. Em primeiro lugar, a população em geral precisa ser próspera, ou pelo menos ser "rica o suficiente". Somente então é possível avançar além de produtos que sejam "bons o suficiente" — que introduzem melhorias significativas na tecnologia existente. A China ainda não chegou lá, pelo menos não de todo. Em uma nação com uma renda *per capita* anual de 10 mil dólares, o modelo *duan*, *ping*, *kuai* gera lucros prontamente. Como o dinheiro flui para onde os retornos são mais altos, a economia da China precisará esgotar os ganhos rápidos das oportunidades mais acessíveis para só depois poder dedicar seus recursos aos setores intensivos em conhecimento que prometem os maiores rendimentos, mas também correm o risco de não oferecer nenhum retorno.

O livre fluxo de ideias e de conhecimento também requer abertura, tanto dentro da China quanto em suas trocas com o resto do mundo. Na era da informação, a capacidade de atrair talentos internacionais e obter acesso fácil à tecnologia internacional é indispensável, assim como a capacidade de desenvolver confiança. A mentalidade que incentiva a criatividade, desafiando constantemente os limites, e que tem a audácia de sempre questionar as modalidades estabelecidas não tem sido o ponto forte da China até agora. Isso é, em parte, uma situação cultural: a virtude confucionista de deferência à autoridade e aos mais velhos ainda é amplamente observada na sociedade chinesa contemporânea. Também é uma adaptação prática à realidade de um Estado forte.

Outro obstáculo que a China enfrenta é que, em um país com 1,4 bilhão de habitantes, o único meio viável de identificar talentos são testes padronizados, que enfatizam respostas rápidas e organizadas. Embora isso destaque certos tipos de habilidade, não identifica ou recompensa o tipo de análise profunda ou pensamento criativo que contribui para a inovação revolucionária. Até agora, a resolução eficaz de problemas e a memorização mecânica têm sido mais importantes para o futuro de um estudante chinês do que o pensamento criativo e a imaginação. Em 2021, o governo reprimiu a indústria de aulas particulares, como parte de um esforço para liberar as crianças do fardo do excesso de trabalho e da ênfase excessiva na capacidade de passar em provas, que não será útil para elas nem para o país. Em 2022, durante o congresso do partido, a liderança comprometeu-se a melhorar o sistema educacional para promover uma ciência básica melhor e cultivar talentos.

Assim como os Estados Unidos, a China também enfrenta um dilema contínuo quando se trata de regular as empresas de tecnologia, dado o seu vasto e crescente poder — exercido não apenas por meio de sua riqueza (que excede o de muitos estados-nação), mas também por sua influência social onipresente. Como os governos podem estabelecer regulamentações necessárias sem desencorajar as empresas de tecnologia a inovar de maneira a se tornar líderes globais e impulsionar os mercados? Na China, as empresas de tecnologia que estão sendo alvo das novas regras são, em grande parte, voltadas para o consumidor: provedores de mídia social, serviços de transmissão ao vivo, plataformas de comércio eletrônico e serviços de entrega. Tanto a China quanto os Estados Unidos continuarão lutando para encontrar maios de regular um setor em rápido desenvolvimento sem criar um efeito inibidor. Mas alguns podem argumentar que, ao limitar o crescimento dessas empresas de plataformas de internet na China, mais recursos ficam disponíveis para as empresas de tecnologia avançada que estão promovendo o objetivo nacional de avançar nos campos em que a China ainda tem uma lacuna significativa a ser superada em relação aos Estados Unidos.

O mais importante de tudo é o sistema de inovação — um construto ao mesmo tempo vertical e horizontal, interligando muitos participantes, tanto privados quanto públicos. Um sistema que funciona bem cria os incentivos corretos: as universidades buscam o avanço do conhecimento por si só, as empresas inovam e investem em tecnologias emergentes e o Estado desempenha um papel de apoio sem se impor de maneira a sufocar a inovação. Uma forte proteção à propriedade intelectual oferece incentivos adicionais para criar novas invenções, e as forças de mercado contribuem com seu processo de "destruição criativa" que torna obsoletos os produtos ultrapassados, abrindo espaço para os mais avançados tecnologicamente.

É importante ter em mente essa característica central da economia de mercado no contexto da competição tecnológica entre Estados Unidos e China.

A competição pode ser construtiva, pois obriga as empresas a inovarem quando têm um concorrente próximo à vista; esse foi o caso dos Estados Unidos quando o Japão dominava os semicondutores na década de 1980, ou da França e da Alemanha, que rapidamente se equipararam aos Estados Unidos em termos de produtividade e inovação na década de 1960. A resposta na época não foi uma série de pressões protecionistas ou ameaças de desvinculação, mas, sim, uma política de inovação intensificada, como o esquema de créditos fiscais para pesquisa e desenvolvimento adotado em 1981 pelo governo Reagan.

Quarenta anos depois, a rivalidade tecnológica é vista cada vez mais como uma situação em que um lado sairá ganhando e o outro, perdendo, sendo, assim, avaliada através da estreita lente da segurança nacional. No entanto, a inovação permeia a sociedade e afeta todos os aspectos da nossa vida diária. Somente se aproveitarmos os elementos construtivos da "cooperação competitiva" entre duas potências, como os Estados Unidos e a China, é que poderemos descobrir vacinas, avançar nas ciências da vida e fazer a transição para uma energia limpa e segura de maneira mais rápida e eficaz. A corrida tecnológica entre os Estados Unidos e a China deveria se assemelhar mais a uma corrida para ver quem conquista mais medalhas olímpicas de ouro — com regras e limitações adequadas — do que a uma espiral que desce em direção ao confronto.[22]

A tecnologia está também intrinsecamente ligada à confiança: escolhemos fazer compras em plataformas de comércio eletrônico que não nos enviarão produtos falsificados nem pegarão nosso dinheiro e fugirão; compartilhamos nossos dados com empresas, confiando que elas os tratarão com cautela; usamos serviços de nuvem que acreditamos que são seguros. A confiança está no cerne da conquista de um padrão tecnológico universal. Obter essa confiança é um desafio considerável, mas a nova geração da China está deixando sua marca nesse aspecto. Muitos fundadores e CEOs dos unicórnios de tecnologia da China são *millennials*. Para muitos desses jovens, ganhar dinheiro não é o único objetivo, mas, sim, um subproduto de se oferecer alta qualidade e valor para os consumidores. Paradoxalmente, o resultado disso é que eles são mais bem-sucedidos. Sua influência está ajudando a criar uma sociedade mais paciente e ponderada, e são eles — e não o Estado — que acabarão por atender às aspirações tecnológicas da nação, transformando as vantagens que o Estado oferece em benefícios de longo prazo. Eles são a esperança da China de se tornar um inovador sustentável "do zero ao um", com um alcance global.

8. O PAPEL DA CHINA NO MERCADO GLOBAL

Lembro-me de um par de botas de neve cor-de-rosa que meu pai trouxe para mim na década de 1980, quando voltou de uma viagem de negócios à Coreia. Elas eram confortáveis, lindas e feitas de couro de grão integral. Ninguém tinha visto algo assim em casa, e, quando eu desfilava com elas, chamavam bastante a atenção no meu jardim de infância e até no ministério do meu pai, cujos colegas que fizeram a mesma viagem foram repreendidos por suas esposas por não terem trazido algo igualmente precioso para seus filhos. Bens de consumo como aqueles, tão bem feitos, simplesmente não eram encontrados em lugar algum da China naquela época. No entanto, não demorou muito — cerca de uma década — para que o famoso Mercado da Seda na China se tornasse um fenômeno internacional — um prédio de vários andares repleto de todo tipo de roupas, sapatos e produtos têxteis que atraíam até mesmo as primeiras-damas dos países ocidentais quando vinham em visitas oficiais à China. Conforme se conta, quando George H. W. Bush voltou a Pequim no final dos anos 1990 e fez compras no Mercado da Seda, o vendedor recusou o pagamento por causa de suas escolhas. O fascinante é que o país que eu conheci no começo da infância, privado até mesmo dos produtos de consumo mais básicos, tornou-se o maior exportador mundial de muitos dos mesmos itens em menos de duas décadas. Aquelas botas ainda me lembram de quão rapidamente a China ascendeu na escalada comercial e como sua história é tão diferente da de muitos outros países em desenvolvimento.

Em 1978, Deng Xiaoping mudou para sempre o destino do povo chinês quando anunciou que a China iria "reformar-se e abrir-se ao mundo". Vimos a reforma desempenhar um papel crucial na transformação de uma economia chinesa incipiente e encaminhá-la para a prosperidade, mas a abertura foi igualmente importante. Com o apoio dos Estados Unidos, após negociações prolongadas e difíceis, a China finalmente aderiu à Organização Mundial do Comércio em 2001, o último passo para abrir amplamente suas portas comerciais. Enquanto o mundo dava as boas-vindas a 1,3 bilhão de consumidores chineses naquele momento e seus trilhões de dólares de poupança entravam no sistema econômico global, poucos países podiam prever o que aconteceria como resultado do acesso da China aos *seus* mercados internos.

Em menos de dez anos, a China transformou-se no maior exportador do mundo, à medida que os fabricantes chineses foram produzindo uma ampla gama de bens de consumo, como roupas, tênis, móveis e brinquedos, a preços mais acessíveis do que nunca. Em 2020, tornou-se o maior parceiro comercial de mais de 120 países, assumindo o papel desempenhado pelos Estados Unidos duas décadas antes. Agora, os habitantes de países em desenvolvimento na África e no Sudeste Asiático podem se manter conectados por meio de smartphones fabricados na China a uma fração do custo de um iPhone. Além disso, a China se posicionou no centro da cadeia de suprimentos global, montando, de maneira barata e habilidosa, componentes de várias origens e transformando-os em produtos acabados, como computadores, que eram então reexportados para outros países. E o consumidor chinês embarcou em uma onda de compras, impulsionando as vendas de bolsas italianas, carros alemães, carne australiana, soja estadunidense e muitas outras commodities ao redor do mundo.

Hoje em dia, os viajantes chineses no exterior frequentemente compram uma lembrança para levar para casa, mas ficam desapontados quando uma análise mais detida revela que o produto foi fabricado na China. Não é fácil encontrar algo que não seja fabricado na China, montado na China, construído pelos chineses ou financiado por capital chinês. Em partes remotas da África, pagamentos digitais são feitos em plataformas projetadas pela Alibaba. Até os componentes da plataforma de suspensão autoancorada da substituição da ponte da Baía de São Francisco-Oakland foram construídos por uma empresa em Xangai.

O impacto da entrada da China no sistema de comércio global foi simplesmente sem precedentes. O mundo já havia visto a abertura de novos mercados antes disso, mas a maioria dessas economias era pequena, como Coreia, México ou Bélgica. Posteriormente, esses países desfrutaram de um crescimento comercial impressionante, mas o impacto da globalização sobre eles foi muito maior do que o impacto deles sobre a globalização. A China foi diferente. O tamanho e a velocidade com que acelerou sua máquina de produção, que já era grande, pegaram o mundo de surpresa. Após ingressar na OMC em 2001, a China teve uma participação no PIB global que mais que dobrou até 2020, passando de 7,8% para quase 19%. Os trabalhos de baixos salários de todo o mundo fluíram para a China, as exportações da China inundaram as economias globais e o crescente superávit comercial do país confirmou que era a maior probabilidade de comprar da China do que de vender para ela. Em pouco tempo, os investidores chineses tornaram-se proprietários da empresa de cinema estadunidense AMC e de marcas cobiçadas como a Volvo, evocando memórias do Japão na década de 1980.

Conforme a China foi aos poucos deslocando seu foco de produtos baratos e de baixa qualidade para bens de maior qualidade, que até então eram o domínio exclusivo dos países ricos, alguns viram a nova nação comercial como uma bênção, outros como uma maldição e ainda outros como ambos. As tensões comerciais com os Estados Unidos atingiram o ápice quando Donald Trump foi eleito em 2016 e os Estados Unidos impuseram novas tarifas sob o pretexto de proteger empregos estadunidenses. Em 2018, o governo Trump havia iniciado uma guerra comercial total com a China, acompanhada por um nível de animosidade que não era visto desde a normalização das relações diplomáticas entre os dois países. Líderes populistas ao redor do mundo aproveitaram a oportunidade para culpar o comércio global por seus problemas econômicos internos, entre os quais o aumento da desigualdade, o desemprego e a polarização política.

A ASCENSÃO DO COMÉRCIO CHINÊS

A rápida ascensão da China como potência comercial global não resultou apenas das condições internas que exploramos nos capítulos anteriores. Forças poderosas nos bastidores também prepararam o cenário. Durante mais de três décadas, entre 1986 e 2008, o mundo foi envolvido por um fenômeno que foi chamado de hiperglobalização. Durante esse período, a participação do comércio no PIB mundial dobrou. A comunicação internacional mais barata e o acesso à internet facilitaram conexões entre pessoas, fornecedores e compradores. O custo dos bens caiu acentuadamente. E o custo de transportá-los também despencou, graças a navios e aeronaves maiores, mais rápidos e mais eficientes, junto a melhorias na logística de armazenamento de contêineres, entrega e liberação aduaneira.

Durante esse período, o mundo abraçou entusiasticamente um sistema de comércio mais aberto. Governos revogaram ou desmantelaram barreiras comerciais criadas em uma era assombrada pelas duas guerras mundiais: a média mundial das tarifas aduaneiras foi reduzida pela metade, a partir de um valor inicial de 14%.[1] Esse período viu o surgimento da União Europeia; a assinatura do Acordo de Livre-Comércio da América do Norte (Nafta) entre Estados Unidos, Canadá e México, em 1994; e a criação do bloco comercial Mercosul na América Latina. Na Ásia, a Área de Livre-Comércio da Asean de 1992 e suas expansões posteriores criaram um bloco comercial de dez nações do leste asiático. A Organização Mundial do Comércio, estabelecida em 1995, reduziu as tarifas médias para valores de um único dígito, diminuiu as tarifas para os países mais favorecidos e concedeu acesso a novos membros.

A China entrou nesse ambiente receptivo com um suprimento virtualmente inesgotável de mão de obra extremamente barata (em 1990, o custo de sua mão de obra era apenas 1,29% do dos Estados Unidos),[2] bem como uma grande base de consumidores. À medida que centenas de milhões de seus trabalhadores transferiram-se da agricultura para a indústria, a China estava inconscientemente se preparando para se tornar a maior fábrica do mundo.[3] O país poderia exportar bens intensivos em mão de obra que não exigiam produção sofisticada, enquanto países como os Estados Unidos poderiam focar na produção de bens intensivos em capital ou habilidades. Todos saíram ganhando.

RUMO A UM NOVO PARADIGMA PARA O MERCADO GLOBAL

Hoje em dia, a designação "fabricado na China" nem sempre reflete a realidade; é mais exato dizer que a maioria dos produtos é "fabricada no mundo".[4] Países e regiões no sistema global de comércio estão profundamente interligados. Produtos dos Estados Unidos dependem de peças chinesas e componentes coreanos montados por intermediários taiwaneses, e as peças chinesas incorporam componentes japoneses e alemães. O novo paradigma do comércio, acelerado pela revolução da informação, envolve o movimento transfronteiriço de partes e componentes como chips, microprocessadores e produtos químicos. Esses bens intermediários — bens que são usados na produção de produtos maiores e mais complexos — representam impressionantes dois terços do comércio global.[5] Um iPhone pode ser projetado na Califórnia, mas seus diversos componentes convergem da Coreia do Sul, da Holanda e de Taiwan antes de serem montados na China continental pela Foxconn, uma empresa taiwanesa.

Essa fragmentação geográfica da produção deu origem ao que se chama cadeia global de valor. Cada fase da produção adiciona valor, desde o design e o desenvolvimento inicial, passando pela montagem dos materiais necessários, inclusive partes ou módulos complicados, até a linha de montagem que produz o produto acabado para envio ao seu destino final, onde será comercializado e vendido aos clientes. Cada estágio pode ocorrer em qualquer país onde a produção seja mais eficiente e tenha o menor custo. Produtos complexos tomam forma aos poucos, frequentemente cruzando fronteiras nacionais várias vezes antes de finalmente estarem prontos para venda ou exportação em forma acabada.

Tomemos o Mini Cooper como exemplo. Para fabricá-lo, a China envia os pneus para a Grã-Bretanha, ao mesmo tempo que envia as peças do motor para o Japão, para serem montadas e enviadas para a Grã-Bretanha. As peças do motor, o motor montado e os pneus são todos considerados bens intermediários que contribuem para o produto final. Um avião da Boeing tem 12 mil fornecedores ativos em todo o mundo; o comércio de ida e volta desses componentes é maior do que o comércio dos próprios aviões, razão pela qual essas trocas intermediárias dominam o mercado global. Até mesmo os componentes de um chip podem percorrer 40 mil quilômetros dos Estados Unidos, Coreia e Taiwan até a Alemanha antes de serem combinados em um produto acabado.[6]

Se mapearmos uma rede global de comércio, veremos que quase todos os países estão interligados. Com exceção da Groenlândia e de alguns países subsaarianos, *todas* as nações fazem parte da cadeia de suprimentos global. China, Alemanha e Estados Unidos são os pontos centrais para a maior parte desse fluxo global de comércio de bens. O comércio regional cria polos regionais: os parceiros comerciais mais fortes da China são seus vizinhos — Japão, Coreia e Vietnã. Para os Estados Unidos, México e Canadá são seus principais parceiros comerciais, e para a Alemanha, esses parceiros são Itália e França.

Quando os países trabalham juntos dessa forma, cada um ocupa uma posição específica na cadeia de valor. Por muito tempo, a China esteve principalmente envolvida com a montagem, recebendo produtos intermediários, como chips eletrônicos e componentes, de países como Japão, Coreia e Estados Unidos, e, em seguida, montando-os e enviando os produtos finais. Para a China, o benefício de fabricar um iPhone, por exemplo, era muito baixo. Em 2009, por exemplo, dos 100 dólares do preço de varejo, apenas 1,30 dólar ficava para a China. Em 2018, esse número chegou a 10,40 dólares.[7] Ao longo do tempo, a China aos poucos moveu-se para o centro da cadeia global de suprimentos, deslocando nações que anteriormente ocupavam essa posição. Em 2000, a China desempenhava um papel mais modesto na cadeia de valor global de têxteis, mas, em 2017, tornou-se a peça mais importante de toda a cadeia.[8] No setor de tecnologia da informação e comunicação (TIC), a China substituiu o Japão no lugar central da cadeia de suprimentos.

Apesar dessa dança das cadeiras, ter a China no sistema global de comércio representou uma oportunidade para todos, especialmente no novo paradigma do comércio: os baixos custos de produção e o alto grau de eficiência da China reduziram o preço dos produtos intermediários, o que gerou um efeito cascata em toda a rede, impulsionando os lucros. Empresas poderiam contratar mais trabalhadores e repassar preços mais baixos para os consumidores. No entanto, um novo perigo também surgiu desse mundo cada vez mais interconectado e, sobretudo, da posição proeminente da China. Em um fenômeno de efeito dominó, as perturbações no comércio chinês passaram afetar gravemente todos os seus parceiros comerciais — e, em última instância, os consumidores dentro desses países.

Quando as fábricas na China fecharam pela primeira vez em resposta à pandemia global em 2020, o impacto foi sentido amplamente em toda a rede de produção. A Coreia, que havia obtido muitos insumos na China, não pôde mais fornecer os componentes que estava produzindo para países como Alemanha ou Estados Unidos. E, quando os Estados Unidos não puderam importar essas peças da Coreia, isso interrompeu a produção em outros países, entre os quais a própria China — que estava adquirindo insumos dos Estados Unidos (produtos de alta tecnologia, em particular). Os choques de oferta transformaram-se em choques de demanda à medida que o adiamento das compras prejudicou ainda mais a China. De acordo com o Institute for Supply Management (ISM), cerca de 3/4 das empresas estadunidenses foram afetados pela interrupção da cadeia de suprimentos originada na China.

Outro evento que destacou o quanto o comércio global está interligado foi a guerra comercial entre os Estados Unidos e a China. Aparentemente, a imposição de tarifas sobre bens chineses que entram nos Estados Unidos pode ser vista como uma forma de punição para a China, mas, dada a complexa rede de interconexões que vimos anteriormente, as empresas e os consumidores estadunidenses não escaparam dos efeitos negativos. A intenção declarada do presidente Trump era fazer com que os chineses pagassem as tarifas, mas, na realidade, esse custo foi repassado para os consumidores estadunidenses; os preços de bens intermediários e finais dos Estados Unidos elevaram-se em cerca de 10% a 30%,[9] o que foi aproximadamente equivalente ao valor das tarifas impostas à China.

As empresas estadunidenses foram duramente afetadas, porque obtinham muitos produtos intermediários na China. Em razão das tarifas mais altas sobre esses insumos, as empresas estadunidenses enfrentaram mais custos de produção, o que então reduziu seus lucros e as forçou a demitir trabalhadores ou a aumentar os preços ou ambos. Quando a Caterpillar teve de pagar tarifas mais altas sobre produtos intermediários chineses, aumentando seus custos de produção em mais de 100 milhões de dólares, ela também teve de aumentar os preços das máquinas que produzia — um aumento de custo que acabou atingindo o bolso dos consumidores estadunidenses. E o efeito sobre os preços não parou por aí. Outras empresas do mesmo setor seguiram o exemplo e aumentaram os preços, mesmo que não fossem afetadas pelas tarifas chinesas. Um estudo realizado por economistas da Universidade de Chicago constatou que uma tarifa de 20% sobre máquinas de lavar resultou em um aumento de 12% no custo para os consumidores estadunidenses. Isso talvez fosse esperado, mas acabou também elevando o preço das secadoras na mesma medida, porque esses produtos frequentemente são comprados juntos.

A CHINA COMO PARCEIRA DE COMÉRCIO GLOBAL: AVALIANDO OPORTUNIDADES E AMEAÇAS

Hoje em dia, ouvimos falar mais sobre atritos comerciais, disputas e perdas de emprego do que sobre os benefícios da interdependência, o que tende a amplificar a voz dos populistas e a empurrar os países na direção de um maior protecionismo. Nesse contexto, o comércio com a China é uma oportunidade ou uma ameaça? Dadas as disputas comerciais de alto gabarito entre os Estados Unidos e a China, vale a pena nos concentrarmos neste ponto.

As importações chinesas parecem ter causado um estrago tremendo em certo segmento da população estadunidense. Entre 2000 e 2010, 6 milhões de empregos no setor de manufatura desapareceram nos Estados Unidos.[10] Em algumas cidades que produzem móveis, como Hickory, na Carolina do Norte, a taxa de desemprego saltou para 50% acima da média nacional de 9,6%.[11] No Sudeste, o emprego na indústria de manufatura como um todo caiu 38% na década seguinte a 2000. Esses eventos ocorreram durante um período de intensa penetração das importações chinesas nos Estados Unidos, e os economistas estimam que cerca de 2 milhões a 3 milhões de empregos no setor de manufatura perdidos no início dos anos 2000 podiam ser diretamente atribuídos às importações da China.[12]

Mas o quadro completo revela tons de cinza mais diversos. Acontece que dois desenvolvimentos importantes nos bastidores também contribuíram para o desaparecimento de empregos nos Estados Unidos. O primeiro foi um *boom* da tecnologia, especialmente a tecnologia da informação e a adoção da robótica.[13] Logo após a China ter ingressado na OMC, as empresas estadunidenses dedicaram-se à aquisição agressiva de equipamentos de produção mais avançados. Entre 2000 e 2003, a porcentagem de empresas estadunidenses de manufatura que compravam computadores e usavam redes eletrônicas aumentou de 20% para 60%.[14] Essa adoção de tecnologia em larga escala afeta inevitavelmente o trabalho: a informatização, a gestão da cadeia de suprimentos e a automação tornaram os trabalhadores qualificados mais produtivos, ao mesmo tempo que tornaram outros trabalhadores redundantes.

A segunda tendência importante foi que a manufatura estadunidense já estava em declínio *décadas* antes de a China entrar em jogo. O emprego no setor de manufatura nos Estados Unidos atingiu um pico em 1979 e começou a declinar com o uso de tecnologias que economizam mão de obra e com a terceirização para países como o México e o Japão. Além disso, os pesquisadores descobriram que o emprego no setor de manufatura diminuiu substancialmente no início dos anos 2000, mesmo em áreas nas quais praticamente não havia importações chinesas — ou comércio com a China, aliás.[15] Mas a razão pela qual o choque chinês doeu tanto não foi apenas o número de empregos perdidos, mas o fato de ter atingido os segmentos mais vulneráveis — como o de brinquedos, o de calçados e o de vestuário — que já estavam em declínio.[16] Os trabalhadores afetados tinham níveis mais baixos de educação, e as áreas geográficas mais afetadas tinham taxas de desemprego mais altas já antes da chegada dos produtos chineses. As importações chinesas tornaram essas vulnerabilidades preexistentes dolorosamente evidentes. E, à medida que um segmento, como o de automóveis ou de vestuário, é afetado, o emprego nas áreas circundantes também tende a sofrer. Localizar produtores de insumos especializados nas proximidades torna a produção mais eficiente, mas o lado negativo é que regiões inteiras podem ser esvaziadas por choques externos.

Uma grande parte do problema nos Estados Unidos é que a manufatura, anteriormente aberta a trabalhadores com pouca qualificação, foi se tornando cada vez mais orientada para trabalhadores altamente qualificados. O descompasso de habilidades no país explica grande parte da queda na demanda por mão de obra na manufatura. Como observam Anne Case e Angus Deaton em seu inteligente livro *Deaths of Despair and the Future of Capitalism*, a globalização e a China muitas vezes são apontadas como vilãs porque substituíram trabalhadores pouco instruídos por mão de obra estrangeira mais barata. No longo prazo, contudo, a estagnação dos salários nos Estados Unidos é única em comparação com outros países ricos que também enfrentaram a globalização e a mudança tecnológica. Como sugerem os autores, "há algo diferente acontecendo nos Estados Unidos [...] e algo particularmente tóxico para a classe trabalhadora", o que atribuem aos monopólios opressivos e às instituições estadunidenses que sempre enfraqueceram os sindicatos e deram força aos empregadores, permitindo que estes obtenham lucros demasiados à custa do trabalhador comum.[17]

Por mais difícil que tenha sido a onda de importações chinesas baratas para determinados setores nos Estados Unidos, as importações chinesas também criaram muitos empregos. Quando empresas chinesas constroem fábricas nos Estados Unidos, elas geram empregos. De acordo com o Conselho Empresarial Estados Unidos-China, as multinacionais chinesas empregam 19 mil trabalhadores estadunidenses, e as exportações dos Estados Unidos para a China sustentam outros 1,2 milhão de empregos estadunidenses.[18] Enquanto a perda de empregos proveniente do comércio com a China tende a se concentrar em um pequeno subconjunto de setores manufatureiros, a criação de empregos espalha-se por toda a economia dos Estados Unidos, incluindo muitos setores de serviços modernos. Isso também é verdade na Europa, onde empresas chinesas como a Huawei e a Lenovo estabeleceram uma presença substancial e empregam dezenas de milhares de funcionários, enquanto o comércio eletrônico da Alibaba está entre os principais da Europa Oriental e vem se expandindo para outras partes da Europa. Empregos também podem ser criados lá por meio de substanciais investimentos chineses na infraestrutura europeia.

Estudos constatam que, em geral, foram criados tantos empregos nos Estados Unidos por meio de suas exportações para o mundo quanto foram perdidos em virtude de suas importações. Outro estudo conclui que, considerando toda a cadeia de suprimentos, com seus canais *upstream* e *downstream*, o comércio com a China criou mais empregos do que eliminou.[19] Outros estudos ainda mostram que os empregos perdidos na área de manufatura foram mais do que compensados por empregos mais produtivos em marketing e gestão, em processamento de dados ou em finanças.[20] A Apple é o paradigma desse modelo: transfere a produção física dos produtos para fora dos Estados Unidos, mas expande o design, o marketing e o varejo em casa. Isso aumenta a rentabilidade, a produtividade e o valor agregado dos Estados Unidos. Claro, isso é uma boa notícia para os trabalhadores mais instruídos e má notícia para os menos instruídos. O problema, no entanto, não é o comércio em si, mas a erosão de empregos e a destruição de comunidades, que evidenciaram a distribuição desigual dos ganhos comerciais e a incapacidade dos governos para remediar e compensar aqueles que saíram perdendo. A chegada da China tornou esse ponto ainda mais claro, e isso doeu.

Esses fatos tendem a ser ignorados no calor da retórica política. Quando empregos são perdidos para concorrentes no exterior, é mais palatável politicamente enquadrar a competição global como "nós contra eles" do que admitir que o governo poderia estar fazendo mais e melhor. Da perspectiva de um economista, sem a distração da política, existem aproximadamente 70 mil trabalhadores no setor siderúrgico nos Estados Unidos, mas quase 10 milhões de trabalhadores na indústria automobilística e centenas de milhões de consumidores estadunidenses. Impor tarifas sobre produtos do setor siderúrgico poderia teoricamente salvar alguns milhares de empregos, mas muitos outros seriam perdidos em setores subsequentes, como a indústria automobilística, que utiliza o aço como insumo. Isso não leva em consideração o custo para as empresas atingidas por tarifas retaliatórias e para os consumidores em termos de preços mais altos. Em última análise, os esforços protecionistas para ressuscitar setores ameaçados de extinção podem até criar um certo cacife político ou favorecer grupos de interesse especiais,[21] mas distraem os políticos de soluções mais produtivas, como apoiar tecnologias emergentes que contribuam para empregos bem remunerados em um futuro promissor.

É interessante observar que as importações chinesas afetaram menos os países da Europa Ocidental.[22] A razão é que esses países já estavam expostos à concorrência de baixo custo de nações como Grécia e Turquia. A chegada da China acabou por eliminar empregos nesses últimos países, especialmente em setores como o têxtil e o de vestuário, e não na França, na Alemanha e na Escandinávia. A Alemanha, em particular, também se beneficiou substancialmente da integração com os países do Leste Europeu desde cedo, e suas exportações crescentes tanto para a China quanto para o Leste Europeu compensaram os empregos do setor de manufatura que foram perdidos. Além disso, os governos europeus fizeram um trabalho muito melhor para requalificar seus trabalhadores e buscar novos empregos para eles. Em 2015, a Alemanha, a França e a Dinamarca destinaram 0,20%, 0,37% e 0,60% do PIB, respectivamente, para gastos públicos com treinamento de trabalhadores, enquanto esse número foi de 0,03% nos Estados Unidos.[23] A Suécia possui uma eficiente rede de conselhos de segurança do emprego, administrados conjuntamente por indústrias e sindicatos, que requalificam trabalhadores demitidos e os ajudam a encontrar novos empregos. A agência nacional de desemprego da Alemanha transformou-se numa unidade de correspondência de empregos que oferece não apenas aconselhamento profissional como também *vouchers* para cobrir os custos de requalificação. Por essas razões, as importações chinesas causaram menos perturbação nos mercados de trabalho desses países.

O impacto negativo das importações chinesas sobre os trabalhadores de baixa renda nos Estados Unidos é indelével e irreversível para muitos. No entanto, a narrativa de que o comércio está arruinando a economia é seriamente distorcida quando não se examinam com cuidado os benefícios da comercialização com a China. Como observam Case e Deaton, isso também provocou uma “grande convulsão” nos Estados Unidos. As empresas tornaram-se mais produtivas e mais lucrativas graças a importações intermediárias menos dispendiosas. E, ao transferir a produção para a China, as multinacionais estadunidenses reduziram custos e estabeleceram-se perto de um grande mercado com renda disponível cada vez maior. Cadeias de suprimento mais eficientes, nas quais a China desempenha papel central, resultaram em ganhos para os muitos países envolvidos. Quando se trata dos clientes desses produtos, as importações chinesas proporcionaram aos consumidores estadunidenses móveis, roupas, brinquedos e dispositivos mais acessíveis e de qualidade cada vez melhor.[24] E com uma variedade notável. A Goodbaby, por exemplo, oferece uma enorme seleção de carrinhos e cadeirinhas de bebê, berços e cercadinhos — quatro vezes mais opções diferentes do que seu concorrente mais próximo — tudo a preços de mercado. A Haier transformou suas adegas para armazenamento de vinho em uma categoria popular por intermédio do Sam's Club dos Estados Unidos por menos da metade do preço original.

Os consumidores de menor renda são os que mais se beneficiam. Eles gastam uma parcela maior de sua renda em bens comercializados do que as famílias ricas (que gastam proporcionalmente mais em serviços), e muitos desses produtos vêm da China. Isso tem implicações significativas. Embora o intercâmbio comercial possa ampliar as lacunas salariais entre trabalhadores qualificados e não qualificados, também pode reduzir a desigualdade de renda *real* entre esses grupos. Se a renda de uma família permanece inalterada, mas o preço dos bens que ela consome cai 20%, ela efetivamente fica 20% mais rica; a disparidade de renda real diminui. Um estudo importante estima que, se o comércio fosse interrompido, os 10% mais pobres perderiam em média 63% de sua renda real, em comparação com apenas 28% para o grupo dos 10% mais ricos.[25]

Também existem efeitos positivos da concorrência, que pode ser implacável, mas também criativa: empresas europeias ou estadunidenses que enfrentam a ameaça existencial de concorrentes chineses foram forçadas a inovar e elevar seu desempenho. Considere um fabricante de calçados esportivos nos Estados Unidos ou na Europa, que desfrutava de uma posição lucrativa em um mercado maduro. A súbita entrada de tênis fabricados na China poderia ser potencialmente catastrófica para essa empresa caso ela competisse apenas com base no custo. Uma empresa como essa só poderia sobreviver se focasse de forma mais clara em seus clientes e atendesse suas necessidades específicas — personalizando e adicionando recursos exclusivos, como benefícios ergonômicos ou sistemas de medir a pulsação, por exemplo. Diante da concorrência da China, muitas dessas empresas entraram em ação, investindo em inovação, melhorando a qualidade, desenvolvendo novos produtos e buscando novos mercados de nicho.

A Ariens, uma empresa de removedores de neve e cortadores de grama com sede em Wisconsin, fundada em 1933, nunca enfrentou uma concorrência tão acirrada quanto a dos produtos chineses entre a década de 1990 e o início dos anos 2000. Ela respondeu com um enorme investimento em pesquisa e no desenvolvimento e no treinamento de seus trabalhadores, dando origem a um novo cortador de grama revolucionário que passou a dominar o mercado.[26] Quando a Marlin Steel Wire Products, uma produtora de cestas de arame para padarias de Baltimore, foi pressionada pela concorrência chinesa e quase chegou à insolvência, ela começou a investir em automação.[27] Depois de gastar milhões em equipamentos modernos, não apenas sobreviveu, mas também prosperou, e agora exporta para a China e o México.

Em um estudo seminal, três economistas mostraram que a ameaça representada pelas importações chinesas estimulou a inovação na Europa, respondendo por 14% das atualizações tecnológicas da Europa entre 2000 e 2007.[28] O aumento dos registros de patentes, da tecnologia da informação e da produtividade na Europa pode ser atribuído à pressão das importações chinesas. Embora não haja provas conclusivas de que a concorrência chinesa tenha feito o mesmo pela inovação nos Estados Unidos, há evidências de que as empresas que investiram mais em pesquisa e desenvolvimento foram substancialmente mais protegidas da concorrência chinesa de baixo custo.[29]

QUESTÕES ESPINHOSAS DE COMÉRCIO

Apesar de todos os benefícios que podem ser enumerados, não há dúvida de que as rosas da globalização são acompanhadas de espinhos. Quando esses espinhos espetam, a China, sendo a maior exportadora do mundo, envolve-se em disputas não apenas com os Estados Unidos, mas também com outras economias avançadas. As disputas mais importantes concentram-se nos subsídios estatais da China, em suas restrições ao investimento estrangeiro e em suas exigências de transferência de tecnologia, assuntos que mencionamos em capítulos anteriores. De forma mais ampla, elas são emblemáticas de uma série de disputas entre países em desenvolvimento e nações ricas no atual sistema de comércio global. Deixando a política de lado, o sistema de comércio global apresenta dilemas reais que precisam ser enfrentados. Um dos maiores desafios do sistema atual é que os interesses internos dos países muitas vezes têm de ceder às obrigações da Organização Mundial do Comércio.[30]

Por um lado, a ideia de "comércio justo", consignada nos acordos globais de comércio incorporados na OMC, significa coisas diferentes para pessoas diferentes, dependendo de suas perspectivas e interesses — e as visões das economias avançadas e dos países em desenvolvimento, muitas vezes, são diametralmente opostas. Muitos países em desenvolvimento consideram que as regras da OMC ou as condições impostas por organizações internacionais como o Banco Mundial e o FMI para emprestar dinheiro são muito rigorosas e enfraquecem essas economias em sua busca pelo desenvolvimento. Os países em desenvolvimento têm boas razões para nutrir e proteger indústrias nascentes por meio de subsídios, uma vez que as expor muito cedo à concorrência internacional poderia cortá-las pela raiz. A abertura *seletiva*, como o uso de controles de capital e a liberalização das exportações antes das importações, sempre foi o melhor caminho para que os países conseguissem se inserir com sucesso na globalização. Grã-Bretanha e Estados Unidos não foram exceções: ambos adotaram políticas nacionalistas, como subsídios, apoio a empresas estatais e controle governamental dos créditos bancários, ao mesmo tempo que reduziam tarifas.[31] A mesma estratégia permitiu que o Japão e a Coreia cultivassem gigantes globais como a Toyota e a Samsung, enquanto países da América Latina e da África que seguiram o conselho dos países ricos de abrir suas portas nunca conseguiram desenvolver as mesmas capacidades.

Além disso, na perspectiva dos países em desenvolvimento, os países avançados que estabeleceram as regras do jogo do comércio global manipularam as cartas a seu favor, protegendo seus próprios setores mais fracos ou orientados para suas necessidades, como agricultura e produtos têxteis, por exemplo, enquanto exigiam que os países em desenvolvimento reduzissem barreiras em seus setores mais fracos, como a manufatura avançada. Os países desenvolvidos estabelecem as regras — a definição de subsídio, por exemplo — e depois contornam essas regras. O economista sul-coreano Ha-Joon Chang defende enfaticamente essa tese em seu livro *Bad Samaritans*. Ele cita o exemplo do Japão e dos Estados Unidos, que estavam tão ansiosos para abrir o setor financeiro e industrial da Coreia que tornaram esse acesso uma condição prévia para o apoio financeiro do FMI durante a crise asiática em 1997.

Do outro lado do debate, as economias avançadas argumentam que países como a China se aproveitaram do sistema da OMC ao usar seu status de país em desenvolvimento para subsidiar empresas estatais e violar os direitos de propriedade intelectual. (As regras da OMC dão mais margem de manobra aos países em desenvolvimento para seguir suas próprias estratégias e toleram uma certa quantidade de infração aos direitos de propriedade intelectual.) Quando ingressou na OMC, a China indiscutivelmente se qualificava como um país em desenvolvimento, com um PIB *per capita* de cerca de 1 mil dólares. No entanto, vem aumentando a pressão para que a China mude seu status. Um país que, vinte anos depois, tem um PIB *per capita* de cerca de 10 mil dólares ainda se qualifica como um país em desenvolvimento, mas Pequim e Xangai também desfrutam de níveis de renda quase equivalentes aos de nações ricas como a Coreia. As indústrias maduras e a tecnologia da China em algumas áreas estão entre as melhores do mundo, como vimos no capítulo anterior. No entanto, a situação é complexa, já que o país ainda tem mais de 600 milhões de pessoas com uma renda média de 140 dólares por mês.

Em 2001, quando a Organização Mundial do Comércio finalmente aceitou a China como membro, esse país tinha uma presença pequena na economia global. Os acordos negociados naquela época faziam sentido, mas a China se transformou em um ritmo que superou em muito a imaginação de todos. Quando as exceções criadas para países em desenvolvimento foram aplicadas à China, poucos poderiam ter previsto o impacto no resto do mundo. Quando a China concedeu subsídios a suas siderúrgicas e a seus fabricantes de painéis solares, por exemplo, isso resultou em uma queda significativa nos preços globais e em um excesso enorme de oferta. Mesmo que preços mais baixos para tecnologias limpas possam ter sido bons para o meio ambiente, o atrito que eles causaram no sistema comercial acabou ofuscando em grande parte esse benefício.

As regras da OMC proíbem subsídios estatais para exportações que distorcem os mercados estrangeiros. O problema é que todas as nações fornecem subsídios estatais, às vezes imensos, para setores como energia, agricultura e manufatura. As economias avançadas não são exceção. E quando o mercado não oferece incentivos suficientes para o investimento em setores essenciais para mitigar os efeitos da crise climática, por exemplo, faz sentido o governo intervir. Além disso, muitas vezes é difícil discernir se esse apoio visa às exportações e se afeta adversamente a competição justa. Nos Estados Unidos, empresas como a GM, a GE, a Ford e a Boeing recebem subsídios. A ideia de que isso não distorce os mercados internacionais parece implausível, mas para provar que os Estados Unidos violaram as regras da OMC seria preciso provar que outros países foram prejudicados por esse processo — um limite probatório difícil de atingir. É por isso que as disputas sobre subsídios são tão difíceis de resolver. E não são apenas os subsídios que provocam controvérsias. O alcance da OMC estende-se aos sistemas tributários de seus países-membros, às normas de segurança alimentar, às regulamentações ambientais e às políticas de promoção industrial, todos os quais podem ser contestados pelos parceiros comerciais da organização.

Vem se consolidando o consenso de que o projeto do sistema da OMC é falho. Ele possui muitas brechas e a fiscalização é irregular. Reunir um grande número de economias muito diferentes sob um mesmo guarda-chuva com um sistema de regras justas é algo intrinsecamente desafiador, e é preciso trabalhar muito para acertar a mão. As regras precisam ser atualizadas em relação ao fluxo de dados, ao comércio eletrônico, à proteção ambiental e aos direitos trabalhistas; também precisam focar mais no fluxo de mercadorias e menos no comércio de serviços, que beneficia desproporcionalmente os EUA. Para que a OMC conserve a sua importância, será necessário contar com a participação tanto dos Estados Unidos quanto da China. Nos últimos anos, contudo, os dois países têm procurado resolver suas disputas comerciais, sobretudo, por meio de negociações bilaterais.

Por parte da China, várias medidas podem ser adotadas para garantir um engajamento contínuo com o sistema global de comércio. A China poderia reconhecer seu nível mais elevado de desenvolvimento em relação a outras economias em desenvolvimento em muitas áreas. Os subsídios às entidades estatais também poderiam ser eliminados aos poucos, para o próprio bem da China. O apoio estatal pode até conseguir fortalecer alguns setores estratégicos, mas mantém empresas estatais improdutivas em funcionamento por muito tempo, desviando recursos de empresas produtivas e desperdiçando dinheiro. Essa mudança ainda criaria um campo de jogo mais equilibrado para empresas estrangeiras que competem nas mesmas áreas, melhorando a imagem do país. Na China, os subsídios estatais diretos, exceto os de empresas estatais estratégicas, estão se tornando cada vez mais raros, mas pressionar a China a abandonar seu modelo de capital estatal só para poder entrar em uma negociação comercial é uma atitude pouco realista, que dificilmente terá algum resultado.

Mesmo assim, sob muitos aspectos, a pressão externa sobre a China para que ela mude algumas de suas práticas pode ser um presente disfarçado. A nova lei chinesa de investimentos estrangeiros proíbe transferências forçadas de tecnologia (uma das áreas centrais de disputa) e estipula punições para os funcionários do governo envolvidos em processos desse tipo. Há anos, a China revogou milhares de leis e criou outras para atender às condições de adesão à OMC, tornando as empresas chinesas mais eficientes e disciplinadas. Além disso, o país modificou suas práticas quando perdeu uma decisão da OMC e registrou um histórico melhor do que o dos Estados Unidos. Desde 2001, foram apresentadas 47 queixas na OMC contra a China, mas mais do que o dobro desse número contra os Estados Unidos no mesmo período. E apenas duas das 47 resultaram em uma segunda queixa, indicando que as exigências não foram atendidas, em comparação com quinze ignoradas pelos Estados Unidos.[32] Isso é o que os chineses chamam de *dao bi ji zhi*, uma situação de "bloqueio" em que não há rota de fuga senão seguir em frente — fazendo reformas, por exemplo. Dessa forma, abrir ainda mais a China, torná-la mais orientada para o mercado e proteger a inovação com mais vigor fazem parte, de qualquer maneira, dos interesses de longo prazo da China nesta fase. As disputas bilaterais tiveram poucos resultados, ao mesmo tempo que infligiram perdas em ambos os lados. O sistema multilateral, no entanto, tem sido até agora o caminho mais eficaz e mais civilizado para a resolução de disputas comerciais, obrigando todos os parceiros comerciais, a China inclusive, a cumprir suas regras.

É importante reconhecer que a ascensão da China como uma potência comercial global baseia-se no sucesso de sua própria economia. Em seguida, ela aproveitou a maré crescente da hiperglobalização para se tornar um elo importante na rede global de comércio. Ondas mais altas são boas para um surfista habilidoso, e a China aproveitou ao máximo sua produtividade, sua mão de obra de baixo custo e sua infraestrutura e logística otimizadas. Esses fatores superam subsídios controversos e desequilíbrios nas taxas de câmbio, que, mesmo se a China os modificasse completamente, não trariam de volta empregos na indústria manufatureira estadunidense ou europeia. Os empregos nesses setores vulneráveis teriam sido perdidos de qualquer maneira, como vimos, seja para a tecnologia, seja para outros países de mão de obra barata.

A competição quase nunca é confortável; o que é bom para a Pepsi pode não ser bom para a Coca-Cola. Porém, quando uma empresa cria um produto melhor como resultado dessa competição, o consumidor se beneficia e, com o tempo, se sobreviverem, ambas as empresas também se beneficiam. As guerras comerciais provaram ser uma receita para a perda de produtividade e para o desperdício, e, no final, não beneficiam ninguém. Em última análise, a raiz da perda de competitividade de um país são os problemas internos e suas políticas mal elaboradas, e não o sucesso de concorrentes estrangeiros. Para criar empregos na Europa ou nos Estados Unidos, as empresas terão que inovar e se tornar mais competitivas, e os governos terão que cumprir seu papel de preparar seus trabalhadores para as transições. Isso, e não as políticas protecionistas, deve ser sempre a primeira linha de defesa. A China também não terá mais ninguém para culpar caso enfrente setores em declínio, desaceleração de produtividade e crises financeiras que resultem em uma sociedade mais dividida e desigual. Infelizmente, "a capacidade de perceber adversários como totalmente maus e de se perceber como totalmente bom", conforme descrito pelo psicólogo Charles Osgood, reflete parte do estado de espírito atual quando se trata de comércio global.

O QUE VIRÁ A SEGUIR?

Atualmente, o futuro da globalização parece incerto. O protecionismo está em ascensão; em meio a tensões geopolíticas e depois de uma pandemia global que interrompeu as cadeias de suprimentos em praticamente todos os setores, desde microchips até máscaras N95, fala-se cada vez mais sobre desglobalização e desacoplamento. Enquanto isso, os Estados Unidos travaram uma "guerra dos chips" contra a China, rompendo ainda mais uma cadeia de suprimentos já frágil. Apesar de todos os benefícios que a globalização trouxe, ela acabou sendo tomada como um bode expiatório para todos os problemas que o mundo está enfrentando, e a China tem um papel de destaque nessa narrativa. No entanto, apesar desses sentimentos, a experiência nos diz que a globalização é, nas palavras do escritor Zachary Karabell, especializado em negócios, "fácil de odiar, conveniente de criticar, mas impossível de parar".[33] Apesar da falação e do furor, os dados mostram que não há sinais de desglobalização à vista. O ritmo de expansão diminuiu desde a crise financeira de 2008, já que as forças positivas mencionadas anteriormente neste capítulo estão perdendo fôlego. No entanto, não apenas o volume do comércio global se recuperou após cada revés como também rapidamente ultrapassou os níveis pré-crise. Isso vale tanto para a crise financeira de 2008, quando o volume do comércio mundial caiu mais que o dobro do PIB mundial, quanto para a pandemia de 2020.

Novas formas e novos padrões de globalização estão surgindo, ao mesmo tempo que outros aspectos se modificam. O comércio de serviços viabilizado pela tecnologia floresceu. O comércio digital está em alta. Os streamings de vídeo, a educação online, o comércio eletrônico e a telemedicina foram impulsionados por uma maior conectividade e pela tecnologia de participação remota amplamente adotada durante a pandemia. Empresas de todo o mundo estão vendendo seus produtos em plataformas como Amazon, Alibaba e Facebook. O Alibaba está fazendo incursões na Europa, competindo com a Amazon. A Shein, que vende *fast fashion* feita na China por intermédio do TikTok e do YouTube, tornou-se um fenômeno entre os *millennials* americanos. Os consumidores não estão mais encontrando produtos chineses apenas em lojas como Walmart, Best Buy, Tesco e Carrefour, mas estão comprando-os diretamente de plataformas de internet chinesas e estadunidenses. A tecnologia continuará impulsionando o comércio global a novos patamares, independentemente dos clamores populistas.

Apesar de a globalização em si ser uma constante, os papéis de seus principais participantes estão em constante mutação. À medida que a parcela de exportações de mão de obra intensiva da China for diminuindo e sua parcela de exportações frutos de pesquisa e qualificação intensiva for crescendo, competir com a China no sistema de comércio global assumirá um novo significado. Em vez de continuar inundando os portos europeus e estadunidenses com roupas, brinquedos e móveis baratos, a China estará subindo na cadeia de valor para produzir produtos mais sofisticados, que concorrem diretamente com os feitos no Japão, na Alemanha e nos Estados Unidos, desde produtos químicos e eletrônicos até baterias.[34] Ela também se juntará a esses países em um novo tipo de manufatura que emprega tecnologia de última geração, como inteligência artificial, robótica e megadados, tornando a produção mais eficiente e menos custosa, ao mesmo tempo que melhora sua qualidade. Por exemplo, na China, a inteligência artificial já alimenta linhas de produção operadas por robôs que funcionam 24 horas por dia, 7 dias por semana, sem supervisão e sem interrupções, substituindo humanos que executam trabalhos perigosos e de alta intensidade. A Haier, empresa que exporta geladeiras e máquinas de lavar para os Estados Unidos, criou "fábricas conectadas" para que os clientes com requisitos específicos possam inseri-los em uma plataforma interativa e obter uma geladeira ou uma máquina de lavar sob medida. Os tempos de entrega da Haier foram reduzidos pela metade e seus custos operacionais diminuíram em 20%. Assim como essa empresa, cada vez mais fabricantes chineses estão adotando equipamentos inteligentes e interfaces práticas.

Essa mudança pode parecer alarmante para as economias avançadas, cuja vantagem relativa está em trabalhadores altamente qualificados e tecnologia sofisticada. No entanto, existe uma diferença fundamental entre as indústrias de baixa e de alta qualificação. A primeira produz bens altamente substituíveis; quem produzir a camiseta mais barata substituirá a concorrência. O setor de alta tecnologia, no entanto, permite mais diferenciação e variedade, possibilitando que mais empresas encontrem maneiras de coexistir no mesmo ambiente. Por exemplo, os telefones da Apple e da Xiaomi são concorrentes, mas um apresenta qualidade superior a um preço mais alto e o outro oferece boa qualidade a um preço mais baixo. Equipamentos de telecomunicações e serviços de nuvem chineses são particularmente populares em países em desenvolvimento, pois oferecem acesso a infraestrutura de alta tecnologia a preços competitivos, o que faz com que esses países em desenvolvimento possam se tornar o principal destino para esses produtos de alta tecnologia chineses.

No futuro, a China se esforçará para ser uma versão maior da Alemanha, porém mais voltada para o progresso, com uma capacidade industrial sem igual impulsionada por tecnologias de ponta. Aprimorar a manufatura é um foco claro do 14º Plano Quinquenal (2021-2025). Para a China, não será uma versão chinesa dos Estados Unidos — uma economia financeirizada e orientada para os serviços — que garantirá sua segurança e força. Em vez disso, o governo declara explicitamente no plano que o foco deve estar em desenvolver a "economia real", investir em conhecimento e habilidades especializadas para subir na cadeia de valor e se tornar um nó ainda mais importante da cadeia global de suprimentos.

Quando o impacto japonês atingiu a economia dos Estados Unidos por uma década a partir de 1975, ele causou efeitos mais lentos e menos intensos do que os do impacto chinês no início dos anos 2000. E os trabalhadores de baixa qualificação nos Estados Unidos não tiveram de suportar o impacto total da nova concorrência do Japão, que afetou principalmente itens de alto valor, como carros, eletrônicos e máquinas; como esses segmentos tinham níveis de renda e educação acima da média, e taxas de desemprego abaixo da média, eles se adaptaram rapidamente e foram estimulados a melhorar. Além disso, não demorou muito para que os trabalhadores requalificados encontrassem novos empregos. No entanto, isso não impediu uma onda de sentimento antijaponês nos Estados Unidos na década de 1980. Essa experiência nos dá motivos para acreditar que a ascensão da China na cadeia de valor de produção pode não produzir os mesmos efeitos colaterais nos trabalhadores de baixos salários ou causar deslocamentos massivos como os provocados em anos anteriores, mas, ao mesmo tempo, a inquietação nacional dificilmente diminuirá.

Dentro da própria China, as coisas estão mudando. Os custos trabalhistas estão aumentando significativamente e o crescimento está desacelerando, catalisando uma migração da manufatura de baixo custo para seus vizinhos asiáticos. Um amigo meu me lembrou recentemente que as camisetas baratas que ele costumava comprar nos Estados Unidos há quinze anos e que eram fabricadas na China agora são feitas no Vietnã. Mas não se trata apenas camisetas; as restrições prolongadas da pandemia e as tensões geopolíticas com os Estados Unidos têm levado cada vez mais empresas como a Apple e o Google a transferir parte da produção de smartphones para a Índia e o Vietnã.[35]

Essa tendência talvez seja inevitável. Mas também há desenvolvimentos positivos que vêm com a maturação econômica e a evolução social. As empresas chinesas estão menos interessadas em um nivelamento por baixo — eliminando os concorrentes do mercado ao reduzir preços e lucros e explorando os funcionários ao máximo. As empresas chinesas também estão sujeitas a padrões ambientais cada vez mais rigorosos, à medida que o país se afasta de níveis recordes de poluição do ar em direção a uma economia verde e sustentável, o que resulta em custos mais elevados. E, ao mesmo tempo que os jovens chineses estão se interessando mais por lazer e menos dispostos a aceitar longas jornadas de trabalho em uma linha de produção de fábrica, o próprio governo está desestimulando a jornada de trabalho 9-9-6, para que os jovens possam ter mais filhos e ajudar a amenizar os desafios demográficos iminentes da China. É claro que sempre haverá filhos únicos pioneiros e altamente motivados que buscam deixar sua marca no país e no mundo, mas outros jovens estão optando por uma vida de *carpe diem* ou se tornando parte do fenômeno do *tang ping* ("ficar deitado"), adotando uma abordagem minimalista em relação ao trabalho e à renda. À medida que todas essas forças internas ganham força — e à medida que países como Índia, Malásia, Tailândia, Indonésia e Vietnã assumem cada vez mais o papel de manufatura de baixo custo —, elas apoiarão a mudança da China para longe do trabalho barato e incessante, e em direção a uma produção de alto valor, que incorpore mais pesquisa, conhecimento e habilidade.

Isso também significa que a reclamação tradicional sobre o comércio chinês — seu grande superávit comercial em relação aos déficits estadunidenses — está se tornando menos pertinente para o debate. Os superávits comerciais resultaram do fato de os chineses trabalharem demais e consumirem pouco e, como vimos nas guerras comerciais, não há muito que tarifas, embargos ou políticas comerciais possam fazer para mudar esse desequilíbrio comercial. É muito mais provável que a mudança no comportamento das pessoas, conforme se tornam mais prósperas, possa corrigir esses desequilíbrios ao longo do tempo. Também ajuda o fato de que, se antes o foco dos produtores chineses costumava ser vender mais para estrangeiros, agora ele foi redirecionado para vender mais para os próprios chineses.

A ASCENSÃO DO NACIONALISMO ECONÔMICO

Embora o globalismo seja um gênio que se recusa a voltar para a lâmpada, forças geopolíticas, políticas comerciais e rupturas no ecossistema da cadeia de suprimentos estão empurrando muitos países em direção ao nacionalismo econômico. A resposta da China tem sido direcionar suas prioridades para que o crescimento econômico seja acompanhado por um novo foco em seu próprio mercado interno. Isso se reflete no conceito de "circulação dupla", um componente central do 14º Plano Quinquenal, com dois motores impulsionando simultaneamente a economia chinesa. Um deles mantém a China aberta para o mundo ("circulação internacional") e o outro desenvolve a autossuficiência ao cultivar seu próprio mercado ("circulação interna"), de maneira que os dois se reforçam mutuamente. Para alguns observadores, essas políticas indicam que a China está dando as costas ao mundo.

Na verdade, o mesmo Plano Quinquenal e o mais recente congresso do partido atribuem uma enorme ênfase ao desenvolvimento do setor de alta tecnologia na China, como já vimos. Todo o esforço nacional está sendo direcionado para desvincular a China de microprocessadores de alta qualidade e outras peças essenciais fabricadas no exterior, desenvolvendo suas próprias tecnologias. Mas, na mentalidade dos chineses, não há contradição quando se trata de manter a abertura contínua e buscar uma maior autossuficiência. Pelo contrário, os dados apontam para uma abertura muito maior, o que foi reiterada no 20º Congresso do Partido Comunista Chinês. Setores que antes eram restritos, como os de serviços financeiros, agora estão abertos a empresas com 100% de participação estrangeira. Ao ingressar em um grupo de quinze países asiáticos que formaram o maior bloco comercial do mundo, a Parceria Econômica Abrangente Regional (RCEP, na sigla em inglês), no início de 2022, a China se comprometeu a abrir totalmente pelo menos 65% de seus setores de serviços. Ao mesmo tempo, a China está experimentando a criação de zonas de livre-comércio dentro do país, como o Porto de Livre-Comércio de Hainan, onde as empresas estariam isentas dos controles aduaneiros normais e de outras restrições governamentais, tendo livre acesso a mercadorias e empréstimos estrangeiros. O país está buscando ativamente novos laços com parceiros comerciais e solidificando as conexões estabelecidas em regiões vizinhas, nas quais reside sua ambição de liderança a curto prazo.

A China precisa do mundo e o mundo precisa da China — mesmo que, em alguns casos, "a política seja fria, mas a economia, quente". Os investimentos estrangeiros diretos na China continuaram a atingir recordes mesmo após o início das guerras comerciais com os Estados Unidos. Um fator crucial é que as empresas estrangeiras que vendem muito para a China desejam localizar instalações de fabricação perto do "mercado interno", para que os produtos fabricados lá possam ser vendidos de forma direta, evitando custos adicionais de transporte e alfândega. A Tesla é um exemplo. Sua fábrica mais avançada está localizada em Xangai e a empresa aposta em seu baixo custo, infraestrutura de ponta e logística; acima de tudo, a Tesla deseja vender diretamente aos clientes chineses. Por essa mesma razão, pouquíssimas empresas japonesas em 2022 planejam reduzir seu tamanho ou sair do mercado chinês, apesar das rígidas restrições relacionadas ao covid-19 na China, enquanto muitas outras planejam se expandir. As montadoras japonesas estão convictas de que o lucrativo mercado chinês vale o risco de depender mais de suprimentos chineses ou até de transferir tecnologia, a ponto de cultivar concorrentes dentro do próprio país.[36] Além de vender para os clientes, muitas empresas internacionais consideram a China como um "centro de treinamento" e um "campo de testes", onde os exigentes consumidores chineses impulsionam implacavelmente as empresas a oferecer produtos melhores e mais inovadores. Marcas estrangeiras de roupas, algumas das quais sofreram reações negativas por provocar sentimentos nacionalistas ao abordar questões políticas sensíveis, estão dispostas a ser mais cuidadosas ao se relacionarem com o público chinês. A marca de roupas sueca H&M retornou à plataforma de comércio eletrônico da Alibaba um ano depois que suas lojas foram fechadas em consequência de um boicote chinês.

Tim Cook, CEO da Apple, descreveu em várias ocasiões como a China se tornou uma fonte vital para a empresa, com sua combinação única de fabricação avançada e habilidade artesanal que atende ao alto padrão de qualidade e precisão da companhia. Esse tipo de comércio multinacional é extremamente importante: cerca de *1/4* da produção global é realizada por multinacionais como Apple, Nike, Toyota e Unilever, sendo que uma grande parte desse comércio é conduzida por suas afiliadas em lugares como a China. Os Estados Unidos, por exemplo, têm 5 trilhões de dólares em vendas realizadas por meio de afiliadas estrangeiras de empresas multinacionais, em comparação com cerca de 1 trilhão de dólares em exportações enviadas diretamente do país.[37]

Assim, mesmo em um mundo pós-pandêmico, as cadeias de suprimentos globais e a interdependência global ainda serão tão importantes quanto sempre foram, e o papel da China ainda será indispensável, embora diferente. Consumidores ao redor do mundo ainda exigirão preços mais baixos e as empresas ainda vão querer importar peças de outros países se forem mais baratas do que as produzidas em seu próprio país. As cadeias de suprimentos globais ainda oferecem mais espaço para diversificação do que se os países fizessem tudo por conta própria, uma vez que a maioria dos abalos é local, e não global (as pandemias são a exceção e não a regra). Apesar de todo o ruído e a fúria das guerras comerciais, seu impacto no déficit comercial entre os Estados Unidos e a China tem sido insignificante. Em vez disso, tanto as importações quanto as exportações entre os dois países *aumentaram* em 2020. Não é tão fácil descartar a China como parceira comercial ou substituir essa gigantesca potência de manufatura, por mais inconveniente que seja a verdade. Um quinto das importações da Coreia do Sul vem da China, que também é o principal mercado de exportação da Coreia. A China é o maior parceiro comercial do Japão. É improvável que economias pequenas, como a do Vietnã, consigam assumir em breve uma grande parte da produção chinesa, pois têm o tamanho de uma cidade de segunda categoria na China. As eficiências da China vão além da escala e incluem infraestrutura e logística, graças ao principal sistema de gestão de cadeia de suprimentos do mundo e à facilidade de fazer negócios em comparação com outros países em desenvolvimento. Várias empresas globais que exploraram a possibilidade de transferir sua produção para o Vietnã tiveram que lidar com a corrupção endêmica nesse país, apenas para descobrir que os custos totais ainda eram menores na China.

A conexão da China com o mundo provavelmente se aprofundará, mas não se deve considerar que essa tendência é garantida. Apesar de suas intenções de maior integração, a China está tendo de equilibrar muitas prioridades e enfrentando dificuldades para conciliar preocupações internas e pressões externas. Lockdowns prolongados e restrições de viagens, bem como as crescentes tensões entre os Estados Unidos e a China, estão levando empresas estrangeiras a adotar uma postura de espera e observação. Os laços interpessoais estão enfraquecidos sem a interação física, e algumas empresas internacionais estão tendo dificuldade em manter funcionários estrangeiros. Não será fácil reavivar o entusiasmo passado em relação à segunda maior economia, mas pode ser igualmente difícil deixar de lado as oportunidades representadas pelo maior grupo de renda média do mundo.

No longo prazo, o mundo encontra-se em um dilema em relação à China. Encara com ambivalência essa superpotência em ascensão, que é, em diversos aspectos, diferente de qualquer outra anterior. Por um lado, os líderes ocidentais gostariam de ver a China assumir mais responsabilidades globais, compartilhando o ônus de manter a paz e a segurança internacionais, bem como a estabilidade econômica e financeira global. Por outro lado, ainda não se sentem confortáveis com a influência da China no cenário global, que é proporcional ao seu tamanho econômico e ao seu novo poder.

Quanto à China, ela busca uma forma de liderança global em que desempenhe um papel ativo na definição de normas e regras internacionais. Com esse objetivo, a China se tornou um dos maiores contribuintes para a ONU, para a OMS e para o FMI, ao mesmo tempo que ajuda a financiar o Banco Mundial, o Banco Asiático de Desenvolvimento e outros mecanismos cooperativos multilaterais. Ela não está disposta a se subordinar, mas também não aspira a dominar. Esforça-se para ser autossuficiente apenas para evitar a dependência precária de outros. Acredita que tem o direito à prosperidade de seu povo e a um papel nos assuntos internacionais condizente com seu status de grande potência. O país fez fortes declarações oficiais em apoio a uma ascensão pacífica, ao mesmo tempo que rejeita a ideia de que "as grandes potências devem ser hegemônicas" (*guo qiang bi ba*).[38] A insistência da China na coexistência de nações com diferentes valores, sistemas políticos, crenças religiosas e modelos econômicos difere da defesa da democracia universal dos Estados Unidos. Reservando julgamento sobre o absoluto em prol do prático, a China acredita que a cooperação econômica pode transcender diferenças nacionais intrínsecas. Curiosamente, durante boa parte da história moderna, foi o pluralismo europeu que se comprometeu com um ideal de diversidade, e é o espírito da diversidade de opiniões que permeia as universidades estadunidenses atualmente.

As interações da China com o restante do mundo também devem ser vistas como parte de uma evolução. Por exemplo, seus laços econômicos iniciais com a África eram movidos principalmente pelo desejo de adquirir recursos naturais. No entanto, ao longo do tempo, a China reconheceu a necessidade de cultivar um relacionamento mais sustentável, investindo em uma ampla gama de setores, auxiliando governos africanos a construir parques industriais que aproveitem a própria experiência da China e construindo hospitais, infraestrutura e escolas para comunidades africanas.

A China compreende a necessidade de cooperação quando se trata de enfrentar ameaças à humanidade. Isso exigiria um esforço conjunto da comunidade internacional, especialmente da China e dos Estados Unidos. O desafio está em saber se as duas superpotências econômicas podem separar suas diferenças daquelas áreas em que podem colaborar, e não permitir que uma coisa contamine a outra. Mudanças climáticas, degradação ambiental, pandemias globais, terrorismo e cibersegurança não podem ser abordados com sucesso sem uma cooperação estreita entre as maiores potências mundiais. Em áreas importantes, a China transformou palavras em ações. Ela responde por 1/3 do investimento global em energia renovável. Investe mais de 50 bilhões de dólares em pesquisa e desenvolvimento de energia limpa a cada ano e está rapidamente se tornando um centro global de inovação em energia.

O país também está comprometido em atingir a neutralidade de carbono até 2060. Empresas chinesas estão profundamente envolvidas com seus parceiros estadunidenses, japoneses e europeus no desenvolvimento de várias inovações ecológicas, como armazenamento de energia e veículos elétricos. Apesar dos atritos comerciais e das disputas geopolíticas com as principais economias, a China encontrou muito menos desconfiança ao liderar a revolução verde ao redor do mundo. Mas, uma vez que a China e os Estados Unidos juntos representam 40% do consumo global de energia e das emissões globais, e 50% do uso global de carvão, desvincular essas duas principais potências interromperia a iniciativa verde quando ela é mais necessária.

Mesmo quando a retórica entre estados soberanos se torna acalorada e estridente, não podemos permitir que isso interfira nos interesses comuns, que são tão importantes. O apontar de dedos que às vezes serve como diplomacia deve dar lugar à ação real. Ameaças às vias de informação que conectam os jovens — as universidades, os programas de intercâmbio, os projetos colaborativos e os movimentos fluidos de pessoas — minam a estabilidade e a paz. Em vez disso, devemos nutrir os laços que nos unem — o comércio global desempenha, aqui, um papel importante de conexão — e continuar buscando entender uns aos outros como cidadãos e companheiros globais.

Com a possível exceção da Índia, nenhum país jamais alcançará o mesmo impacto na economia global que a China. O mundo se transformou desde que a China entrou nesse palco global, e, em uma era de informação, outros países em desenvolvimento dificilmente conseguirão alcançar o status de renda média por meio da produção e do comércio. O custo marginal da manufatura está caindo drasticamente à medida que a automação, a impressão 3D e outras tecnologias de substituição de mão de obra entram em cena, especialmente para as nações ricas. No entanto, enquanto o capítulo comercial do drástico impacto da China sobre o mundo vai se encerrando, outro capítulo está começando. A participação da China nas finanças globais ainda está muito aquém das economias avançadas, mas a China está tomando medidas para diminuir essa lacuna e se tornar uma potência financeira internacional.

9. NO PALCO FINANCEIRO MUNDIAL

Se avançássemos duzentos anos e olhássemos para trás a fim de estudar a história das finanças globais no século XXI, talvez víssemos a China assumindo o novo papel como âncora financeira do mundo, da mesma maneira que a Grã-Bretanha fez no século XIX e os Estados Unidos no século XX. Esses dois países tinham qualidades importantes em comum. Ambos foram as maiores economias do mundo em sua época e ambos foram responsáveis por fazer investimentos maciços além de suas próprias fronteiras. No século XIX, a Grã-Bretanha financiou a criação de um vasto império colonial e de infraestrutura em várias nações independentes, entre as quais, muitas na América Latina. Os Estados Unidos responderam por mais de 40% de todos os investimentos estrangeiros feitos entre 1975 e 1980,[1] assumindo o papel de maior banqueiro do mundo. Assim como Londres e Nova York se tornaram centros eminentes das finanças internacionais, a libra esterlina e o dólar se tornaram as moedas dominantes de suas respectivas épocas.

A globalização não se limita ao fluxo de mercadorias através das fronteiras: abarca também o fluxo de capital. Bancos chineses emprestam a países africanos para que possam construir obras de infraestrutura; empresas estadunidenses financiam novas fábricas e unidades de montagem na China; e cidadãos britânicos adquirem ações da Apple e do Google nas bolsas de valores estadunidenses. Essa circulação global de capital, que inclui o investimento estrangeiro direto, ações e títulos e empréstimos bancários, aumentou 800% entre 1990 e a crise financeira de 2008, acompanhando o período de hiperglobalização que vimos no mundo do comércio. Assim como a liberalização do comércio na China incluiu mais de 1 bilhão de pessoas no mercado global de trabalho e consumo, a abertura financeira da China, ainda que cautelosa, está inserindo trilhões de dólares na economia global. Os chineses são tradicionalmente grandes poupadores, e o dinheiro que não está sendo investido no país é enviado para o exterior. Essas poupanças conferem aos chineses a capacidade econômica de financiar gigantescos projetos globais de infraestrutura e impulsionar investimentos globais em energia renovável. A China também é um dos maiores detentores de títulos do Tesouro dos Estados Unidos, o que torna as duas economias profundamente entrelaçadas.

No capítulo anterior, exploramos o impacto comercial que aconteceu quando a China passou a fazer parte da Organização Mundial do Comércio.

Outra perturbação desse tipo pode estar se aproximando, desta vez no mundo das finanças internacionais, onde a dominação dos Estados Unidos já não parece tão inabalável. Embora a participação dos Estados Unidos na economia global esteja diminuindo, suas responsabilidades como fornecedor de liquidez e credor de última instância para o mundo estão aumentando. À medida que a demanda global por dólares aumenta, os Estados Unidos, endividados e voltados para seus problemas internos, estão tendo dificuldades para satisfazer a procura mundial por seus ativos e sua liquidez. A história nos diz que essa dinâmica pode ser um sinal de instabilidade financeira global — e uma oportunidade para que um poder financeiro emergente desafie o poder dominante e busque assumir o papel central.

Hoje, uma China ambiciosa está tomando medidas exatamente para fazer isso. Está intensificando esforços para popularizar sua moeda, o renminbi (*ren min bi* significa "moeda do povo"), incentivando que o comércio seja faturado nessa moeda e permitindo que bancos de investimento estrangeiros, companhias de seguros, agências de classificação de risco e outras instituições financeiras façam negócios na China. O PBC, o Banco Central da China, também está utilizando o renminbi para fornecer assistência financeira a países que foram deixados de fora do clube dos países ricos em um momento de necessidade,[2] fornecendo liquidez de emergência à Argentina, durante sua recorrente crise econômica e de dívida,[3] e ao Egito, diante do aumento de sua dívida em 2016.[4] Países geográfica e economicamente diversos, como Áustria, África do Sul e Japão, estão guardando quantidades sem precedentes de renminbi como reserva em seus bancos centrais. Em 2016, o FMI adicionou o renminbi (com uma ponderação de 10,9%) à cesta das cinco principais moedas que compõem os direitos especiais de saque (SDR, na sigla em inglês) — o ativo de reserva internacional.

Mas não se sabe ainda ao certo se a China está pronta para assumir o papel de liderança econômica internacional. A China certamente possui um forte poder econômico para isso, dado o tamanho de sua economia, sua ampla rede global de comércio e programas imensos como a iniciativa da Nova Rota da Seda, que a conecta cada vez mais com o restante do mundo. No entanto, será que a China tem um leve poder de influência — transparência, políticas previsíveis e mecanismos confiáveis, bem como a confiança do sistema internacional? E o que a liderança da China significaria para o resto do mundo?

Houve uma época, nas décadas de 1920 e 1930, em que o Reino Unido não tinha mais capacidade para manter-se como âncora financeira mundial, e os Estados Unidos ainda não estavam prontos para liderar. Esse período de transição, em que a liderança econômica passou de uma potência para a outra, foi repleto de riscos e volatilidade. O economista Ragnar Nurkse notabilizou-se por advertir o mundo sobre a instabilidade no sistema monetário internacional à medida que a libra esterlina e o dólar disputavam a supremacia, e os bancos centrais do mundo inteiro não sabiam qual das duas moedas manter como reserva. Desvalorizações sucessivas de ambas em 1931 e 1933 acabaram por levar ao colapso do padrão-ouro.[5]

Será que estamos nos preparando para outro período de instabilidade financeira à medida que uma nova moeda disputa uma posição de domínio global? Os abalos na China, seja na forma de inflação, de restrições ao setor imobiliário ou de inadimplência de empresas, já estão reverberando nos mercados globais, em um contexto em que o nível de integração financeira da China está muito aquém do dos Estados Unidos.[6] Agora, imagine um futuro em que a economia chinesa esteja tão integrada internacionalmente quanto a dos Estados Unidos, e seu capital fluindo sem restrições, sua taxa de câmbio livre para oscilar para cima e para baixo, suas ações e títulos ocupando uma parte significativa da carteira de cada investidor global. Nessas circunstâncias, os mercados financeiros globais dependerão necessariamente, a cada momento, do que está acontecendo na China. Isso torna urgente aprimorar nossa compreensão do sistema financeiro e monetário da China.

ABERTURA SELETIVA

Em 1978, Deng Xiaoping lançou o programa de abertura que levou à liberalização do comércio, mas não houve um impulso análogo para abrir as fronteiras financeiras da China. Elas permaneceram fechadas em grande parte, até época bem recente. As políticas financeiras prescritas pelo Consenso de Washington para países em desenvolvimento — liberalização completa das contas de capital e do regime de taxas de câmbio — não foram bem recebidas pela China, que optou por exercer um controle estatal maior, em uma estratégia chamada às vezes de "Consenso de Pequim". O governo chinês simplesmente não queria a incerteza determinada pela livre entrada e saída de fluxos de capital sem regulamentação e por taxas de câmbio que oscilassem descontroladamente. O Estado também tinha profundas suspeitas sobre o desejo das principais potências de abrir o setor financeiro da China, desconfiança reforçada pela crise financeira asiática de 1997-1998, quando especuladores levaram a Malásia, a Indonésia, as Filipinas e até Singapura ao colapso. Dez anos depois, quando a crise financeira dos Estados Unidos arrasou a economia do país e se espalhou pelo mundo, a China ficou ainda menos disposta à abordagem ocidental. A abertura completa de seu sistema financeiro parecia muito arriscada.

Como resultado, a integração financeira da China com o resto do mundo tem sido lenta, especialmente quando comparada à integração comercial, que aumentou drasticamente nas últimas duas décadas. O comércio da China está 40% mais integrado do que o dos Estados Unidos, mas sua integração financeira é inferior a um terço da dos Estados Unidos.[7] Isso reflete os controles de capital chineses, que regulam quanto e que tipos de dinheiro podem entrar e sair do país.

Os investidores, chineses ou estrangeiros, sentem na pele a falta de abertura financeira da China. A família chinesa comum que deseja investir suas economias no exterior enfrenta restrições. Atualmente, cada adulto na China está limitado a trocar o equivalente a 50 mil dólares em renminbi por moeda estrangeira a cada ano, seja para pagar a educação de um filho no exterior ou para turismo. Somente quem tem dinheiro *offshore* pode comprar ações na Bolsa de Valores de Nova York ou na Bolsa de Valores de Londres. Dadas essas restrições, os chineses têm poucas opções para satisfazer seu apetite por ativos estrangeiros, apetite esse baseado no anseio de encontrar novos lugares para investir suas economias fora do setor de imóveis e do volátil mercado de ações chinês, ou de diversificar sua riqueza, mantendo uma variedade de ativos em diferentes moedas.

Quando se trata de permitir que o mundo exterior entre, também existem limites, dessa vez para estrangeiros que pretendem investir em ações e títulos chineses. Neste momento em que escrevo, os investidores estrangeiros possuem apenas de 3% a 5% das ações e títulos de classe A do mercado chinês, e menos de 2% de seus ativos bancários. Em comparação, os investidores estrangeiros possuem 26% do mercado de ações dos Estados Unidos, 30% do mercado de títulos e 13% dos ativos bancários.[8] Somente investidores institucionais aos quais foram concedidas cotas específicas podem investir em títulos chineses, o que significa que investidores individuais ao redor do mundo que desejam contribuir para o crescimento das empresas chinesas, e participar dele, não têm condições de fazê-lo. Nesse sentido, a China está muito atrás de outras economias emergentes, como a Coreia, onde 28% do mercado de ações é de propriedade de estrangeiros, ou a Índia, com 22%. Globalmente, ações e títulos chineses representam menos de 1% das participações em carteiras.[9]

Para entender melhor esses números, consideremos uma carteira diversificada de ações globais. Se os mercados fossem completamente abertos e sem atritos, uma carteira global consistiria em ações de todas as grandes economias, ponderadas pelo PIB dessa economia. Se os Estados Unidos representam 24% do PIB mundial, a China 16% e o Japão 6%, uma carteira global diversificada teoricamente seria alocada da seguinte forma: 24% em ações estadunidenses, 16% em ações chinesas e 6% em ações japonesas. No entanto, nenhuma carteira global chega perto de investir 16% de seus ativos em títulos chineses. O índice MSCI ACWI, um índice global de ações usado pelos gestores de ativos como referência, recomenda investir 58% nos Estados Unidos, 7% no Japão e apenas 5% na China (muito longe de 16%), devido, em grande parte, à dificuldade de investir no país. Isso remete ao fato de que a China optou por abrir seletivamente seus mercados financeiros, em vez de adotar uma política mais aberta como fez com o comércio.

Essa cautela é, em parte, compreensível. Afinal, o mundo viu as consequências devastadoras que atingiram os países que simplesmente abriram a porta de seus mercados financeiros: quando o capital internacional avançou de súbito, os preços dos ativos dispararam, para depois entrar em colapso quando os investidores estrangeiros fugiram de uma bolha que eles mesmos criaram. A crise do peso mexicano em 1994, o colapso dos mercados financeiros na Tailândia, na Malásia, na Indonésia e na Coreia durante a crise asiática de 1997, a crise russa em 1998 e a crise no Brasil em 1999 serviram de lição. Muitas dessas economias combinaram a liberdade de fluxo de capital com a rigidez de uma taxa de câmbio fixa, uma receita clássica para o desastre.

Assim, a China optou por um caminho diferente. Adotou controles de capital e manteve-se firme em uma taxa de câmbio estável. Buscou capital de longo prazo na forma de investimentos estrangeiros diretos, mas restringiu o fluxo aberto para ações e títulos nacionais, limitando esse acesso a determinados investidores institucionais estrangeiros com cotas específicas. Como resultado dessa cautela excessiva, a China evitou inundações de capital especulativo, ou seja, fundos transferidos entre instituições financeiras para maximizar juros ou ganhos de capital. Assim, ela tem fugido dos problemas típicos de países em desenvolvimento: até o momento, nenhuma crise cambial importante, dívida externa ou crise bancária causou estragos em sua economia. No geral, o sistema tem evitado a catástrofe.

Por outro lado, a aparente estabilidade da China mascara a fragilidade inerente a qualquer sistema rígido. Para começar, os especuladores tendem a enxergar os sistemas de regulação rígida como um convite para lucrar bastante. Quando o governo chinês lançou um grande estímulo fiscal após a crise financeira de 2008, ele relaxou as restrições para acessar fundos no exterior. Empresas chinesas correram para tomar empréstimos a taxas de juros baixas fora do país. E como a China manteve sua taxa de câmbio artificialmente estável, podia-se obter um lucro garantido através desse "*carry trade*" — fazer empréstimos com uma taxa de juros baixa e emprestar com uma taxa mais alta —, pois sabia-se que o renminbi não se desvalorizaria para corroer esses ganhos. De 2008 a 2014, o endividamento corporativo da China no exterior totalizou 1,1 trilhão de dólares. A China foi inundada de capital, mas essas condições favoráveis eram insustentáveis. Em algum momento, as corporações e as instituições chinesas precisariam pagar sua dívida externa e uma quantidade imensa de capital teria de sair do país. E foi exatamente isso que aconteceu em 2015, quando a China vivenciou a maior fuga de capital da história.[10] O país perdeu 500 bilhões de dólares em reservas,[11] e nem mesmo as intervenções governamentais conseguiram impedir a desvalorização do renminbi (uma desvalorização significativa para uma moeda que tem sido mantida em um valor bastante estável por muito tempo).[12] Um total de 1 trilhão de dólares deixou a China em um único ano.[13] Esse evento teve repercussões no sistema financeiro global, desencadeando uma crise financeira em todo o mundo.[14]

A moral da história é que as próprias intervenções destinadas a tornar o sistema financeiro estável — controles de capital e taxas de câmbio rígidas — podem desencadear instabilidade. A intenção de afastar a economia dos precipícios financeiros é, sim, louvável, mas também particularmente problemática em um país que considera seu poder de controlar a economia como algo sagrado e, ao mesmo tempo, tem ambições de se tornar uma grande potência financeira no mundo em geral. Infelizmente, esses dois objetivos são incompatíveis. Para se tornar uma âncora financeira, uma economia precisa se abrir, e para isso é preciso renunciar ao controle. Nos mercados globais de capital, não há espaço para maquinações a portas fechadas. Enquanto o governo chinês continuar a valorizar o controle e a estabilidade em detrimento da flexibilidade e da eficiência, especialmente no setor financeiro, sua aspiração a ser uma âncora financeira global continuará sendo um sonho distante.

O FASCÍNIO DE SER A ÂNCORA FINANCEIRA MUNDIAL

Dado o status que acompanha a liderança financeira global, é fácil compreender por que uma superpotência econômica em ascensão aspira a essa posição. Além disso, a posição atualmente ocupada pelos Estados Unidos traz vantagens econômicas e alavancagem política. O petróleo é precificado em dólares, assim como as principais commodities. Mais da metade das transações internacionais é realizada em dólares; bancos e corporações estrangeiras tomam e fazem empréstimos em dólares. Isso beneficia muito os exportadores e os importadores dos Estados Unidos, bem como seus mutuários e credores, porque os protege de flutuações nas taxas de câmbio que poderiam, de outra forma, alterar significativamente o valor do que eles devem e do que lhes é devido. Esse privilégio do dólar também reforça a si mesmo: como o comércio é faturado em dólares, as empresas estão mais dispostas a pegar empréstimos em dólares.[15] Os investidores também se sentem à vontade quando detêm ativos denominados em dólares, porque estes têm bastante liquidez e porque historicamente o dólar tende a manter seu valor. Isso permite que os Estados Unidos financiem seu endividamento a taxas de juros mais baixas, pois os investidores estão dispostos a renunciar a retornos mais altos em troca de uma sensação de segurança. E, quando uma crise chega, o mundo recorre aos Estados Unidos em busca de ativos seguros.

Esse poder do dólar se traduz em uma enorme influência política. Os Estados Unidos podem conceder empréstimos aos seus amigos ou dar-lhes acesso privilegiado à sua moeda, assim como o Federal Reserve (o Banco Central dos Estados Unidos) organizou acordos de *swap* com bancos centrais (acordos que permitem que bancos estrangeiros tomem empréstimos em dólares usando sua própria moeda como garantia) para fornecer liquidez a países escolhidos após a crise financeira de 2008. Ao mesmo tempo, pode negar aos seus inimigos o acesso às redes internacionais necessárias para processar pagamentos. Qualquer país que pague ou venda em dólares pode ficar vulnerável à pressão política dos Estados Unidos, motivo pelo qual as sanções dos Estados Unidos são tão potentes. Isso faz do dólar um poderoso instrumento da máquina do Estado estadunidense.[16]

Em 1988, quando os Estados Unidos estavam determinados a expulsar do poder o líder do Panamá, Washington congelou os ativos panamenhos em bancos estadunidenses e proibiu todos os pagamentos e as transferências em dólares para o Panamá. Isso obrigou a maioria dos bancos locais a fechar suas portas, criando uma grave escassez de liquidez que enfraqueceu significativamente a resistência panamenha à pressão estadunidense.[17] Os Estados Unidos podem proibir empresas de fazer negócios com países como o Irã, porque terceiros geralmente pagam em dólares transferidos por meio do sistema da Sociedade de Telecomunicações Financeiras Interbancárias Mundiais (Swift, na sigla em inglês), sediada na Bélgica.[18] Em 2012, quando o Standard Chartered Bank foi acusado pelo New York State Department of Financial Services [Departamento de Serviços Financeiros do Estado de Nova York] de ter ocultado cerca de 250 bilhões de dólares em transações financeiras com o Irã, o banco teve de pagar mais de 300 milhões de dólares em multas. Em 2014, o banco francês BNP Paribas foi multado em 8,9 bilhões de dólares por violar as sanções contra o Irã e Cuba. Durante a guerra russo-ucraniana, os principais bancos russos foram cortados do sistema do dólar, e uma quantidade substancial das reservas do banco central russo — cerca de 35% do PIB da Rússia — foi congelada. O dinheiro já não é "neutro" diante da geopolítica, e o fato de que o acesso de um país às suas reservas pode depender de sua política externa levou muitos países a reduzirem sua participação em ativos em dólar. Vários países, incluindo a China, também estão buscando estabelecer redes de pagamento alternativas, como o CIPS, a fim de atrair as transações internacionais para fora do sistema atual dominado pelo dólar.[19] O CIPS processa apenas uma pequena fração das transações em comparação com a Swift, mas sua popularidade está crescendo. O controle rígido dos Estados Unidos sobre as transações transfronteiriças e a utilização do dólar como arma podem impulsionar o uso do renminbi chinês, ou de moedas digitais, já que muitos países buscam contornar o dólar. Por exemplo, empresas indianas que importam carvão da Rússia desde o início da guerra russo-ucraniana liquidaram os pagamentos em renminbi, muito embora as empresas envolvidas não tivessem nada a ver com a China. O comércio faturado em renminbi, junto à parcela de reservas em renminbi mantidas por bancos centrais ao redor do mundo, também aumentou para níveis sem precedentes durante esse período. Esses desenvolvimentos podem representar um desafio à hegemonia financeira dos Estados Unidos.[20]

A OPORTUNIDADE DA CHINA

Quando o poder econômico do Reino Unido foi eclipsado pelo poder dos Estados Unidos no início do século XX, o Reino Unido não tinha mais capacidade para estabilizar o sistema financeiro internacional. Sua capacidade anticíclica — a capacidade de emprestar para o mundo em tempos difíceis e pegar emprestado em tempos bons — não era mais suficiente para suprir a demanda global; o país não tinha mais capital suficiente para fornecer liquidez na escala necessária. Aos poucos, esse papel foi sendo assumido pela economia dos Estados Unidos, que era maior. Isso fez muito sentido após a Segunda Guerra Mundial, quando os Estados Unidos representavam mais da metade da produção econômica total das grandes potências, assumindo também os papéis de maior importador do mundo e de principal fonte de crédito comercial global.

Antes mesmo do término da guerra, representantes dos 44 países que lutaram ao lado dos Aliados reuniram-se em Bretton Woods, New Hampshire, em uma tentativa de estabelecer um sistema monetário internacional. Os Estados Unidos forçaram para que eles dependessem do dólar e tiveram sucesso. No entanto, na década de 1960, o economista belgo-estadunidense Robert Triffin alertou para grandes falhas no sistema de Bretton Woods. Como parte do acordo, os Estados Unidos haviam se comprometido a converter dólares em ouro mediante solicitação, mas, em virtude da alta demanda global, a quantidade de dólares fora dos Estados Unidos passou a exceder o valor do ouro no Tesouro dos Estados Unidos. No que ficou conhecido como dilema de Triffin, o economista previu que o sistema não poderia continuar mantendo nem a liquidez nem a confiança. Em 1971, ficou claro que ele estava certo: o presidente Richard Nixon foi obrigado a encerrar a conversibilidade do dólar em ouro. Isso pôs fim ao sistema de Bretton Woods e transformou o dólar em uma "moeda fiduciária", o que significa que seu valor depende unicamente da fé nele depositada. Agora, a segurança está completamente nos olhos de quem a vê.

Espera-se que a moeda utilizada para as reservas internacionais ofereça uma reserva estável de valor. Hoje em dia, o declínio relativo dos Estados Unidos na economia mundial significa que ele enfrentará dificuldades para cumprir as responsabilidades que acompanham seu papel de liderança. Embora os Estados Unidos representem menos de 1/4 do PIB mundial, a demanda por reservas em dólares é enorme, totalizando 60% do total das reservas globais. Contudo, pode chegar um momento, em um futuro não muito distante, em que os ativos em dólar deixem de ser percebidos como seguros. Se o mundo perder a confiança na capacidade dos Estados Unidos de pagar a dívida resultante de seus crescentes déficits, o valor do dólar cairá à medida que esses ativos forem abandonados. Essa é uma razão importante para que existam outros grandes agentes de moeda, além dos Estados Unidos.[21] Durante a Grande Recessão, bancos ao redor do mundo correram atrás de liquidez.[22] O Federal Reserve dos Estados Unidos de fato estabeleceu os acordos de *swap* mencionados anteriormente, mas essa liquidez emergencial beneficiou apenas uma dúzia de países e excluiu a maioria das economias em desenvolvimento.[23] O FMI ofereceu empréstimos, cujas condições, no entanto, muitas vezes os tornavam inviáveis.[24] Nesse ponto, o banco central chinês entrou em ação para preencher a lacuna, assinando acordos de *swap* com diversos países diferentes para fornecer liquidez com base no renminbi. Uma alternativa como essa torna o sistema monetário internacional mais seguro e eficiente.

Outra dificuldade para qualquer nação cuja moeda é dominante é alcançar um equilíbrio entre suas considerações políticas e econômicas internas e suas responsabilidades globais. Por exemplo, quando os Estados Unidos adotam dentro do país a política de flexibilização quantitativa (*quantitative easing*) — comprando títulos de prazo mais longo no mercado aberto para aumentar a oferta monetária e estimular o empréstimo e o investimento —, isso tem um efeito cascata para o resto do mundo. Outras nações experimentam um *boom* de empréstimos e talvez de inflação, mesmo que não seja disso que sua economia precise. Os Estados Unidos também têm a tentação de desvalorizar em tempos de crise ou de inflacionar parte dos pagamentos que devem ao resto do mundo, mesmo que isso vá contra as obrigações de um estabilizador financeiro. Em 2017, o presidente Trump tentou, por meio de decretos, reduzir o valor do dólar para estimular as exportações estadunidenses,[25] mas a medida foi recebida com críticas pelo mundo todo.

Com o privilégio, vem a responsabilidade. Esta é a lição da história. Na década de 1930, quando os Estados Unidos sofriam com a Grande Depressão, eles se fecharam para outros países ao intensificar medidas protecionistas, como a Lei de Tarifas Smoot-Hawley. Isso poderia ter amplificado o impacto global dos problemas estadunidenses, mas felizmente o Reino Unido entrou em cena para resolver a questão. O Reino Unido, que enfrentava uma depressão mais branda, manteve seus mercados abertos por meio dos acordos de Ottawa, ampliando empréstimos anticíclicos e proporcionando uma fonte vital de estabilidade financeira.[26] Esse tipo de influência estabilizadora é fundamental em um sistema internacional, mas é muito a se pedir de qualquer país. A grande questão é saber se a China pode estar à altura da ocasião, se necessário, e complementar o papel central dos Estados Unidos. Um dos obstáculos é o pouco alcance global da moeda chinesa, o renminbi.

Apesar de a China ser a segunda maior economia do mundo em geral e a maior em termos de comércio, sua moeda desempenha um papel limitado nos acordos internacionais de comércio e finanças; na verdade, o renminbi sequer está entre as cinco moedas mais negociadas. Uma moeda totalmente internacional deve atender a diversos critérios: deve ser mantida como reserva nos bancos centrais; deve ser utilizada para faturar o comércio pelo mundo afora; e deve ser a moeda de denominação para títulos corporativos, títulos governamentais e empréstimos bancários. As principais moedas internacionais também são frequentemente escolhidas como âncoras pelos países que baseiam suas taxas de câmbio em uma moeda específica, ou em um conjunto de moedas, para proporcionar estabilidade.[27]

TABELA 9.1 PAPÉIS DE UMA MOEDA INTERNACIONAL

FUNÇÃO DO DINHEIRO	GOVERNOS	AGENTES PRIVADOS
Reserva de valor	Reservas internacionais	Substituição de moeda (dolarização privada)
Meio de troca	Moeda veículo para intervenção cambial estrangeira	Faturamento de transações comerciais e financeiras
Unidade de conta	Âncora para fixar a moeda local	Denominação de transações comerciais e financeiras
		Investimento

Fonte: Chinn Menzie e Jeffrey Frankel, "Will the Euro Eventually Surpass the Dollar as Leading International Reserve Currency?". *NBER Working Paper 11510*, National Bureau of Economic Research, Cambridge, MA, ago. 2005; originalmente de Peter B. Kenen, "The Role of the Dollar as the International Currency". *Group of Thirty Occasional Papers*, v. 13, 1983.

Em todos esses aspectos, a moeda chinesa sai perdendo. O renminbi representou apenas 2,66% das reservas estrangeiras totais em 2021, em comparação com 59% de reservas em dólar.[28] De acordo com a Swift, o renminbi corresponde a 4% dos pagamentos globais, muito atrás do dólar, com 39%, do euro, com 33%, e da libra esterlina, com 7%. De todos os títulos internacionais emitidos, os títulos denominados em renminbi representam menos de 1% do total.[29] Nos mercados de câmbio, o renminbi responde por cerca de 4,3% do volume total de negociações, em comparação com 44,2% dos Estados Unidos.[30]

UMA LONGA CAMINHADA

Na qualidade de líder do comércio mundial, a China está bem-posicionada para expandir o uso de sua moeda. Em 2015, 25% de seu comércio já estava sendo liquidado em renminbi, um aumento significativo em relação a praticamente nada poucos anos antes.[31] À medida que as transações privadas são cada vez mais realizadas em moeda chinesa, os bancos centrais passarão a deter mais renminbi como reservas. Com isso, vem também a vantagem de ter meios financeiros para emprestar dinheiro para o exterior e adquirir ativos em outros países.

No final do século XIX, a Grã-Bretanha era um importante exportador de capital para os mercados emergentes daquela época. Seu superávit em conta corrente (um termo econômico que mede o fluxo de empréstimos líquidos para o exterior) chegou a atingir até 10% do PIB logo antes da Primeira Guerra Mundial.[32] Os britânicos investiram na construção de ferrovias, na melhoria de instalações portuárias, em desenvolvimento de infraestrutura urbana e até mesmo na criação de um sistema de fazendas e instalações de frigoríficos que apoiava a exportação de carne enlatada e resfriada.[33] O papel ativo do Reino Unido nos mercados imobiliários, nos de títulos e nas atividades bancárias acelerou o uso da libra esterlina ao redor do mundo, levando a uma era de ouro para essa moeda entre 1850 e 1914.

O superávit em conta corrente dos Estados Unidos atingiu 7% do PIB no período entre as duas guerras mundiais (em comparação com um déficit em conta-corrente de 3,7% do PIB no final de 2021), e o dólar ganhou proeminência como moeda internacional. Da mesma forma, à medida que os empréstimos líquidos do Japão aumentaram rapidamente durante as décadas de 1970 e 1980,[34] o iene japonês ganhou um impulso expressivo, representando mais de 8% das reservas financeiras mundiais em 1991.[35] O superávit em conta-corrente da China atingiu o pico de 9,1% do PIB em 2008 (totalizando 450 bilhões de dólares de fluxo líquido de saída naquele ano), e parte desses fundos foi usada para acumular grandes quantidades de títulos do Tesouro dos Estados Unidos. No entanto, ao longo do tempo, a China começou a emprestar para países em desenvolvimento e mercados emergentes. Em 2018, o governo da China detinha mais de 5 trilhões de dólares da dívida mundial (6% do PIB mundial),[36] tornando-se o terceiro maior credor do mundo. A iniciativa da Nova Rota da Seda, de trilhões de dólares, possibilitada pelas enormes reservas da China, pode incentivar países a tomar empréstimos em renminbi e a expressar suas transações comerciais nessa moeda.

Em uma estratégia cuidadosamente calibrada, o governo chinês também está tentando expandir o uso do renminbi em outras frentes: por exemplo, convidando empresas chinesas e estrangeiras a emitirem títulos denominados em renminbi, chamados de títulos *dim sum*, que empresas como McDonald's e HSBC adotaram. Outra atitude tomada pelo PBC é bastante semelhante a uma abordagem adotada pelo Federal Reserve dos Estados Unidos há quase um século. Em 2021, a China já tinha firmado acordos de *swap* com quarenta países pelo mundo afora, fornecendo liquidez (especialmente durante emergências) em renminbi a esses países. De acordo com uma estimativa, um acordo de permuta aumenta de 13 a 20 pontos percentuais a probabilidade do país com o qual se fez o acordo realizar ou receber pagamentos em renminbi.[37] Como consequência, o uso transfronteiriço do renminbi aumentou incríveis 5 mil vezes desde 2009. Junto aos seus esforços para popularizar sua moeda, a China também está tornando sua taxa de câmbio mais flexível, reduzindo suas restrições sobre movimentação de capital e flexibilizando quotas para instituições financeiras estrangeiras que fazem negócios na China.

Apesar desses esforços, o status da China como negociador e credor importante ainda não alçou o renminbi à categoria das principais moedas do mundo. O fator mais importante, ausente na China — um elemento crucial para que qualquer moeda internacional tenha sucesso —, é a maturidade de seus mercados financeiros. As âncoras financeiras do passado e do presente tinham os sistemas financeiros mais avançados, junto aos mercados financeiros mais profundos e líquidos. Londres era o principal centro financeiro do mundo antes da Primeira Guerra Mundial. Quando os Estados Unidos substituíram o Reino Unido, eles também haviam construído o sistema financeiro mais avançado do mundo. Antes da Primeira Guerra Mundial, o dólar estadunidense estava atrás de várias outras moedas, principalmente por causa do subdesenvolvimento do mercado financeiro estadunidense. Mas a fundação do Federal Reserve em 1913 produziu o efeito esperado de suavizar os picos sazonais das taxas de juros, reduzir a volatilidade financeira, criar um mercado de créditos comerciais e solidificar a gestão do padrão-ouro.[38]

O Federal Reserve também liberou os bancos estadunidenses para abrir filiais no estrangeiro, o que resultou em uma grande expansão no exterior. A participação do dólar em relação às outras moedas subiu rapidamente e, entre 1918 e 1932, o dólar estadunidense foi aos poucos ultrapassando a libra esterlina. Em 1929, o dólar já representava cerca de 40% da dívida pública global total, de acordo com dados históricos do mercado de títulos. Há indícios de que a profundidade do mercado financeiro dos Estados Unidos — o tamanho do setor financeiro em relação à economia geral — foi o fator mais importante para esse crescimento do dólar. Por outro lado, o declínio econômico relativo do Reino Unido foi o fator mais importante para a diminuição da participação da libra esterlina no mercado global de moedas na época.[39]

Um mercado financeiro que tem amplitude e profundidade permite que os investidores acessem uma larga variedade de ativos financeiros para atender às necessidades de investimento ou para fazer *hedge* contra riscos. Um mercado financeiro líquido significa que os investidores podem comprar e vender ativos sem afetar significativamente seu preço; para tanto, um grande número de compradores e vendedores tem de sustentar um alto volume de negociações. As moedas internacionais também precisam ser facilmente negociáveis. A facilidade com que se podem vender títulos em dólar torna a posse de dólares atrativa para os investidores. O mercado de títulos do Tesouro dos Estados Unidos é o mais profundo e o mais líquido do mundo, enquanto o mercado de títulos do governo chinês fica muito atrás nesse aspecto. Na China, a maioria dos títulos do governo ainda é guardada pelos bancos até o vencimento, em vez de serem negociados ativamente como seriam em um mercado financeiro maduro. O volume de negociação de títulos na China é cerca de 1% do volume negociado nos Estados Unidos e na Europa.[40] Por outro lado, o volume de negociação na bolsa de valores da China é alto — não porque é líquido, mas porque é dominado por investidores de varejo que estão especulando, não investidores de longo prazo.

Tanto em termos de tamanho quanto de profundidade, o setor financeiro da China fica atrás não apenas dos setores financeiros de países avançados, mas também dos de muitos países em desenvolvimento. Sua capitalização no mercado de ações como proporção do PIB era de cerca de 60% em 2019, em comparação com 158% nos Estados Unidos, 108% na Malásia, 100% na Tailândia e 64,5% no Brasil.[41] A capitalização do mercado de títulos na China aumentou de 35% em 2008 para cerca de 110% no final de 2020, mas, em comparação com os Estados Unidos, em que esse mercado representa 221% do PIB, a China ainda tem muito a avançar.[42] E, como vimos, os investidores não têm acesso a uma ampla variedade de ativos chineses seguros e de alta qualidade, limitando o apetite dos investidores institucionais e bancos centrais estrangeiros pelos ativos denominados em renminbi.

Um governo central previsível e confiável também é importante. Ninguém quer comprar uma moeda que corra o risco de baixar de preço sempre que o governo o considerar conveniente ou perder o valor sempre que o governo quiser reduzir os reembolsos reais de sua dívida quando ela se torna excessivamente grande. O governo precisa ter uma política transparente e precisa implementá-la de maneira fiel para que os mercados não sejam pegos de surpresa. Essa é uma das razões importantes pelas quais o dólar manteve sua popularidade. No entanto, até agora, a China não obteve uma boa pontuação nesses quesitos. A queda do mercado de ações em 2015 foi exacerbada pela intervenção governamental e pela falta de comunicação, e a fuga de capital foi provocada pela intervenção do governo na taxa de câmbio. A competência institucional e a destreza no manejo da volatilidade do mercado podem não ter sido cruciais durante a era de alto crescimento, quando a economia estava se recuperando, mas são essenciais para a próxima fase do desenvolvimento da China. Permitir que as forças de mercado desempenhem um papel maior na determinação do valor do renminbi e aliviar as restrições sobre o fluxo das contas de capital exigiria uma reforma completa do sistema financeiro do país — algo que o país ainda parece não estar preparado para fazer.

Se há uma lição a ser aprendida com a história das moedas internacionais é que a instabilidade financeira pode minar o potencial de uma moeda. A crise bancária nos Estados Unidos nos anos seguintes a 1929 levou a uma queda na participação do dólar nas transações internacionais. A bolha japonesa de ações e imóveis que estourou no final da década de 1980, seguida por uma crise econômica e bancária, derrubou as perspectivas de valorização do iene japonês. A instabilidade econômica na zona do euro também causou uma queda adicional na participação do euro no mercado internacional de moedas.[43] Para a China, manter a estabilidade financeira e evitar a crise financeira que alguns acreditam ser iminente será essencial.

Tudo isso para dizer que levará algum tempo até que a moeda da China atue como contrapeso ao dólar estadunidense, apesar das fraquezas deste, que observamos anteriormente. Também é improvável que outras moedas desempenhem esse papel. O cenário mais provável no futuro próximo é o de moedas regionais dominantes: o renminbi na Ásia, o euro na Europa e o dólar em todos os outros lugares. No entanto, é possível que uma alternativa fascinante possa surgir na forma de novos mecanismos de pagamento. O desejo compartilhado por vários países de se afastar de um sistema bancário e de pagamentos denominado em dólares está se intensificando por causa de objeções ao uso do dólar como arma política e ao aumento do ceticismo em relação à ideia de que os títulos do Tesouro dos Estados Unidos são os ativos mais seguros de todos. Talvez não seja necessário avançar muito no futuro para que a competição entre moedas não seja mais apenas uma rivalidade entre moedas nacionais, mas uma disputa entre moedas fortes e moedas digitais, sejam elas emitidas por entidades privadas, como a Bitcoin e a Ethereum, ou moedas digitais soberanas, como o e-CNY (a China se tornou a primeira grande economia a lançar uma moeda digital de banco central em 2020), o dólar digital ou o euro digital. Um uruguaio, por exemplo, pode preferir ter bitcoins ou e-CNYs a ter sua própria moeda local, prejudicada por anos de inflação e desvalorização.

As moedas digitais, mesmo as criptomoedas descentralizadas, já estão causando um grande impacto, o que faz todo o sentido, dada a digitalização da nossa vida diária. Ao contrário das formas tradicionais de pagamento, as moedas digitais são inteligentes: podem coletar dados e podem ser programadas para que o dinheiro que os pais dão aos filhos, por exemplo, seja usado apenas para despesas autorizadas pelos pais. As moedas digitais podem ser combinadas com serviços específicos, de modo que os serviços de determinadas plataformas só possam ser acessados usando-se a moeda digital dessa plataforma. E, é claro, as moedas digitais podem reduzir substancialmente tanto o tempo quanto o custo associado à maioria das transações.

Por todas essas razões e muitas outras, os governos estão correndo para criarem suas próprias moedas digitais de banco central, ou CBDCs (na sigla em inglês), antes que as moedas digitais privadas capturem completamente o mercado. Os argumentos em prol de uma moeda digital respaldada pelo governo são a segurança, o custo, a conveniência e a preocupação com o consumidor. Garantida por um governo específico, ela pode melhorar a facilidade das transações globais, ao mesmo tempo que monitora transações ilícitas como lavagem de dinheiro ou financiamento ao terrorismo. A CBDC pode ser usada para fornecer liquidez direta — e quase instantânea — a um grande número de pessoas durante pandemias e outras crises. No entanto, se as moedas digitais soberanas prevalecerem, um dos pontos negativos será a perda de privacidade.

Como a ascensão da moeda digital poderia afetar os planos da China para um renminbi global? As moedas digitais podem ajudar a deslocar o dólar de sua posição dominante, permitindo que países como a China contornem o sistema financeiro atual dominado pelo dólar ao conduzir negócios com outros países. Com isso, no futuro, qualquer pessoa poderia enviar dinheiro para o exterior na moeda de sua escolha com o apertar de um botão. Para as pessoas que vivem em países em desenvolvimento, a disponibilidade do e-CNY, por exemplo, promete uma maneira mais barata de enviar e receber remessas, que custam às pessoas que vivem na África subsaariana exorbitantes 8% do valor de cada transação. Ao circular livremente entre diferentes sistemas nacionais — entre a China e os participantes da Nova Rota da Seda, por exemplo —, o e-CNY poderia desfrutar de um grande aumento de popularidade. A disseminação das tecnologias chinesas pelo mundo — como o crescente uso do Alipay na África e a dominação de gigantes tecnológicos como TikTok, Alibaba e Tencent, com sua infraestrutura de pagamento já estabelecida — poderia realçar indiretamente o prestígio do renminbi. Mas, no final das contas, quer se trate do renminbi ou do e-CNY, a popularidade da moeda chinesa ainda dependerá dos fundamentos econômicos e da profundidade, da liquidez e da estabilidade financeira. Mais importante ainda, como afirma Niall Ferguson em seu livro *A ascensão do dinheiro*, "o dinheiro é a confiança registrada". Nem mesmo os avanços técnicos mais notáveis para tornar uma moeda mais conveniente podem contornar o fato de que a percepção popular de uma moeda internacional é fortemente influenciada pelas instituições do país que a emite e pela fé em seu sistema financeiro e em seu governo.

O QUE ISSO SIGNIFICA PARA O MUNDO

Embora a China possa não conseguir substituir o dólar tão cedo, uma China financeiramente mais aberta teria grandes consequências para a economia mundial. Se os mercados de ações e títulos da China tornarem-se comparáveis em tamanho aos dos Estados Unidos e se os estrangeiros passarem a possuir 10% dos títulos emitidos pela China em vez dos atuais 3%, a quantidade de capital que entraria no país seria da ordem de trilhões de dólares a mais. Mesmo no nível atual de integração financeira da China, que é menos de 1/3 do nível dos Estados Unidos, o impacto da China nas finanças globais já é significativo. A queda de 20% na Bolsa de Valores de Xangai em agosto de 2015 acarretou uma redução de 10% a 12% nos mercados de ações da Alemanha, da Holanda, da França, da Dinamarca e de outras economias europeias no mesmo mês.[44]

A contínua integração financeira da China é inevitável, graças a um apetite substancial entre os investidores ansiosos para consolidar suas posições na segunda maior economia do mundo. Até há pouco tempo, as taxas de juros estavam baixas no mundo inteiro e os títulos chineses ofereciam um retorno atraente: os títulos públicos de dez anos rendiam 3,2% em 2021, cerca de 160 pontos-base acima das notas do Tesouro dos Estados Unidos com vencimento em dez anos. As ações e os títulos chineses também oferecem um grau incomum de diversificação para os investidores globais, porque os retornos nesses mercados têm pouca correlação com os mercados de outras economias. Por exemplo, a correlação semanal, em um período de três anos, entre os retornos de títulos dos governos estadunidense e chinês é de 0,14, em comparação com 0,71 entre o Reino Unido e os Estados Unidos ou 0,58 entre Japão e Alemanha.[45] A correlação entre o mercado de ações chinês e os maiores mercados de ações emergentes é inferior a 0,5, e o mesmo se aplica às correlações com as economias avançadas.

À medida que a integração financeira da China avança, o país pode oferecer liquidez global em momentos de necessidade, para complementar o esforço dos Estados Unidos em vez de substituí-lo. Da mesma forma que a China ajudou a estabilizar o sistema financeiro internacional durante a crise financeira de 2008, ela continuará a fazê-lo no futuro. Ativos chineses serão um acréscimo bem-vindo a qualquer portfólio global, tanto devido ao seu alto retorno quanto à sua baixa correlação com outros índices importantes.

No lado negativo, existe a possibilidade de que a integração financeira da China possa desencadear uma série contínua de choques globais, pois as economias emergentes sofrem de uma volatilidade substancial — seja por causa de flutuações acentuadas nas taxas de câmbio ou no mercado de ações, seja em virtude de expansões e colapsos no setor imobiliário ou de políticas monetárias imprevisíveis. O pensamento econômico convencional classifica as economias em duas categorias: economias sistêmicas, caracterizadas por seu impacto substancial no resto do mundo (os Estados Unidos e a União

Europeia se encaixam nessa categoria), e mercados emergentes, caracterizados por instituições imaturas, riscos e mercados incipientes de capitais. A China é o primeiro caso na história em que uma nação se encaixa em ambas as classificações e pode ser identificada como um *mercado emergente sistêmico*. A Índia também poderá se juntar a este clube exclusivo quando se tornar uma economia maior e mais aberta no âmbito financeiro.

Do ponto de vista da China, a questão é: com que rapidez ela deve adotar a posição de liberalização financeira? Essa medida certamente poderia promover uma alocação mais eficiente de capital; todos os países ricos têm mercados de capitais abertos. Isso exigiria que a China abrisse mão de algum controle sobre seu sistema econômico, o que não seria fácil, mas também poderia trazer benefícios indiretos. A China poderia usar esse momento como um catalisador para impulsionar reformas financeiras muito necessárias no país, da mesma forma que pressionou as empresas estatais a se tornarem mais eficientes no período que antecedeu sua adesão à OMC. Porém, se a China se abrir com muita pressa, de maneira muito ampla e com insuficiente preparação, isso não apenas seria contraproducente para o país como também criaria turbulência no resto do mundo. As repercussões da guerra comercial entre os Estados Unidos e a China nos mostram que as consequências do atrito entre duas grandes potências nunca se limitam apenas às duas partes. E a história demonstra repetidamente que a busca unilateral dos interesses nacionais de um país, sem considerar suas implicações globais, tem efeitos desastrosos.

Após a Conferência de Paz de Paris em 1919-1920, o volume do comércio global caiu drasticamente quando o Congresso protecionista dos Estados Unidos elevou as tarifas alfandegárias em impressionantes 40%.[46] Em um efeito bumerangue imprevisto, as importações dos Estados Unidos caíram 65% e o mercado de ações do país quebrou em 1929, levando à Grande Depressão e à longa sombra que ela lançou sobre a década seguinte em todo o mundo.[47] Uma abordagem nacionalista e isolacionista levou primeiro à instabilidade e depois a conflitos abertos na Segunda Guerra Mundial. Décadas mais tarde, a falta de colaboração global levou aos choques do preço do petróleo em 1974 e 1979, à crise do petrodólar entre 1974 e 1980, às crises na América Latina nos anos de 1980 e, em seguida, à inflação descontrolada que varreu o mundo industrializado. A crise financeira global de 2008 foi finalmente contida quando os líderes do G20 se comprometeram a coordenar *swaps* líquidos e flexibilização monetária.[48]

Acredito que, no futuro, veremos dois grandes bancos centrais, um na China e outro nos Estados Unidos, cada um com suas próprias atribuições e seus próprios objetivos, servindo seus respectivos países e exercendo sua influência nas condições financeiras globais. Como isso poderia facilmente se transformar em uma competição entre eles, a coordenação entre esses dois principais bancos centrais será fundamental. O espírito de colaboração estava profundamente incorporado no desenho do sistema de Bretton Woods e, mesmo depois que este ruiu, em 1972, a coordenação e o diálogo continuaram sendo o padrão predominante da ordem econômica internacional. No entanto, esse espírito tem sido posto em xeque nos últimos anos. O desafio formidável que enfrentamos é que a coordenação precisará ocorrer não entre países de mentalidade semelhante, mas entre dois países economicamente competitivos, tecnologicamente paralelos e politicamente divergentes. Ambos os lados investiram muito na cooperação bilateral, mas, para os Estados Unidos e outros países do mundo desenvolvido, a compreensão da China e de seu sistema, de sua herança cultural, seus costumes sociais, suas ambições nacionais e suas aspirações elevará consideravelmente a probabilidade de colaboração genuína nas décadas futuras.

UM NOVO CONCEITO DE LIDERANÇA ECONÔMICA

No final das contas, a liderança econômica no mundo vai além de possuir uma moeda global, um banco central poderoso, um centro financeiro global e um papel fundamental no desenho e na manutenção do sistema monetário e da arquitetura financeira internacional. Atualmente, o mundo opera como uma rede, seja em matéria de tecnologia, de comércio ou de fluxo de capitais. Os maiores desafios enfrentados pela humanidade transcendem as fronteiras nacionais: as mudanças climáticas, a perda de empregos em razão da IA e ameaças de pandemia que os especialistas preveem que voltarão a nos assolar a cada dez anos ou mais no futuro. Em uma era baseada em redes digitais, serviços e conhecimento, a liderança econômica ganha tanto um novo significado quanto uma nova relevância.

As redes são mais do que simples séries de relacionamentos. Quanto mais conectada é a rede, mais valioso é cada elo. No transporte, no comércio e nas finanças globais, quanto maior for a infraestrutura entre os países, maiores serão os ganhos de eficiência para todos. Ao enfrentar as mudanças climáticas, quanto mais coordenação houver entre as nações, mais provável será alcançar o resultado desejado. Os países que ocupam o centro da rede, ou representam nós críticos, podem se beneficiar mais dela, mas todos os outros que integram a rede também têm a chance de se beneficiar. Em sua busca de se tornar uma líder das redes globais, a China lançou a ambiciosa Nova Rota da Seda. Criou o

Banco Asiático de Investimento em Infraestrutura, cujo princípio orientador é "enxuto, limpo e verde". A China se envolveu ainda em redes multilaterais por meio de fóruns como o G20 e a Cooperação Econômica Ásia-Pacífico.[49] Tornou-se o segundo maior contribuinte financeiro das Nações Unidas[50] e o maior fornecedor de financiamento para o desenvolvimento de infraestrutura em países africanos nos últimos anos.[51] Ela pretende se tornar o centro global das finanças verdes, estabelecendo centros internacionais de precificação de carbono e centros financeiros focados em títulos e derivativos ecológicos. Isso, por sua vez, pode permitir que o renminbi se torne uma moeda para as finanças verdes.

Uma economia grande frequentemente assume uma parcela desproporcionalmente grande dos gastos com bens públicos no mundo; caso contrário, esses projetos poderiam nem ser financiados. Os Estados Unidos pagam muito mais do que sua parcela proporcional das despesas da Otan, enquanto a China optou por assumir mais do que sua parcela proporcional de gastos com infraestrutura ou relacionados ao clima ao redor do mundo, como fez com a Nova Rota da Seda. Claro, a China precisa estar bem ciente dos riscos potenciais envolvidos, que incluem o endividamento crescente dos países em desenvolvimento, os danos ambientais e o engajamento excessivamente amplo com os próprios empreendimentos chineses. Uma grande lição do passado é que é mais fácil conceber projetos e emprestar dinheiro do que vê-los concretizados com sucesso.

Há quem argumente que a China está conduzindo seus devedores a uma armadilha, na qual eles perderiam o controle sobre ativos importantes caso não fossem capazes de pagar seus empréstimos ou que os enormes empréstimos chineses para o desenvolvimento de infraestrutura tornam insustentável os seus níveis da dívida externa. Mas isso é enganoso. A maior parte da dívida dos países envolvidos na Nova Rota da Seda é relacionada a instituições ocidentais, como fundos de *hedge* e empresas de gestão de ativos, ou a organizações internacionais, e não à China. E as crises de dívida soberana nos mercados emergentes não são de forma alguma um fenômeno novo, mas, sim, uma ocorrência que se repete desde tempos imemoriais.[52] É preciso admitir, no entanto, que a relutância da China em compartilhar detalhes de seus termos e condições de empréstimo alimenta suspeitas. As dívidas ocultas — aquelas que não estão nos balanços do governo — levantam a questão sobre se os governos soberanos são mesmo capazes de avaliar e monitorar seus compromissos. Mas as conclusões de diversos estudos aprofundados, com dados coletados de forma independente, mostram que os empréstimos chineses geralmente estão alinhados com as normas globais de finanças para o desenvolvimento[53] e que os padrões de empréstimo melhoraram significativamente desde o início da iniciativa da Nova Rota da Seda, em 2013. Os dados mais abrangentes que capturam os 13.427 projetos da Nova Rota da Seda em 145 países mostram que a maioria dos devedores não faz parte do grupo de devedores de alto risco de inadimplência nem dos mais corruptos. Em vez disso, a China empresta para um conjunto geograficamente diversificado de países, abrangendo a Ásia (29%), a África (23%), a América Latina (24%) e a Europa Central e Oriental (18%). A maioria dos países possui condições fiscais sólidas, mas alguns assumiram uma dívida preocupante (as Maldivas e o Laos devem mais de 25% de seus PIBs aos credores chineses, por exemplo).[54] A China não apenas perdoou ou aliviou grande parte dos créditos que tinha a receber como também as apreensões de ativos são extremamente raras (não houve nenhuma na África até o momento em que escrevo).[55] A China assume os riscos juntamente a seus devedores, sobretudo porque muitos empréstimos são grandes (acima de 500 milhões de dólares) e porque ela ainda está navegando como novo membro do clube de empréstimos globais. No espírito de coordenação internacional, ela se juntou ao G20 para endossar a suspensão do serviço da dívida relacionada à covid-19.[56]

O poder do dólar conferiu aos Estados Unidos uma enorme influência política no cenário global. A abordagem pragmática da China ao se envolver com países em crescimento por meio de projetos de infraestrutura, auxílio e empréstimos em momentos de crise conquistou um apoio significativo em muitas partes do mundo em desenvolvimento. Mesmo que esses programas ambiciosos envolvam interesses geopolíticos e estratégicos para a China, eles também refletem sua visão de uma ordem mundial baseada no desenvolvimento econômico compartilhado. No entanto, qualquer nação que assuma a liderança precisará de legitimidade, e esta vai além do poderio bruto: inclui também um imperativo moral. Por um tempo, o compromisso dos Estados Unidos com a democracia lhe conferiu autoridade tácita para projetar seu poder no mundo. Porém, seu desejo crescente de transferir as responsabilidades globais para outros países, bem como o nacionalismo econômico e tecnológico que se consubstancia no espírito do *America First* [Os Estados Unidos em primeiro lugar], tem corroído essa legitimidade.

As ameaças ao funcionamento das redes regionais e globais — na forma do Brexit, guerras comerciais e pandemias — têm servido para destacar a necessidade de uma nova definição de liderança econômica. Nessa nova era de interconexão, o paradigma tradicional de competição deve ceder lugar à complementaridade, à conectividade e à cooperação. À medida que redes transnacionais resilientes vão superando os Estados soberanos, o conceito predominante de hegemonia econômica pode se tornar obsoleto — ou, no mínimo, menos pertinente. O país mais central e mais conectado dá vida às redes, não com o objetivo de dominação, mas para garantir que elas funcionem com segurança, sustentabilidade e tranquilidade. Os centros mais importantes terão de construir e manter uma arquitetura que permita que os outros prosperem para o benefício de todos.

A China prosperou além de suas fronteiras porque o sistema global a aceitou e a encorajou a prosperar. À medida que a China se integra cada vez mais às redes globais de comércio, finanças e infraestrutura, ela pode retribuir esses benefícios às nações em desenvolvimento conforme estas também entram na rede.

10. RUMO A UM NOVO PARADIGMA

CHINA, PASSADO E PRESENTE

O maior milagre da China nas últimas quatro décadas não foi o crescimento vertiginoso do PIB do país, mas a transformação inimaginável que ocorreu para centenas de milhões de chineses e seus filhos no tempo de uma única vida. Foi o caso da minha família e da maioria das famílias que conhecíamos. Se os acontecimentos não tivessem mudado de rumo na China, eu teria nascido no sul rural, para onde meus pais foram enviados para trabalhar como trabalhadores braçais durante a Revolução Cultural. Meu pai poderia ter se estabelecido no campo, trabalhando em um matadouro, abatendo porcos. Em vez disso, ele foi um dos primeiros estudantes a fazer o exame nacional que Deng Xiaoping reinstituiu como parte da ressurreição de um sistema nacional de ensino superior abandonado durante a Revolução Cultural. Anos de esperanças frustradas terminaram com uma carta de aceitação que levou meu pai de um canto remoto do país para uma universidade de alto nível na capital. Eu nasci lá, em Pequim, onde nosso pequeno apartamento privado era considerado um luxo extraordinário.

Em 1978, quando as necessidades econômicas da China finalmente prevaleceram sobre a ideologia, a nação estava determinada a forjar um futuro próspero, mas tinha pouca experiência recente a qual pudesse recorrer. Quarenta anos depois, a China reinventou-se como potência global baseada em uma fusão única de política e economia que desperta tanto a ira quanto a admiração do resto do mundo. Tendo vivido grande parte dessa transformação, minha geração se orgulha do que o país alcançou, embora também tenhamos profunda consciência do alto preço que tivemos de pagar ao longo do caminho. Hoje somos mais procurados por empresas e instituições internacionais do que qualquer geração anterior, o que reflete menos nossas próprias habilidades do que o que nossa nação nos proporcionou. Nós e a China atingimos a maioridade na mesma época.

Uma das mudanças mais significativas nos últimos quarenta anos foi a forma como os chineses veem o próprio país. Nas décadas de 1960 e 1970, os estudantes que tinham a oportunidade de estudar no Ocidente geralmente permaneciam lá, onde, em geral, a vida era melhor, os bens de consumo eram abundantes e os salários eram mais de dez vezes os vigentes para posições semelhantes na China. Os chineses ficavam profundamente impressionados com o Ocidente e, em particular, com os Estados Unidos, devido a seu poder, sua tecnologia e sua prosperidade alimentados pelo sonho americano, que inspirava tanto os próprios estadunidenses quanto os imigrantes, que eram bem recebidos. No entanto, quando minha geração começou a se formar nas universidades no exterior, com diplomas recém-conquistados no início dos anos 2000, esses estudantes chineses começaram a se mudar para mais perto de casa, estabelecendo-se em cidades cosmopolitas como Hong Kong ou Singapura para aproveitar as oportunidades que surgiram na China continental, da qual, contudo, ainda mantinham uma distância confortável. Em 2013, a China continental tornou-se o destino principal deles. Segundo o Ministério da Educação da China, dos 5 milhões de estudantes que concluíram seus estudos no exterior entre 2000 e 2019, cerca de 86% voltaram à China. Até meu estimado professor de matemática, Shing-tung Yau, abriu mão de sua posição de professor titular na Universidade Harvard para lecionar na Universidade de Pequim.

Quando Deng Xiaoping decidiu que os jovens chineses poderiam buscar educação no exterior, esperava que muitos não voltassem para casa por algum tempo. Adotou uma visão de longo prazo, acreditando que no fim das contas a maioria deles retornaria, e mesmo aqueles que não retornassem prestariam algum serviço à nação de alguma forma. No entanto, ele próprio teria ficado surpreso com a intensidade das tendências mais recentes. Jovens estudantes me dizem que, para realmente ter sucesso nos dias de hoje, eles precisam estar na China, em meio a um cenário dinâmico de startups financiadas por capital de risco vindo de todo o mundo. Cientistas e pesquisadores estão se mudando para lá atraídos por altos salários, orçamentos generosos e grandes equipes de pesquisa para impulsionar seus trabalhos. Mesmo profissionais de tecnologia com empregos cobiçados no Facebook, no Google, no Goldman Sachs e na BlackRock estão voltando para casa, alguns para lançar empresas que os tornarão bilionários ou estrelas das redes sociais.

O seu crescente sentido de regresso à casa e o apelo da nação testemunham o verdadeiro sucesso da China. Morar nos Estados Unidos, na Europa ou na Austrália já não é o desejo de todos os jovens chineses. Agora, os sonhos que esses lugares representavam podem ser realizados na China.

Para aqueles que ainda acreditam que a democracia à moda ocidental, com sua adesão plena ao capitalismo, é o único sistema capaz de gerar prosperidade generalizada, a ascensão global da China representa um paradoxo intrigante. As intervenções marcantes do Estado contradizem a doutrina do livre mercado. No entanto, a abordagem chinesa tem tido um sucesso fenomenal, conquanto não isento de problemas. Ao longo destas páginas, busquei explicar como certos mecanismos da economia política chinesa vieram complementar as forças do livre mercado, embora essa abordagem não explique todos os fatores em jogo. Quando destilamos a mistura complexa da economia chinesa até chegarmos a seus ingredientes essenciais, vários deles se destacam, permitindo-nos compreender melhor o milagre econômico chinês, com todos os seus enigmas e suas contradições.

A ESTRUTURA SINGULAR DO ESTADO CHINÊS

O poder incomum do Estado chinês tem raízes em sua antiga estrutura burocrática de *tiaotiao kuaikuai* (linhas e blocos) — um elaborado sistema administrativo que permite às autoridades supremas transmitir instruções até as menores unidades administrativas. As linhas verticais de comando são combinadas com jurisdições horizontais, ou blocos, em uma rede cujo alcance se estende a todos os cantos do país. Essa estrutura, que remonta aos tempos imperiais, ainda é essencial para a capacidade da China de construir novas infraestruturas com velocidade surpreendente, para colher uma safra repentina de medalhas de ouro olímpicas ou para gerenciar uma pandemia global.

Apesar de toda a sua eficácia, o sistema não concede controle total à autoridade central da China. O poder delegado às províncias e aos municípios incentiva os governos locais a fazerem crescer sua economia, alcançarem progresso social e manterem a ordem. É um equilíbrio dinâmico que às vezes se inclina na direção da autoridade central e outras vezes tende a favorecer o governo local, mas o governo central nunca renuncia completamente ao controle, e todo choque ou crise externa tende a deslocar o poder de volta para a liderança superior.

No entanto, um governo central forte não garante uma economia bem-sucedida. A história deixou isso muito claro. A China, pelo menos nos últimos quarenta anos, conseguiu alinhar incentivos econômicos para todos os principais agentes da economia — os indivíduos, as famílias, as empresas, os governos locais e a autoridade central. Estratégias nacionais em nível macro são implementadas em nível micro com base na motivação dos funcionários do governo local para desempenharem um papel ativo. Ao entregar resultados econômicos impressionantes em suas localidades, os funcionários ascendem na hierarquia do partido, exercem maior influência e constroem carreiras de glória. Além disso, a competição entre regiões e a rotação obrigatória de líderes nos níveis provinciais e municipais impedem que os funcionários se unam contra a autoridade central e explorem as empresas locais para ganho individual. Esses mecanismos não podem eliminar completamente a corrupção, mas podem ajudar a mantê-la sob controle.

Um segundo aspecto do poder do governo central reside em seus vastos recursos. Ele é proprietário da terra, de seus recursos naturais e dos maiores bancos do país. Controla as alavancas que definem as metas de crescimento do PIB, regulam os sistemas financeiros, influenciam os mercados imobiliários, emitem licenças e permissões e redistribuem a riqueza. A reforma talvez seja sua ferramenta mais poderosa, permitindo ao governo central abolir leis antigas e impor leis novas com rapidez e poucas restrições políticas. Esses recursos e habilidades explicam por que o setor privado permanece próximo ao Estado, apesar da tensão entre a preferência do primeiro por um mercado livre e o maior conforto do último com uma economia comandada.

Um Estado poderoso é especialmente eficaz nos estágios iniciais da economia, quando as instituições de mercado ainda estão em desenvolvimento. Um sistema financeiro primitivo tem dificuldade para financiar novos empreendimentos de importância nacional sem a ajuda de bancos estatais, por exemplo. E o Estado assume a responsabilidade quando o mercado fraqueja, orquestrando fornecedores e produtores em áreas críticas que talvez levassem muito tempo para se desenvolver por conta própria. No entanto, um Estado poderoso é uma espada de dois gumes, e, apesar de muitas coisas terem dado certo na China, outras não deram.

As políticas industriais destinadas a estimular o PIB persistiram por muito tempo depois de as condições de mercado terem mudado, inflando a economia chinesa com os esteroides do crédito fácil e dos subsídios. Embora algumas reformas tenham conseguido resolver certas distorções na economia, novas distorções foram sendo criadas ao longo do caminho. O resultado foram alocações inadequadas de capital, recursos humanos e terras. Um mercado livre teria eliminado os agentes ineficazes e recompensado os capazes, mas, na China, esse efeito purificador não ocorreu em plenitude. No final das contas, tudo se resume ao seguinte: a liderança central da China, que impulsionou o caso de crescimento econômico mais bem-sucedido da nossa época, também pode vir a tomar decisões que tenham o efeito oposto no futuro. O poder do Estado é o maior potencial do sistema, mas também representa seu mais grave risco intrínseco.

COMPETIÇÃO, ESCALA E UM POVO TRABALHADOR

Os economistas usam os preceitos fundamentais da teoria econômica moderna para traduzir uma economia nacional em um quadro matemático.

Como vimos, na China, a imprevisibilidade e o papel descomunal do Estado são fatores importantes. No entanto, mesmo que fosse possível incorporar essas variáveis no cálculo, nenhum modelo construído com essas ferramentas poderia capturar totalmente a realidade. Falta a força vital que anima qualquer economia, as pessoas que contribuem para o empreendimento nacional com suas características únicas, entre as quais a ética profissional, a competitividade e a ambição. Essas qualidades ajudam a explicar por que o simples ato de dar aos trabalhadores chineses a liberdade de escolher seus empregos, aliada a modestos incentivos, resultou em reformas de grande sucesso. Elas também explicam a posterior explosão do comércio chinês que surpreendeu o mundo, e o fato de as empresas estrangeiras, apesar de seus produtos, serviços e conhecimentos de gestão de primeira classe, muitas vezes se virem em desvantagem no mercado chinês, sendo superadas por agentes locais que aprenderam com rapidez, copiaram de forma criativa e adaptaram-se com diligência.

Embora a competição seja essencial para as economias de mercado, é difícil manter um campo de jogo nivelado, o que vale para todas as economias, inclusive as ocidentais, em que as grandes corporações dispõem de vantagens injustas e de um poder de influência que é usado para suprimir a concorrência. Subsídios governamentais para setores específicos, tarifas e restrições regulatórias criam obstáculos que afetam a competição justa. Independentemente das irregularidades do campo de jogo, contudo, a China depende essencialmente de uma força de trabalho cuja memória coletiva traz as imagens da fome, da privação e do trabalho extenuante, primeiro para saciar a fome e só depois para realizar os sonhos. A determinação da nação chinesa, empenhada em sua busca implacável por um lugar de eminência no mundo desenvolvido, é uma das realidades que o resto do mundo terá de reconhecer e aceitar.

PATERNALISMO E CONTROLE

Alguns ingredientes da mistura econômica da China são difíceis de aceitar para quem se baseia puramente na lógica e na razão. Não é fácil entender por que o Estado desempenha um papel tão ativo no mercado de ações, no mercado imobiliário, na educação, no número de nascimentos em cada família e até mesmo no tempo que as crianças podem passar jogando videogame. No entanto, essa tendência de orientar e gerenciar o povo chinês deriva de uma cultura milenar e histórica de paternalismo. O mais intrigante talvez seja que os chineses em geral aceitam essa realidade, embora não sem resmungar. Mas o histórico até agora é que o governo tem feito um bom trabalho em manter a estabilidade e a segurança, mesmo enquanto a nação passa por mudanças profundas.

A principal prioridade do governo paternal da China é a estabilidade. Infelizmente, nas economias de mercado, a volatilidade é a regra, e não a exceção: é considerada um fenômeno comum nos ciclos econômicos, nos mercados financeiros, nas taxas de câmbio e nos fluxos de capital. Isso leva à intervenção do Estado, que inevitavelmente desencadeia a lei das consequências não intencionais. Como vimos no capítulo 6, o controle das dívidas dos governos locais, por meio da proibição do déficit orçamentário, levou esses governos a recorrer aos bancos paralelos como alternativa para que pudessem usar empresas intermediárias a fim de pegar emprestado o quanto quisessem. Essa dívida oculta se torna uma mina terrestre a ponto de explodir. E quando o governo central cria uma rede de segurança desviando grandes parcelas de capital para resgatar empresas e investidores, ou para defender a taxa de câmbio do país, isso só serve para incentivar manobras empresariais mais e mais arriscadas.

Uma saída para esse dilema é o governo permitir que as empresas declarem falência quando não conseguirem cumprir suas obrigações. Deixar o livre mercado seguir seu curso. No entanto, uma vez que qualquer desvio em relação à norma paternalista pode criar pânico e alimentar teorias da conspiração, o governo se encontra entre Cila e Caríbdis.[1] Para os fins a que visamos, a característica cultural do paternalismo ainda é a chave para entender muitas das decisões e posições políticas da China. Com isso em mente, podemos partir do pressuposto de que as empresas estatais não correm perigo de ser deixadas de lado enquanto veículos por meio dos quais o governo controla os principais ativos do país fornecem a chamada tábua de salvação nacional. As empresas estatais sempre serão agentes do Partido Comunista, encarregadas de realizar os objetivos da nação. Elas são os soldados de infantaria que, quando necessário, serão convocados para manter a estabilidade e, em última instância, realizar os sonhos nacionais da China, quer eles aconteçam nos campos da tecnologia, da aviação, do espaço sideral ou da resposta rápida a uma pandemia global.

O paternalismo também pode surgir em resposta ao que as autoridades percebem como comportamentos indesejáveis. Na era feudal, os magistrados nomeados pelo imperador entendiam-se encarregados do que se chama *mu min*, cuidar das pessoas como se cuida de um rebanho de ovelhas. Pelo lado negativo, isso pode contribuir para um impulso público de fazer pouco caso das regras. E é verdade que, nos primórdios das reformas chinesas, muitos fizeram todo o possível para explorar qualquer brecha encontrada nas políticas, enquanto a nação lutava para se firmar. Isso é mais evidente no sistema financeiro e explica por que o governo regulamentou fortemente as *fintechs* e, até agora, proibiu o setor de criptomoedas na China. No futuro, a lógica de que o governo sabe o que é melhor para seu povo, assim como os pais sabem o que é melhor para seus filhos, será posta em xeque. À medida que a sociedade evolui, as pessoas expressarão uma preferência maior pela autodeterminação individual. O grande teste do sistema da China no futuro será o de descobrir como uma mistura das mais diversas preferências individuais pode se refletir e agregar em resultados coletivos.

CULTURA E FUNDAMENTOS

Devemos sempre tomar cuidado para não usar a cultura como explicação para os padrões e comportamentos econômicos e para justificar por que as coisas "funcionam de forma diferente em *nosso* país". Frequentemente, por trás desses padrões existem políticas ou condições econômicas responsáveis por direcionar as pessoas a agir de certa maneira. Na China, a tradição exigia uma família grande até a implementação da política do filho único, em 1980. Quarenta anos depois, o governo começou a flexibilizar a política de controle de natalidade, até mesmo encorajando os casais jovens a terem um terceiro filho, mas desta vez as novas regras tiveram um impacto muito menor. As normas sociais mudam, assim como as considerações práticas, como o alto custo de criar uma família e o enorme comprometimento do tempo das mulheres, que agora têm papéis de destaque nos negócios, na academia e no governo.

No entanto, a cultura não pode ser categoricamente descartada como um fator contribuinte. Conformidade e paternalismo ainda desempenham funções importantes na China, assim como um longo histórico de ênfase na educação, na diligência e na frugalidade. Uma tradição de priorizar os interesses da comunidade sobre os interesses pessoais contrasta fortemente com a ênfase ocidental no indivíduo. Como vimos, as famílias multigeracionais frequentemente tomam decisões juntas e compartilham o encargo da moradia e dos cuidados com os idosos. A cultura também contribui para nossa compreensão da deferência aos pais mostrada por filhos chineses que, no mais, são independentes e podem ter escolhido estilos de vida muito diversos. Ao longo da pandemia, vimos como em diferentes países as pessoas tomaram decisões variadas em relação à segurança e à liberdade. Essa disparidade foi crucial para a determinação de uma ampla variedade de resultados.

Também devemos ter em mente que a China já foi o país mais rico do mundo, com a tecnologia e a infraestrutura mais avançadas, sustentadas por uma burocracia que incentivava a seleção dos mais competentes. A herança meritocrática da China facilitou a transição para a governança moderna e liberou a capacidade latente do país de impulsionar a ciência e a tecnologia modernas na nova era. Mas a China não vive do passado. Seus reveses na história recente servem como um lembrete constante da necessidade de se adaptar às circunstâncias em constante mudança, de ver o mundo como ele é, em um estado constante de fluxo. Uma história gloriosa não confere necessariamente a uma nação a liderança no mundo moderno, e países como a Grécia, a Itália, Portugal, a Espanha, o Reino Unido e outros são provas disso. Desde as reformas de Deng, a China reconstruiu suas instituições, aprendendo com economias as avançadas, escolhendo a dedo e assimilando o que é adequado para a situação única da China e rejeitando o resto.

A CHINA: RUMO AO FUTURO

O que o futuro reserva para a China e seu papel em evolução no mundo é uma questão fundamental do nosso tempo. Não é fácil compreender o que acontecerá. Como vimos ao longo das páginas deste livro, a China está em constante mudança, adaptando sua governança estatal e suas instituições e elaborando novas estratégias e políticas públicas à medida que a mentalidade de seu povo evolui para enfrentar as circunstâncias emergentes. O texto divinatório clássico da China, o *I Ching*, também conhecido como *Livro das mutações*, afirma que "tudo se encontra em estado de fluxo"; nada nesse mundo é imutável e nenhum caminho é fixo. Esse dinamismo, que informa os mecanismos institucionais da nação e sua abordagem bastante flexível e pragmática, torna a tarefa de prever o futuro ou a sorte da China tão desafiadora quanto empolgante.

O passado não é um prenúncio do futuro. O que já aconteceu na China não oferece indicações confiáveis do que está por vir. O sistema chinês de economia política parece ser robusto o suficiente para navegar pelos tempos turbulentos e transformadores que se aproximam, mas os desafios são assustadores. Cinco considerações significativas moldarão o curso das próximas décadas da China.

A primeira, e talvez a mais significativa, é o retorno ao "problema social". A sensação de urgência para abordar questões que vão desde o aumento da classe média até a proteção do consumidor e o tamanho adequado dos benefícios estatais vem se tornando cada vez mais aguda. Em todo o mundo, a parcela do PIB destinada aos trabalhadores está diminuindo, enquanto a parcela destinada ao capital está aumentando: os trabalhadores, que têm cada vez menos poder de barganha, estão perdendo progressivamente o acesso à riqueza gerada por um capital pouco tributado. Ao mesmo tempo que multiplica as fortunas dos empreendedores hábeis, a tecnologia está substituindo empregos, criando espaço para trabalhadores altamente educados e treinados, enquanto deixa os demais cada vez mais à margem. Em uma era de abundância material sem precedentes, as tensões sociais estão se agravando em muitos países desenvolvidos, onde mais e mais pessoas estão irritadas, frustradas e desiludidas. Se nada for feito, o mesmo destino aguardará a China.

Há quarenta anos, Deng Xiaoping, líder de uma nação guiada pela ideologia comunista, decidiu que, para que a China pudesse sair da pobreza, um certo número de pessoas teria que ser autorizado a enriquecer primeiro. Essa maré crescente então levantaria todos os barcos e traria ampla prosperidade. Nas décadas seguintes, muitos na China de fato enriqueceram — na verdade, enriqueceram *muito*. O país abriga o segundo maior número de bilionários do mundo. No entanto, à medida que a riqueza dos poucos privilegiados disparou, a desigualdade de renda se alargou, passando dos níveis nórdicos para níveis que estão se aproximando rapidamente dos Estados Unidos.[2] A metade inferior da população chinesa em termos de distribuição de renda reúne apenas 15% da renda do país (em comparação com 12% nos Estados Unidos e 22% na França). A disparidade entre os ricos e os pobres afeta tudo, desde onde as pessoas moram até a qualidade da educação de seus filhos, das perspectivas de emprego ao longo da vida até a duração da própria vida humana. A pandemia de covid-19, que afetou todos os países do mundo, serviu apenas para ressaltar o quanto esse sofrimento se abate de forma desproporcional.

Agora, a missão moral da China está se deslocando de volta para um objetivo nacional coletivo estabelecido há quarenta anos. O conceito de "prosperidade comum", defendido por Deng Xiaoping, tornou-se uma meta política emblemática para o presidente Xi, cuja visão para a China era ser uma "grande nação socialista moderna". Olhando para o Ocidente, a China observa como o abismo entre ricos e pobres nas economias avançadas tem alimentado a divisão, a desconfiança, a toxicidade e o extremismo — um cenário que o país oriental fervorosamente deseja evitar. A China busca uma distribuição de renda em formato de azeitona para seu povo, ampla no meio e estreita nos extremos. Prefere que seus líderes políticos ditem a música para que as empresas dancem, em vez do contrário, o que inspirou uma ação regulatória contra plataformas de tecnologia e colocou pressão sobre empreendedores ricos. E, embora a China não tenha planos de fornecer uma renda mínima universal (seus valores tradicionais incentivam o trabalho árduo como base de uma vida com sentido), o Estado chinês sente-se obrigado a fornecer um nível básico de bem-estar para todos os seus cidadãos.

A prioridade da China daqui para frente é alcançar um crescimento de alta qualidade com mais prosperidade compartilhada. Na década de 1980, Deng Xiaoping encorajou os membros do partido a não se perderem em um debate ideológico entre socialismo e capitalismo; em vez disso, ele ajudou a forjar um sistema de governança único que incorporou elementos de ambos. Se esse sistema pode continuar a florescer ou não depende da capacidade da China de resolver o maior dilema do capitalismo: como a harmonia social pode acompanhar o crescimento da riqueza? A meta é colossal. Não apenas porque poucos países alcançaram um sucesso nesse quesito, mesmo relativo (e tendem a ser países pequenos, como a Dinamarca), mas também porque mesmo uma China totalmente comprometida com seus vastos recursos e seu poder estatal incontestável enfrenta dificuldades para encontrar soluções claras. Mais uma vez, quase meio século depois de Deng Xiaoping romper com a ideologia conservadora, a China está atravessando um novo rio pisando com cuidado sobre as pedras.

Ao dar seus primeiros passos significativos para abordar as questões de desigualdade e equidade, a China está à frente do Ocidente nesse enfrentamento do problema mais intratável do capitalismo. Alguns no Ocidente me disseram que a resposta para o problema da democracia é mais democracia. A China não acredita nisso, nem acredita que a resposta para as falhas do livre mercado seja mercados ainda mais livres. Tem ficado cada vez mais claro que a inclusão, a equidade e uma alta qualidade de vida não podem ser plenamente resolvidas por meio de soluções de mercado. Para que o crescimento seja equitativo, o capitalismo como o conhecemos não pode mais ser a força dominante para a melhoria econômica. Algo precisa mudar.

Isso se aplica, sobretudo, em uma economia global em que os mecanismos de mercado já não servem para manter o equilíbrio como costumavam fazer na "sociedade funcional", quando a produção industrial dominava a atividade econômica. Na era da informação, em vez disso, os mercados estão mais sujeitos a um efeito bola de neve, à medida que empresas com uma parcela desproporcional de dados e tecnologia crescem de forma ilimitada, expandindo seus negócios em uma escala impensável. Os monopólios podem usar seu poder para cobrar preços altos e afastar a concorrência, prejudicando os consumidores em todo lugar. Os sete gigantes da era da inteligência artificial — Alphabet, Amazon, Meta, Microsoft, Baidu, Alibaba e Tencent — dominam a pesquisa em IA. Estão aplicando algoritmos aos dados coletados sobre nós e podem nos influenciar a pensar e a agir de modo a fazer esta compra em vez daquela, votar neste candidato em vez do outro. Crenças e princípios econômicos que costumávamos valorizar precisam ser questionados, e, como a mão invisível do mercado continua nos decepcionando, alguns entendem que a tese de uma intervenção governamental direcionada é cada vez mais convincente.

Na China, o foco na prosperidade comum não é tanto fazer parte do 1% mais rico da população ou descobrir e regular paraísos fiscais onde indivíduos e empresas armazenam seus bilhões. Também não se trata de elaborar um sistema tributário progressivo que tenha como alvo uma concepção limitada de desigualdade baseada em renda. As primeiras medidas da China foram direcionadas a eliminar fontes de rendimentos flagrantemente *ilícitos*, ou seja, obtidos por meio de fraude, monopólio, manipulação ou conluio. Trata-se de focar em proporcionar oportunidades mais justas para as pessoas mesmo antes de pensar em renda. Com esse objetivo, o país está implementando a construção de habitações acessíveis e priorizando o acesso à assistência médica e a uma infraestrutura eficiente para todos. Várias empresas foram drasticamente reprimidas, entre elas empresas de aulas particulares que se aproveitavam de um ambiente superaquecido para oferecer uma ampla gama de aulas com preços elevados para os mais abastados. A abrangente campanha anticorrupção, que começou primeiro dentro do partido, expandiu-se para as empresas estatais, as empresas privadas, os reguladores financeiros, e assim por diante.

Nem toda desigualdade de renda é injusta: algumas pessoas preferem trabalhar mais que as outras, e algumas são mais capazes ou mais inovadoras do que as outras. Em qualquer economia, a chinesa inclusive, preservar os incentivos que impulsionam seus empreendedores privados a criar valor e empregos é vital. A prosperidade comum não deve ser equiparada ao igualitarismo, mas pode ser promovida quando se extirpa a economia da má conduta que tem representado uma parte significativa da riqueza acumulada nas últimas décadas.

O impulso da China para a prosperidade comum exige que as empresas chinesas sejam *hefa*, *heli* e *heqing* — "lícitas, razoáveis e empáticas". Já não é suficiente contribuir bastante para a economia local. No ambiente econômico em constante mudança na China, as empresas precisam ser disciplinadas, conscientes do meio ambiente e atenciosas com seus clientes. Cada vez mais, elas devem respeitar regras e regulamentos e proteger a privacidade dos consumidores. Os monopólios precisam ser contidos. As discussões sobre campeões nacionais continuam, mas junto a uma ênfase maior no princípio de "menos é mais", à medida que o país deixa de lado os produtos de baixo custo e a produção em massa e se direciona à geração de produtos mais especializados e sofisticados.[3]

No que diz respeito à redução do poder corporativo, a China possui uma vantagem clara em relação ao Ocidente, onde grupos corporativos poderosos e abastados manipulam o sistema político e moldam seus programas. Após anos de debates prolongados sobre a regulamentação de empresas como o Facebook e a Amazon, os Estados Unidos ainda têm pouco a mostrar. Na China, o governo interveio com efeito imediato. Em menos de um ano, a partir de 2020, a Tencent, gigante das redes sociais e dos jogos, foi obrigada a vender participações para reduzir sua concentração de poder de mercado, enquanto os reguladores também bloquearam a fusão proposta pela Tencent dos dois principais sites de streaming de videogames do país e ordenaram que ela encerrasse seus direitos exclusivos de música. A Meituan foi multada em uma quantia substancial por não proteger adequadamente os direitos e os benefícios dos trabalhadores, e uma série de investigações antitruste em todos os setores visou empresas como a Alibaba e a Didi. Um mar de regulamentações varreu o país e, no final de 2021, o Estado se recusou a resgatar os gigantes do setor imobiliário profundamente endividados.

Essas intervenções inesperadas e rigorosas transformaram a paisagem dos gigantes da internet da noite para o dia. Elas também abalaram os mercados internacionais e assustaram os investidores. Se a busca pela prosperidade comum for conduzida de maneira apressada e draconiana, com a mesma abordagem "curta, simples e rápida" que vimos no passado, o objetivo da China será invertido. Mesmo políticas bem-intencionadas podem ter efeitos contraproducentes se forem mal elaboradas ou mal implementadas. As pessoas perderão a confiança nas empresas e no governo; as empresas, constantemente temerosas de políticas voláteis, irão segurar seus investimentos e suas inovações; e o bolo econômico deixará de crescer, deixando o Estado com menos recursos à disposição para reagir a contingências e a oportunidades. O risco de uma regulamentação excessivamente zelosa é real e pode desviar o país de seu curso: a realização de seu "grande rejuvenescimento". No entanto, uma abordagem equilibrada pode ser benéfica para a sociedade. Afinal, uma sociedade estável é, por si só, um ativo econômico essencial.

Muitos veem o Estado intervencionista chinês com apreensão e ceticismo. Alguns temem que uma era de governança ideológica possa reverter seu curso de abertura e reforma.[4] Existe uma tendência de interpretar cada evento importante na China como algo simbólico e permanente, mas isso é equivocado. Algumas guinadas dramáticas têm o objetivo de causar um efeito de "*big bang*" — despertar a consciência e impor mudanças. Com frequência, elas são atenuadas quando a mensagem é compreendida ou quando as ramificações começam a se manifestar. As drásticas medidas regulatórias que atingiram as empresas de tecnologia em 2020 acabaram sendo seguidas por um relaxamento das normas e até mesmo por elogios públicos em 2022.

O 20º Congresso do Partido Comunista Chinês, realizado poucos meses depois, destacou a importância da expansão da economia digital. O pêndulo às vezes oscila para um extremo antes de voltar com força igual: o isolamento nas décadas de 1950 e 1960, seguido pela globalização abrangente na segunda metade do século XX; um ambiente político hostil ao setor privado na década de 1970 e início dos anos 1980, seguido por uma liberdade praticamente total nos anos subsequentes; e a mudança dramática dos lockdowns devido à covid-19 para a reabertura do país no final de 2022. No entanto, o que é perdido no processo não pode ser recuperado.

A nova cartilha é, na verdade, um processo de busca por um novo equilíbrio adequado aos nossos tempos. Esse equilíbrio envolve encontrar um ponto médio entre uma maior igualdade e os incentivos de mercado, a segurança e o crescimento, a autossuficiência e uma interação contínua com o Ocidente. Muitos supõem que esses objetivos são inconciliáveis, mas não são. Para a China, encontrar esse equilíbrio será um processo constante de aprendizado, de recalibração e de ajuste fino até que tanto os meios quanto os fins estejam "adequados ao propósito". Pode haver erros e anomalias, reviravoltas e mudanças que às vezes impactam seriamente a economia. Em 2022, a economia da China sofreu um grande revés: pela primeira vez em quarenta anos, o crescimento do PIB da China foi inferior ao dos Estados Unidos no segundo trimestre do ano. A reputação da China como parceira comercial internacional confiável, previsível e estável foi prejudicada, uma vez que as restrições de viagens e de trabalho afetaram as cadeias globais de suprimentos.[5]

Haverá sacrifícios ao longo do caminho, e a China pode correr o risco de perder seu potencial de crescimento no curto prazo. No entanto, mantenho uma visão otimista de que o pragmatismo e a racionalidade acabarão prevalecendo, não importa o que haja pela frente – seja uma crise das relações internacionais, uma política mais ideológica ou uma batalha epidemiológica. Não há retorno a uma sociedade pré-moderna e pré-tecnológica; o povo chinês mudou fundamentalmente. Tendo experimentado em primeira mão as virtudes do mercado e os atrativos da modernidade, as pessoas terão aversão a uma economia de escassez e a um estilo de vida desprovido de diversão, luxos, viagens ao exterior e os prazeres da cultura dos cafés — seja qual for o mantra do momento. Totalmente imersas na era da internet, com pleno conhecimento de quão rapidamente a informação se espalha, elas não reprimirão opiniões nem evitarão contestações. Mesmo sob um regime rigoroso de censura ou controle, as *questões* podem ser suprimidas, mas não o *sentimento* geral. Por fim, os líderes que estão chegando ao poder e aqueles que controlam a China hoje — inclusive os líderes da nova geração, nascidos após os anos 1980

— são profundamente influenciados pela visão de abertura e reforma de Deng Xiaoping. Quarenta anos de reforma são difíceis de reverter, pois muitos se beneficiaram e muitos interesses já estão arraigados.

Na prática, no final de 2022, os funcionários locais ainda estavam ocupados com o *zhao shang yin zi*, a fraseologia oficial que significa atrair negócios e influxos de capital. As receitas fiscais eram necessárias para encher os cofres do governo, e o sucesso das empresas privadas era a única coisa que gerava emprego suficiente. Os empreendedores, mesmo sob mais restrições e supervisão, ainda estavam trabalhando na próxima grande ideia para testá-la em um mercado gigantesco que poderia torná-los milionários. Os funcionários do governo em todos os níveis estavam fervorosamente tentando atrair de volta os interesses estrangeiros. A abertura continua, e isso tem um efeito tranquilizador: conexões de títulos, de ações e de *swaps* vão, devagar e sempre, abrindo o sistema financeiro da China.

A segunda consideração é que, à medida que sua economia amadurece, a China está perdendo seu status de nação jovem. A antiga cartilha, que privilegiava os pioneiros que distorciam ou transgrediam as regras enquanto o governo fechava os olhos, está sendo substituída por uma nova. Ao passo que uma nação se torna mais rica, suas prioridades mudam. Conforme as pessoas se tornam mais prósperas, o desejo de atender às necessidades básicas dá lugar ao anseio pelo equilíbrio entre trabalho e vida pessoal e pelo acesso a uma ampla variedade de bens e de serviços de alta qualidade. Para a sociedade como um todo, o *processo* torna-se tão importante quanto os *resultados*. Os meios devem ser justificados por seus próprios méritos, não apenas pelos fins. A China está amadurecendo, e essa maturação irá acelerar à medida que o Estado evolui junto a seu povo em uma dinâmica contínua, cada vez mais moldada por uma nova geração. Essa geração compreende mais que qualquer outra que, conforme a eficácia do poder econômico diminui, se torna necessário construir redes, gerar narrativas cativantes e colaborar com outros países para estabelecer regras internacionais, fortalecendo, assim, o poder de influência que tornará a China naturalmente mais atrativa para o mundo.

No entanto, a maturação econômica traz em seu rastro uma complexidade social maior. A nação e seu povo já não concentram sua atenção exclusivamente na prosperidade econômica. Os indicadores de desempenho dos governos locais não se baseiam unicamente em uma métrica simples de crescimento do PIB. A menos que se adapte às condições em mutação, o sistema atual, que foi excelente em matéria de mobilização e coordenação, pode não funcionar tão bem na nova era, uma vez que lhe faltam a flexibilidade e a resiliência necessárias para gerenciar uma sociedade mais complexa, bem como o conjunto adequado de mecanismos de governança para evitar que interesses profundamente arraigados atrapalhem reformas adicionais. Para incentivar a inovação e as descobertas tecnológicas nacionais, o Estado, incluindo os governos locais, precisará recuar para um segundo plano, deixando o trabalho a cargo dos mercados e dos empreendedores. Para refletir o que as pessoas desejam, em vez do que o Estado pensa que elas deveriam desejar, o paternalismo deve ceder espaço a uma representação política maior para todos. Novos mecanismos precisarão substituir os antigos, mas eles ainda não foram integrados ao novo conjunto de estratégias. E assim, em uma era de desafios sem precedentes, o teste final consistirá em saber se o sistema político-econômico da China poderá continuar se adaptando ao panorama em transformação.

A terceira influência poderosa sobre o futuro da China é baseada em dois objetivos que ela estabeleceu para si mesma. O primeiro é se tornar a principal potência econômica medida pelo PIB. Mesmo que leve décadas para ser classificada entre as economias mais ricas em termos *per capita*, a China está a apenas alguns anos de ultrapassar os Estados Unidos em tamanho econômico geral. No entanto, isso só pode acontecer se a China conseguir navegar em um curso que amplie e aprofunde suas conexões com a economia global, ao mesmo tempo que estabelece sua independência e sua liderança quando se trata de tecnologias de ponta e oferta de energia. Felizmente para as ambições econômicas da China, ainda há grandes fontes de crescimento a serem exploradas internamente, inclusive o investimento em urbanização para acomodar as migrações internas, a derrubada das barreiras restantes ao comércio interno e a acomodação do crescimento do setor de serviços.

Junto ao seu objetivo de alcançar o maior PIB do mundo, a China nutre o desejo de influenciar as regras e as normas globais e de construir uma grande quantidade de laços econômicos nos lugares onde estes forem bem recebidos. Nas últimas décadas, a China intensificou seus esforços para fornecer capital, tecnologia e conhecimento em infraestrutura para muitos países em desenvolvimento, levando a Europa e os Estados Unidos a fazerem mais do que fizeram no passado. A China pode ainda ser uma novata quando se trata de empreender projetos globais de desenvolvimento grandes e potencialmente arriscados, e pode haver programas estratégicos. Mas a prosperidade compartilhada por meio do desenvolvimento econômico e da cooperação é uma parte importante da visão global chinesa. Nesse contexto, a China está se esforçando para preencher as lacunas deixadas pelos países ricos e pelas instituições internacionais nos países em desenvolvimento.

O quarto fator que molda o futuro da China é uma necessidade que ela compartilha com os Estados Unidos: que as duas superpotências econômicas do mundo se acomodem pacífica e cooperativamente. Para a China, a competição com os Estados Unidos não tem por objeto apenas o comércio, mas também as aspirações chinesas, o modelo certo de desenvolvimento e governança e o futuro da tecnologia. Antes considerada parceira estratégica dos Estados Unidos, durante a era Clinton, mais recentemente a China foi chamada de seu principal rival. Só podemos esperar que China e Estados Unidos, apesar de suas diferenças políticas e competitivas, busquem ativamente espaço para colaboração. Isso é verdadeiro, sobretudo, naqueles casos em que a necessidade mútua é óbvia, como na mitigação da crise climática e no avanço das resoluções pacíficas para disputas entre nações. Ambos os países terão de descobrir não apenas o que o outro deseja, mas também o que se pode alcançar dentro de uma perspectiva realista. Para a China, seria irreal buscar substituir os Estados Unidos como única superpotência mundial. Para os Estados Unidos, seria fantasioso supor que sua hegemonia econômica e militar se estenderá indefinidamente no futuro.

É improvável que a China busque ativamente o conflito. Tampouco buscará a convergência, sabendo muito bem que o abismo que separa essas duas nações em termos de valores, crenças e sistemas nunca se fechará completamente. Não aspira a ser uma "cidade luminosa no topo da colina" para o mundo, nem suas ambições incluem exportar sua ideologia ou impor seu modelo de desenvolvimento ao restante do mundo, pois está ciente de que sua experiência e sua fórmula podem inspirar outros países, mas não podem ser reproduzidas por eles. Isso é uma tradição histórica: mesmo no auge de sua preeminência no mundo, até a Revolução Industrial, a China não procurou disseminar valores nem se esforçou para propagar a relevância de sua cultura e instituições. Nas palavras de Henry Kissinger em seu livro *Sobre a China*, "a China não exportava suas ideias, mas deixava que os outros fossem buscá-las".

Hoje, uma abordagem sensata exigiria que ambas as nações cuidassem de sua própria segurança, ao mesmo tempo que respeitassem as necessidades e os desejos uma da outra; exigiria, além disso, um diálogo contínuo sobre desafios globais compartilhados que aos poucos aproximaria os dois países. Esse é um modelo de convivência ao qual a China também aspira, caso não seja possível ir além. Um resfriamento pode ter se instaurado na relação bilateral e pode arrefecer o ânimo por um tempo. No entanto, espero que quarenta anos de investimentos mútuos, comércio, intercâmbios pessoais e cooperação oficial tornem impraticável o desmantelamento de ligações tão profundas e bem estabelecidas.

Quando se trata de guerra, tendemos a prestar atenção no preço pago pelos vencidos, mas é fácil ignorar o custo para os vencedores — em vidas humanas perdidas, anos de expectativas diminuídas e quantidades colossais de dinheiro que poderiam ter sido direcionadas dos gastos militares para programas sociais ou para erradicar doenças ao redor do mundo. O que não é visível não é menos significativo. Kissinger alertou certa vez contra o conflito entre dois países importantes com poder militar e técnico comparáveis, ao dizer que "não é possível haver um vencedor sem que se corra o risco de destruir a humanidade".

Por fim, apesar de ser improvável que a China evolua para uma democracia no estilo ocidental, seus cidadãos estão cada vez mais sintonizados com um ambiente social e legal que leva em conta e protege seus direitos legítimos. Eles estão responsabilizando cada vez mais os governos locais por seu papel na vida cotidiana das pessoas, usando mídias sociais, publicações em sites governamentais e processos judiciais civis para expressar suas opiniões e pressionar em prol de mudanças. Sob a Lei de Procedimento Administrativo, as pessoas podem processar instituições governamentais por violação de seus direitos pessoais e têm ganhado causas em tribunais civis. A versão da lei codificada em 2021 marca um novo marco na melhoria do Estado de direito. Nessa dinâmica contínua de evolução do Estado junto a seu povo, as pessoas assumirão um papel cada vez mais assertivo.

Este livro começou com o objetivo declarado de "ler a China em sua língua original". Ele termina examinando como o resto do mundo será afetado se isso for feito ou se não for feito. Para os leitores fora da China que desejam aprender sobre a nação e sua economia, tentei fornecer uma visão a partir de um ângulo que de outra forma não seria fácil de encontrar. Quanto aos próprios chineses, quem está imerso em uma situação nem sempre consegue ter uma visão panorâmica desta. Su Shi, um famoso poeta da dinastia Song, descreveu a dificuldade de transmitir a beleza marcante do Monte Lushan, na Província de Jiangxi, desta maneira: "Por que não posso revelar a verdadeira forma de Lushan? Porque eu mesmo estou na montanha.". Sensível a esses desafios, dada minha identidade dupla como uma pessoa que estudou tanto na China quanto nos Estados Unidos e que agora é uma educadora, dividindo seu tempo entre Pequim e Londres, tentei lançar luz sobre a questão, mergulhando na sociedade chinesa, em suas tradições, sua cultura, sua economia e seus sistemas políticos, tanto como observadora local quanto externa.

Entretanto, compreender o pensamento chinês não significa endossá-lo em sua totalidade. Há espaço para debate sobre a sabedoria da estratégia chinesa, bem como sobre sua abordagem para alcançar esses objetivos. Mas entender de onde vêm essas diferenças e por que elas existem ajudará cada um de nós a suspender nossas suspeitas em relação ao outro. Mesmo quando os governos não conseguem chegar a um consenso, os povos podem fazê-lo. E, no final, a maioria das interações ocorre entre indivíduos e não entre Estados, conforme vemos na colaboração ativa entre empresas e universidades, nas ciências e no fluxo aberto de estudantes. É muito pouco provável que um país tenha todas as respostas; as melhores respostas tendem a vir de uma série de fontes. Graças a minha experiência em ambos os países, aprecio o sistema educacional chinês, com seu foco em disciplina e em competição, e também fui inspirada por uma educação estadunidense que incentiva a iniciativa e a busca por nossas paixões.

Com os benefícios geopolíticos de compreender a cartilha da China, vêm recompensas financeiras enormes. Um entendimento mais profundo leva a previsões melhores sobre a economia, o que permite que decisões embasadas substituam meros palpites. As empresas que vendem para os consumidores chineses podem se beneficiar da compreensão das impressionantes mudanças geracionais que estão em curso. Para as empresas estrangeiras que competem diretamente com as chinesas, o entendimento das concorrentes as incentivará a encontrar nichos de sucesso próprios. Para investidores que têm exposição direta e indireta a ações e títulos chineses, compreender o poder da intervenção estatal e a rede de apoiadores estatais por trás do *boom* empreendedor da China, além de reconhecer as fragilidades do sistema, vai ajudá-los a obter mais lucro nos bons momentos e a perder menos quando as coisas piorarem. Para aqueles que negociam com os formuladores de políticas chinesas, entender o pensamento deles só pode ser vantajoso. O raciocínio chinês é circular e não linear; ele se baseia na lógica, mas também é ativamente moldado pelo contexto e por um sistema complexo de relacionamentos.

As gerações futuras terão de superar um número cada vez maior de desafios deixados pelas gerações anteriores, entre eles, dívidas avassaladoras, tensões geopolíticas e ameaças ao meio ambiente, que põem em risco nossa própria existência. Há quem esteja criando um mundo mais perigoso ao promulgar uma visão transacional na qual alguns ganham e outros perdem, colocando pessoas e nações umas contra as outras. Do lado positivo, nossos medos e preconceitos escondem uma verdade mais profunda: nós, os seres humanos, temos muito mais em comum do que percebemos. A princípio, todos nós almejamos um futuro brilhante para nossos filhos. Mas, para tornar isso possível, nossos países terão de se adaptar às novas realidades e se harmonizar com elas — e terão de fazer isso juntos. Talvez, com a ajuda da nova geração que está assumindo posições de liderança pelo mundo afora, possamos encontrar maneiras de retratar essas realidades não como uma ameaça perpétua à humanidade, mas como parte de um ciclo contínuo de mudança e renovação. E, se gastarmos menos energia competindo pelo domínio e mais para dar forma ao futuro, isso será um sucesso de acordo com qualquer cartilha.

NOTAS

1. O enigma chinês

1. Thomas Piketty, Li Yang e Gabriel Zucman, "Capital Accumulation, Private Property, and Rising Inequality in China, 1978-2015". *American Economic Review*, v. 109, n. 7, p. 2469-2496, jul. 2019. Disponível em: https://doi.org/10.1257/aer.20170973.
2. Christian Haerpfer et al. (org.), *World Values Survey: Round Seven-country-pooled Datafile Version 3.0* (Madri e Viena: JD Systems Institute/WVSA Secretariat, 2020). Disponível em: https://doi.org/10.14281/18241.16. Ver a pergunta 150 da pesquisa.
3. Edward Cunningham, Tony Saich e Jesse Turiel, "Understanding CCP Resilience: Surveying Chinese Public Opinion through Time". Ash Center for Democratic Governance and Innovation, Harvard Kennedy School, jul. 2020. Disponível em: https://ash.harvard.edu/files/ash/files/final_policy_brief_7.6.2020.pdf.
4. Haerpfer et al., *World Values Survey*. Ver a pergunta 71 da pesquisa.
5. Deborah Lehr, "Trust in China". Edelman, 18 jan. 2022. Disponível em: https://www.edelman.com/trust/2022-trust-barometer/trust-china. Ver também Cary Wu et al., "Chinese Citizen Satisfaction with Government Performance during covid-19". *Journal of Contemporary China*, v. 30, n. 132, p. 930-944, 17 mar. 2021. Disponível em: https://doi.org/10.1080/10670564.2021.1893558.
6. A pesquisa *zuobiao*, feita de forma online, perguntou a mais de 460 mil participantes se concordavam que os sistemas multipartidários ocidentais são incompatíveis com a China em seu estado atual. Cerca de 38% dos participantes nascidos após 1985 eram a favor dessa opinião, ao passo que apenas cerca de 16% dos nascidos trinta anos antes concordavam com ela. Os dados da pesquisa vêm de Jennifer Pan e Yiqing Xu, "China's Ideological Spectrum". *Journal of Politics*, v. 80, n. 1, p. 254-273, jan. 2018. Disponível em: http://doi.org/10.1086/694255.
7. Li e Shi, *Experience, Attitudes and Social Transition*. p. 338-361.

2. O milagre econômico da China

1. Angus Maddison, Maddison Database 2010. Disponível em: www.rug.nl/ggdc/historicaldevelopment/maddison/releases/maddisondatabase2010.
2. Singapura teve um crescimento superior a 8% durante 42 anos e Hong Kong sustentou esse ritmo durante 31 anos. O Japão teve duas décadas de rápido crescimento, mas foram décadas de recuperação depois da guerra: a rápida reconstrução do país e a reposição dos estoques de capital destruídos.
3. Robert E. Lucas Jr., "Making a Miracle". *Econometrica*, v. 61, n. 2, p. 251-272, mar. 1993. Disponível em: https://doi.org/10.2307/2951551.
4. Nicholas R. Lardy, *Markets over Mao: The Rise of Private Business in China*. Washington, D.C., Peterson Institute for International Economics, 2014.
5. O World Values Survey é um grande banco de dados que cobre mais de noventa países. Mais de 250 mil participantes respondem a mais de mil perguntas sobre tópicos relacionados com seus valores e suas crenças.

6. Christian Haerpfer et al. (org.), *World Values Survey: Round Seven-country-pooled Datafile Version 3.0*, Madri e Viena, JD Systems Institute & WVSA Secretariat, 2020, perguntas 7-17. Disponível em: https://doi.org/10.14281/18241.16.

7. Entre as obras que falam do assunto, incluem-se Tu Weiming, "The Rise of Industrial East Asia: The Role of Confucian Values". *Copenhagen Journal of Asian Studies*, v. 4, p. 81-97, 1989. Disponível em: https://doi.org/10.22439/cjas.v4i1.1767; e Christian Jochim, "Confucius and Capitalism: Views of Confucianism in Works on Confucianism and Economic Development". *Journal of Chinese Religions* v. 20, n. 1, p. 135-171, 1992. Disponível em: https://doi.org/10.1179/073776992805307539.

8. Tan Kong Yam, "Pattern of Asia Pacific Economic Growth and Implications for China", artigo apresentado no Simpósio sobre a Cooperação Econômica e Comercial entre a China e a Região do Pacífico Asiático, Pequim, 28-31 de outubro de 1989, p. 11-12, citado em Tu Weiming, "The Rise of Industrial East Asia: The Role of Confucian Values". *Copenhagen Papers in East and Southeast Asian Studies*, v. 4, p. 90-91, 1989.

9. Loren Brandt, Debin Ma e Thomas G. Rawski, "From Divergence to Convergence: Reevaluating the History behind China's Economic Boom". *Journal of Economic Literature*, v. 52, n. 1, p. 45-123, mar. 2014. Disponível em: https://doi.org/10.1257/jel.52.1.45.

10. Loren Brandt e Thomas G. Rawski (org.), *China's Great Economic Transformation*. Cambridge, Cambridge University Press, 2010, p. 5.

11. Wei Li e Dennis Tao Yang, "The Great Leap Forward: Anatomy of a Central Planning Disaster". *Journal of Political Economy*, v. 113, n. 4, p. 840-77, ago. 2005. Disponível em: https://doi.org/10.1086/430804.

12. Brandt e Rawski, *China's Great Economic Transformation*. p. 170.

13. Ross Garnaut, Ligang Song e Cai Fang (org.), *China's 40 Years of Reform and Development: 1978-2018*. Acton, Austrália, Australian National University, 2018, p. 11.

14. Zeping Ren, Jiajin Ma e Zhiheng Luo, *Report on China's Private Economy: 2019*. Evergrande Research Institute, 2019. Disponível em: http://pdf.dfcfw.com/pdf/H3_AP201910161368844678_1.pdf.

15. Barry Bosworth e Susan M. Collins, "Accounting for Growth: Comparing China and India". *Journal of Economic Perspectives*, v. 22, n. 1, p. 45-66, 2008. Disponível em: https://doi.org/10.1257/jep.22.1.45.

16. Dwight H. Perkins e Thomas G. Rawski, "Forecasting China's Economic Growth to 2025". In: Loren Brandt e Thomas G. Rawski (org.), *China's Great Economic Transformation*. Cambridge: Cambridge University Press, 2008, p. 829-886.

17. Jinghai Zheng, Arne Bigsten e Angang Hu, "Can China's Growth Be Sustained? A Productivity Perspective". *World Development*, v. 37, n. 4, p. 874-888, abr. 2009. Disponível em: https://doi.org/10.1016/j.worlddev.2008.07.008.

18. Loren Brandt e Xiaodong Zhu, "Accounting for China's Growth". *IZA Discussion Paper*, n. 4764, Institute for the Study of Labor, Bonn, Alemanha, fev. 2010. Disponível em: http://dx.doi.org/10.2139/ssrn.1556552.

19. Shekhar Aiyar, Romain Duval, Damien Puy, Yiqun Wu e Longmei Zhang, "Growth Slowdowns and the Middle-income Trap". *Japan and the World Economy*, v. 48, p. 22-37, dez. 2018. Disponível em: https://doi.org/10.1016/j.japwor.2018.07.001. As diferenças nas estimativas devem-se a diferentes suposições acerca das funções das quotas de capital e da produção.

20. Xiaodong Zhu, "Understanding China's Growth: Past, Present, and Future". *Journal of Economic Perspectives*, v. 26, n. 4, p. 103-124, 2012. Disponível em: https://doi.org/10.1257/jep.26.4.103.

21. Loren Brandt et al., "China's Productivity Slowdown and Future Growth Potential". Policy Research Working Paper, 9298, Banco Mundial, Washington, D.C., jun. 2020. Disponível em: https://openknowledge.worldbank.org/handle/10986/33993.

22. Brandt e Zhu, "Accounting for China's Growth".

23. Dados das National Income and Product Accounts, publicadas pelo Bureau of Economic Analysis. Disponível em: https://apps.bea.gov/iTable/ iTable.cfm?reqid=19&step=2#reqid=19 &step=2&isuri=1& 1921=survey.

24. Abhijit V. Banerjee e Esther Duflo, *Good Economics for Hard Times*. Nova York: PublicAffairs, 2021, p. 189. [*Boa economia para tempos difíceis*: Rio de Janeiro: Zahar, 2020. (N.E.)]

25. Loren Brandt, Chang-Tai Hsieh e Xiaodong Zhu, "Growth and Structural Transformation in China". In: Loren Brandt e Thomas G. Rawski (org.), *China's Great Economic Transformation*. Nova York: Cambridge University Press, 2008, p. 683-728.

26. Zhu, "Understanding China's Growth".

27. Chong-En Bai, Chang-Tai Hsieh e Yingyi Qian, "The Return to Capital in China". *NBER Working Paper 12755*, National Bureau of Economic Research, Cambridge, MA, dez. 2006. Disponível em: https://doi.org/10.3386/w12755.

28. Keyu Jin, "China's Steroids Model of Growth". In: Luís Catão e Maurice Obstfeld (org.), *Meeting Globalization's Challenges*. Princeton: Princeton University Press, 2019, p. 77-93.

29. Segundo o Índice de Estados de Direito do World Justice Project de 2019, a China ficou em 82º lugar entre 126 países. O estudo "Doing Business", do Banco Mundial, colocou a China em 31º lugar em 2019, subindo do 90º lugar em 2015. O *Global Competitiveness Report 2019*, do Fórum Econômico Mundial, colocou a China em 72º lugar de 141 países pesquisados no componente do índice chamado "Institucional: governança corporativa".

30. Os dados vêm do Instituto de Distribuição de Renda da China, "Chinese Household Income Project (CHIP) Dataset", acessados em 1 out. 2022. Disponível em: http://www.ciidbnu.org/chip/index.asp; ver também Qiaoyi Li, "600m with $140 Monthly Income Worries Top". *Global Times*, 29 maio 2020. Disponível em: https://www.globaltimes.cn/content/1189968.shtml.

31. Hongbin Li, Prashant Loyalka, Scott Rozelle e Binzhen Wu, "Human Capital and China's Future Growth". *Journal of Economic Perspectives*, v. 31, n. 1, p. 25-48, 2017. Disponível em: https://doi.org/10.1257/jep.31.1.25.

32 Trevor Tombe e Xiaodong Zhu, "Trade, Migration, and Productivity: A Quantitative Analysis of China". *American Economic Review*, v. 109, n. 5, p. 1843-1872, 2019. Disponível em: https://doi.org/10.1257/aer.20150811.

3. Os consumidores chineses e a nova geração

1. Martin King Whyte, Wang Feng e Yong Cai, "Challenging Myths about China's One-child Policy". *China Journal*, v. 74, p. 144-159, jul. 2015. Disponível em: https://doi.org/10.1086/681664.

2. A Pesquisa de Um Por Cento da População de 2005, que reúne dados de 1% da população chinesa de todas as províncias, mostrou que o apoio familiar é a principal fonte de renda para quase metade da população idosa (com 65 anos ou mais) em áreas urbanas. O CHARLS (2011) deixou claro que as pessoas na faixa dos 40 ou 50 anos esperam que esse padrão continue e contam com que seus filhos contribuam com pelo menos metade de sua renda durante a velhice. Perguntou-se a toda a amostra de adultos entre 45 e 65 anos residentes em áreas urbanas o seguinte: "Com quem você acha que pode contar para se sustentar durante a velhice?". Além disso, o CHARLS (2008) demonstrou que 45% dos idosos de famílias em áreas urbanas

viviam com seus filhos. Mais informações podem ser obtidas em Taha Choukhmane, Nicolas Coeurdacier e Keyu Jin, "The One-child Policy and Household Saving", manuscrito de trabalho, jul. 2017. Disponível em: https://personal.lse.ac.uk/jink/pdf/onechildpolicy_ccj.pdf.

3. Segundo "Uma Decisão sobre o Estabelecimento de um Sistema Básico Unificado de Pensões para Trabalhadores Empresariais", documento do Conselho do Estado, 1997, p. 26. Em 1997-1998, o Conselho de Estado estabeleceu os sistemas básicos de pensões e de seguros-saúde para os trabalhadores de áreas urbanas. Já em 2002, 58% dos trabalhadores de áreas urbanas estavam cobertos por um seguro básico de pensão. Em 2006, a Sexta Sessão Plenária do 16º Comitê do Partido Comunista Chinês propôs criar e melhorar um sistema de seguridade social que cobriria tanto os residentes urbanos quanto os rurais; após isso, uma série de medidas foi instituída entre 2009 e 2015. Já em 2020, cerca de 84% dos adultos das áreas urbanas e rurais estavam cobertos por regimes básicos de pensão. Ver também Li Yang, "Towards Equity and Sustainability? China's Pension System Reform Moves Center Stage". SSRN, jun. 2021. Disponível em: https://doi.org/10.2139/ssrn.3879895.

4. Gary S. Becker e H. Gregg Lewis, "On the Interaction between the Quantity and Quality of Children". *Journal of Political Economy*, v. 81, n. 2, p. S279-288, 1973. Disponível em: http://www.jstor.org/stable/1840425.

5. Tencent, *Aggressive Post-00s 2019 Tencent Post-00s Research Report*.

6. Quanbao Jiang, Shuzhuo Li e Marcus W. Feldman, "China's Missing Girls in the Three Decades from 1980 to 2010". *Asian Women*, v. 28, n. 3, p. 53-73, set. 2012.

7. Avraham Ebenstein, "The 'Missing Girls' of China and the Unintended Consequences of the One Child Policy". *Journal of Human Resources*, v. 45, n. 1, p. 87-115, 2010. Disponível em: https://doi.org/10.1353/jhr.2010.0003.

8. Wei Huang, Xiaoyan Lei e Ang Sun, "Fertility Restrictions and Life Cycle Outcomes: Evidence from the One-child Policy in China". *Review of Economics and Statistics*, v. 103, n. 4, p. 694-710, out. 2021. Disponível em: https://doi.org/10.1162/rest_a_00921. O estudo demonstra que as restrições de fertilidade da política levaram a um aumento de 4,5 pontos percentuais (35% da média) na taxa de conclusão do ensino médio para as mulheres e a um aumento de 3,1 pontos percentuais (13%) na taxa de conclusão para os homens.

9. Emily Hannum, Yuping Zhang e Meiyan Wang, "Why Are Returns to Education Higher for Women Than for Men in Urban China?". *China Quarterly*, v. 215, p. 616-640, set. 2013. Disponível em: https://doi.org/10.1017/s0305741013000696.

10. Huang, Lei e Sun, "Fertility Restrictions and Life Cycle Outcomes".

11. Erica Field e Attila Ambrus, "Early Marriage, Age of Menarche, and Female Schooling Attainment in Bangladesh". *Journal of Political Economy*, v. 116, n. 5, p. 881-93, out. 2008. Disponível em: https://doi.org/10.1086/593333.

12. Vanessa L. Fong, "China's One-Child Policy and the Empowerment of Urban Daughters". *American Anthropologist*, v. 104, n. 4, p. 1098-1109, dez. 2002. Disponível em: https://doi.org/10.1525/aa.2002.104.4.1098.

13. Claudia Goldin e Lawrence F. Katz, "The Power of the Pill: Oral Contraceptives and Women's Career and Marriage Decisions". *Journal of Political Economy*, v. 110, n. 4, p. 730-770, ago. 2002. Disponível em: https://doi.org/10.1086/340778.

14. Segundo estimativas de Huang, Lei e Sun, em "Fertility Restrictions and Life Cycle Outcomes", a disponibilidade da pílula aumentou de 2% a 3% a participação no ensino superior de mulheres jovens nos Estados Unidos. Mas as estimativas do estudo indicam que a política do filho único da China aumentou a taxa de conclusão de faculdade das mulheres em 34%. Ver também Elizabeth Oltmans Ananat e Daniel M. Hungerman, "The Power of the Pill for the Next Generation: Oral Contraception's Effects on Fertility, Abortion, and Maternal and Child

Characteristics". *Review of Economics and Statistics*, v. 94, n. 1, p. 37-51, fev. 2012. Disponível em: https://doi.org/10.1162/rest_a_00230.

15. Shang-Jin Wei e Xiaobo Zhang, "The Competitive Saving Motive: Evidence from Rising Sex Ratios and Savings Rates in China". *Journal of Political Economy*, v. 119, n. 3, p. 511-564, jun. 2011. Disponível em: https://doi.org/10.1086/660887.

16. Dados do CEIC, "CN: Disposable Income per Capita: Ytd: Urban". Disponível em: https://insights.ceicdata.com/series/5049701_SR526054. Acesso em: 28 abr. 2022. Também "Disposable Income per Capita: Ytd: Rural". Disponível em:https://insights.ceicdata.com/series/365359527_SR88609007. Acesso em: 28 abr. 2022.

17. Yang Du, "Changes of College Student Employment and Policy Suggestions". *People's Daily*, 16 set. 2022. Disponível em: http://finance.people.com.cn/n1/2022/0916/c444648-32527858.html.

4. Paraíso e selva: a história das empresas chinesas

1. Mao Yarong, "Private Enterprises Contribute More Than 60% of GDP and More Than 50% of National Tax Revenue". Yicai, 23 dez. 2019. Disponível em: https://www.yicai.com/news/100444934.html.

2. Chong-En Bai, Chang-Tai Hsieh e Zheng Song, "Special Deals with Chinese Characteristics", *NBER Macroeconomics Annual*, v. 34, n. 1, p. 341-379, 2020. Disponível em: https://doi.org/10.1086/707189.

3. National Bureau of Statistics, *Statistics Yearbook 2001: Employment by Urban and Rural Areas at Year-End* (2002). Disponível em: www.stats.gov.cn/tjsj/ndsj/zgnj/2000/E04c.htm.

4. Muitas TVEs foram desmanteladas entre 1989 e 1996. Com a maior integração e concorrência de mercado, a discriminação oficial contra as TVEs e a preferência das autoridades por empresas estrangeiras, as TVEs perderam sua posição competitiva. Ver Yasheng Huang, "How Did China Take Off?". *Journal of Economic Perspectives*, v. 26, n. 4, p. 147-170, 2012. Disponível em: https://doi.org/10.1257/jep.26.4.147.

5. Extraído de uma pesquisa sobre empresas em Wenzhou e Kunshan. Ver a figura 4 em Franklin Allen, Jun Qian e Meijun Qian, "Law, Finance, and Economic Growth in China". *Journal of Financial Economics*, v. 77, n. 1, p. 57-116, jul. 2005. Disponível em: https://doi.org/10.1016/j.jfineco.2004.06.010.

6. Chang-Tai Hsieh e Zheng (Michael) Song, "Grasp the Large, Let Go of the Small: The Transformation of the State Sector in China". *Brookings Papers on Economic Activity*, p. 295-366, 2015. Disponível em: https://doi.org/10.1353/eca.2016.0005.

7. O valor médio dos ativos das empresas estatais industriais aumentou de 134 milhões de yuans em 1999 para 923 milhões em 2008. Ver Gao Xu, "State-owned Enterprises in China: How Big Are They?". *East Asia & Pacific on the Rise* (blog), Banco Mundial, 19 jan. 2010. Disponível em: https://blogs.worldbank.org/eastasiapacific/state-are-they.

8. Os níveis subnacionais de governo têm poder legislativo desde a fundação da República Popular da China, em 1949. Ver Chenggang Xu, "The Fundamental Institutions of China's Reforms and Development". *Journal of Economic Literature*, v. 49, n. 4, p. 1076-1151, dez. 2011. Disponível em: https://doi.org/10.1257/jel.49.4.1076.

9. Di Guo, Kun Jiang, Byung-Yeon Kim e Chenggang Xu, "Political Economy of Private Firms in China". In: Josef C. Brada (org.), "Economic Systems in the Pacific Rim Region Symposium". *Journal of Comparative Economics*, v. 42, n. 2, p. 286-303, maio 2014, exemplar especial. Disponível em: https://doi.org/10.1016/j.jce.2014.03.006.

10. Bai, Hsieh e Song, “Special Deals with Chinese Characteristics”.

11. Qiaomei Du, “7 Billion: Why Did NIO Headquarters Finally Land in Hefei”. *NetEase News*, 6 maio 2020. Disponível em: https://auto.163.com/20/0506/07/FBU6IPRI000884MR.html.

12. Chong-En Bai, Chang-Tai Hsieh, Zheng Song e Xin Wang, “The Rise of State-connected Private Owners in China”. *NBER Working Paper 28170*, National Bureau of Economic Research, Cambridge, MA, dez. 2020. Disponível em: www.nber.org/system/files/working_papers/w28170/w28170.pdf. O conjunto de dados utilizado são os dados cadastrais de empresas da Administração Estatal para a Indústria e o Comércio.

13. Investidores estrangeiros normalmente utilizavam três tipos principais de formas empresariais para constituir entidades com investimento estrangeiro na China: *joint ventures* com participação acionária, *joint ventures* cooperativas e empresas de propriedade totalmente estrangeira.

14. Os dados das empresas chinesas são provenientes de uma pesquisa anual de empresas de manufatura coletada pelo Escritório Nacional de Estatísticas da China. O conjunto de dados inclui empresas não estatais com receita acima de 5 milhões de yuans (cerca de 600 mil dólares) e todas as empresas estatais existentes no período de 1998 a 2007. Esses resultados são provenientes de Yan Bai, Keyu Jin e Dan Lu, “Misallocation under Trade Liberalization”. *NBER Working Paper 26188*, National Bureau of Economic Research, Cambridge, MA, ago. 2019. Disponível em: https://doi.org/10.3386/w26188. Nesse documento, os autores medem distorções no nível das empresas e as interpretam como impostos e subsídios.

15. Yasheng Huang e Heiwai Tang, “Are Foreign Firms Favored in China? Firm-Level Evidence on the Collection of Value-Added Taxes”. *Journal of International Business Policy*, v. 1, n. 1-2, p. 71-91, jun. 2018. . Disponível em: https://doi.org/10.1057/s42214-0006-z.

16. Feng Li, “Why Western Digital Firms Have Failed in China”. *Harvard Business Review*, 14 ago. 2018. Disponível em: https://hbr.org/2018/08/why-failed-in-china.

17. David Greenaway, Alessandra Guariglia e Zhihong Yu, “The More the Better? Foreign Ownership and Corporate Performance in China”. *European Journal of Finance*, v. 20, n. 7-9, p. 681-702, 2014. Disponível em: https://doi.org/10.1080/1351847X.2012.671785.

18. Chunling Li e Yunqing Shi, *Experience, Attitudes and Social Transition: A Sociological Study of the Post-1980 Generation*. Pequim: Social Sciences Academic Press, 2013, p. 350-352.

5. O Estado e a economia de prefeitos

1. Rana Mitter e Elsbeth Johnson, “What the West Gets Wrong about China”. *Harvard Business Review*, 1 maio 2021. Disponível em: https://hbr.org/2021/05/whatthewestgetswrongaboutchina.

2. Pierre F. Landry, Xiaobo Lü e Haiyan Duan, “Does Performance Matter? Evaluating Political Selection along the Chinese Administrative Ladder”. *Comparative Political Studies*, v. 51, n. 8, p. 1074-1105, 2018. Disponível em: https://doi.org/10.1177/0010414017730078.

3. Charlotte Gao, “China’s AntiGraft Campaign: 527,000 People Punished in 2017”. *The Diplomat*, 12 jan. 2018. Disponível em: https://thediplomat.com/2018/01/chinasantigraftcampaign527000peoplepunishedin2017.

4. Trevor Tombe e Xiaodong Zhu, “Trade, Migration, and Productivity: A Quantitative Analysis of China”. *American Economic Review*, v. 109, n. 5, p. 1843-1872, maio 2019. Disponível em: https://doi.org/10.1257/aer.20150811.

5. Wei Chen et al., “A Forensic Examination of China’s National Accounts”. *Brookings Papers on Economic Activity*, p. 77-141, 2019. Disponível em: https://www.jstor.org/stable/90000434.

6. Em 2008, o escândalo da fórmula infantil Sanlu adulterada com melamina deixou sob suspeita a segurança alimentar na China e, em particular, abalou a confiança dos pais nas fórmulas infantis chinesas. Embora tenham sido os produtores de leite locais que colocaram melamina no leite para aumentar seu índice proteico e passar nos testes nutricionais, a administração da Sanlu não parou de produzir e vender o leite adulterado, mesmo depois de tomarem ciência dos perigos que seu produto representava para a saúde. O leite adulterado tirou a vida de seis bebês de colo e deixou 300 mil doentes, muitos dos quais terão de fazer diálise para o resto da vida. A presidente da empresa foi condenada à prisão perpétua e a empresa em si, de propriedade estatal, faliu. O número de empresas envolvidas na tragédia foi de 22. Após o incidente, o leite infantil se tornou um dos alimentos mais regulados na China.
7. Gene M. Grossman e Alan B. Krueger, "Economic Growth and the Environment". *Quarterly Journal of Economics*, v. 110, n. 2, p. 353-377, maio 1995. Disponível em: https://doi.org/10.2307/2118443.
8. Ruxin Wu e Piao Hu, "Does the 'Miracle Drug' of Environmental Governance Really Improve Air Quality? Evidence from China's System of Central Environmental Protection Inspections". *International Journal of Environmental Research and Public Health*, v. 16, n. 5, p. 850, mar. 2019. Disponível em: https://doi.org/10.3390/ijerph16050850.
9. Bei Qin, David Strömberg e Yanhui Wu, "Why Does China Allow Freer Social Media? Protests versus Surveillance and Propaganda". *Journal of Economic Perspectives*, v. 31, n. 1, p. 117-14, 2017. Disponível em: https://doi.org/10.1257/jep.31.1.117.
10. Markus K. Brunnermeier, *The Resilient Society.* Colorado Springs: Endeavor Literary Press, 2021, p. 13-19.

6. O sistema financeiro

1. Franklin Allen, Jun "QJ" Qian, Chenyu Shan e Julie Zhu, "Dissecting the Long-Term Performance of the Chinese Stock Market". *SSRN 2880021*, nov. 2021. Disponível em: https://doi.org/10.2139/ssrn.2880021; Franklin Allen, Jun Q. J. Qian, Chenyu Shan e Julie Lei Zhu, "The Development of the Chinese Stock Market". In: Marlene Amstad, Guofeng Sun e Wei Xiong (org.), *The Handbook of China's Financial System*, Princeton: Princeton University Press, 2020, p. 283-313. Disponível em: https://doi.org/10.2307/j.ctv11vcdpc.15.
2. Edward Glaeser, Wei Huang, Yueran Ma e Andrei Shleifer, "A Real Estate Boom with Chinese Characteristics". *Journal of Economic Perspectives*, v. 31, n. 1, p. 93-116, 2017. Disponível em: https://doi.org/10.1257/jep.31.1.93.
3. Nargiza Salidjanova, "China's Stock Market Meltdown Shakes the World, Again". U.S.-China Economic and Security Review Commission, 14 jan. 2016. Disponível em: www.uscc.gov/sites/default/files/Research/Issue%20brief%20-%20China%27s%20Stocks%20Fall%20Again.pdf.
4. "The Causes and Consequences of China's Market Crash". *The Economist*, 24 ago. 2015. Disponível em: https://www.economist.com/news/2015/08/24/the-consequences-of-chinas-crash.
5. Dados do Banco Mundial, "Domestic Credit to Private Sector by Banks (% of GDP)-China". Disponível em: https://data.worldbank.org/indicator/FD.AST.PRVT.GD.ZS?locations=CN. Acesso em: 28 abr. 2022; "Domestic Credit to Private Sector by Banks (% of GDP) — United States". Disponível em: https://data.worldbank.org/indicator/FD.AST.PRVT.GD.ZS?locations=US. Acesso em: 28 abr. 2022.
6. CEIC, "China Market Capitalization: % of GDP". Disponível em: https://www.ceicdata.com/en/indicator/china/marketgdp. Acesso em: 28 abr. 2022; CEIC, "United States Market Capitalization: % of GDP". Disponível em: https://www.ceicdata.com/en/indicator/united-states/gdp. Acesso em: 28 abr. 2022; e Marlene Amstad e Zhiguo He, "Chinese Bond Markets and Interbank Market". In: Amstad, Sun e Xiong (org.), *The Handbook of China's Financial System*. p. 105-148.

7. Zhiguo He e Wei, “China’s Financial System and Economy”. *NBER Working Paper 30324*, National Bureau of Economic Research, Cambridge, MA, ago. 2022. Disponível em: https://doi.org/10.3386/w30324.

8. Dados de St. Louis Fed FRED. “Mutual Fund Assets to GDP for China”. Disponível em: https://fred.stlouisfed.org/series/DDDI07CNA156NWDB. Acesso em: 28 abr. 2022; “Mutual Fund Assets to GDP for United States”. Disponível em: https://fred.stlouisfed.org/series/DDDI07USA156NWDB. Acesso em: 28 abr. 2022.

9. Nicholas Borst e Nicholas Lardy, “Maintaining Financial Stability in the People’s Republic of China during Financial Liberalization”. *Working Paper*, n. 15-4, Peterson Institute for International Economics, Washington, D.C., mar. 2015. Disponível em: https://doi.org/10.2139/ssrn.2588543.

10. Franklin Allen et al., “The Development of the Chinese Stock Market”. In: Amstad, Sun e Xiong (org.), *The Handbook of China’s Financial System*.

11. Franklin Allen, Jun Q. J. Qian, Chenyu Shan e Julie Zhu, “Dissecting the Long-term Performance of the Chinese Stock Market”. *SSRN 2880021*, nov. 2021. Disponível em: https://doi.org/10.2139/ssrn.2880021.

12. U.S.-China Economic and Security Review Commission, “Chinese Companies Listed on Major U.S. Stock Exchanges”. 31 mar. 2022. Disponível em: https://www.uscc.gov/research/chinese-exchanges.

13. Esses números foram computados por Allen, Qian, Shan e Zhu em “Dissecting the Long-term Performance of the Chinese Stock Market”.

14. Alexandra Stevenson, Michael Forsythe e Cao Li, “China and Evergrande Ascended Together. Now One Is About to Fall”. *New York Times*, 28 set. 2021. Disponível em: https://www.nytimes.com/2021/09/28/business/china-economy.html.

15. Grace Xing Hu, Jun Pan e Jiang Wang, “Chinese Capital Market: An Empirical Overview”. *NBER Working Paper 24346*, National Bureau of Economic Research, Cambridge, MA, fev. 2018. Disponível em: https://doi.org/10.3386/w24346; e Charles M. Jones, Donghui Shi, Xiaoyan Zhang e Xinran Zhang, “Understanding Retail Investors: Evidence from China”. *SSRN 3628809*, out. 2021. Disponível em: https://doi.org/10.2139/ssrn.3628809.

16. Jeremy C. Stein e Adi Sunderam, “The Fed, the Bond Market, and Gradualism in Monetary Policy”. *Journal of Finance* 73, n. 3, jun. 2018, p. 1015-1060. Disponível em: https://doi.org/10.1111/jofi.12614.

17. Glaeser, Huang, Ma e Shleifer, “A Real Estate Boom with Chinese Characteristics”.

18. Bin Zhang et al., “New Citizens and New Models: The Real Estate Market for the Future”. *China Finance 40 Forum*, 1 jun. 2022. Disponível em: http://www.cf40.org.cn/Uploads/Picture/2022/06/01/u6297090ccd409.pdf.

19. Kenneth S. Rogoff e Yuanchen Yang, “Peak China Housing”. *NBER Working Paper 27697*, National Bureau of Economic Research, Cambridge, MA, ago. 2020. Disponível em: https://doi.org/10.3386/w27697.

20. Rogoff e Yang, “Peak China Housing”.

21. Hanming Fang, Quanlin Gu, Wei Xiong e Li An Zhou, “Demystifying the Chinese Housing Boom”. *NBER Macroeconomics Annual*, v. 30, n. 1, p. 105-166, 2016. Disponível em: https://doi.org/10.1086/685953; e Chang Liu e Wei Xiong, “China’s Real Estate Market”. In: Amstad, Sun e Xiong (org.), *The Handbook of China’s Financial System*.

22. Para o período entre 2003 e 2017, foram usados os dados de financiamento hipotecário. O índice das setenta cidades, que cobre o período entre 2013 e 2017, foi fornecido pelo National Bureau of Statistics e ajustado pela qualidade das moradias.

23. Liu e Xiong, "China's Real Estate Market".

24. Ting Chen, Laura Xiaolei Liu, Wei Xiong e Li-An Zhou, "Real Estate Boom and Misallocation of Capital in China". *Working Paper*, Princeton University, Princeton: dez. 2017. Disponível em: https://editorialexpress.com/cgi-bin/conference/download.cgi?db_name=CICF2018&paper_id=915.

25. As empresas públicas cotadas da China têm, em média, uma relação de 80% entre dívidas e ativos, em comparação com 57% nos Estados Unidos e 37% no Reino Unido. Ver CEIC, "CN: Listed Company: Debt to Asset Ratio". Disponível em: https://insights.ceicdata.com/series/234354101_SR2937736. Acesso em: 28 abr. 2022.

26. Institute of Social Science Survey (ISSS) da Universidade de Pequim, "China Family Panel Studies (CFPS)". Disponível em: https://www.isss.pku.edu.cn/cfps/en. Acesso em: 29 maio 2024.

27. Uma discussão sobre a transformação das cidades-fantasma pode ser encontrada na fonte chinesa disponível em: www.sohu.com/a/133489588_141721.

28. Um estudo inteligente sobre o assunto é o de Kinda Hachem e Zheng Song, "Liquidity Rules and Credit Booms". *Journal of Political Economy*, v. 129, n. 10, p. 2721-2765, out. 2021. Disponível em: https://doi.org/10.1086/715074.

29. Zhuo Chen, Zhiguo He e Chun Liu, "The Financing of Local Government in China: Stimulus Loan Wanes and Shadow Banking Waxes". *Journal of Financial Economics*, v. 137, n. 1, p. 42-71, jul. 2020. Disponível em: https://doi.org/10.1016/j.jfineco.2019.07.009; Zheng Michael Song e Wei Xiong, "Risks in China's Financial System". *NBER Working Paper 24230*, National Bureau of Economic Research, Cambridge, MA, jan. 2018. Disponível em: https://doi.org/10.3386/w24230; China Banking Wealth Management Registration and Custody Center, *China Wealth Management Products Market Annual Report (2016)*, 19 maio 2017. Disponível em: http://www.efnchina.com/uploadfile/2017/0531/20170531032656799.pdf.

30. Empréstimos confiados são empréstimos de empresa para empresa que utilizam os bancos como intermediários. Os bancos ganham uma taxa ao administrar o empréstimo, uma vez que empresas não financeiras na China são proibidas de emprestar dinheiro umas para as outras.

31. Zhiwu Chen, "China's Dangerous Debt: Why the Economy Could Be Headed for Trouble". *Foreign Affairs*, v. 94, n. 3, p. 13-18, maio/jun. 2015. Disponível em: www.jstor.org/stable/24483658.

32. "Development and Reform Commission: The Composition of 4 Trillion Yuan Investment and Latest Progress of Investment Projects". Disponível em: http://www.gov.cn/gzdt/2009-05/21/content_1321149.htm.

33. Chong-En Bai, Chang-Tai Hsieh, Zheng Song e Xin Wang, "The Rise of State-Connected Private Owners in China". *NBER Working Paper 28170*, National Bureau of Economic Research, Cambridge, MA, dez. 2020. Disponível em: https://doi.org/10.3386/w28170.

34. Chen, He e Liu, "The Financing of Local Government in China".

35. Andrew Ang, Jennie Bai e Hao Zhou, "The Great Wall of Debt: Real Estate, Political Risk, and Chinese Local Government Financing Cost". *Georgetown McDonough School of Business Research Paper*, n. 2603022, jul. 2018. Disponível em: https://papers.ssrn.com/sol3/papers.cfm?abstract_id=2603022.

36. Chen, He e Liu, "The Financing of Local Government in China".

37. Fitch Ratings, "Rating Report: China Evergrande Group". 5 jul. 2021. Disponível em: https://www.fitchratings.com/research/corporate-finance/group-05-07-2021.

38. Song e Xiong, "Risks in China's Financial System".

39. Ver a discussão em Song e Xiong, "Risks in China's Financial System".

40. Zhiyong Yang, Cin Zhang e Linmin Tang, "Chinese Academy of Social Sciences: How Risky Is Local Government Debt". *The Paper*, 2 dez. 2019. Disponível em: https://www.thepaper.cn/newsDetail_forward_5119321.
41. É possível fazer um cálculo simples com base no fluxo de poupança anual dividido pelo valor dos juros pagos anualmente. Essa proporção é oito vezes maior que a dos Estados Unidos antes do estouro da bolha imobiliária de 2007.

7. A corrida tecnológica

1. KaiFu Lee, "KaiFu Lee on How Covid Spurs China's Great Robotic Leap Forward". *The Economist*, 25 jun. 2020. Disponível em: https://www.economist.com/byinvitation/2020/06/25/kaifuleeonhowcovidspurschinasgreatroboticleapforward.
2. Graham Allison, Kevin Klyman, Karina Barbesino e Hugo Yen, "The Great Tech Rivalry: China vs. the U.S.". Belfer Center for Science and International Affairs, Harvard Kennedy School, Cambridge, MA, dez. 2021. Disponível em: www.belfercenter.org/sites/default/files/GreatTechRivalry_ChinavsUS_211207.pdf.
3. W. Brian Arthur, *The Nature of Technology: What It Is and How It Evolves*. Nova York: Free Press, 2009, p. 24.
4. Christina Larson, "From Imitation to Innovation: How China Became a Tech Superpower". *Wired*, 13 fev. 2018. Disponível em: https://www.wired.co.uk/article/howchinabecame-tech superpowertookoverthewest.
5. Yu Zhou, William Lazonick e Yifei Sun (org.), *China as an Innovation Nation*. Oxford: Oxford University Press, 2016, p. 133-162.
6. Scott Malcomson, "How China Became the World's Leader in Green Energy: And What Decoupling Could Cost the Environment". *Foreign Affairs*, 28 fev. 2020. Disponível em: https://www.foreignaffairs.com/articles/china/20200228/howchinabecame-worldsleadergreenenergy.
7. KaiFu Lee, *AI Superpowers: China, Silicon Valley, and the New World Order*. Boston: Houghton Mifflin, 2018, p. 30-42.
8. Hal Varian, "Artificial Intelligence, Economics, and Industrial Organization". In: Ajay Agrawal, Joshua Gans e Avi Goldfarb (org.), *The Economics of Artificial Intelligence: An Agenda*. Chicago e Londres, University of Chicago Press, 2018, p. 399-419.
9. Sheena Chestnut Greitens, "Dealing with Demand for China's Global Surveillance Exports". *Brookings Institution*, abr. 2020. Disponível em: www.brookings.edu/research/dealing-with-demand-for-chinas-global-surveillance-exports.
10. Aaron Klein, "China's Digital Payments Revolution". Brookings Institution, abr. 2020. Disponível em: www.brookings.edu/wp-content/uploads/2020/04/FP_20200427_china_digital_payments_klein.pdf.
11. Harald Hau, Yi Huang, Hongzhe Shan e Zixia Sheng, "How FinTech Enters China's Credit Market". *AEA Papers and Proceedings*, v. 109, p. 60-64, maio 2019. Disponível em: https://doi.org/10.1257/pandp.20191012; Lili Dai, Jianlei Han, Jing Shi e Bohui Zhang, "Debt Collection through Digital Footprints". *SSRN 4135159*, ago. 2022. Disponível em: https://doi.org/10.2139/ssrn.4135159.
12. Jianwei Xing, Eric Zou, Zhentao Yin, Yong Wang e Zhenhua Li, "'Quick Response' Economic Stimulus: The Effect of Small-Value Digital Coupons on Spending". *NBER Working Paper 27596*, National Bureau of Economic Research, Cambridge, MA, jul. 2020. Disponível em: https://doi.org/10.3386/w27596; Qiao Liu, Qiaowei Shen, Zhenghua Li e Shu Chen, "Stimulating Consumption at Low Budget: Evidence from a Large-Scale Policy Experiment amid the

covid-19 Pandemic". *Management Science*, v. 67, n. 12, p. 7291-7307, dez. 2021. Disponível em: https://doi.org/10.1287/mnsc.2021.4119.

13. Keyu Jin, Tao Jin e Yifei Ren, "Fiscal Policy through Fintech Platforms". Working Paper, London School of Economics and Political Science, out. 2022.

14. Allison, Klyman, Barbesino e Yen, "The Great Tech Rivalry".

15. Michelle Tang, "Ride-Hailing in Latin America: A Race between Uber and Didi's 99". *Measurable AI*, 18 ago. 2022. Disponível em: https://blog.measurable.ai/2022/08/18/ride-hailing-in-latin-america-a-race-between-uber-and-didis-99.

16. Clive Thompson, "Inside the Machine That Saved Moore's Law". *MIT Technology Review*, v. 27, out. 2021. Disponível em: https://www.technologyreview.com/2021/10/27/1037118/moores-law-computer-chips.

17. Che Pan, "China's Top Chip Maker SMIC Achieves 7-Nm Tech Breakthrough on Par with Intel, TSMC and Samsung, Analysts Say". *South China Morning Post*, 29 ago. 2022. Disponível em: https://www.scmp.com/tech/big-tech/article/3190590/chinas-top-chip-maker-smic-achieves-7-nm-tech-breakthrough-par-intel.

18. Mariana Mazzucato, "The Entrepreneurial State". *Soundings*, v. 49, ip. 131-142, 2011. Disponível em: https://doi.org/10.3898/136266211798411183.

19. Elsa B. Kania, "China's Quantum Future". *Foreign Affairs*, 26 set. 2018. Disponível em: https://www.foreignaffairs.com/articles/china/2018-09-26/chinas-quantum-future.

20. Keyu Jin, "How China Is Fighting the Chip War with America". *New York Times*, 27 out. 2022. Disponível em: https://www.nytimes.com/2022/10/27/opinion/china-america-chip-tech-war.html.

21. Jon Schmid e Fei-Ling Wang, "Beyond National Innovation Systems: Incentives and China's Innovation Performance". *Journal of Contemporary China*, v. 26, n. 104, p. 280-296, 2017. Disponível em: https://doi.org/10.1080/10670564.2016.1223108.

22. Essa analogia foi tirada de uma conversa entre o cientista político estadunidense Graham Allison e Xue Lan, professor e reitor da Escola de Gestão e Políticas Públicas da Universidade de Tsinghua.

8. O papel da China no mercado global

1. Pol Antràs, "De-Globalisation? Global Value Chains in the Post-covid-19 Age". *NBER Working Paper 28115*, National Bureau of Economic Research, Cambridge, MA, nov. 2020. Disponível em: https://doi.org/10.3386/w28115.

2. Xiaohua Li e Wenxuan Li, "The Transformation of China's Manufacturing Competitive Advantage in the 40 Years of Reform and Opening-Up". *Southeast Academic Research*, v. 5, p. 12, 2018.

3. Fang Cai e Meiyan Wang, "A Counterfactual Analysis on Unlimited Surplus Labor in Rural China". *China and World Economy*, v. 16, n. 1, p. 51-65, jan./fev. 2008. Disponível em: https://doi.org/10.1111/j.1749-124X.2008.00099.x.

4. Pol Antràs, "Conceptual Aspects of Global Value Chains". *World Bank Economic Review*, v. 34, n. 3, p. 551-574, out. 2020. Disponível em: http://hdl.handle.net/10986/33228.

5. Organização Mundial do Comércio, *Global Value Chain Development Report 2019: Technological Innovation, Supply Chain Trade, and Workers in a Globalized World*. Genebra, World Trade Organization, 2019. Disponível em: https://documents.worldbank.org/curated/en/384161555079173489.

6. Accenture, "Globality and Complexity of the Semiconductor Ecosystem". *Accenture*, 21 fev. 2020. Disponível em: https://www.accenture.com/cz-en/insights/high-tech/semiconductor-ecosystem.

7. Yuqing Xing, "How the iPhone Widens the U.S. Trade Deficit with China: The Case of the iPhone X". *Frontiers of Economics in China*, v. 15, n. 4, p. 642-658, 2020. Disponível em: https://doi.org/10.3868/s060-011-020-0026-8.

8. Xin Li, Bo Meng e Zhi Wang, "Recent Patterns of Global Production and GVC Participation". In: *Global Value Chain Development Report 2019*. Washington, D.C., World Bank Group, 2019, p. 9-44.

9. Mary Amiti, Stephen J. Redding e David E. Weinstein, "The Impact of the 2018 Tariffs on Prices and Welfare". *Journal of Economic Perspectives*, v. 33, n. 4, p. 187-210, 2019. Disponível em: https://doi.org/10.1257/jep.33.4.187.

10. US Bureau of Labor Statistics, "Workforce Statistics in Manufacturing: Employment (in Thousands)", 28 abr. 2022. Disponível em: https://www.bls.gov/iag/tgs/iag31-33.htm#workforce.

11. Bob Davis e Jon Hilsenrath, "How the China Shock, Deep and Swift, Spurred the Rise of Trump". *Wall Street Journal*, 11 ago. 2016.

12. Daron Acemoglu, David Autor, David Dorn, Gordon H. Hanson e Brendan Price, "Import Competition and the Great US Employment Sag of the 2000s". In: David Card e Alexandre Mas (org.), "Labor Markets in the Aftermath of the Great Recession". *Journal of Labor Economics*, v. 34, n. S1, p. S141-198, jan. 2016. Disponível em: https://doi.org/10.1086/682384; David H. Autor, David Dorn e Gordon H. Hanson, "The China Syndrome: Local Labor Market Effects of Import Competition in the United States". *American Economic Review*, v. 103, n. 6, p. 2121-2168, out. 2013. Disponível em: https://doi.org/10.1257/aer.103.6.2121; David H. Autor, David Dorn e Gordon H. Hanson, "The China Shock: Learning from Labor-Market Adjustment to Large Changes in Trade". *Annual Review of Economics*, v. 8, n. 1, p. 205-240, out. 2016. Disponível em: https://doi.org/10.1146/annurev-015041.

13. Daron Acemoglu e Pascual Restrepo, "Robots and Jobs: Evidence from US Labor Markets". *Journal of Political Economy*, v. 128, n. 6, p. 2188-2244, jun. 2020. Disponível em: https://doi.org/10.1086/705716.

14. Teresa C. Fort, Justin R. Pierce e Peter K. Schott, "New Perspectives on the Decline of US Manufacturing Employment". *Journal of Economic Perspectives*, v. 32, n. 2, p. 47-72, 2018. Disponível em: https://doi.org/10.1257/jep.32.2.47.

15. Kerwin Kofi Charles, Erik Hurst e Mariel Schwartz, "The Transformation of Manufacturing and the Decline in US Employment". *NBER Macroeconomics Annual*, v. 33, n. 1, p. 307-37, 2019. Disponível em: https://doi.org/10.1086/700896.

16. Katherine Eriksson, Katheryn N. Russ, Jay C. Shambaugh e Minfei Xu, "Reprint: Trade Shocks and the Shifting Landscape of U.S. Manufacturing". *Journal of International Money and Finance*, v. 111, p. 102-254, mar. 2021. Disponível em: https://doi.org/10.1016/j.jimonfin.2021.102407.

17. Anne Case e Angus Deaton, *Deaths of Despair and the Future of Capitalism*. Princeton: Princeton University Press, 2020, p. 9-10.

18. "U.S.-China Trade War Has Cost up to 245,000 U.S. Jobs: Business Group Study". *Reuters*, v. 14, jan. 2021. Disponível em: https://www.reuters.com/article/us-usa-jobs-idUSKBN29J2O9.

19. Zhi Wang, Shang-Jin Wei, Xinding Yu e Kunfu Zhu, "Re-examining the Effects of Trading with China on Local Labor Markets: A Supply Chain Perspective". *NBER Working Paper 24886*, National Bureau of Economic Research, MA, ago. 2018. Disponível em: https://www.nber.org/papers/w24886; Robert Feenstra, Hong Ma, Akira Sasahara e Yuan Xu, "Reconsidering the 'China Shock' in Trade". *Center for Economic Policy Research*, 18 jan. 2018. Disponível em: https://cepr.org/voxeu/columns/reconsidering-china-trade.

20. Teresa Fort, Justin Pierce e Peter Schott, “The Evolution of US Manufacturing”. *Center for Economic Policy Research*, 18 ago. 2020. Disponível em: https://cepr.org/voxeu/columns/evolution-us-manufacturing.

21. Gene M. Grossman e Elhanan Helpman, “Protection for Sale”. *American Economic Review*, v. 84, n. 4, p. 833-850, set. 1994. Disponível em: https://www.jstor.org/stable/2118033.

22. Entre 2000 e 2010, a participação das importações chinesas no total das importações aumentou em 25 pontos percentuais nos Estados Unidos. No Reino Unido e nos Países Baixos, esse número foi de 16 pontos percentuais, e na Espanha, na Itália e na Alemanha, de 14 pontos percentuais. A França e a Suécia foram os países menos expostos, com um aumento de 13 pontos percentuais na participação das importações. Os números são de Dalia Marin, “The China Shock: Why Germany Is Different”. *Center for Economic Policy Research*, 7 set. 2017. Disponível em: https://cepr.org/voxeu/columns/china-different. E estima-se que o impacto da China explique cerca de 10% da queda de empregos na indústria manufatureira na Noruega; ver Ragnhild Balsvik, Sissel Jensen e Kjell G. Salvanes, “Made in China, Sold in Norway: Local Labor Market Effects of an Import Shock”. *Journal of Public Economics*, v. 127, p. 137-144, jul. 2015. Disponível em: https://doi.org/10.1016/j.jpubeco.2014.08.006.

23. Wolfgang Dauth, Sebastian Findeisen e Jens Suedekum, “The Rise of the East and the Far East: German Labor Markets and Trade Integration”. *Journal of the European Economic Association*, v. 12, n. 6, p. 1643-1675, jul. 2014. Disponível em: https://doi.org/10.1111/jeea.12092.

24. Kyle Handley e Nuno Limão, “Policy Uncertainty, Trade, and Welfare: Theory and Evidence for China and the United States”. *American Economic Review*, v. 107, n. 9, p. 2731-2783, set. 2017. Disponível em: https://doi.org/10.1257/aer.20141419.

25. Pablo D. Fajgelbaum e Amit K. Khandelwal, “Measuring the Unequal Gains from Trade”. *Quarterly Journal of Economics*, v. 131, n. 3, p. 1113-1180, mar. 2016. Disponível em: https://doi.org/10.1093/qje/qjw013.

26. Johan Hombert, Adrien Matray e Daniel Brown, “Yes, You Can Outmuscle Chinese Imports through Innovation and R& D”. *Forbes*, 25 abr. 2018. Disponível em: https://www.forbes.com/sites/hecparis/2018/04/25/how-us-manufacturers-outmuscle-and-rd.

27. Daniel Michaels, “Foreign Robots Invade American Factory Floors”. *Wall Street Journal*, v. 26, mar. 2017. Disponível em: https://www.wsj.com/articles/powering-manufacturing-renaissance-foreign-robots-1490549611.

28. Nicholas Bloom, Miko Draca e John Van Reenen, “Trade Induced Technical Change? The Impact of Chinese Imports on Innovation, IT, and Productivity”. *Review of Economic Studies*, v. 83, n. 1, p. 87-117, jan. 2016. Disponível em: https://doi.org/10.1093/restud/rdv039.

29. Johan Hombert e Adrien Matray, “Can Innovation Help U.S. Manufacturing Firms Escape Import Competition from China?”. *Journal of Finance*, v. 73, n. 5, p. 2003-2039, out. 2018. Disponível em: https://doi.org/10.1111/jofi.12691.

30. Dani Rodrik, *The Globalization Paradox: Why Global Markets, States, and Democracy Can't Coexist*. Oxford: Oxford University Press, 2012, p. 67-88.

31. Ha-Joon Chang, *Bad Samaritans: The Guilty Secrets of Rich Nations and the Threat to Global Prosperity*. Londres, Random House, 2008, p. 19-39.

32. Shang-Jin Wei, “Misreading China's WTO Record Hurts Global Trade”. *Project Syndicate*, 11 dez. 2021. Disponível em: https://www.project-syndicate.org/commentary/misreading-record-2021-12.

33. Fareed Zakaria, *Ten Lessons for a Post-Pandemic World*. Nova York: W. W. Norton, 2021.

34. Lili Yan Ing, Miaojie Yu e Rui Zhang, “The Evolution of Export Quality: China and Indonesia”. In: Lili Yan Ing e Miaojie Yu (org.), *World Trade Evolution*. Londres: Routledge, 2018, p. 261-302.

35. Daisuke Wakabayashi e Tripp Mickle, "Tech Companies Slowly Shift Production Away from China". *New York Times*, 1 set. 2022. Disponível em: https://www.nytimes.com/2022/09/01/business/tech-china.html.

36. Siqi Ji, "How China, Japan's Hot Trade and Economic Relationship Is Being Tested by Cold Politics". *South China Morning Post*, 18 ago. 2022. Disponível em: https://www.scmp.com/economy/china-economy/article/3189234/how-china-japans-hot-trade-and-economic-relationship-being; e Jeffrey Kucik e Rajan Menon, "Can the United States Really Decouple from China?". *Foreign Policy*, 11 jan. 2022. Disponível em: https://foreignpolicy.com/2022/01/11/us-china-economic-decoupling-trump-biden.

37. Stephen Ross Yeaple, "The Multinational Firm". *Annual Review of Economics*, v. 5, n. 1, p. 193-217, ago. 2013. Disponível em: https://doi.org/10.1146/annurev-071350.

38. Conselho de Estado da República Popular da China, "China and the World in the New Era". 27 set. 2019. Disponível em: http://www.gov.cn/zhengce/2019-09/27/content_5433889.htm.

9. No palco financeiro mundial

1. Robert E. Lipsey, "Foreign Direct Investment and the Operations of Multinational Firms: Concepts, History, and Data". *NBER Working Paper 8665*, National Bureau of Economic Research, Cambridge, MA, dez. 2001. Disponível em: https://doi.org/10.3386/w8665.

2. Saleem Bahaj e Ricardo Reis, "Jumpstarting an International Currency". *HKIMR Working Paper n. 19/2020*, Hong Kong Institute for Monetary and Financial Research, dez. 2020. Disponível em: https://doi.org/10.2139/ssrn.3757279.

3. Ramon Moreno, Dubravko Mihaljek, Agustin Villar e Előd Takáts, "The Global Crisis and Financial Intermediation in Emerging Market Economies: An Overview". *BIS Papers, n. 54*, Banco de Compensações Internacionais, dez. 2010. Disponível em: https://www.bis.org/publ/bppdf/bispap54.pdf.

4. Tarek El-Tablawy, "Egypt Moves Closer to IMF Loan with China Currency Swap Deal". *Bloomberg.com*, 30 out. 2016. Disponível em: https://www.bloomberg.com/news/articles/2016-10-30/egypt-moves-with-china-swap-deal.

5. Emmanuel Farhi e Matteo Maggiori, "A Model of the International Monetary System". *Quarterly Journal of Economics*, v. 133, n. 1, p. 295-355, 2018. Disponível em: https://doi.org/10.1093/qje/qjx031.

6. Medido pela soma de ativos e passivos financeiros como parcela do PIB. Os dados são do Fundo Monetário Internacional, "Balance of Payments and International Investment Position". Disponível em: https://data.imf.org/?sk=7A51304B-CA473CA1FD52. Acesso em: 28 abr. 2022; Banco Mundial, "GDP (Current US$): China, United States". Disponível em: https://data.worldbank.org/indicator/NY.GDP.MKTP.CD. Acesso em: 28 abr. 2022.

7. A abertura comercial é medida pela soma das exportações e das importações em relação ao PIB, e a abertura financeira é medida pela soma dos ativos e dos passivos estrangeiros em relação ao PIB. Fonte: Estatísticas do Balanço de Pagamentos e Posição Internacional de Investimentos do FMI, Banco Mundial.

8. WIND, "Statistics on Mainland Stocks: Statistics on Foreign Ownership", acessado em 28 abr. 2022, via WIND Financial Terminal; Evelyn Cheng, "Overseas Investors Are Snapping Up Mainland Chinese Bonds". CNBC, 21 maio 2021. Disponível em: https://www.cnbc.com/2021/05/21/overseas-investors-buy-up-mainland-chinese-bonds-in-a-search-for-yield.html; análise de Bloomberg News, "China's Finance World Opens Up to Foreigners, Sort Of". *Washington Post*, 24 set. 2020. Disponível em: https://www.washingtonpost.com/business/chinas-finance-world-opens-up-to-foreigners-sort-of/2020/09/24/e169d5c8-fee0-11ea-b0e4-350e4e60cc91_story.html;

Reserva Federal, "Assets and Liabilities of U.S. Branches and Agencies of Foreign Banks", mar. 2022. Disponível em: https://www.federalreserve.gov/data/assetliab/current.htm.

9. Fundo Monetário Internacional, "Coordinated Portfolio Investment Survey", 22 abr. 2022. Disponível em: https://data.imf.org/?sk=B981B4E3-4E58-467E-9B90-9DE0C3367363.
10. Yanliang Miao e Tuo Deng, "China's Capital Account Liberalization: A Ruby Jubilee and Beyond". *China Economic Journal*, v. 12, n. 3, p. 245-271, 2019. Disponível em: https://doi.org/10.1080/17538963.2019.1670472.
11. Ana Maria Santacreu e Heting Zhu, "China's Foreign Reserves Are Declining. Why, and What Effects Could This Have?". *On the Economy* (blog), Federal Reserve Bank of St. Louis, 3 out. 2017. Disponível em: https://www.stlouisfed.org/on-the-economy/2017/october/china-foreign-reserves-declining-effects.
12. Robert Peston, "China Devalues Yuan Currency to Three-Year Low". *BBC News*, 11 ago. 2015. Disponível em: https://www.bbc.com/news/business-33858433.
13. "China Capital Outflows Rise to Estimated $1 Trillion in 2015". *Bloomberg News*, 25 jan. 2016. Disponível em: https://www.bloomberg.com/news/articles/2016-01-25/china-capital-outflows climb-to-estimated-1-trillion-in-2015.
14. "The Causes and Consequences of China's Market Crash". *The Economist*, 24 ago. 2015. Disponível em: https://www.economist.com/news/2015/08/24/the-causes-and-consequences-of-chinas-market-crash.
15. Gita Gopinath e Jeremy C. Stein, "Banking, Trade, and the Making of a Dominant Currency". *Quarterly Journal of Economics* 136, n. 2, maio 2021, p. 783-830. Disponível em: https://doi.org/10.1093/qje/qjaa036.
16. David M. Andrews (org.), *International Monetary Power.* Ithaca: Cornell University Press, 2006, p. 7-28.
17. Benjamin J. Cohen, *The Future of Money.* Princeton: Princeton University Press, 2006.
18. Rachelle Younglai e Roberta Rampton, "U.S. Pushes EU, SWIFT to Eject Iran Banks". *Reuters*, 15 fev. 2012. Disponível em: https://www.reuters.com/article/us-iran-usa-swift/u-s-pushes-eu-swift-to-eject-iran-banks-idUSTRE81F00I20120216.
19. "The Search to Find an Alternative to the Dollar". *The Economist*, 18 jan. 2020. Disponível em: https://www.economist.com/leaders/2020/01/18/the-search-to-find-an-alternative-to-the-dollar.
20. "America's Aggressive Use of Sanctions Endangers the Dollar's Reign". *The Economist*, 18 jan. 2020. Disponível em: https://www.economist.com/briefing/2020/01/18/americas-aggressive-use-of-sanctions-endangers-the-dollars-reign.
21. Zhitao Lin, Wenjie Zhan e Yin Wong Cheung, "China's Bilateral Currency Swap Lines". *China and World Economy*, v. 24, n. 6, p. 19-42, nov./dez. 2016. Disponível em: https://doi.org/10.1111/cwe.12179.
22. Naohiko Baba e Frank Packer, "From Turmoil to Crisis: Dislocations in the FX Swap Market before and after the Failure of Lehman Brothers". In: Mark P. Taylor (org.), "The Global Financial Crisis: Causes, Threats and Opportunities". *Journal of International Money and Finance*, v. 28, n. 8, p. 1350-1374, dez. 2009, edição especial. Disponível em: https://doi.org/10.1016/j.jimonfin.2009.08.003; e Cho Hoi Hui, Hans Genberg e Tsz-Kin Chung, "Funding Liquidity Risk and Deviations from Rate Parity during the Financial Crisis of 2007-2009". *International Journal of Finance and Economics*, v. 16, n. 4, p. 307-323, out. 2011. Disponível em: https://doi.org/10.1002/ijfe.427.
23. Scott O'Malia, "Action Needed to Address EM Dollar Shortfall". ISDA (International Swaps and Derivatives Association), 14 abr. 2020. Disponível em: https://www.isda.org/2020/04/14/action-needed-to-address-em-dollar-shortfall.

24. J. Lawrence Broz, Zhiwen Zhang e Gaoyang Wang, "Explaining Foreign Support for China's Global Economic Leadership". *International Organization*, v. 74, n. 3, p. 417-452, jun. 2020. Disponível em: https://doi.org/10.1017/S0020818320000120.

25. Gerard Baker, Carol E. Lee e Michael C. Bender, "Trump Says Dollar 'Getting Too Strong,' Won't Label China a Currency Manipulator". *Wall Street Journal*, 12 abr. 2017. Disponível em: https://www.wsj.com/articles/trump-says-dollar-getting-too-strong-wont-label-china-currency-manipulator-1492024312.

26. Barry Eichengreen, "Ragnar Nurkse and the International Financial Architecture". *Baltic Journal of Economics*, v. 18, n. 2, p. 118-128, 2018. Disponível em: https://doi.org/10.1080/1406099X.2018.1540186.

27. Ethan Ilzetzki, Carmen M. Reinhart e Kenneth S. Rogoff, "The Country Chronologies to Exchange Rate Arrangements into the 21st Century: Will the Anchor Currency Hold?". *NBER Working Paper 23135*, National Bureau of Economic Research, Cambridge, MA, fev. 2017. Disponível em: https://doi.org/10.3386/w23135.

28. Os dados provêm do banco de dados Currency Composition of Official Foreign Exchange Reserves (Composição das Reservas Oficiais de Câmbio, Cofer) do FMI. Disponível em: https://data.imf.org/?sk=E6A5F467-C14B-4AA8-9F6D-5A09EC4E62A4.

29. Fundo Monetário Internacional, "Review of the Method of Valuation of the SDR — Initial Considerations". *Policy Papers*, v. 2015, n. 41, 16 jul. 2015. Disponível em: https://doi.org/10.5089/9781498344319.007.

30. Os dados provêm da Pesquisa Trimestral de Bancos Centrais 2019 do BIS. Medidas utilizadas por Matteo Maggiori, Brent Neiman e Jesse Schreger em "International Currencies and Capital Allocation". *NBER Working Paper 24673*, National Bureau of Economic Research, Cambridge, MA, maio 2018. Disponível em: https://doi.org/10.3386/w24673; e Matteo Maggiori, Brent Neiman e Jesse Schreger, "The Rise of the Dollar and Fall of the Euro as International Currencies". *AEA Papers and Proceedings*, v. 109, p. 521-526, maio 2019. Disponível em: https://doi.org/10.1257/pandp.20191007.

31. Fundo Monetário Internacional, "Review of the Method of Valuation of the SDR".

32. Maurice Obstfeld e Alan M Taylor, "Globalization and Capital Markets". In: Michael D. Bordo, Alan M. Taylor e Jeffrey G. Williamson (org.), *Globalization in Historical Perspective*. Chicago: University of Chicago Press, 2003, p. 121-188.

33. Muge Adalet e Barry Eichengreen, "Current Account Reversals: Always a Problem?". In: Richard H. Clarida (org.), *G7 Current Account Imbalances: Sustainability and Adjustment*. Chicago: University of Chicago Press, 2007, p. 205-246.

34. Thomas Piketty e Gabriel Zucman, "Capital Is Back: Wealth-Income Ratios in Rich Countries 1700-2010". *Quarterly Journal of Economics*, v. 129, n. 3, p. 1255-1310, ago. 2014. Disponível em: https://doi.org/10.1093/qje/qju018.

35. Barry Eichengreen, Arnaud Mehl e Livia Chițu, *How Global Currencies Work: Past, Present, and Future*. Princeton: Princeton University Press, 2018, p. 164.

36. Sebastian Horn, Carmen M. Reinhart e Christoph Trebesch, "China's Overseas Lending". *Journal of International Economics*, v. 133, nov. 2021. Disponível em: https://doi.org/10.1016/j.jinteco.2021.103539.

37. Bahaj e Reis, "Jumpstarting an International Currency".

38. Eichengreen, Mehl e Chițu, *How Global Currencies Work*. p. 30-41.

39. Livia Chițu, Barry Eichengreen e Arnaud Mehl, "When Did the Dollar Overtake Sterling as the Leading International Currency? Evidence from the Bond Markets". *Journal of Development Economics*, v. 111, p. 225-245, nov. 2014. Disponível em: https://doi.org/10.1016/j.jdeveco.2013.09.008.

40. Barry Eichengreen, *Exorbitant Privilege: The Rise and Fall of the Dollar.* Oxford: Oxford University Press, 2012.

41. Dados da CEIC Data. CEIC, "China Market Capitalization: % of GDP". Disponível em: https://www.ceicdata.com/en/indicator/china/market-capitalization--nominal-gdp. Acesso em: 28 abr. 2022; CEIC, "United States Market Capitalization: % of GDP". Disponível em: https://www.ceicdata.com/en/indicator/united-states/market-capitalization-nominal-gdp. Acesso em: 28 abr. 2022; CEIC, "Malaysia Market Capitalization: % of GDP". Disponível em: https://www.ceicdata.com/en/indicator/malaysia/market-capitalization-nominal-gdp. Acesso em: 28 abr. 2022; CEIC, "Thailand Market Capitalization: % of GDP". Disponível em: https://www.ceicdata.com/en/indicator/thailand/market-capitalization-nominal-gdp. Acesso em: 28 abr. 2022; CEIC, "Brazil Market Capitalization: % of GDP". Disponível em: https://www.ceicdata.com/en/indicator/brazil/market-capitalization-nominal-gdp. Acesso em: 28 abr. 2022.

42. Marlene Amstad e Zhiguo He, "Chinese Bond Markets and Interbank Market". In: Marlene Amstad, Guofeng Sun e Wei Xiong (org.), *The Handbook of China's Financial System.* Princeton: Princeton University Press, 2020, p. 105-148. Disponível em: https://doi.org/10.2307/j.ctv11vcdpc; "China's Bond Market — the Last Great Frontier". *S&P Global Ratings*, 15 abr. 2021. Disponível em: https://www.spglobal.com/ratings/en/research/articles/210415-china-s-bond-market-the-last-great-frontier-11888676.

43. Maggiori, Neiman e Schreger, "International Currencies and Capital Allocation".

44. Guntram B. Wolff e Thomas Walsh, "The Dragon Sneezes, Europe Catches a Cold". *Bruegel* (blog), 26 ago. 2015. Disponível em: https://www.bruegel.org/2015/08/china-stock-market.

45. BlackRock, "Investors Can Benefit from Diversifying into Chinese Bonds", maio 2020. Disponível em: https://www.blackrock.com/hk/en/insights/investment-inspiration/investors-can-benefit-from-diversifying-into-chinese-bonds. Acesso em: 28 abr. 2022. As correlações expostas refletem correlações semanais tomadas ao longo de três anos, entre títulos do governo com vencimento em um ano. Ao longo de um período de dez anos, a correlação média dos retornos mensais com títulos do governo de mercados desenvolvidos globais é de 0,2 (cálculo da S&P).

46. Em 1922, o Congresso estadunidense promulgou a Lei Fordney-McCumber, que estava entre as tarifas protecionistas mais punitivas aprovadas na história do país, elevando a média do imposto de importação para cerca de 40%.

47. Divisão de Estatísticas das Nações Unidas, "International Trade Statistics: 1900-1960", maio 1962. Disponível em: https://unstats.un.org/unsd/trade/imts/Historical%20data%201900-1960.pdf.

48. Edwin M. Truman, "International Coordination of Economic Policies in the Global Financial Crisis: Successes, Failures, and Consequences". *Working Paper*, n. 19-11, Peterson Institute for International Economics, Washington, D.C., jul. 2019. Disponível em: https://doi.org/10.2139/ssrn.3417234.

49. Organização para a Cooperação e Desenvolvimento Econômico, *Active with the People's Republic of China.* Paris: OECD, mar. 2018, p. 6-7. Disponível em: www.oecd.org/china/active-with-china.pdf.

50. Huaxia, "China Pays in Full Its UN Regular Budget Dues for 2021". *Xinhuanet*, 14 abr. 2021. Disponível em: http://www.xinhuanet.com/english/2021-04/14/c_139878726.htm.

51. Infrastructure Consortium for Africa, *Infrastructure Financing Trends in Africa-2018.* Abidjan, Costa do Marfim, Infrastructure Consortium for Africa, 2018. Disponível em: https://www.icafrica.org/fileadmin/documents/IFT_2018/ICA_Infrastructure_Financing_in_Africa_Report_2018_En.pdf.

52. Carmen M. Reinhart e Kenneth S. Rogoff, "Serial Default and the 'Paradox' of Rich-to-Poor Capital Flows". *American Economic Review*, v. 94, n. 2, p. 53-58, maio 2004. Disponível em: https://doi.org/10.1257/0002828041302370.

53. David Dollar, Yiping Huang e Yang Yao (org.), *Economic Challenges of a Rising Global Power*. Washington, D.C.: Brookings Institution Press, 2020, p. 285-386. Disponível em: www.jstor.org/stable/10.7864/j.ctvktrz58.
54. Dollar, Huang e Yao, *Economic Challenges*.
55. Agatha Kratz, Allen Feng e Logan Wright, "New Data on the 'Debt Trap' Question". *Rhodium Group*, 29 abr. 2019. Disponível em: https://rhg.com/research/new-data-on-the-debt-trap-question.
56. Kevin Acker, Deborah Brautigam e Yufan Huang, "Debt Relief with Chinese Characteristics". *CARI Working Paper Series*, n. 39, China Africa Research Initiative, School of Advanced International Studies, Johns Hopkins University, Baltimore, MD, jun. 2020. Disponível em: https://ssrn.com/abstract=3745021.

10. Rumo a um novo paradigma

1. Cila era um monstro marinho na mitologia grega. Caríbdis também era uma criatura marinha que protegia os limites territoriais no mar. A expressão "estar entre Cila e Caríbdis" significa estar em um dilema, em perigo iminente, em grande dificuldade. (N.E.)
2. Thomas Piketty, Li Yang e Gabriel Zucman, "Capital Accumulation, Private Property, and Rising Inequality in China, 1978-2015". *American Economic Review*, v. 109, n. 7, p. 2469-2496, jul. 2019. Disponível em: https://doi.org/10.1257/aer.20170973.
3. Conselho de Estado da República Popular da China, "The State Council Adopted Various Measures to Support Small Enterprise Development". 27 maio 2021. Disponível em: http://www.gov.cn/zhengce/2021-05/27/content_5612867.htm.
4. Kevin Rudd, "The World According to Xi Jinping". *Foreign Affairs*, 10 out. 2022. Disponível em: https://www.foreignaffairs.com/china/world-according-xi-jinping-china-ideologue-kevin-rudd.
5. Câmara Europeia, "European Business in China Position Paper 2022/2023". 21 set. 2022. Disponível em: https://www.europeanchamber.com.cn/en/publications-archive/1068/European_Business_in_China_Position_Paper_2022_2023.

BIBLIOGRAFIA

Acemoglu, Daron et al. "Import Competition and the Great US Employment Sag of the 2000s". In: Card, David; Mas, Alexandre (org.). "Labor Markets in the Aftermath of the Great Recession". Supplement, *Journal of Labor Economics*, v. 34, n. S1, p. S141-S198, jan. 2016. Disponível em: https://doi.org/10.1086/682384.

Acemoglu, Daron; Restrepo, Pascual. "Robots and Jobs: Evidence from US Labor Markets". *Journal of Political Economy*, v. 128, n. 6, p. 2188-2244, jun. 2020. Disponível em: https://doi.org /10.1086/705716.

Acker, Kevin; Brautigam, Deborah; Huang, Yufan. "Debt Relief with Chinese Characteristics". *CARI Working Paper Series*, n. 39, China Africa Research Initiative, School of Advanced International Studies, Johns Hopkins University, Baltimore, MD, jun. 2020.

Adalet, Muge; Eichengreen, Barry. "Current Account Reversals: Always a Problem?". In: Richard H. Clarida, (org.). *G7 Current Account Imbalances: Sustainability and Adjustment*. Chicago: University of Chicago Press, 2007. p. 205-246.

Aiyar, Shekhar et al. "Growth Slowdowns and the MiddleIncome Trap". *Japan and the World Economy*, v. 48, p. 22-37, dez. 2018. Disponível em: https://doi.org/10.1016/j.japwor.2018.07.001.

Allen, Franklin; Qian, Jun; Qian, Meijun. "Law, Finance, and Economic Growth in China". *Journal of Financial Economics*, v. 77, n. 1, p. 57-116, jul. 2005. Disponível em: https://doi.org /10.1016/j.jfineco.2004.06.010.

Allen, Franklin et al. "The Development of the Chinese Stock Market". In: Amstad, Marlene; Sun, Guofeng; Xiong Wei (org.). *The Handbook of China's Financial System*. Princeton: Princeton University Press, 2020. p. 283-313. Disponível em: https://doi.org/10.2307/j.ctv11vcdpc.15.

__________. "Dissecting the Long-term Performance of the Chinese Stock Market". *SSRN 2880021*, nov. 2021. Disponível em: https://doi.org/10.2139/ssrn.2880021.

Allison, Graham et al. "The Great Tech Rivalry: China vs. the U.S". Belfer Center for Science and International Affairs, Harvard Kennedy School. Cambridge, MA, dez. 2021. Disponível em: www.belfercenter.org/sites/default/files/GreatTech Rivalry_ChinavsUS_211207.pdf.

Amiti, Mary; Redding, Stephen J.;Weinstein, David E. "The Impact of the 2018 Tariffs on Prices and Welfare". *Journal of Economic Perspectives*, v. 33, n. 4, p. 187-210, 2019. Disponível em: https://doi.org/10.1257/jep.33.4.187.

Amstad, Marlene; He, Zhiguo. "Chinese Bond Markets and Interbank Market". In: Amstad, Marlene; Sun, Guofeng; Xiong, Wei (org.). *The Handbook of China's*

Financial System. Princeton: Princeton University Press, 2020, p. 105-148. Disponível em: https://doi.org/10.2307/j.ctv11vcdpc.9.

Amstad, Marlene; Sun, Guofeng; Xiong, Wei (org.). *The Handbook of China's Financial System*. Princeton: Princeton University Press, 2020.

Ananat, Elizabeth Oltmans; Hungerman, Daniel M. "The Power of the Pill for the Next Generation: Oral Contraception's Effects on Fertility, Abortion, and Maternal and Child Characteristics". *Review of Economics and Statistics*, v. 94, n. 1, p. 37-51, fev. 2012. Disponível em: https://doi.org/10.1162/rest_a_00230.

Andrews, David M. (org.). *International Monetary Power*. Ithaca: Cornell University Press, 2006.

Ang, Andrew; Bai, Jennie; Zhou, Hao. "The Great Wall of Debt: Real Estate, Political Risk, and Chinese Local Government Financing Cost". *Georgetown McDonough School of Business Research Paper*, n. 2603022, jul. 2018. Disponível em: https://papers.ssrn.com/sol3/papers.cfm?abstract_id=2603022.

Antràs, Pol. "Conceptual Aspects of Global Value Chains". *World Bank Economic Review*, v. 34, n. 3, p. 551-574, out. 2020. Disponível em: http://hdl.handle.net/10986/33228.

Antràs, Pol. "De-Globalisation? Global Value Chains in the Post-covid-19 Age". *NBER Working Paper 28115*, National Bureau of Economic Research. Cambridge, MA, nov. 2020. Disponível em: https://doi.org/10.3386/w28115.

Antràs, Pol. Global Production: Firms, Contracts, and Trade Structure. Princeton: Princeton University Press, 2020.

Arthur, W. Brian. *The Nature of Technology: What It Is and How It Evolves*. Nova York: Free Press, 2009.

Autor, David H.; Dorn, David.; Hanson, Gordon H. "The China Syndrome: Local Labor Market Effects of Import Competition in the United States". *American Economic Review*, v. 103, n. 6, p. 2121-2168, out. 2013. Disponível em: https://doi.org/10.1257/aer.103.6.2121.

Autor, David H.; Dorn, David.; Hanson, Gordon H. "The China Shock: Learning from LaborMarket Adjustment to Large Changes in Trade". *Annual Review of Economics*, v. 8, n. 1, p. 205-240, out. 2016. Disponível em: https://doi.org/10.1146/annureveconomics080315015041.

Baba, Naohiko; Packer, Frank. "From Turmoil to Crisis: Dislocations in the FX Swap Market before and after the Failure of Lehman Brothers". In: Taylor, Mark P. (org.). "The Global Financial Crisis: Causes, Threats and Opportunities". *Journal of International Money and Finance*, v. 28, n. 8, p. 1350-1374, dez. 2009, edição especial. Disponível em: https://doi.org/10.1016/j.jimonfin.2009.08.003.

Bahaj, Saleem; Reis, Ricardo. "Jumpstarting an International Currency". *HKIMR Working Paper*, n. 19/2020, Hong Kong Institute for Monetary and Financial Research, dez. 2020. Disponível em: https://doi.org/10.2139/ssrn.3757279.

Bai, Chong-En; Hsieh, Chang-Tai; Song, Zheng. "Special Deals with Chinese Characteristics". *NBER Macroeconomics Annual*, v. 34, n. 1, p. 341-379, 2020. Disponível em: https://doi.org/10.1086/707189.

Bai, Chong-En et al. "The Rise of State-Connected Private Owners in China". *NBER Working Paper 28170*, National Bureau of Economic Research. Cambridge, MA, dez. 2020. Disponível em: https://doi.org/10.3386/w28170.

Bai, Yan; Jin, Keyu; Lu, Dan. "Misallocation under Trade Liberalization". *NBER Working Paper 26188*, National Bureau of Economic Research. Cambridge, MA, ago. 2019. Disponível em: https://doi.org/10.3386/w26188.

Balsvik, Ragnhild; Jensen, Sissel; Salvanes, Kjell G. "Made in China, Sold in Norway: Local Labor Market Effects of an Import Shock". *Journal of Public Economics*, v. 127, p. 137-144, jul. 2015. Disponível em: https://doi.org/10.1016/j.jpubeco.2014.08.006.

Becker, Gary S.; Lewis, H. Gregg. "On the Interaction between the Quantity and Quality of Children". *Journal of Political Economy*, v. 81, n. 2, p. S279-S288, 1973. Disponível em: http://www.jstor.org/stable/1840425.

Borst, Nicholas; Lardy, Nicholas. "Maintaining Financial Stability in the People's Republic of China during Financial Liberalization". *Working Paper*, n. 15-4, Peterson Institute for International Economics, Washington, D.C., mar. 2015. Disponível em: https://doi.org/10.2139/ssrn.2588543.

Bosworth, Barry; Collins, Susan M. "Accounting for Growth: Comparing China and India". *Journal of Economic Perspectives*, v. 22, n. 1, p. 45-66, 2008. Disponível em: https://doi.org/10.1257/jep.22.1.45.

Brandt, Loren; Hsieh, Chang-Tai; Zhu, Xiaodong. "Growth and Structural Transformation in China". In: Brandt, Loren; Rawski, Thomas G. (org.). *China's Great Economic Transformation*. Cambridge: Cambridge University Press, 2008. p. 683-728.

Brandt, Loren; Ma, Debin; Rawski, Thomas G. "From Divergence to Convergence: Reevaluating the History behind China's Economic Boom". *Journal of Economic Literature*, v. 52, n. 1, p. 45-123, mar. 2014. Disponível em: https://doi.org/10.1257/jel.52.1.45.

Brandt, Loren et al. "China's Productivity Slowdown and Future Growth Potential". *Policy Research Working Paper 9298*, World Bank, Washington, D.C., jun. 2020. Disponível em: https://openknowledge.worldbank.org/handle/10986/33993.

Brandt, Loren; Rawski, Thomas G. (org.). *China's Great Economic Transformation*. Cambridge: Cambridge University Press, 2010.

Brandt, Loren; Zhu, Xiaodong. "Accounting for China's Growth". *IZA Discussion Paper*, n. 4764, Institute for the Study of Labor, Bonn, Alemanha, fev. 2010. Disponível em: http://dx.doi.org/10.2139/ssrn.1556552.

Broz, J. Lawrence; Zhang, Zhiwen; Wang, Gaoyang. "Explaining Foreign Support for China's Global Economic Leadership". *International Organization*, v. 74, n. 3, p. 417-452, jun. 2020. Disponível em: https://doi.org/10.1017/S0020818320000120.

Brunnermeier, Markus Konrad. *The Resilient Society*. Colorado Springs: Endeavor Literary Press, 2021.

Cai, Fang; Wang, Meiyan. "A Counterfactual Analysis on Unlimited Surplus Labor in Rural China". *China and World Economy*, v. 16, n. 1, p. 51-65, jan./fev. 2008. Disponível em: https://doi.org/10.1111/j.1749-124X.2008.00099.x.

Campbell, Douglas L.; Mau, Karsten. "On 'Trade Induced Technical Change: The Impact of Chinese Imports on Innovation, IT, and Productivity'". *Review of Economic Studies*, v. 88, n. 5, p. 2555-2559, out. 2021. Disponível em: https://doi.org/10.1093/restud/rdab037.

Case, Anne; Deaton, Angus. *Deaths of Despair and the Future of Capitalism*. Princeton: Princeton University Press, 2020.

Chang, Ha-Joon. *Bad Samaritans: The Guilty Secrets of Rich Nations and the Threat to Global Prosperity*. Londres: Random House, 2008.

Charles, Kerwin Kofi; Hurst, Erik; Schwartz, Mariel. "The Transformation of Manufacturing and the Decline in US Employment". *NBER Macroeconomics Annual*, v. 33, n. 1, p. 307-372, 2019. Disponível em: https://doi.org/10.1086/700896.

Chen, Ting; Kung, James Kai-sing. "Busting the 'Princelings': The Campaign against Corruption in China's Primary Land Market". *Quarterly Journal of Economics*, v. 134, n. 1, p. 185-226, fev. 2019. Disponível em: https://doi.org/https://doi.org/10.1093/qje/qjy027.

Chen, Ting et al. "Real Estate Boom and Misallocation of Capital in China". Working paper, Princeton University, Princeton, dez. 2017. Disponível em: https://editorialexpress.com/cgi-bin/conference/download.cgi?db_name=CICF2018&paper_id=915.

Chen, Wei et al. "A Forensic Examination of China's National Accounts". *Brookings Papers on Economic Activity*, p. 77-141, 2019. Disponível em: https://www.jstor.org/stable/90000434.

Chen, Zhiwu. "China's Dangerous Debt: Why the Economy Could Be Headed for Trouble". *Foreign Affairs*, v. 94, n. 3, p. 13-18, maio/jun. 2015. Disponível em: www.jstor.org/stable/24483658.

Chen, Zhuo; He, Zhiguo; Liu, Chun. "The Financing of Local Government in China: Stimulus Loan Wanes and Shadow Banking Waxes". *Journal of Financial Economics*, v. 137, n. 1, p. 42-71, jul. 2020. Disponível em: https://doi.org/10.1016/j.jfineco.2019.07.009.

Chițu, Livia; Eichengreen, Barry; Mehl, Arnaud. "When Did the Dollar Overtake Sterling as the Leading International Currency? Evidence from the Bond Markets". *Journal of Development Economics*, v. 111, p. 225-245, nov. 2014. Disponível em: https://doi.org/10.1016/j.jdeveco.2013.09.008.

China Banking Wealth Management Registration and Custody Center. *China Wealth Management Products Market Annual Report (2016)*, 19 maio 2017. Disponível em: http://www.efnchina.com/uploadfile/2017/0531/20170531032656799.pdf.

Choukhmane, Taha; Coeurdacier, Nicolas; Jin, Keyu. "The One-Child Policy and Household Saving". *Working Paper*, jul. 2017. Disponível em: https://personal.lse.ac.uk/jink/pdf/onechildpolicy_ccj.pdf.

Clemens, Michael A.; Williamson, Jeffrey G. "Why Did the Tariff-Growth Correlation Change after 1950?". *Journal of Economic Growth*, v. 9, n. 1, p. 5-46, mar. 2004. Disponível em: https://doi.org/10.1023/B:JOEG.0000023015.44856.a9.

Cohen, Benjamin J. *The Future of Money*. Princeton: Princeton University Press, 2006.

Conselho de Estado da República Popular da China. "China and the World in the New Era". *Gov.cn*, 27 set. 2019. Disponível em: http://www.gov.cn/zhengce/2019-09/27/content_5433889.htm.

Conselho de Estado da República Popular da China. "The State Council Adopted Various Measures to Support Small Enterprise Development". *Gov.cn*, 27 maio 2021. Disponível em: http://www.gov.cn/zhengce/2021-05/27/content_5612867.htm.

Cui, Xiaomin; Yu, Miaojie. "Exchange Rate and Domestic Value Added in Processing Exports: Evidence from Chinese Firms". *Working Paper Series*, E2018017. Pequim: China Center for Economic Research, National School of Economic Development, Peking University, ago. 2018. Disponível em: https://en.nsd.pku.edu.cn/docs/20181027004756364270.pdf.

Cunningham, Edward; Saich, Tony; Turiel, Jesse. "Understanding CCP Resilience: Surveying Chinese Public Opinion through Time". Ash Center for Democratic Governance and Innovation, Harvard Kennedy School, Cambridge, MA, jul. 2020. Disponível em: https://ash.harvard.edu/files/ash/files/final_policy_brief_7.6.2020.pdf.

Dai, Lili et al. "Digital Footprints as Collateral for Debt Collection". *SSRN 4135159*, ago. 2022. Disponível em: https://doi.org/10.2139/ssrn.4135159.

Dauth, Wolfgang; Findeisen, Sebastian; Suedekum, Jens. "The Rise of the East and the Far East: German Labor Markets and Trade Integration". *Journal of the European Economic Association*, v. 12, n. 6, p. 1643-1675, jul. 2014. Disponível em: https://doi.org/10.1111/jeea.12092.

Davis, Bob; Hilsenrath, Jon. "How the China Shock, Deep and Swift, Spurred the Rise of Trump". *Wall Street Journal*, 11 ago. 2016.

Divisão de Estatísticas das Nações Unidas. International Trade Statistics: 1900-1960, maio 1962. Disponível em: https://unstats.un.org/unsd/trade/imts/Historical%20data%201900-1960.pdf.

Dollar, David; Huang, Yiping; Yao, Yang (org.). *Economic Challenges of a Rising Global Power*. Washington, D.C.: Brookings Institution Press, 2020. Disponível em: www.jstor.org/stable/10.7864/j.ctvktrz58.

Du, Yang. "Changes of College Student Employment and Policy Suggestions". *People's Daily*, 16 set. 2022. Disponível em: http://finance.people.com.cn/n1/2022/0916/c444648-32527858.html.

Ebenstein, Avraham. "The 'Missing Girls' of China and the Unintended Consequences of the One Child Policy". *Journal of Human Resources*, v. 45, n. 1, p. 87-115, 2010. Disponível em: https://doi.org/10.1353/jhr.2010.0003.

Eichengreen, Barry. *Exorbitant Privilege: The Rise and Fall of the Dollar.* Oxford: Oxford University Press, 2012.

Eichengreen, Barry. "Ragnar Nurkse and the International Financial Architecture". *Baltic Journal of Economics*, v. 18, n. 2, p. 118-128, 2018. Disponível em: https://doi.org/10.1080/1406099X.2018.1540186.

Eichengreen, Barry; Mehl, Arnaud ; Chițu, Livia. *How Global Currencies Work:* Past, Present, and Future. Princeton: Princeton University Press, 2018.

El-Tablawy, Tarek. "Egypt Moves Closer to IMF Loan with China Currency Swap Deal". *Bloomberg.com*, 30 out. 2016. Disponível em: https://www.bloomberg.com/news/articles/2016-10-30/egypt-moves-closer-to-imf-loan-with-china-currency-swap-deal.

Eriksson, Katherine et al. "Trade Shocks and the Shifting Landscape of U.S. Manufacturing". In: Liu, Zheng; Spiegel, Mark M. (org.). "2019 Asia Economic Policy Conference (AEPC): Monetary Policy under Global Uncertainty". *Journal of International Money and Finance*, v. 114, p. 102407, jun. 2021. Disponível em: https://doi.org/10.1016/j.jimonfin.2021.102407.

European Chamber. "European Business in China Position Paper 2022/2023", 21 set. 2022. Disponível em: https://www.europeanchamber.com.cn/en/publications-archive/1068/European_Business_in_China_Position_Paper_2022_2023.

European Commission. "Reforming the WTO towards a Sustainable and Effective Multilateral Trading System.". *European Commission*, 25 mar. 2022. Disponível em: https://knowledge4policy.ec.europa.eu/publication/reforming-wto-towards-sustainable-effective-multilateral-trading-system_en.

Fajgelbaum, Pablo D.; Khandelwal, Amit K. "Measuring the Unequal Gains from Trade". *Quarterly Journal of Economics*, v. 131, n. 3, p. 1113-1180, mar. 2016. Disponível em: https://doi.org/10.1093/qje/qjw013.

Fang, Hanming et al. "Demystifying the Chinese Housing Boom". *NBER Macroeconomics Annual*, v. 30, n. 1, p. 105-166, 2016. Disponível em: https://doi.org/10.1086/685953.

Feenstra, Robert et al. "Reconsidering the 'China Shock' in Trade". *Center for Economic Policy Research*, 18 jan. 2018. Disponível em: https://cepr.org/voxeu/columns/reconsidering-china-shock-trade.

Feenstra, Robert C; Sasahara, Akira. "The 'China Shock,' Exports and U.S. Employment: A Global Input-Output Analysis". *Review of International Economics*, v. 26, n. 5, p. 1053-1083, 2018. Disponível em: https://doi.org/10.1111/roie.12370.

Field, Erica; Ambrus, Attila. "Early Marriage, Age of Menarche, and Female Schooling Attainment in Bangladesh". *Journal of Political Economy*, v. 116, n. 5, p. 881-930, out. 2008. Disponível em: https://doi.org/10.1086/593333.

Fitch Ratings. "Rating Report: China Evergrande Group". *Fitch Ratings*, 5 jul. 2021. Disponível em: https://www.fitchratings.com/research/corporate-finance/china-evergrande-group-05-07-2021.

Flaaen, Aaron; Hortaçsu, Ali; Tintelnot, Felix. "The Production Relocation and Price Effects of US Trade Policy: The Case of Washing Machines". *American Economic Review*, v. 110, n. 7, p. 2103-2127, jul. 2020. Disponível em: https://doi.org/10.1257/aer.20190611.

FMI (Fundo Monetário Internacional). "Review of the Method of Valuation of the SDR— Initial Considerations". *Policy Papers*, v. 2015, n. 41, Washington, D.C., International Monetary Fund, 16 jul. 2015. Disponível em: https://doi.org/10.5089/9781498344319.007.

Fong, Vanessa L. "China's One-Child Policy and the Empowerment of Urban Daughters". *American Anthropologist*, v. 104, n. 4, p. 1098-1109, dez. 2002. Disponível em: https://doi.org/10.1525/aa.2002.104.4.1098.

Fort, Teresa C.; Pierce, Justin R.; Schott, Peter K.. "New Perspectives on the Decline of US Manufacturing Employment". *Journal of Economic Perspectives*, v. 32, n. 2, p. 47-72, 2018. Disponível em: https://doi.org/10.1257/jep.32.2.47.

Garnaut, Ross; Song, Ligang; Fang, Cai (org.). *China's 40 Years of Reform and Development: 1978-2018*. Acton, Austrália: Australian National University Press, 2018.

Glaeser, Edward et al. "A Real Estate Boom with Chinese Characteristics". *Journal of Economic Perspectives*, v. 31, n. 1, p. 93-116, 2017. Disponível em: https://doi.org/10.1257/jep.31.1.93.

Goldin, Claudia; Katz, Lawrence F. "The Power of the Pill: Oral Contraceptives and Women's Career and Marriage Decisions". *Journal of Political Economy*, v. 110, n. 4, p. 730-770, 2002. Disponível em: https://doi.org/10.1086/340778.

Gopinath, Gita; Stein, Jeremy C. "Banking, Trade, and the Making of a Dominant Currency". *Quarterly Journal of Economics*, v. 136, n. 2, p. 783-830, maio 2021. Disponível em: https://doi.org/10.1093/qje/qjaa036.

Greenaway, David; Guariglia, Alessandra; Yu, Zhihong. "The More the Better? Foreign Ownership and Corporate Performance in China". *European Journal of Finance*, v. 20, n. 7-9, p. 681-702, 2014. Disponível em: https://doi.org/10.1080/1351847X.2012.671785.

Greitens, Sheena Chestnut. *Dealing with Demand for China's Global Surveillance Exports*. Brookings Institution, abr. 2020. Disponível em: www.brookings.edu/research/dealing-with-demand-for-chinas-global-surveillance-exports.

Grossman, Gene M.; Krueger, Alan B. "Economic Growth and the Environment". *Quarterly Journal of Economics*, v. 110, n. 2, p. 353-77, maio 1995. Disponível em: https://doi.org/10.2307/2118443.

Grossman, Gene M.; Helpman, Elhanan. "Protection for Sale". *American Economic Review*, v. 84, n. 4, p. 833-850, set. 1994. Disponível em: https://www.jstor.org/stable/2118033.

Guo, Di et al. "Political Economy of Private Firms in China". In: Brada, Josef C. (org.). "Economic Systems in the Pacific Rim Region Symposium". *Journal of Comparative Economics*, v. 42, n. 2, p. 286-303, maio 2014, edição especial. Disponível em: https://doi.org/10.1016/j.jce.2014.03.006.

Hachem, Kinda; Song, Zheng. "Liquidity Rules and Credit Booms". *Journal of Political Economy*, v. 129, n. 10, p. 2721-2765, out. 2021. Disponível em: https://doi.org/10.1086/715074.

Haerpfer, Christian et al. (org.). *World Values Survey: Round Seven — Country-Pooled Datafile Version 3.0*. Madri e Viena: JD Systems Institute & WVSA Secretariat, 2020. Disponível em: https://doi.org/10.14281/18241.16.

Handley, Kyle, Limão, Nuno. "Policy Uncertainty, Trade e Welfare: Theory and Evidence for China and the United States". *American Economic Review* 107, n. 9, set. 2017, p. 2731-2783. Disponível em: https://doi.org/10.1257/aer.20141419.

Hannum, Emily; Zhang, Yuping; Wang, Meiyan. "Why Are Returns to Education Higher for Women Than for Men in Urban China?". *China Quarterly*, v. 215, p. 616-640, set. 2013. Disponível em: https://doi.org/10.1017/s0305741013000696.

Hau, Harald et al. "How FinTech Enters China's Credit Market". *AEA Papers and Proceedings*, v. 109, p. 60-64, maio 2019. Disponível em: https://doi.org/10.1257/pandp.20191012.

He, Zhiguo; Wei. "China's Financial System and Economy". *NBER Working Paper 30324*, National Bureau of Economic Research. Cambridge, MA, ago. 2022. Disponível em: https://doi.org/10.3386/w30324.

Hombert, Johan; Matray, Adrien. "Can Innovation Help U.S. Manufacturing Firms Escape Import Competition from China?" *Journal of Finance*, v. 73, n. 5, p. 2003-2039, out. 2018. Disponível em: https://doi.org/10.1111/jofi.12691.

Horn, Sebastian; Reinhart, Carmen M.; Trebesch, Christoph. "China's Overseas Lending". *Journal of International Economics*, v. 133, p. 103539, nov. 2021. Disponível em: https://doi.org/10.1016/j.jinteco.2021.103539.

Hsieh, Chang-Tai; Song, Zheng (Michael). "Grasp the Large, Let Go of the Small: The Transformation of the State Sector in China". *Brookings Papers on Economic Activity*, p. 295-366, 2015. Disponível em: https://doi.org/10.1353/eca.2016.0005.

Hu, Grace Xing; Pan, Jun; Wang, Jiang. "Chinese Capital Market: An Empirical Overview". *NBER Working Paper 24346*, National Bureau of Economic Research. Cambridge, MA, fev. 2018. Disponível em: https://doi.org/10.3386/w24346.

Huang, Wei; Lei, Xioyan. Sun, Ang. "Fertility Restrictions and Life Cycle Outcomes: Evidence from the One-child Policy in China". *Review of Economics and Statistics*, v. 103, n. 4, p. 694-710, out. 2021. Disponível em: https://doi.org/10.1162/rest_a_00921.

Huang, Yasheng. "How Did China Take Off?" *Journal of Economic Perspectives*, v. 26, n. 4, p. 147-70, 2012. Disponível em: https://doi.org/10.1257/jep.26.4.147.

Huang, Yasheng; Tang, Heiwai. "Are Foreign Firms Favored in China? Firm-Level Evidence on the Collection of Value-added Taxes". *Journal of International Business Policy*, v. 1, n. 1-2, p. 71-91, jun. 2018. Disponível em: https://doi.org/10.1057/s42214-018-0006-z.

Hui, Cho Hoi; Genberg, Hans; Chung, Tsz-Kin. "Funding Liquidity Risk and Deviations from Interest-Rate Parity during the Financial Crisis of 2007-2009". *International Journal of Finance and Economics*, v. 16, n. 4, p. 307-323, out. 2011. Disponível em: https://doi.org/10.1002/ijfe.427.

Ilzetzki, Ethan; Reinhart, Carmen M.; Rogoff, Kenneth S. "The Country Chronologies to Exchange Rate Arrangements into the 21st Century: Will the Anchor Currency Hold?". *NBER Working Paper 23135*, National Bureau of Economic Research. Cambridge, MA, fev. 2017. Disponível em: https://doi.org/10.3386/w23135.

Infrastructure Consortium for Africa. *Infrastructure Financing Trends in Africa-2018*. Abidjan, Côte d'Ivoire: Infrastructure Consortium for Africa, 2018. Disponível em: https://www.icafrica.org/fileadmin/documents/IFT_2018/ICA_Infrastructure_Financing_in_Africa_Report_2018_En.pdf.

Ing, Lili Yan; Yu, Miaojie; Zhang, Rui. "The Evolution of Export Quality: China and Indonesia". In: Ing, Lili Yan; Yu, Miaojie (org.). *World Trade Evolution*. Londres: Routledge, 2018. p. 261-302.

Jiang, Quanbao; Li, Shuzhuo; Feldman, Marcus W. "China's Missing Girls in the Three Decades from 1980 to 2010". *Asian Women*, v. 28, n. 3, p. 53-73, set. 2012.

Ji, Siqi. "How China, Japan's Hot Trade and Economic Relationship Is Being Tested by Cold Politics". *South China Morning Post*, 18 ago. 2022.

Jin, Keyu. "China's Steroids Model of Growth". In: Catão, Luís; Obstfeld, Maurice (org.). *Meeting Globalization's Challenges*. Princeton: Princeton University Press, 2019. p. 77-93.

Jin, Keyu; Jin, Tao; Ren, Yifei. "Fiscal Policy through Fintech Platforms". *Working Paper*, London School of Economics and Political Science, out. 2022.

Jochim, Christian. "Confucius and Capitalism: Views of Confucianism in Works on Confucianism and Economic Development". *Journal of Chinese Religions*, v. 20, n. 1, p. 135-171, 1992. Disponível em: https://doi.org/10.1179/073776992805307539.

Jones, Charles I.; Tonetti, Christopher. "Nonrivalry and the Economics of Data". *American Economic Review*, v. 110, n. 9, p. 2819-2858, set. 2020. Disponível em: https://doi.org/10.1257/aer.20191330.

Jones, Charles M. et al. "Understanding Retail Investors: Evidence from China". *SSRN 3628809*, out. 2021. Disponível em: https://papers.ssrn.com/sol3/Delivery.cfm/SSRN_ID3935426_code3168539.pdf?abstractid=3628809&mirid=1.

Kania, Elsa B. "China's Quantum Future". *Foreign Affairs*, 26 set. 2018. Disponível em: https://www.foreignaffairs.com/articles/china/2018-09-26/chinas-quantum-future.

Kenen, Peter B. "The Role of the Dollar as the International Currency". *Group of Thirty Occasional Papers*, v. 13, 1983. Disponível em: https://group30.org/images/uploads/publications/G30_RoleDollarIntlCurrency.pdf.

Kissinger, Henry. *On China*. Nova York: Penguin Press, 2011.

Klein, Aaron. *China's Digital Payments Revolution*. Brookings Institution, abr. 2020. Disponível em: www.brookings.edu/wp-content/uploads/2020/04/FP_20200427_china_digital_payments_klein.pdf.

Kucik, Jeffrey; Menon, Rajan. "Can the United States Really Decouple from China?". *Foreign Policy*, 11 jan. 2022. Disponível em: https://foreignpolicy.com/2022/01/11/us-china-economic-decoupling-trump-biden.

Landry, Pierre F.; Lü, Xiaobo; Duan, Haiyan. "Does Performance Matter? Evaluating Political Selection along the Chinese Administrative Ladder". *Comparative Political Studies*, v. 51, n. 8, p. 1074-1105, 2018. Disponível em: https://doi.org/10.1177/0010414017730078.

Lardy, Nicholas R. *Markets over Mao: The Rise of Private Business in China*. Washington, D.C.: Peterson Institute for International Economics, 2014.

Lee, Kai-Fu. *AI Superpowers: China, Silicon Valley, and the New World Order*. Boston: Houghton Mifflin, 2018.

Lehr, Deborah. "Trust in China". *Edelman*, 18 jan. 2022. Disponível em: https://www.edelman.com/trust/2022-trust-barometer/trust-china.

Li, Chunling; Shi, Yunqing. *Experience, Attitudes and Social Transition: A Sociological Study of the Post-1980 Generation*. Pequim: Social Sciences Academic Press, 2013.

Li, Hongbin et al. "Human Capital and China's Future Growth". *Journal of Economic Perspectives*, v. 31, n. 1, p. 25-48, 2017. Disponível em: https://doi.org/10.1257/jep.31.1.25.

Li, Qiaoyi. "600m with $140 Monthly Income Worries Top". *Global Times*, 29 maio 2020. Disponível em: https://www.globaltimes.cn/content/1189968.shtml.

Li, Wei; Yang, Dennis Tao. "The Great Leap Forward: Anatomy of a Central Planning Disaster". *Journal of Political Economy*, v. 113, n. 4, p. 840-877, ago. 2005. Disponível em: https://doi.org/10.1086/430804.

Li, Xiaohua; Li, Wenxuan. "The Transformation of China's Manufacturing Competitive Advantage in the 40 Years of Reform and Opening-up". *Southeast Academic Research*, v. 5, p. 92-103, 2018.

Li, Xin; Meng, Bo; Wang, Zhi. "Recent Patterns of Global Production and GVC Participation". In: *Global Value Chain Development Report 2019*. Washington, D.C.: World Bank Group, 2019, p. 9-44.

Li, Yang; Zhang, Xiaojing; Chang, Xin. *China's National Balance Sheet 2013*. Pequim: China Social Sciences Press, 2013.

Lin, Zhitao; Zhan, Wenjie; Cheung, Yin Wong. "China's Bilateral Currency Swap Lines". *China and World Economy*, v. 24, n. 6, p. 19-42, nov./dez. 2016. Disponível em: https://doi.org/10.1111/cwe.12179.

Lipsey, Robert E. "Foreign Direct Investment and the Operations of Multinational Firms: Concepts, History, and Data". *NBER Working Paper 8665*, National Bureau of Economic Research. Cambridge, MA, dez. 2001. Disponível em: https://doi.org/10.3386/w8665.

Liu, Chang; Xiong, Wei. "China's Real Estate Market". In: Amstad, Marlene; Sun, Guofeng; Xiong, Wei (org.). *The Handbook of China's Financial System*. Princeton, NJ: Princeton University Press, 2020. p. 183-207. Disponível em: https://doi.org/10.2307/j.ctv11vcdpc.11.

Liu, Qiao et al. "Stimulating Consumption at Low Budget: Evidence from a Large--scale Policy Experiment amid the covid-19 Pandemic". *Management Science*, v. 67, n. 12, dez. 2021, p. 7291-7307. Disponível em: https://doi.org/10.1287/mnsc.2021.4119.

Lucas Jr., Robert E. "Making a Miracle". *Econometrica*, v. 61, n. 2, p. 251-272, mar. 1993. Disponível em: https://doi.org/10.2307/2951551.

Ma, Deyong; Zhang, Shuxia. "'The Left' And 'the Right' of Chinese Netizens". *Twenty-First Century*, n. 142, p. 86-103, abr. 2014. Disponível em: http://www.cuhk.edu.hk/ics/21c/media/articles/c142-201309061.pdf.

Ma, Jun; Zhang, Xiaorong; Li, Zhiguo. A *Study of China's National Balance Sheet*. Pequim: Social Sciences Press, 2012.

Maddison, Angus. Maddison Database 2010. Groningen Growth and Development Centre. Disponível em: www.rug.nl/ggdc/historicaldevelopment/maddison/releases/maddison-database-2010.

Maggiori, Matteo; Neiman, Brent; Schreger, Jesse. "International Currencies and Capital Allocation". *NBER Working Paper 24673*, National Bureau of Economic Research. Cambridge, MA, maio 2018. Disponível em: https://doi.org/10.3386/w24673.

___________. "The Rise of the Dollar and Fall of the Euro as International Currencies". *AEA Papers and Proceedings*, v. 109, p. 521-526, maio 2019. Disponível em: https://doi.org/10.1257/pandp.20191007.

Malik, Ammar A. et al. *Banking on the Belt and Road: Insights from a New Global Dataset of 13,427 Chinese Development Projects*. AidData em William & Mary, Williamsburg, VA, set. 2021.

Mao, Yarong. "Private Enterprises Contribute More than 60% of GDP and More than 50% of National Tax Revenue". *Yicai*, 23 dez. 2019. Disponível em: https://www.yicai.com/news/100444934.html.

Marin, Dalia. "The China Shock: Why Germany Is Different". *Center for Economic and Policy Research*, 7 set. 2017. Disponível em: https://cepr.org/voxeu/columns/china-shock-why-germany-different.

Mazzucato, Mariana. "The Entrepreneurial State". *Soundings*, v. 49, p. 131-142, 2011. Disponível em: https://doi.org/10.3898/136266211798411183.

Menzie, Chinn; Frankel, Jeffrey. "Will the Euro Eventually Surpass the Dollar as Leading International Reserve Currency?". *NBER Working Paper 11510*, National Bureau of Economic Research. Cambridge, MA, ago. 2005. Disponível em: https://doi.org/10.3386/w11510.

Miao, Yanliang; Deng, Tuo. "China's Capital Account Liberalization: A Ruby Jubilee and Beyond". *China Economic Journal*, v. 12, n. 3, p. 245-271, 2019. Disponível em: https://doi.org/10.1080/17538963.2019.1670472.

Mitter, Rana; Johnson, Elsbeth. "What the West Gets Wrong about China". *Harvard Business Review*, 1 maio 2021. Disponível em: https://hbr.org/2021/05/what-the-west-gets-wrong-about-china.

Moreno, Ramon et al. "The Global Crisis and Financial Intermediation in Emerging Market Economies: An Overview". BIS Papers, n. 54, Bank for International Settlements, dez. 2010. Disponível em: https://www.bis.org/publ/bppdf/bispap54.pdf.

National Bureau of Statistics. *Statistics Yearbook 2001: Employment by Urban and Rural Areas at Year-end*. 2002. Disponível em: www.stats.gov.cn/tjsj/ndsj/zgnj/2000/E04c.htm.

Obstfeld, Maurice; Taylor, Alan M. "Globalization and Capital Markets". In: Bordo; Michael D.; Taylor, Alan M.; Williamson, Jeffrey G. (org.). *Globalization in Historical Perspective*. Chicago: University of Chicago Press, 2003, p. 121-188.

OCDE (Organização para a Cooperação e o Desenvolvimento Econômico). *Active with the People's Republic of China*. Paris: OCDE, 2018. Disponível em: https://www.oecd.org/china/active-with-china.pdf.

Organização Mundial do Comércio. *Global Value Chain Development Report 2019: Technological Innovation, Supply Chain Trade, and Workers in a Globalized World*. Genebra: World Trade Organization, 2019. Disponível em: https://documents.worldbank.org/curated/en/384161555079173489.

Pan, Che. "China's Top Chip Maker SMIC Achieves 7-Nm Tech Breakthrough on Par with Intel, TSMC and Samsung, Analysts Say". *South China Morning Post*, v. 29, ago. 2022. Disponível em: https://www.scmp.com/tech/big-tech/article/3190590/chinas-top-chip-maker-smic-achieves-7-nm-tech-breakthrough-par-intel.

Pan, Jennifer; Xu, Yiqing. "China's Ideological Spectrum". *Journal of Politics*, v. 80, n. 1, p. 254-273, jan. 2018. Disponível em: https://doi.org/10.1086/694255.

Perkins, Dwight H.; Rawski, Thomas G. "Forecasting China's Economic Growth to 2025". In: Brandt, Loren; Rawski, Thomas G. (org.). *China's Great Economic Transformation*. Cambridge: Cambridge University Press, 2008. p. 829-886.

Piketty, Thomas; Yang, Li; Zucman, Gabriel. "Capital Accumulation, Private Property, and Rising Inequality in China, 1978-2015". *American Economic Review*, v. 109, n. 7, p. 2469-2496, jul. 2019. Disponível em: https://doi.org/10.1257/aer.20170973.

Piketty, Thomas; Zucman, Gabriel. "Capital Is Back: Wealth-Income Ratios in Rich Countries 1700-2010". *Quarterly Journal of Economics*, v. 129, n. 3, p. 1255-1310, ago. 2014. Disponível em: https://doi.org/10.1093/qje/qju018.

Qiao, Jie et al. "A *Lancet* Commission on 70 Years of Women's Reproductive, Maternal, Newborn, Child, and Adolescent Health in China". *The Lancet*, v. 397, n. 10293, p. 2497-2536, jun. 2021. Disponível em: https://doi.org/10.1016/s0140-6736(20)32708-2.

Qin, Bei; Strömberg, David; Wu, Yanhui. "Why Does China Allow Freer Social Media? Protests versus Surveillance and Propaganda". *Journal of Economic Perspectives*, v. 31, n. 1, p. 117-140, 2017. Disponível em: https://doi.org/10.1257/jep.31.1.117.

Reinhart, Carmen M.; Rogoff, Kenneth S. "Serial Default and the 'Paradox' of Rich-to-Poor Capital Flows". *American Economic Review*, v. 94, n. 2, p. 53-58, maio 2004. Disponível em: https://doi.org/10.1257/0002828041302370.

Ren, Zeping; Ma, Jiajin; Luo, Zhiheng. *Report on China's Private Economy: 2019*. Evergrande Research Institute, 2019. Disponível em: http://pdf.dfcfw.com/pdf/H3_AP201910161368844678_1.pdf.

Rodrik, Dani. *The Globalization Paradox: Why Global Markets, States, and Democracy Can't Coexist*. Oxford: Oxford University Press, 2012.

Rogoff, Kenneth S.; Yang, Yuanchen. "Peak China Housing". *NBER Working Paper 27697*. National Bureau of Economic Research. Cambridge, MA, ago. 2020. Disponível em: https://doi.org/10.3386/w27697.

Rudd, Kevin. "The World According to Xi Jinping". *Foreign Affairs*, 10 out. 2022. Disponível em: https://www.foreignaffairs.com/china/world-according-xi-jinping-china-ideologue-kevin-rudd.

Salidjanova, Nargiza. "China's Stock Market Meltdown Shakes the World, Again". Washington, D.C.: U.S.-China Economic and Security Review Commission, v. 14, jan. 2016. Disponível em: https://www.uscc.gov/sites/default/files/Research/Issue%20brief%20-%20China%27s%20Stocks%20Fall%20Again.pdf.

Schmid, Jon; Wang, Fei-Ling. "Beyond National Innovation Systems: Incentives and China's Innovation Performance". *Journal of Contemporary China*, v. 26, n. 104, p. 280-296, 2017. Disponível em: https://doi.org/10.1080/10670564.2016.1223108.

Song, Zheng Michael; Xiong, Wei. "Risks in China's Financial System". *NBER Working Paper 24230*, National Bureau of Economic Research. Cambridge, MA, jan. 2018. Disponível em: https://doi.org/10.3386/w24230.

Stein, Jeremy C.; Sunderam, Adi. "The Fed, the Bond Market, and Gradualism in Monetary Policy". *Journal of Finance*, v. 73, n. 3, p. 1015-1060, jun. 2018. Disponível em: https://doi.org/10.1111/jofi.12614.

Stevenson, Alexandra; Forsythe, Michael; Li, Cao. "China and Evergrande Ascended Together. Now One Is About to Fall". *New York Times*, 28 set. 2021. Disponível em: https://www.nytimes.com/2021/09/28/business/china-evergrande-economy.html.

Storesletten, Kjetil; Zilibotti, Fabrizio. "China's Great Convergence and Beyond". *Annual Review of Economics*, v. 6, n. 1, p. 333-362, ago. 2014. Disponível em: https://doi.org/10.1146/annurev-economics-080213-041050.

Su, Zhenhua et al. "Constructed Hierarchical Government Trust in China: Formation Mechanism and Political Effects". *Pacific Affairs*, v. 89, n. 4, p. 771-794, dez. 2016. Disponível em: https://doi.org/10.5509/2016894771.

Tang, Michelle. "Ride-Hailing in Latin America: A Race between Uber and Didi's 99". *Measurable AI*, 18 ago. 2022. Disponível em: https://blog.measurable.ai/2022/08/18/ride-hailing-in-latin-america-a-race-between-uber-and-didis-99.

Tencent. *Aggressive Post-00s 2019 Tencent Post-00s Research Report*, 2019.

Thompson, Clive. "Inside the Machine That Saved Moore's Law". *MIT Technology Review*, 27 out. 2021. Disponível em: https://www.technologyreview.com/2021/10/27/1037118/moores-law-computer-chips.

Tombe, Trevor; Zhu, Xiaodong. "Trade, Migration, and Productivity: A Quantitative Analysis of China". *American Economic Review*, v. 109, n. 5, p. 1843-1872, maio 2019. Disponível em: https://doi.org/10.1257/aer.20150811.

Truman, Edwin M. "International Coordination of Economic Policies in the Global Financial Crisis: Successes, Failures, and Consequences". *Working Paper*, n. 19-11. Peterson Institute for International Economics. Washington, D.C., jul. 2019. Disponível em: https://doi.org/10.2139/ssrn.3417234.

Tu, Wei-ming. "The Rise of Industrial East Asia: The Role of Confucian Values". *Copenhagen Journal of Asian Studies*, v. 4, p. 81-97, 1989. Disponível em: https://doi.org/10.22439/cjas.v4i1.1767.

US-China Business Council. *China's 2017 Communist Party Leadership Structure & Transition*. Washington, D.C.: US-China Business Council, 2017. Disponível em: https://www.uschina.org/reports/chinas-2017-communist-party-leadership-structure-transition.

Varian, Hal. "Artificial Intelligence, Economics, and Industrial Organization". In: Agrawal, Ajay; Gans, Joshua; Goldfarb, Avi (org.). *The Economics of Artificial Intelligence: An Agenda*, p. 399-419. Chicago e Londres: University of Chicago Press, 2018.

Wakabayashi, Daisuke; Mickle, Tripp. "Tech Companies Slowly Shift Production Away from China". *New York Times*, 1 set. 2022. Disponível em: https://www.nytimes.com/2022/09/01/business/tech-companies-china.html.

Wang, Zhi et al. "Re-examining the Effects of Trading with China on Local Labor Markets: A Supply Chain Perspective". *NBER Working Paper 24886*, National Bureau of Economic Research. Cambridge, MA, ago. 2018. Disponível em: https://www.nber.org/papers/w24886.

Wei, Shang-Jin. "Misreading China's WTO Record Hurts Global Trade". *Project Syndicate*, 11 dez. 2021. Disponível em: https://www.project-syndicate.org/commentary/misreading-china-wto-record-hurts-global-trade-by-shang-jin-wei-2021-12.

Wei, Shang-Jin; Zhang, Xiaobo. "The Competitive Saving Motive: Evidence from Rising Sex Ratios and Savings Rates in China". *Journal of Political Economy*, v. 119, n. 3, p. 511-564, jun. 2011. Disponível em: https://doi.org/10.1086/660887.

Whyte, Martin King; Feng, Wang; Cai, Yong. "Challenging Myths about China's One-Child Policy". *China Journal*, v. 74, p. 144-159, jul. 2015. Disponível em: https://doi.org/10.1086/681664.

Wu, Cary et al. "Chinese Citizen Satisfaction with Government Performance during covid-19". *Journal of Contemporary China*, v. 30, n. 132, p. 930-944, 17 mar. 2021. Disponível em: https://doi.org/10.1080/10670564.2021.1893558.

Wu, Ruxin; Hu, Piao. "Does the 'Miracle Drug' of Environmental Governance Really Improve Air Quality? Evidence from China's System of Central Environmental Protection Inspections". *International Journal of Environmental Research and Public Health*, v. 16, n. 5, p. 850-879, mar. 2019. Disponível em: https://doi.org/10.3390/ijerph16050850.

Xing, Jianwei et al. "'Quick Response' Economic Stimulus: The Effect of Small-Value Digital Coupons on Spending". *NBER Working Paper 27596*, National Bureau of Economic Research. Cambridge, MA, jul. 2020. Disponível em: https://doi.org/10.3386/w27596.

Xing, Yuqing. "How the iPhone Widens the U.S. Trade Deficit with China: The Case of the iPhone X". *Frontiers of Economics in China*, v. 15, n. 4, p. 642-658, 2020. Disponível em: https://doi.org/10.3868/s060-011-020-0026-8.

Xu, Chenggang. "Capitalism and Socialism: A Review of Kornai's *Dynamism, Rivalry, and the Surplus Economy*". *Journal of Economic Literature*, v. 55, n. 1, p. 191-208, mar. 2017. Disponível em: https://doi.org/10.1257/jel.20151282.

Xu, Chenggang. "The Fundamental Institutions of China's Reforms and Development". *Journal of Economic Literature*, v. 49, n. 4, p. 1076-1151, dez. 2011. Disponível em: https://doi.org/10.1257/jel.49.4.1076.

Yang, Li. "Towards Equity and Sustainability? China's Pension System Reform Moves Center Stage". *SSRN 3879895*, jun. 2021. Disponível em: https://doi.org/10.2139/ssrn.3879895.

Yang, Zhiyong; Zhang, Cin; Tang, Linmin. "Chinese Academy of Social Sciences: How Risky Is Local Government Debt". *The Paper*, 2 dez. 2019. Disponível em: https://www.thepaper.cn/newsDetail_forward_5119321.

Yeaple, Stephen Ross. "The Multinational Firm". *Annual Review of Economics*, v. 5, n. 1, p. 193-217, ago. 2013. Disponível em: https://doi.org/10.1146/annurev-economics-081612-071350.

Zakaria, Fareed. *Ten Lessons for a Post-pandemic World*. Nova York: W. W. Norton, 2021.

Zhang, Bin et al. "New Citizens and New Models: The Real Estate Market for the Future". *China Finance 40 Forum*, 1 jun. 2022. Disponível em: http://www.cf40.org.cn/Uploads/Picture/2022/06/01/u6297090ccd409.pdf.

Zhao, Yaohui et al. *2008 CHARLS (China Health and Retirement Longitudinal Study, Pilot)*. Pequim: Escola de Desenvolvimento, Universidade de Pequim, 2009. Disponível em: https://charls.charlsdata.com/pages/Data/2008-charls-pilot/en.html.

Zhao, Yaohui et al. *2011 CHARLS (China Health and Retirement Longitudinal Study) Wave 1 (Baseline)*. Pequim: Escola Nacional de Desenvolvimento, 2013. Disponível em: https://charls.charlsdata.com/pages/Data/2011-charls-wave1/en.html.

Zheng, Jinghai; Bigsten, Arne; Hu, Angang. "Can China's Growth Be Sustained? A Productivity Perspective". *World Development*, v. 37, n. 4, p. 874-888, abr. 2009. Disponível em: https://doi.org/10.1016/j.worlddev.2008.07.008.

Zhou, Yu; Lazonick, William; Sun, Yifei (org.). *China as an Innovation Nation*. Oxford: Oxford University Press, 2016.

Zhu, Xiaodong. "Understanding China's Growth: Past, Present, and Future". *Journal of Economic Perspectives*, v. 26, n. 4, p. 103-124, 2012. Disponível em: https://doi.org/10.1257/jep.26.4.103.

AGRADECIMENTOS

Minha longa jornada teve início em 1997, quando Bill Cloherty, falecido lobista e educador estadunidense, trouxe-me da China para os Estados Unidos como estudante de intercâmbio. Ele e o doutor Lawrence Weiss, diretor da Horace Mann School na época, proporcionaram-me uma oportunidade única de ver o mundo através de uma lente multidimensional durante meus anos de formação, despertando em mim o interesse por contar a história da China. Essa generosidade estadunidense incluiu toda a comunidade da Horace Mann e minha família anfitriã, os Koppells, que me acolheram calorosamente. Tive sorte: fui beneficiária da abertura e da magnanimidade dos Estados Unidos, oferecidas a uma jovem estudante da distante China comunista. Em Harvard, meus orientadores, em particular Kenneth Rogoff e o falecido Emmanuel Farhi, foram fontes constantes de apoio e inspiração.

Minha esperança é que, por meio deste livro, seja possível contar um outro lado da história chinesa. Minhas opiniões são baseadas em minha educação multicultural e em minha experiência de vida; além disso, apoiam-se sobre uma série de excelentes trabalhos acadêmicos e em minhas observações pessoais derivadas da vida cotidiana e do trabalho na China e em outros países. Quero agradecer a Patrizia van Daalen, que me propiciou a oportunidade de escrever este livro. Com grande entusiasmo, ela propôs que eu escrevesse um livro sobre a China após ouvir uma apresentação sobre "quebra-cabeças chineses" que fiz para a Bertelsmann alguns anos atrás. Patrizia me pôs em contato com meu editor na Penguin, Patrick Nolan, a quem devo minha mais profunda gratidão por seu apoio inabalável desde o início, quando o projeto era apenas uma página rabiscada de ideias de uma autora estreante. Sua fé em mim foi crucial durante todo o processo, junto à contribuição dos perspicazes membros de sua equipe, Matt Klise e Annika Karody, que meticulosamente fizeram excelentes comentários e sugestões ao longo do caminho.

Sou imensamente grata à minha agente, Sylvie Carr, cuja orientação e cujo compromisso têm sido inestimáveis, e a Peter Guzzardi, que foi muito além de seus deveres e dedicou-se de coração e alma para me ajudar a melhorar e refinar o manuscrito. Com seu trabalho fenomenal, fez minha escrita brilhar, e aprendi muito com Peter ao longo do caminho. Todos os erros, por outro lado, são de minha responsabilidade. Meus excelentes assistentes de pesquisa,

Bingyan Gu, Hu Mian, Nachiket Shah, Buyuan Yang e Jianding Zhang, ajudaram-me a coletar dados e valiosos recursos acadêmicos. Wentao Xiong leu alguns dos primeiros capítulos e fez valiosos comentários.

Por fim, tudo o que aprendi e que coloquei neste livro vem da minha família, a estrela-guia do meu barco errante.

ÍNDICE REMISSIVO

Este livro foi impresso pelo Lar Anália Franco (Grafilar)
em fonte Minion Pro sobre papel Ivory Bulk 65 g/m²
para a Edipro no inverno de 2025.